西部大开发重点区域和行业发展战略环境评价系列丛书

西部大开发重点区域和行业发展战略环境评价

李天威　任景明　金凤君　刘　毅　李彦武　等编

中国环境出版社·北京

图书在版编目（CIP）数据

西部大开发重点区域和行业发展战略环境评价 / 李天威等编 .—北京：中国环境出版社，2015.8

（西部大开发重点区域和行业发展战略环境评价系列丛书）

ISBN 978-7-5111-2457-9

Ⅰ.①西… Ⅱ.①李… Ⅲ.①地区经济－经济发展战略－研究－西南地区 Ⅳ.① F127.7

中国版本图书馆 CIP 数据核字（2015）第 155294 号

审图号：GS（2015）1341 号

出 版 人 王新程
丛书统筹 丁 枚
责任编辑 黄晓燕 李兰兰
责任校对 尹 芳
封面设计 金 喆
排版制作 杨曙荣

出版发行 中国环境出版社
（100062 北京市东城区广渠门内大街16号）
网 址：http://www.cesp.com.cn
电子邮箱：bjgl@cesp.com.cn
联系电话：010-67112765（编辑管理部）
010-67112735（环评与监察图书分社）
发行热线：010-67125803 010-67113405（传真）
印 刷 北京盛通印刷股份有限公司
经 销 各地新华书店
版 次 2016年1月第1版
印 次 2016年1月第1次印刷
开 本 889×1194 1/16
印 张 18.25
字 数 420千字
定 价 121.00元

目 录

西部大开发重点区域和行业发展战略环境评价

分项目一
西南（云贵）重点区域和行业发展战略环境评价

分项目二
西北（甘青新）重点区域和行业发展战略环境评价

西部大开发
重点区域和行业发展
战略环境评价

编 写 组

李天威　任景明　金凤君　刘　毅

李彦武　李　巍　李小敏　刘小丽

刘　洋　谢　丹　刘　鹤

前言

西部大开发战略实施十年以来，西部地区经济实力大幅提升，人民生活水平显著提高，发展质量和效益明显增强，城乡面貌有了很大改善，西部地区进入了历史上最好的发展时期。2010 年，《中共中央国务院关于深入实施西部大开发战略的若干意见》（中发 [2010]11 号）明确把西部大开发战略放在区域协调发展总体战略的优先位置。未来十年，将是西部地区进一步发展的关键时期和全面建成小康社会的攻坚时期。随着重点区域的加快发展和优势资源的深度开发，西部地区经济发展潜力将得到充分释放，整体经济实力将进一步提升，在国家区域发展战略格局中的地位将不断提高。

党的“十八大”确立了经济建设、政治建设、文化建设、社会建设、生态文明建设“五位一体”的总布局，要求树立尊重自然、顺应自然、保护自然的生态文明理念，坚持节约优先、保护优先、自然恢复为主的方针，形成节约资源和保护环境的空间格局、产业结构、生产方式、生活方式，从源头上扭转生态环境恶化趋势，为人民创造良好的生产生活环境。西部地区生态环境脆弱，水土流失严重，水资源短缺，石漠化、沙漠化加剧，生物多样性退化等问题突出。处理好区域开发布局与生态安全格局、开发规模与资源环境承载能力之间的矛盾，是实现西部地区可持续发展的必然要求。为推动环境保护优化经济发展新格局的形成，确保西部地区中长期的生态环境安全，环境保护部组织开展了西部大开发重点区域和行业发展战略环境评价工作。

本次西部大开发重点区域和行业发展战略环境评价涉及云南、贵州、甘肃、青海、新疆及新疆生产建设兵团（简称“西部五省（区）”）。评价工作分为项目准备、集中攻坚和成果集成三个主要阶段。在项目准备阶段(2011 年 4 月—2011 年 12 月)，组织开展多次西部五省(区)区域发展与环境保护专题调研，提出了项目建议书和可行性研究报告。组织制定了工作方案，编制完成了技术大纲，落实了三级项目管理架构，聘请了 20 多名专家顾问，组建了包括 20 多家科研单位的技术支撑团队；在集中攻坚阶段（2012 年 1 月—2012 年 9 月），完成了项目启动、现场调查与资料收集、分项目技术方案论证、重点专题研讨、三个阶段项目评估等重点工作，完成了初步成果报告；在成果集成阶段（2012 年 10 月开始），组织完成了重点专题成果验收和分项目成果验收工作。项目集成组专家在西南（云贵）、西北（甘青新）两个分项目成果论证的基础上，编写完成了《西部大开发重点区域和行业发展战略环境评价报告》（征求意见稿），征求国务院有关部门，云南、贵州、甘肃、青海、新疆维吾尔自治区人民政府及新疆生产建设兵团的意见。2013 年 4 月 16 日，西部大开发重点区域和行业发展战略环境评价总体成果通过环境保护部验收。根据验收意见，修改完成了《西部大开发重点区域和行业发展战略环境评价报告》（报批稿）。

一、概　述

（一）背景及意义

西部五省（区）是我国全面建成小康社会的攻坚区域，加快经济社会发展、不断改善民生是进一步推进西部大开发的重大战略任务。改革开放以来，尤其是西部大开发实施十年来，西部五省（区）经济社会得到了长足发展，人民生活水平显著提高。但与全国其他地区相比，西部五省（区）经济社会发展水平仍相对落后。未来十年，西部五省（区）经济社会发展事关我国全面建成小康社会的宏伟目标。坚持以经济建设为中心，实现又好又快发展，缩小与发达地区的差距，是西部五省（区）发展的客观要求，更是西部大开发面临的重大而紧迫的任务。

西部五省（区）是我国重要的生态安全屏障，生态环境保护的全局性战略地位突出。西部五省（区）位于我国一级、二级地形阶梯区域，占据三大自然区中西北干旱区和青藏高原区的大部分，以及东亚季风区的一部分，是我国长江、黄河、珠江等大江大河的发源地，是重要水系功能区的关键组成部分，水源涵养功能地位突出；西北干旱区是我国“三屏两带”生态安全格局中北方防沙带的关键区域，具有重要防风固沙功能；西部五省（区）生物多样性丰富，生态系统类型多样且脆弱，生态功能维护事关我国整体生态功能的稳定和健康。

因此，西部五省（区）发展与保护的任务重大而艰巨。加快推进生态文明建设，将生态环境保护放到优先战略地位，从根本上转变经济发展方式，优化调整产业结构，建设资源节约型、环境友好型社会，是西部五省（区）发展的必然选择。开展西部五省（区）战略环境评价，旨在协调好经济社会发展空间布局与生态安全格局、结构规模与资源环境承载之间的关系，从源头防范区域生态环境恶化，推动区域合理开发和产业有序布局，促进资源优势转化为产业优势和经济优势，保障西部大开发战略措施的落实，从而实现西部地区经济社会的全面协调可持续发展。

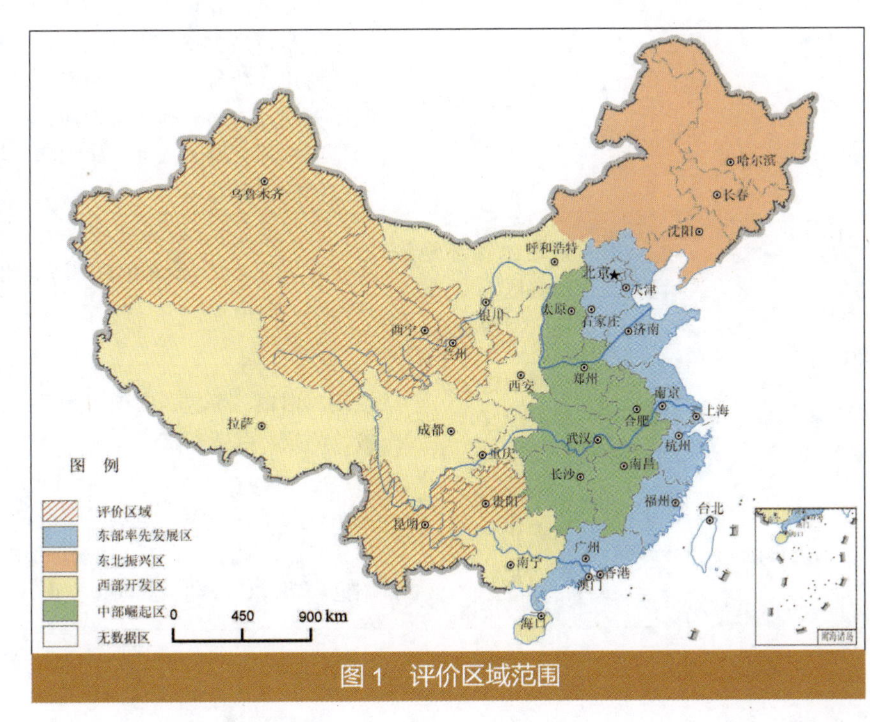

图1　评价区域范围

（二）工作目标

推动国土空间的优化开发和生产力要素的优化配置，完善以环境保护优化经济发展的长效机制，推动环境保护参与区域发展综合决策，为西部地区生态环境战略性保护提供技术支撑，为重点区域开发与产业发展战略制定提供科学依据，促进经济、社会与生态环境协调可持续发展。

（三）工作范围

评价工作涉及云南、贵州、甘肃、青海、新疆及新疆生产建设兵团，共61个地州市，国土面积341.0万km^2，占全国的35.5%。2010年区域总人口1.34亿人，经济总量2.27万亿元，分别占全国的10.0%和5.7%（表1、图1）。

评价基准年为2010年，中期为2015年，远期为2020年。

表1 评价区域经济社会基本概况（2010年）

省（区）	面积/万km^2	人口/万人	经济总量/亿元
贵州	17.6	3 479	4 602.2
云南	39.4	4 602	7 224.2
甘肃	45.3	2 560	4 120.8
青海	72.2	563	1 350.4
新疆（含兵团）	166.5	2 185	5 437.5
合计	341.0	13 389	22 735.1

（四）工作重点

评价重点是西部五省（区）的重点开发区域和重点发展行业。重点区域遴选遵循三个原则：一是资源开发和重点产业布局的热点区域；二是重要生态功能区和生态环境脆弱区域；三是未来资源开发与重点产业发展的主要指向区域。同时，依据行业污染物贡献率、经济贡献率和未来发展态势，确定评价的重点产业门类。遴选结果见表2。

表2 评价重点区域和重点产业

区域	省（区）	重点区域	涉及主要行政单元	重点行业与门类
甘青新地区	新疆（含兵团），以下简称“新疆”	天山北坡经济带	乌鲁木齐市、克拉玛依市、石河子市、五家渠市、昌吉州、塔城地区、伊犁州、博州、吐鲁番市、哈密市，建设兵团第四师、第五师、第六师、第七师、第八师、第十二师、建工师、第十三师的部分农场	煤炭、煤电、煤化工，石油、天然气开采及加工，钢铁、有色矿产资源开发及加工，新能源，农副产品加工
	青海	柴达木循环经济试验区 西宁河湟谷地	海西州、西宁市、海东地区、海北州、黄南州、海南州	盐湖化工、煤化工，能源，钢铁、有色冶金，新材料、生物制药、装备制造，纺织、农副产品加工业，现代物流
	甘肃	兰州白银经济区 陇东地区 河西地区	兰州、白银、平凉、庆阳、金昌、张掖、酒泉、武威、嘉峪关	石化、煤化工，有色冶金，能源，装备制造，新材料、生物制药，农副产品加工
云贵地区	云南	滇中经济区 滇东北 滇西北 沿边经济区	昆明、曲靖、玉溪、楚雄、昭通、大理、怒江、丽江、迪庆，德宏、保山、临沧、普洱、版纳、红河、文山	矿产，有色冶金、钢铁，化工，装备制造，生物，电力

区域	省（区）	重点区域	涉及主要行政单元	重点行业与门类
云贵地区	贵州	黔中经济区 毕水兴地区 三州地区	贵阳、遵义、安顺、黔南、黔东南、六盘水、毕节、黔西南	矿产，能源，化工，有色冶金、钢铁，装备制造，建材

评价总体思路是“保生态、优布局，调结构、提效率、建机制”，围绕发展定位、水平、空间、路径和转型，系统评价社会经济与生态环境之间的适宜性、协调性、相容性、可行性和可持续性（图 2）。

评价主要完成如下七大任务：

- 重点区域和行业发展战略分析。
- 重点区域生态环境现状及其演变趋势评估。
- 重点区域和行业发展资源环境压力评估。
- 重点区域和行业发展资源环境承载力综合评估。
- 重点区域和行业发展环境影响评价和生态风险评估。
- 重点区域和行业优化发展的调控方案。
- 重点区域和行业与资源环境协调发展的对策机制。

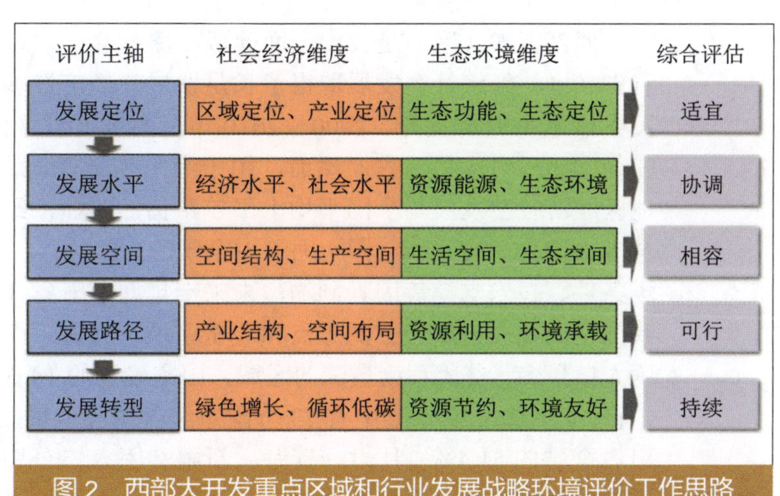

图 2　西部大开发重点区域和行业发展战略环境评价工作思路

（五）技术路线

在深入分析西部五省（区）重点区域和产业发展战略的基础上，研究区域生态环境演化规律、重点产业发展情景及资源环境和产业发展耦合关系，辨识中长期生态环境影响特征和关键影响因子，预测资源开发及重点区域产业发展的中长期环境影响和潜在生态环境风险，评价其对关键生态功能单元和环境敏感目标的长期性、累积性影响，提出资源开发与重点产业优化发展、协调发展的调控方案和对策，建立以环境保护优化经济发展的长效机制（图 3）。

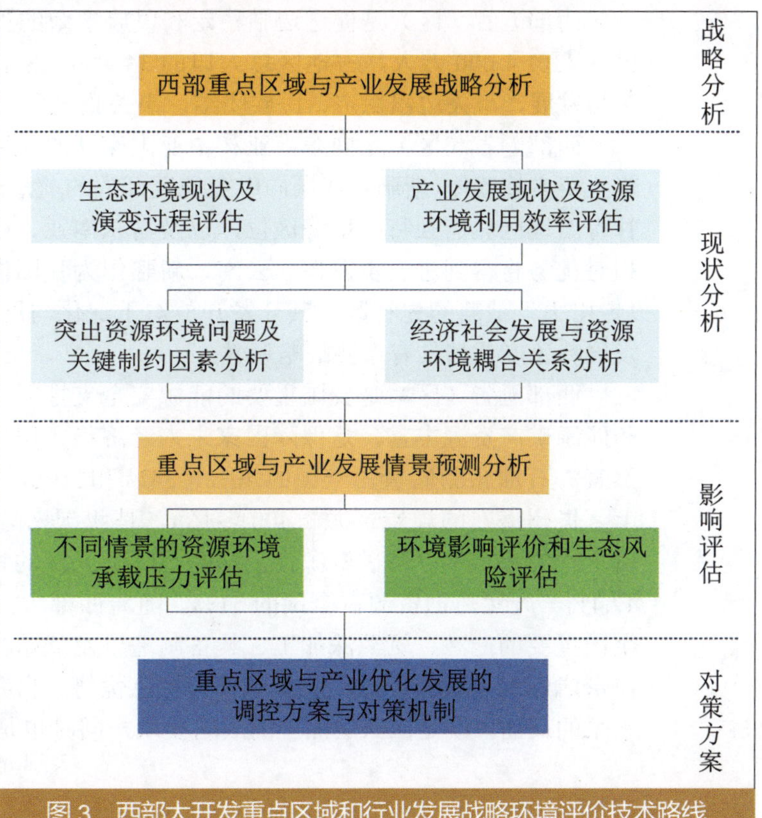

图 3　西部大开发重点区域和行业发展战略环境评价技术路线

二、区域发展与生态环境保护的战略性

（一）加快经济社会发展的全局性

西部五省（区）是我国全面建成小康社会的攻坚地区。西部大开发战略实施以来，西部五省（区）经济社会发展取得了长足发展，经济发展速度明显加快，经济实力明显增强，人民生活水平显著提升。2000—2010 年，西部五省（区）的经济总量增长了 2 倍左右，人均 GDP 增长了 1.5 倍左右。然而，由于经济基础薄弱、基础设施支撑不足、贫困面广等因素，地区经济社会发展与全国平均水平差距仍然明显，经济总量仅占全国的 1/17，人均水平不到全国平均水平的 60%（国土面积占全国的 1/3 以上，人口占全国的 1/10）。由于资源环境、市场条件、技术支撑等因素制约，未来十年西部五省（区）经济社会发展面临严峻的挑战，是我国全面建成小康社会的难点和攻坚区域。同时，西部五省（区）是我国贫困面积最广、贫困人口最多、贫困程度最深的区域，国家确定的 14 个连片特困地区中，西部五省（区）占了 7 个。云南省 129 个县中有 73 个国家级贫困县；贵州省贫困县面积占全省的 66.0%，贫困人口占全省的 51.4%；甘肃、青海、新疆贫困人口分别占其总人口的 12.1%、23.6% 和 15.1%，促进贫困区域的发展任务繁重。

西部五省（区）是促进边疆稳定和民族繁荣的重点区域。2010 年，西部五省（区）少数民族人口 4 600 万人，占地区总人口的 34.4%，占全国少数民族人口的 40%，这些地区的繁荣与发展，事关边疆稳定、民族团结，事关我国现代化建设的全局，事关国家的长治久安。

西部五省（区）是向东南亚和中亚国家开发开放的通道和窗口。云南省是我国桥头堡战略主要实施载体，新疆是我国向中亚地区开放的前沿。随着西部大开发战略的深入实施，云贵、甘青新地区凭借独特的地缘区位，以及与东南亚、中亚国家联系的天然优势，产业与技术的相对优势将得到进一步发挥。云南、新疆作为我国内陆对外开放的前沿阵地和沿边地区实施“走出去”战略的先行区，其开发开放对于深化与周边国家的经济合作、促进自身经济转型、发展特色产业都具有重要战略意义。

西部五省（区）是我国重要的能源安全支撑区、矿产和生物资源战略储备区。生物资源和能源矿产资源丰富，是保障国家未来经济稳定快速增长的战略资源基地。新疆的煤炭、天然气、石油预测储量占全国的 40%、34% 和 30%，新疆、青海的钾盐储量占全国的 90% 以上；贵州潜在的煤炭资源 2 400 多亿 t，是我国南方地区唯一的资源富集区；云贵水能资源占全国的近 18%，磷矿资源占全国的 50%；云南的物种数占全球的 10%，脊椎动物占全国的 47.4%，天然药物资源占全国的 51%。随着西部大开发战略的实施，西部五省（区）将建成全国重要的能源、资源深加工、装备制造以及战略性新兴产业基地。推进西部五省（区）加快形成资源有效利用、产业体系具有特色优势、自我发展能力显著、经济增速高于全国平均水平的局面，既是国家层面上的战略要求，同时也是这些地区自身发展的迫切愿望。

（二）加强生态环境保护的紧迫性

西部五省（区）具有突出的水源涵养功能、重要的防风固沙功能和生物多样性维护功能，在我国生态安全格局中占据重要地位。西部五省（区）是我国北方防沙带、青藏高原生态屏障、黄土高原—川滇生态屏障“两屏三带”生态屏障格局的关键区域，是长江、黄河、珠江、澜沧江等重要江河的发源地和我国淡水资源的重要补给地，是我国北方防风固沙的关键区域；生态系统类型独特多样，生物多样性丰富；对该区域的生态环境实施战略性保护是维系西部地区乃至全国生态安全、增强可持续发展能力的基本保障（图4）。

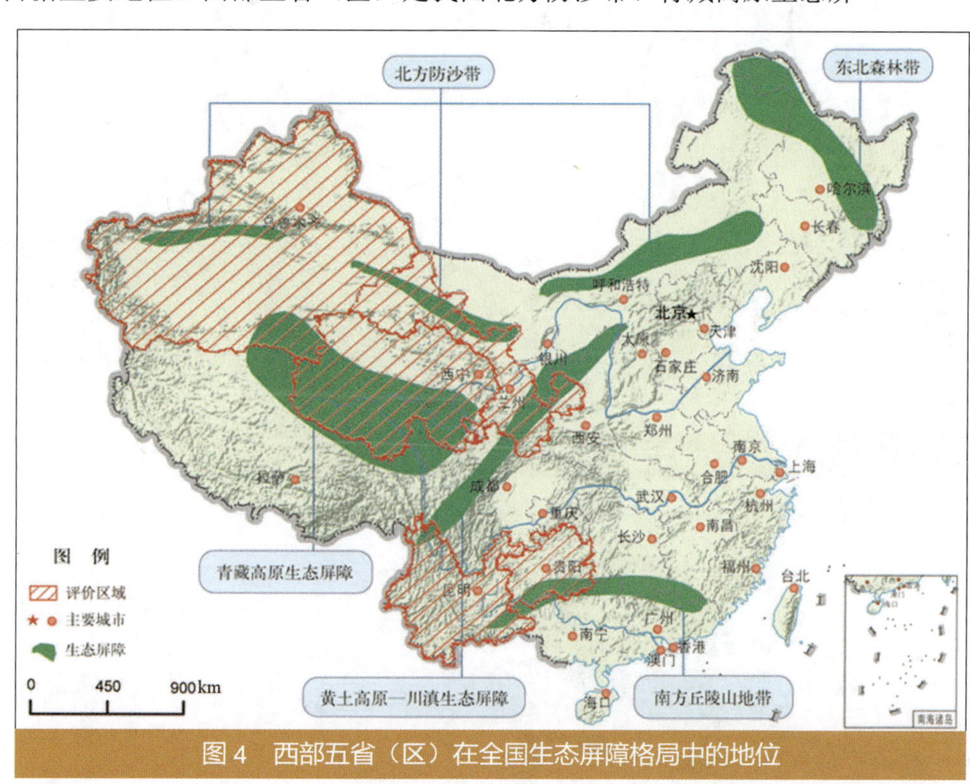

图4　西部五省（区）在全国生态屏障格局中的地位

西部五省（区）是拥有重点生态功能区最多的区域之一。《全国主体功能区规划》划定的25个国家重点生态功能区中，有10个分布在西部五省（区）的辖区中，发挥着维护国家生态安全的核心作用。加强这些重点生态功能区的战略性保护，既是落实国家主体功能区战略的紧迫要求，也是落实西部大开发战略、保障黔中、滇中、关中—天水、兰州—西宁、天山北坡等重点开发区

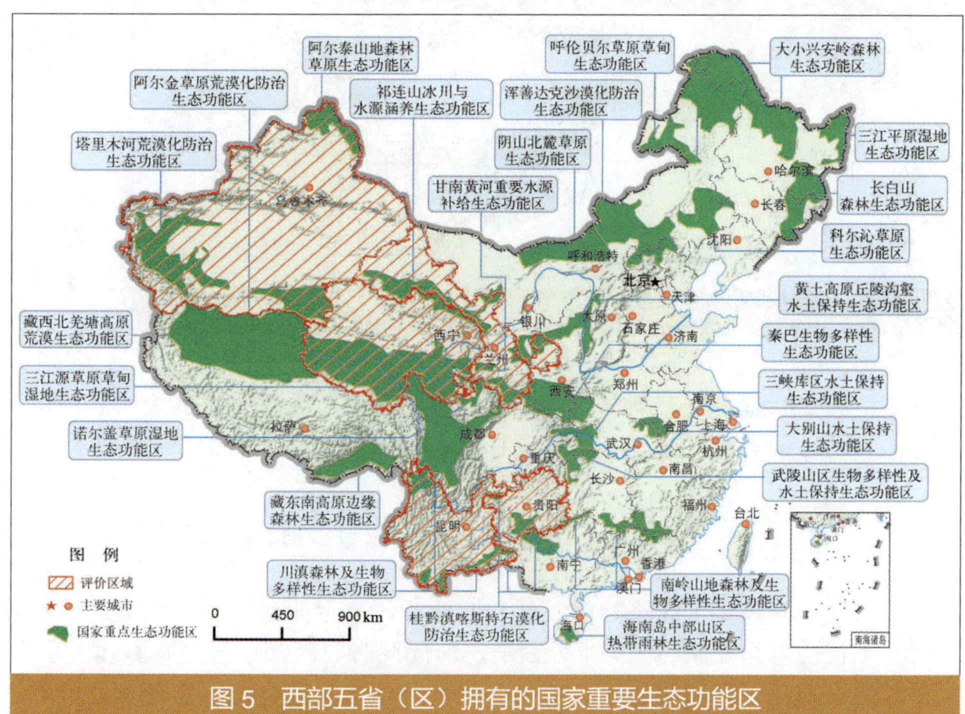

图5　西部五省（区）拥有的国家重要生态功能区

图 6 云贵地区生态保护重点区分布

图 7 甘青新地区自然保护区分布

的紧迫需求（图 5）。

西部五省（区）国家级自然保护区数量多，是我国乃至世界生态多样保护的热点区域。云贵地区现有自然保护区 281 个，总面积 3.8 万 km^2，约占云贵地区国土面积的 6.7%（图 6）。云南省国家重点保护的野生动物、植物分别为 222 种和 114 种，占全国总数的 55.4% 和 46.3%，是我国乃至世界生态多样性集聚区和物种遗传基因库。贵州省拥有国家重点保护的野生动物、植物分别为 79 种和 71 种，占全国总数的 19.7% 和 28.8%。甘青新地区具有许多特有的生态系统类型及动植物物种，目前国家级和省级自然保护区共 92 个（图 7）。甘青新地区自然保护区涵盖了陆地自然保护区的主要类型，其中野生动物保护区数量 37 个，森林生态保护区 29 个。这些自然保护区生物种类多具有独特性，对生态多样性保护具有不可替代的价值。

西部五省（区）关键性水土资源匹配条件差，资源环境效率较低，能耗、水耗和主要污染物排放强度较高，是我国环境承载的脆弱地区。部分城市地区大气复合型污染凸显，部分城市水体、湖泊和内陆河水污染较重，局部地区重金属累积性风险加重，加强区域性环境污染防治，扭转局部地区生态环境质量恶化趋势的任务十分紧迫。

（三）协调发展与保护的艰巨性

西部地区经济社会发展长期落后，与全面建成小康社会的目标存在较大差距，加快经济社会全面发展的任务十分紧迫。与此同时，西部地区生态脆弱，水土流失严重，水资源短缺，石漠化、沙漠化加剧，生物多样性退化等问题突出。随着工业化和城镇化的加速推进，西部地区已经出现资源型产业快速扩张、生态空间胁迫加剧的倾向，开发与保护之间的冲突逐渐显现。西部五省（区）矿产资源丰富，但黔西北—黔西—黔西南一线的煤矿开采密集带，伊犁河谷、天山北坡、吐哈盆地、河西走廊西部、柴达木盆地以及平庆等矿产资源富集区，与自然保护区、地质灾害易发区等生态环境敏感区、脆弱区在空间上重叠，随着矿产资源开发强度加大，全国生态屏障功能的保护难度也必将加大。甘青新地区工业产值前 5 位的产业均为资源型产业，资源型产业快速扩张给资源环境带来巨大压力。甘青新地区内陆河区用水已达极限，河西走廊、天山北坡中段和吐哈盆地的水资源利用率超过 95%，普遍存在地下水过度引用和地下水超采问题。河西走廊地区地下水漏斗区面积逐年增大、典型地下水漏斗区中心水位埋深逐年增加，同时也加速了生态退化。

总体来看，西部地区正面临着经济基础薄弱、发展能力不强的双重困境，面临着加快社会经济发展和转变发展方式的双重压力，面临着资源开发与生态保护、产业重化与环境承载的双重矛盾，面临着改善民生、遏制局部生态环境恶化的双重挑战。在深入实施西部大开发的第二个十年，如何破解发展面临的困境，处理好开发规模与资源环境承载能力、重点区域开发与生态安全格局之间的关系，直接关系到西部地区可持续发展能力的培育与构建，是西部地区形成新型发展模式的关键所在，是西部地区建设生态文明，实现全面协调可持续发展的必然要求，任重道远。

三、经济社会和重点产业发展特征与趋势

（一）经济社会发展特征与趋势

1．经济总量持续增长，整体水平依然不高

2000 年以来，西部五省（区）经济持续平稳增长，经济实力有大幅度提升（图 8）。2000—2010 年，西部五省（区）GDP 总量从 5 721 亿元（当年价，下同）增长到 22 735 亿元，按可比价计算，经济总量增长了 2 倍左右。其中，新疆、贵州、青海三省（区）经济增长态势明显，十年间 GDP 年均增长率远高于全国平均水平；甘肃和云南两省 GDP 年均增长率与全国基本持平。

虽然整体经济实力提升较快，但总量仍然较小，在全国经济格局中的地位并未明显改观。西部五省（区）GDP 总量占全国比重由 2000 年的 5.8% 下降到 2010 年的 5.7%，云南 GDP 总量占全国比重由 2001 年的 2.0% 下降到 2010 年的 1.8%，十年间下降了 0.2 个百分点；新疆、甘肃经济地位变化不大，分别维持在 1.35% 和 1.05% 的水平；贵州、青海经济地位相对有所提升，十年间 GDP 占全国比重分别提高了 0.2 个和 0.07 个百分点（图 9）。

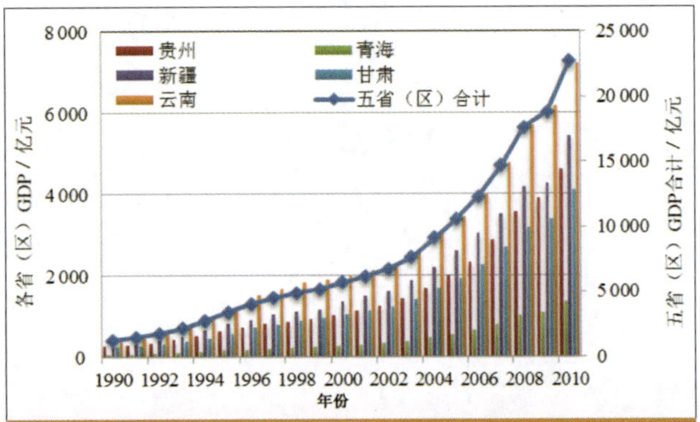

图 8　西部五省（区）经济总量历史演变

十年来，西部五省（区）人均 GDP 远低于全国平均水平，且差距有进一步扩大趋势。2010 年，西部五省（区）人均 GDP 仅为全国平均水平的 56.7%，低于西部平均水平，与全国的绝对差距由 2001 年的 3 846 元 / 人增加到 12 992 元 / 人（图 10）。2010 年，甘肃、云南、贵州人均 GDP 在全国 31 个省（区、市）中分列倒数第 3、2、1 位。从发展态势看，未来相当长一段时间内将仍然保持这一格局。

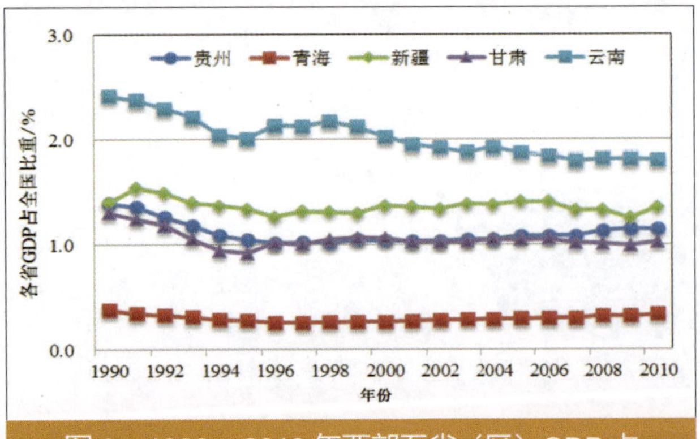

图 9　1990—2010 年西部五省（区）GDP 占全国比重变化趋势

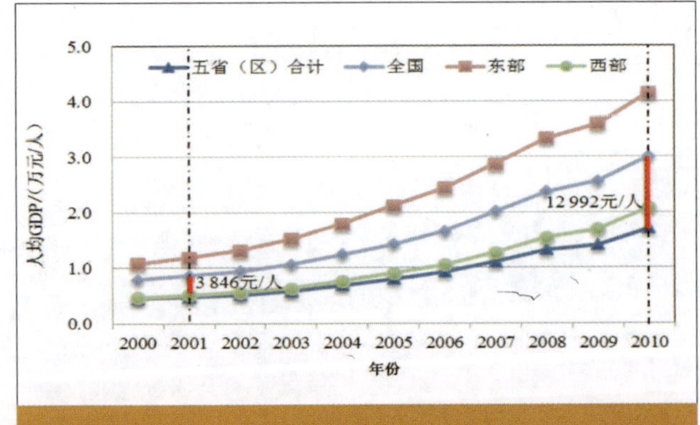

图 10　西部五省（区）人均 GDP 变化趋势

2. 区域经济发展不均衡，内部差异大

西部五省（区）经济发展格局呈现不均衡的突出特征。滇中经济区人口和GDP分别占云南全省总量的37.6%和57.6%，人均GDP是全省平均水平的1.6倍；黔中经济区人口和GDP分别占贵州省总量的56%和76.1%，人均GDP是全省平均水平的1.3倍。以地级行政单元进行评价，则差异更为突出。昆明、贵阳人均GDP在全国平均水平之上，昭通、普洱、临沧、文山等4市（州）人均GDP尚不及全国平均水平的1/3，黔东南州人均GDP尚不及全国平均水平的1/4（图11）。甘青新地区内部发展差异也十分明显，经济总量集中在为数不多的几个大城市（图12）。2010年，甘青新重点区域GDP总量达到8 121.9亿元，占三省区GDP总量的74.5%。

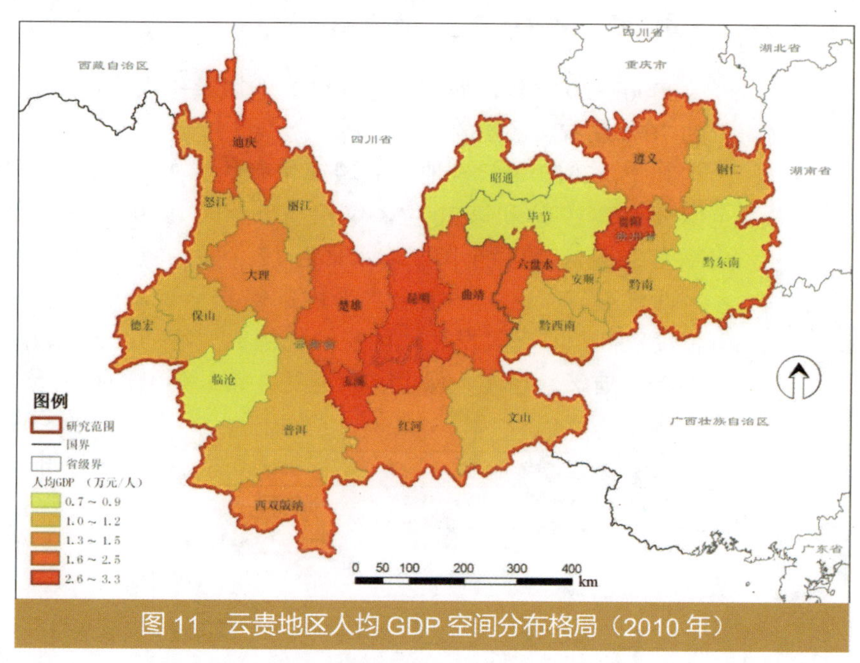

图11 云贵地区人均GDP空间分布格局（2010年）

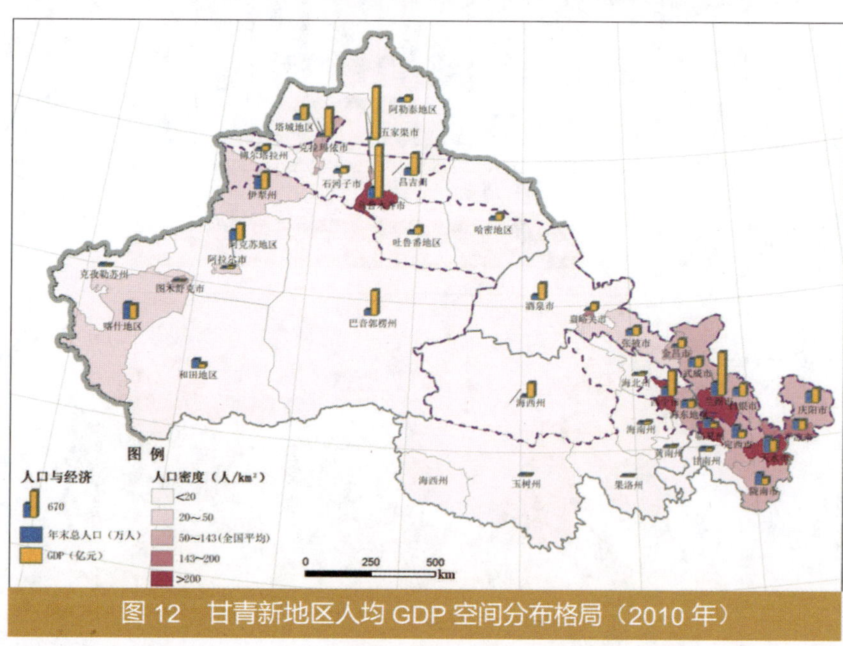

图12 甘青新地区人均GDP空间分布格局（2010年）

3. 产业结构层次偏低，工业现代化进程缓慢

西部五省（区）整体处于工业化初期阶段，产业结构层次较低。2010年，五省（区）三次产业结构为15.6 ∶ 45.5 ∶ 38.9，与全国相比，第一产业高5.5个百分点，第二产业低1.3个百分点。工业主要以资源型初加工产业为主，占工业总产值的比重在60%以上，远高于全国平均水平。高端且资源消耗低的产业门类少，规模小，层次低。

2010年，云贵地区三次产业结构为14.6 ∶ 42.5 ∶ 42.9，第一产业比重高出全国4.5个百分点，第二产业比重与全国平均水平差距明显，第三产业比重高于全国平均水平且发展优势突出；甘青新地区三次产业结构为16.6 ∶ 48.8 ∶ 34.6，第一产业比重高出全国7.3个百分点，第二、第三产业比重分别低于全国1.5个、5.8个百分点，农牧业发展在甘青新地区国民经济

中占有重要地位。

4．城镇化进程滞后，质量有待提高

2000—2010 年，西部五省（区）的城镇化水平稳步提升，但城镇化率相当于全国平均水平的 70% 左右（图 13）。

其中，2010 年云贵地区的城镇化率约为 35%，落后全国城镇化水平约 15 个百分点，在全国分列第 29 位和第 30 位，仅相当于全国 1999 年的城镇化水平。甘青新地区 2010 年城镇化率为 38.6%，落后全国平均水平近 12 个百分点。

西部五省（区）城镇化水平内部差异显著，中心城市的人口极化效应明显，城镇体系首位度较高，具有欠发达地区城镇化的典型特征。云贵地区昆明和贵阳的城镇化水平已经接近 70%，迪庆、怒江、保山、昭通等 4 市（州）的城镇化水平尚不足 25%（图 14）。甘青新地区的城镇人口主要集中在天山北坡和兰州—西宁一带（图 15），其中，兰白、河西和陇东三大经济区城镇人口占甘肃全省比重高达 70.7%，而西宁和乌鲁木齐则集聚了青海和新疆 50% 左右的城镇人口。

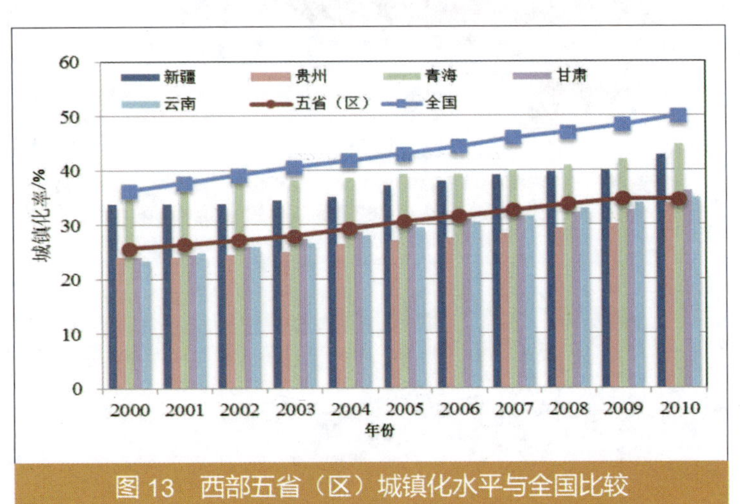

图 13 西部五省（区）城镇化水平与全国比较

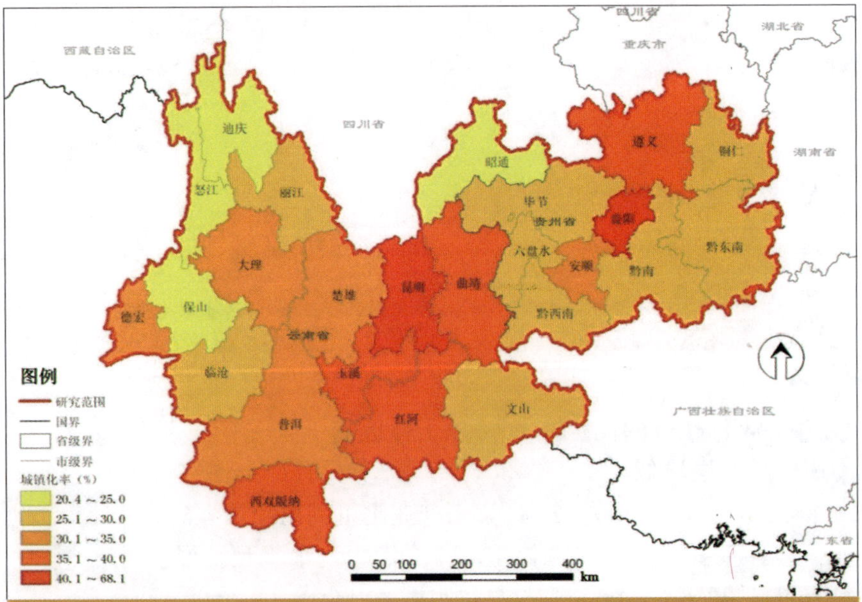

图 14 云贵地区城镇化水平的空间分异

西部五省（区）城镇化质量不高，除少数省会城市外，多数城市对区域经济的带动力较弱。一是城市功能配套不足，交通、能源、供水、供热、污水处理等基础设施发展水平不均，地区之间、城乡之间差异较大，支撑发展的基础能力较弱。以云贵为例，两省每万人拥有铺装道路面积为 10.9 m^2 和 6.7 m^2，分别为全国平均水平的 82.5% 和 50.3%，城市燃气普及率分别为 76.4%、69.7%，远低于全国平均水平（92.0%），分别处于全国倒数第 4 位和倒数第 1 位。二是资源型产业特征显著，产业链短。70% 的工业经济产出集中在煤炭、有色冶金、石油等开采以及电力、钢铁、化工、食品等加工行业，新型高端产业规模小，竞争力弱。三是城市的创新能力有限。科技、教育、人才支撑能力薄弱的状况突出。

图 15　甘青新地区城镇规模的空间分异

西部五省（区）就业结构仍停留在“一三二”格局，第二产业就业比重普遍低于全国 15 个百分点左右。区域农业效率低下，工业吸纳就业能力不强，服务业规模化和市场化程度不足，导致就业结构变动滞后于产业结构变动，进一步阻碍了城镇化进程。

5．人均收入水平低，城乡差距突出

2000—2010 年，西部五省（区）城镇及农村居民收入年均增速均未达到西部平均水平，收入水平与全国的差距也在加大（图 16）。2010 年，西部五省（区）城镇居民可支配收入和农村居民人均纯收入分别为 14 179 元、3 871 元，仅为全国平均水平的 74.2%、65.4%。

西部五省（区）城乡居民收入水平的差距十分突出（图 17）。2010 年，云贵地区城镇和农村居民收入差距为4.1 ∶ 1，甘青新地区城镇和农村居民收入差距为3.4 ∶ 1，高于全国3.2 ∶ 1 的平均水平。

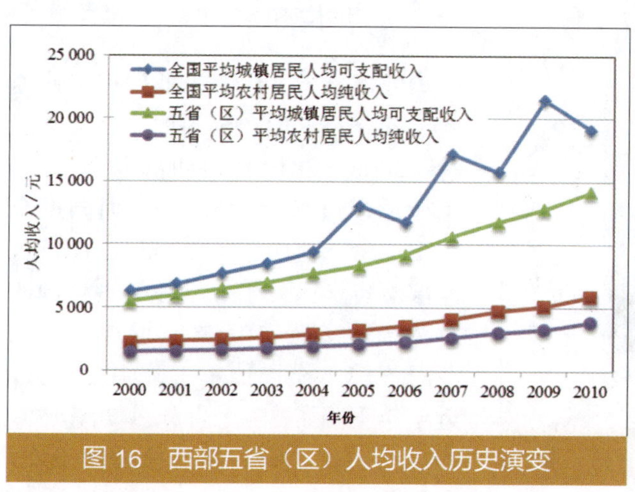

图 16　西部五省（区）人均收入历史演变

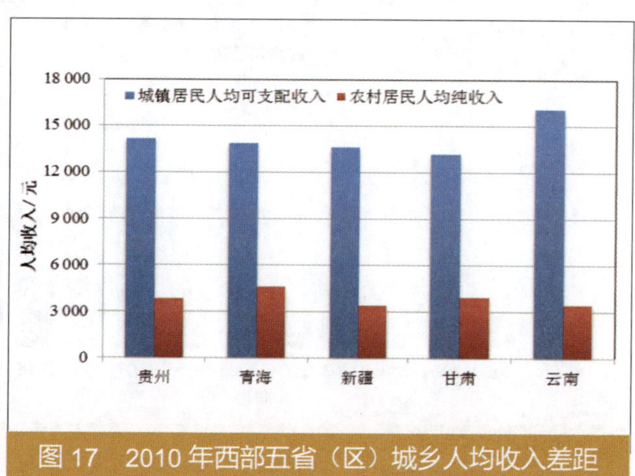

图 17　2010 年西部五省（区）城乡人均收入差距

（二）重点产业发展特征与趋势

1. 农业产业化水平低，服务业发展不充分

西部五省（区）除新疆外，其余四省均属农业发展落后省份，农业基础设施薄弱，科技贡献率和组织化水平不高，农产品加工转化程度低。2010 年除新疆以外，其余四省人均农业增加值均未达到全国平均水平的 80%。西部五省（区）农业发展以传统农业为主，农业人口比重较高，农业劳动生产率较低，整体上仅为全国平均水平的 60% 左右（表 3）。新疆农业劳动生产率高于全国平均水平，贵州省水平刚超过全国平均水平的 1/3。从农产品的深加工程度来看，西部五省（区）农产品向食品工业的转化度不高，农业产业化水平较低，整体上仅为全国平均水平的 26%。

西部五省（区）服务业发展水平较低，仍以传统服务业为主，高端服务业比重不高。新疆服务业劳动生产率接近全国平均水平，其余四省均未达到全国平均水平的 70%，其中贵州、甘肃两省尚不及全国平均水平的一半（表 3）。

工业化进程缓慢是导致西部五省（区）农业产业化水平低、服务业发展不充分的深层次原因。随着区域工业化进程的稳步推进，生产性服务业的跟进发展，以及农业剩余劳动力向城市第二、第三产业加速转移，西部五省（区）农业和服务业的发展潜力将得到释放。

表 3 西部五省（区）农业与服务业发展概况（2010 年） 单位：元 / 人

地区	农业产业化水平 *	人均农业增加值	农业劳动生产率	服务业劳动生产率
云南	0.28	2 409	6 631	38 059
贵州	0.22	1 797	5 243	23 534
甘肃	0.37	2 341	8 193	31 739
青海	0.30	2 396	10 936	45 143
新疆	0.32	4 936	24 731	59 557
西部五省（区）	0.30	2 649	8 536	34 409
全国	1.14	3 023	14 512	65 732

* 农业产业化水平采用食品工业产值与农业增加值的比重表征。

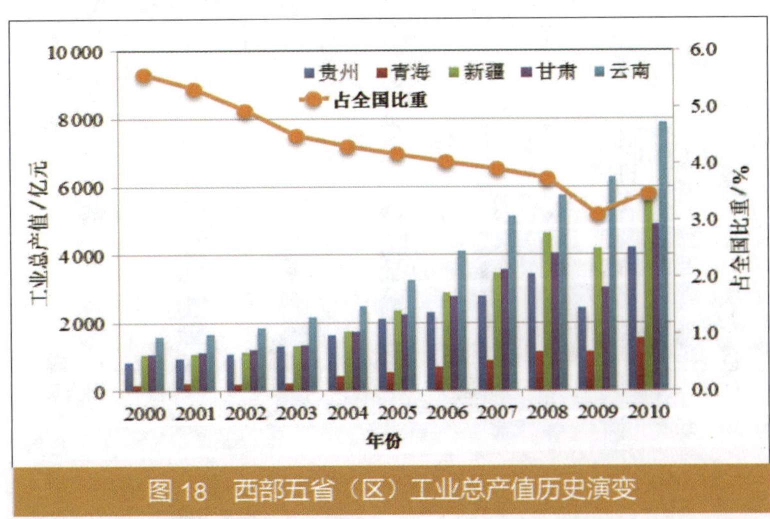

图 18 西部五省（区）工业总产值历史演变

2. 工业整体水平不高，在全国地位下降

西部五省（区）工业保持了快速发展的态势，但在全国地位呈下降趋势。2000—2010 年，西部五省（区）工业总产值增长了 4.1 倍，而同期全国工业总产值增长了 6.3 倍。2010 年，西部五省（区）工业增加值占全国比重为 5.3%，十年间略有增加，但工业总产值占全国比重下降幅度较大，近十年下降了 2.1 个百分点（图 18）。增加值占比上升、总产值占比下降，

说明工业发展过分依赖资源型产业，产业链条较短。

3．资源型产业地位突出，结构重型化趋势明显

2000 年以来，西部五省（区）资源型产业呈现快速发展态势，结构重型化趋势明显，产业体系基本形成了资源型产业为主体的结构特征。

2010 年，西部五省（区）工业产值占比前 5 位的产业均为资源型产业，累计产值比重均超过所在省区工业产值的一半（图 19），电力、钢铁、有色、石油工业已经成为具有区域特色的主导产业，产业体系资源依赖特征突出。

云贵地区前 5 位产业分别为电力、烟草、有色、钢铁和煤炭，累计占比接近 60%（图 20）。甘青新地区前 5 位产业分别为石油工业、油气开采、钢铁、有色和电力，累计占比达到 63%（图 21）。

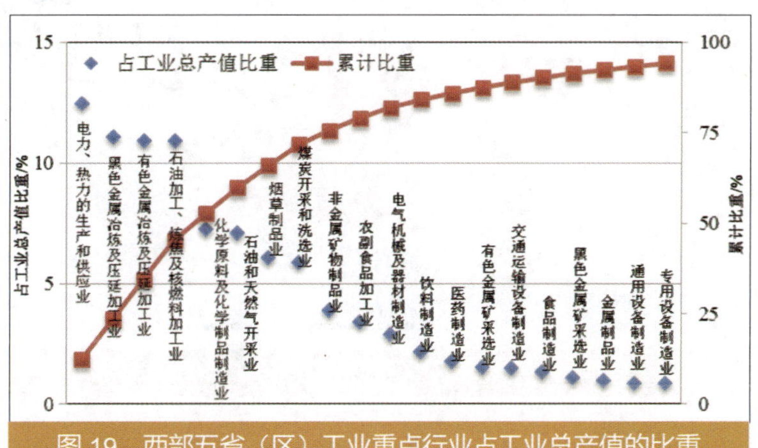

图 19 西部五省（区）工业重点行业占工业总产值的比重

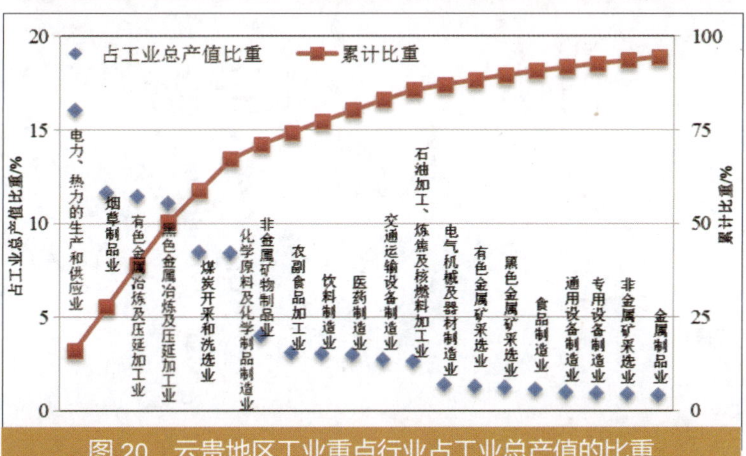

图 20 云贵地区工业重点行业占工业总产值的比重

4．工业布局相对集中，云贵分散态势初显

西部五省（区）工业主要分布于区域性大中城市，空间集聚特征突出。重点产业带状分布的格局明显，云贵地区主要分布在滇中—黔中经济区、毕水兴地区和红河州一带，甘青新地区主要分布在兰西格—河西走廊—吐哈盆地—天山北坡—伊犁河谷一带。

云贵地区工业产值集中分布在昆明、曲靖、玉溪、贵阳、遵义和六盘水 6 个市（图 22），2010 年工业总产值分别占所在省份的 70.3%（云南省）和 70.7%（贵州省）。其中，昆明和贵阳工业总产值占各省比重均超过 30%。

甘青新地区工业产值也集中于少数几个地级市。2010 年甘青新地区工业总产值主要集中在乌鲁木齐、克拉玛依、兰州、嘉峪关、金昌、西宁和格尔木（海西州）7 个市，上述各市（州）分别占所在省（区）工业总产值

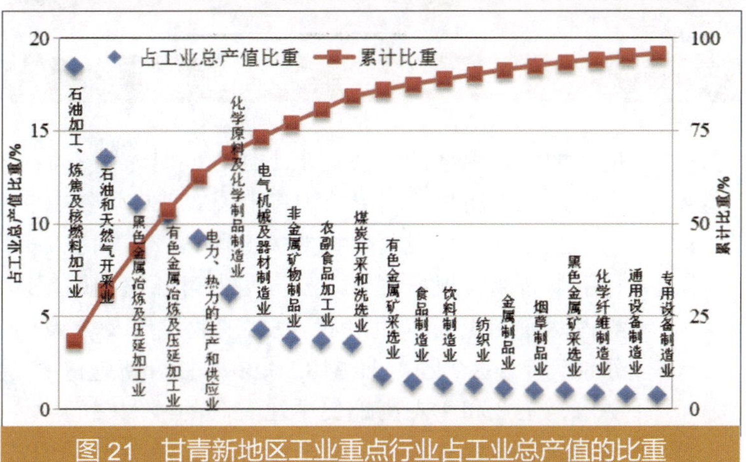

图 21 甘青新地区工业重点行业占工业总产值的比重

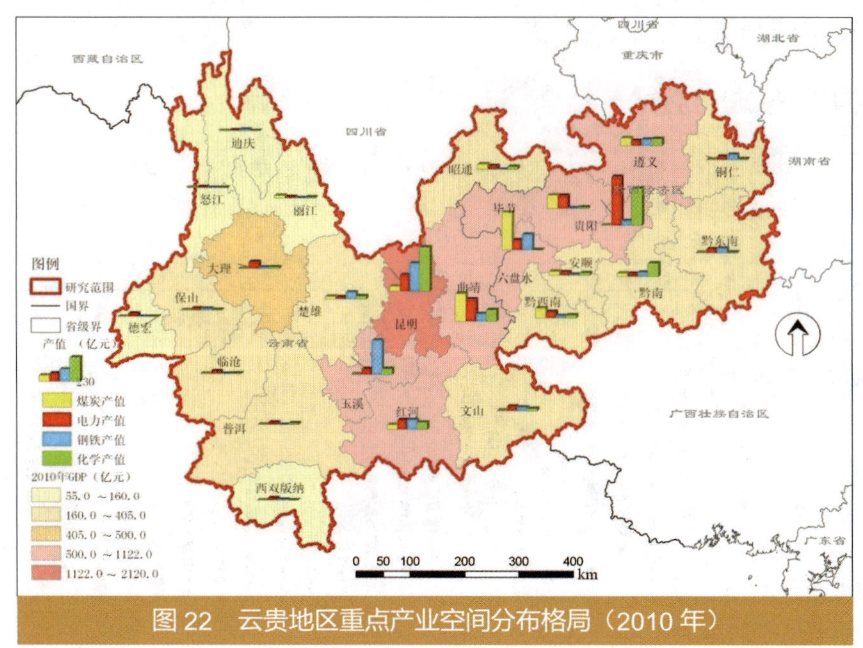

图 22 云贵地区重点产业空间分布格局（2010 年）

图 23 云贵两省工业园区空间分布

的 56%（新疆维吾尔自治区）、58%（甘肃省）和 89%（青海省）。

云贵地区现状工业经济总量空间分布虽然表现出一定程度的集中，但从园区载体层面上看，未来分散态势也初步显现。已建、在建各类市级以上工业园区近 250 个（图 23），还有一大批县级工业集聚区分布在相应的县域内。

5. 资源开发与加工进程加快，发展秩序亟待规范

基于资源优势和市场需求，西部五省（区）资源开发和加工的进程呈现加快的态势。按照地方规划，到“十二五”末，西部五省（区）煤炭、电力和电解铝产能将分别达到 8.6 亿 t、15 700 万 kW 和 1 800 万 t，较 2010 年分别增长 1 倍、2 倍和 4 倍，农业、旅游业的资源开发强度将进一步加大，将逐步形成具有全国意义的能源开采与加工、有色金属矿产开发与加工、特色农业开发与加工和旅游资源开发与旅游业发展基地。随着城镇化进程的加快，农业用地、生态用地转化为城镇建设用地的规模将进一步增大。各地规划建设数量众多、占地较大的工业园区就是新增建设用地的主要需求主体。同时，随着城镇化和工业化进程的加快，水资源的利用强度将进一步加强，利用结构将出现农业向城镇、工业转移的态势。

综合评估开发与保护的关键因素，下列三方面开发秩序亟待调控：一是水土资源的合理利用与布局。根据测算，云贵两省可开发利用坝区面积分别为 2 575.1 km^2、1 011.0 km^2，均约占两省国土面积的 1%。根据工业发展及城镇化发展预测，2020 年云贵两省新增土地需求分别为 1 568.9 km^2、1 318.3 km^2；甘青新地区 2020 年水资源需水量较现状将增加 50 亿 m^3，城市、工业和生态用地集中在有限的绿洲空间中。未来区域工业发展及城镇化如果完全依照当前的发展模式推进，农业用地向城镇建设用地转移是必然趋势，势必对区域的生态功能的

图 24　甘青新重点地区工业园区分布

维护产生巨大压力。研究确定水土资源合理开发秩序十分急迫。二是资源开发的空间秩序急需调控。大江大河的支流流域矿产资源的大规模开发也是西部五省（区）近年资源开发的基本态势，在江河源头形成了大量资源开发与加工企业和园区，需要在空间布局、开发规模、开发方式等方面加大调控。三是工业园区与城镇的发展布局。以工业园区模式促进西部地区工业化进程是合理的模式，但如何处理以重化工为主的园区布局与城市发展的关系，需要在空间布局上合理调控。甘青新重点地区共有国家级工业园区 23 个、省级工业园区 49 个，3/4 的工业园区与城市相邻布局或布局在城市建成区（图 24），将使乌鲁木齐—昌吉、独山子—奎屯—乌苏、石河子—玛纳斯—沙湾、兰州—白银、金昌、西宁等重点城市或城市群环境污染问题复杂化。

四、区域生态环境现状及其演变

（一）关键性水土资源匹配条件差

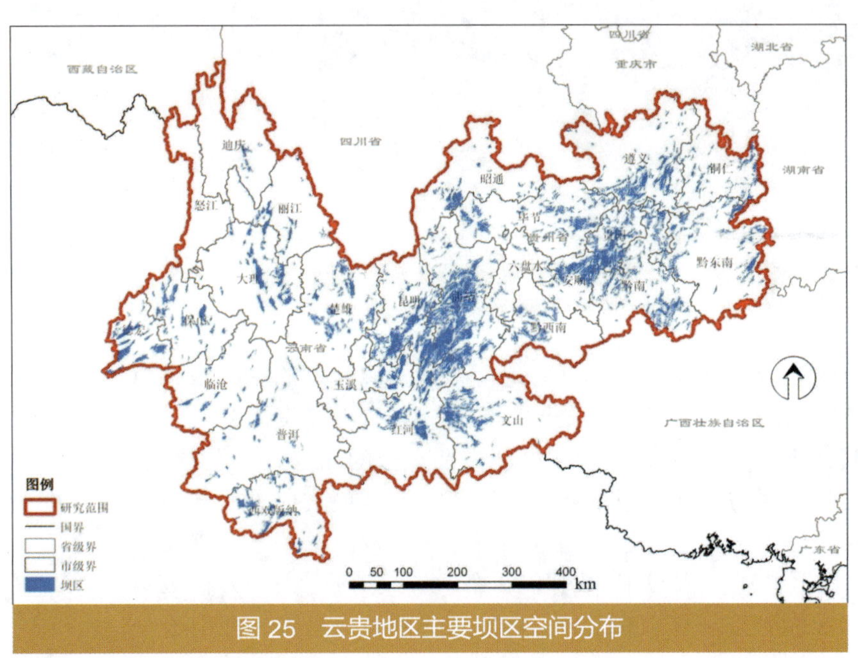

图 25　云贵地区主要坝区空间分布

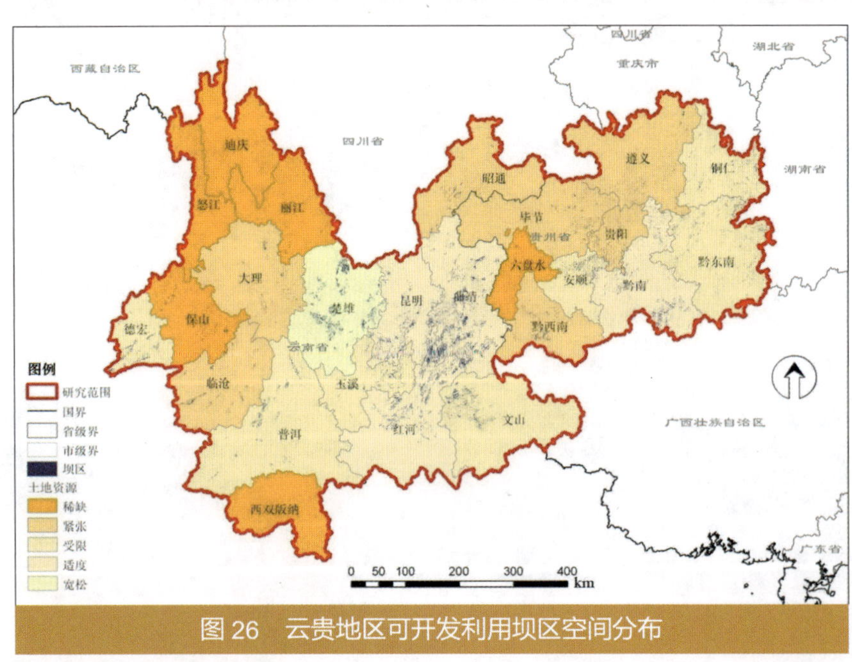

图 26　云贵地区可开发利用坝区空间分布

1．云贵地区水多土少，可利用土地资源不足

云贵地区水资源丰富，总量分别位居全国第3位和第9位，云南省人均水资源量 4 805 m^3，贵州省人均水资源量 3 056 m^3，分别是全国平均水平的 2.3 倍和 1.5 倍。云贵地区山地、高原和丘陵面积超过 90%，可利用土地资源十分有限，具有经济开发规模的坝区面积为 5.4 万 km^2，占两省国土面积不足10%。其中，云南省坝区面积为 3.4 万 km^2，贵州省坝区面积为 2.0 万 km^2，分别占云南、贵州国土面积的 9%、12%，主要集中在滇中和黔中区域（图 25）。

根据土壤侵蚀、酸雨、石漠化及生境敏感程度，剔除生态敏感、已利用建设用地、不适宜开发区域，云贵地区可开发利用坝区面积分别为 2 575.1 km^2、1 011.0 km^2，仅占两省国土面积的 1%。云南省可开发利用坝区主要集中在滇中经济区和沿边经济带，分别占全省可开发利用坝区面积的 54% 和 41%；贵州省可开发利用坝区主要分布在黔中经济区，约占全省可开发利用坝区面积的 72%（图 26）。

云贵地区水资源时空分布不均，开发利用难度较大。2010 年云贵两省水资源开发利用率分别为 7.7% 和 9.55%，低于全国平均水平的 20%。昆明、贵阳水资源开发利用程度最高，分别达到 44.9%、37.2%（图 27）。云贵局部地区水资源供需矛盾较为突出，资源型、工程型、水质型缺水并存，但主要是工程型缺水。云贵地区用水结构基本一致，生产用水约占全社会用水总量的 85%，生产用水结构体现出较为明显的“滇农黔工”特征。

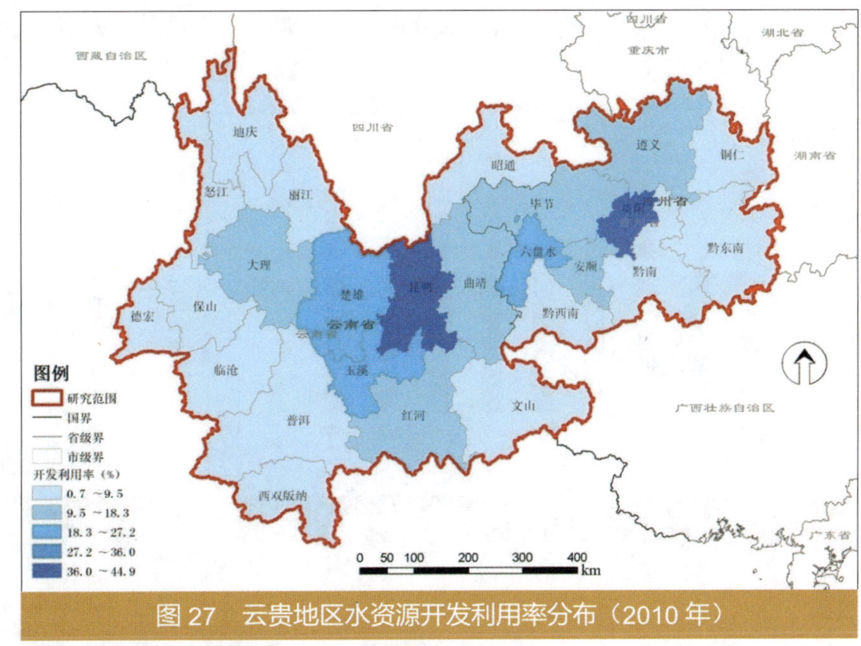

图 27 云贵地区水资源开发利用率分布（2010 年）

2．甘青新地区土多水少，内陆河水资源开发过度

甘青新地区地域广阔，但荒漠和草地生态系统面积占国土面积 87.5% 以上，农田和城市生态系统面积占国土面积的 5.58%，适于人类居住和生活的范围十分有限，经济社会活动集中在空间相对狭小的山谷和绿洲，绿洲人口已达 200 人 /km^2 以上。

甘青新地区水资源匮乏，水资源不足全国的 7%，是全国最为缺水地区。2001—2010 年，重点区域人均水资源量 1 914 m^3，是全国人均淡水资源量的 83%。黄河流域人均水资源量仅为 343 m^3，属于极度缺水区域；天山北坡诸河流域和河西地区人均水资源量 1 500 m^3 左右，约为全国人均水资源量的 70%，水资源紧缺。内陆河区以资源型缺水、生态型缺水为主，黄河流域上游以指标型和工程型缺水为主。

甘青新地区水资源空间分布与经济社会发展格局不匹配，重点区域水资源量占甘青新水资源总量的 33%，支撑着 60% 的人口、80% 的地区生产总值，水土资源匹配严重失衡（表 4）。

近十年来，甘青新内陆河地区社会用水量持续增加，近三年维持在 640 亿 m^3/a 的极限，水资源配置中农业用水量高的态势没有改变（图 28）。2010 年，甘青新重点区域农业用水占全社会用水总量的 89%。水资源利用效率普遍较低，水资源短缺和粗放式用水并存。农业用

表 4 甘青新重点区域人口、经济与水土资源匹配状况

地区	人口密度 /（人 /km^2）	单位面积 GDP/（万元 /km^2）	人均耕地 /（亩 / 人）	人均水资源量 /（m^3/ 人）	耕地密度 /（hm^2/km^2）	亩均耕地占有水资源量 /（m^3/ 亩）
黄河流域	154.0	288.0	1.2	343	12.2	289
河西走廊	17.5	45.6	2.2	1 587	2.6	712
天山北坡	33.3	170.8	2.4	1 128	5.3	471
伊犁河谷	65.4	132.5	5.6	8 562	24.2	1 542
柴达木盆地	2.7	10	1.2	11 239	0.2	10 668

水效率低下，区内重点农业区河西走廊、天山北坡的农田亩均用水量是全国平均值的 1.63 倍和 1.27 倍（图 29）。

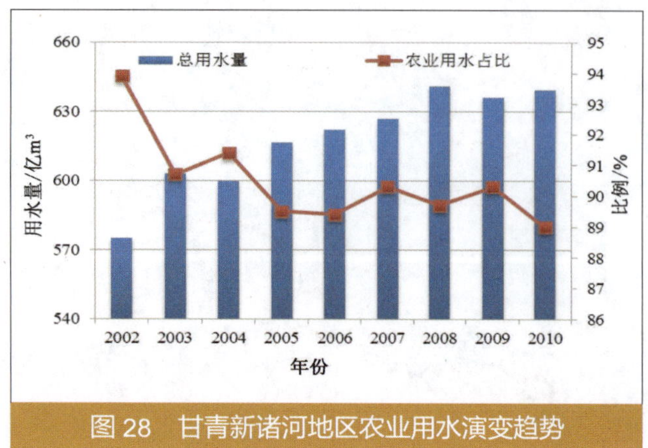

图 28 甘青新诸河地区农业用水演变趋势

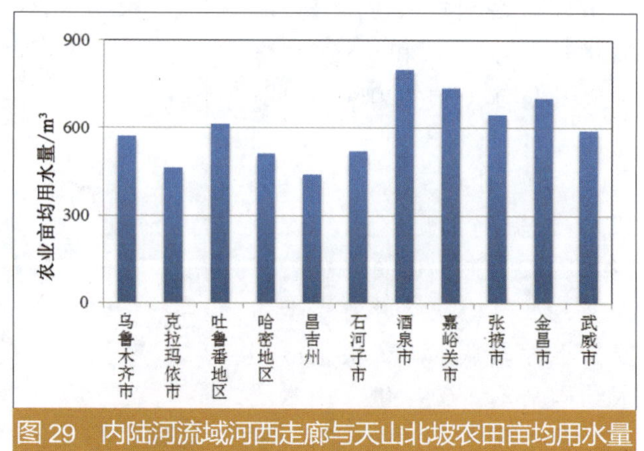

图 29 内陆河流域河西走廊与天山北坡农田亩均用水量

表 5 甘青新地区第一产业用水量占比情况（2010 年）

地区	全社会总用水量 / 亿 m³	地区生产总值 / 亿元	第一产业用水比例 /%	第一产业占 GDP 比例 /%
甘肃省	122.30	4 120.75	78.7	14.5
青海省	36.23	1 350.43	67.1	10.0
新疆自治区	535.08	5 437.5	92.7	19.8

2010 年，甘青新地区第一产业的经济产出占 GDP 的 10% ～ 20%，用水占比为 67% ～ 93%，用水效益低的农牧业用水占比大，与经济社会发展水资源短缺制约形成巨大反差，凸显了适当调整用水结构的迫切性（表 5）。

内陆河区全社会用水总量占水资源总量的 70%，用水量已超过水资源的承载能力，在河西走廊、天山北麓和吐哈盆地、黄河流域水资源利用率超过 95%，普遍存在地表水过度引用和地下水超采问题（图 30）。

图 30 甘青新地区水资源开发利用程度

内陆河区经济社会发展的用水压力向地下水转移，地下水超采逐年加剧。人口集聚、经济发展较快地区普遍存在地下水超采漏斗（图 31）。河西走廊地区地下水漏斗区面积逐年增大、典型地下水漏斗区中心水位埋深逐年增加（图 32、图 33），最大的深度近 70 m。内陆河流域地下水超采严重地区，往往也是生态退化最严重的地区。

内陆河区水资源过度开发利用，各支流与干流间的联系明显减弱，水资源消耗向干流中游

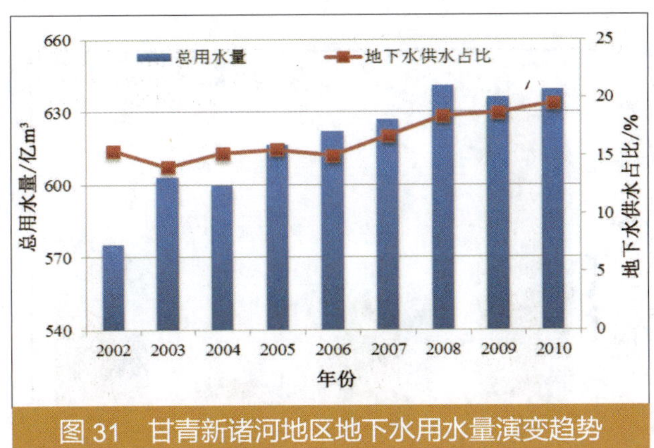

图 31 甘青新诸河地区地下水用水量演变趋势

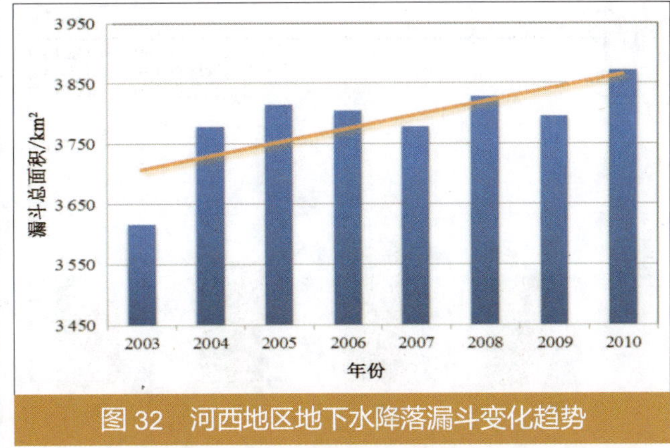

图 32 河西地区地下水降落漏斗变化趋势

集中，致使下游水量减少乃至枯竭，河道流程缩短、尾闾湖泊消失，艾比湖、玛纳斯河下游、民勤盆地等关键区域土地荒漠化、沙化形势依然十分严峻。

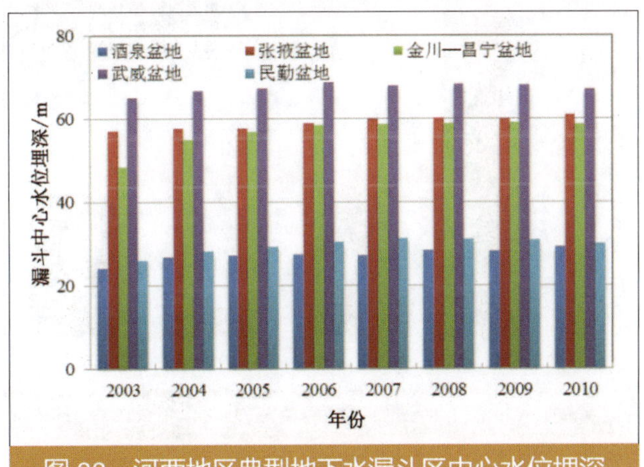

图 33 河西地区典型地下水漏斗区中心水位埋深

（二）区域性生态恶化趋势尚未根本扭转

1. 主要生态系统脆弱性加剧，生态服务功能整体趋于退化

（1）*森林覆盖率大幅提升，受损林地尚未完全恢复*

云贵地区实施“天然林资源保护工程”和“退耕还林”等政策以来，森林覆盖率恢复至 20 世纪 50 年代的水平，分别达到 50% 和 41%。但是，主要是人工林和中幼林面积增加，新增的有林地中幼龄林比重超过 50% 以上，天然林及生态效益较为明显的阔叶林仍在不断减少，成熟林比重仍相对较小，西南山区只有 8% ～ 9% 的森林仍保持原始状态。2010 年云南天然林面积 200 万 hm^2，仅为 1975 年的 22%。西双版纳 40 年来原始森林减少了 75 万 hm^2，面积减少超过 70%，橡胶林约占林地总面积的 15%。从林种结构来看，云南省经济林（以云南松、桉树为主）占造林面积比例从 2000 年的 32.1% 上升到 2010 年的 72.8%（图 34），橡胶种植面积从 1976 年的 32.1 万亩大幅度攀升至 2006 年的 312.2 万亩，增长了近 10 倍。

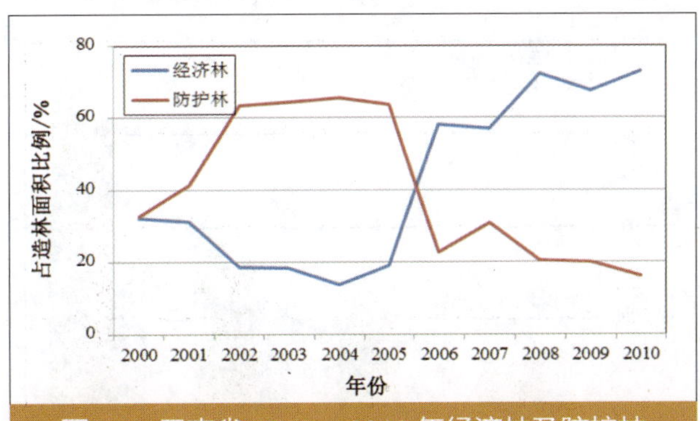

图 34 云南省 2000—2010 年经济林及防护林占造林面积比例

甘青新地区经过 10 余年生态建设，森林覆盖率已从 1994 年的 1.51% 提高到目前的 5.19%，天然林蓄积量也有所提高（图 35）。但是，内陆河流域依然存在天然林退化的问题，突出表现在中下游河岸林和尾闾湖周荒漠林（艾比湖和周甘家湖梭梭林、乌鲁木齐天然河岸林），因水资源过度开发而出现较严重退化。

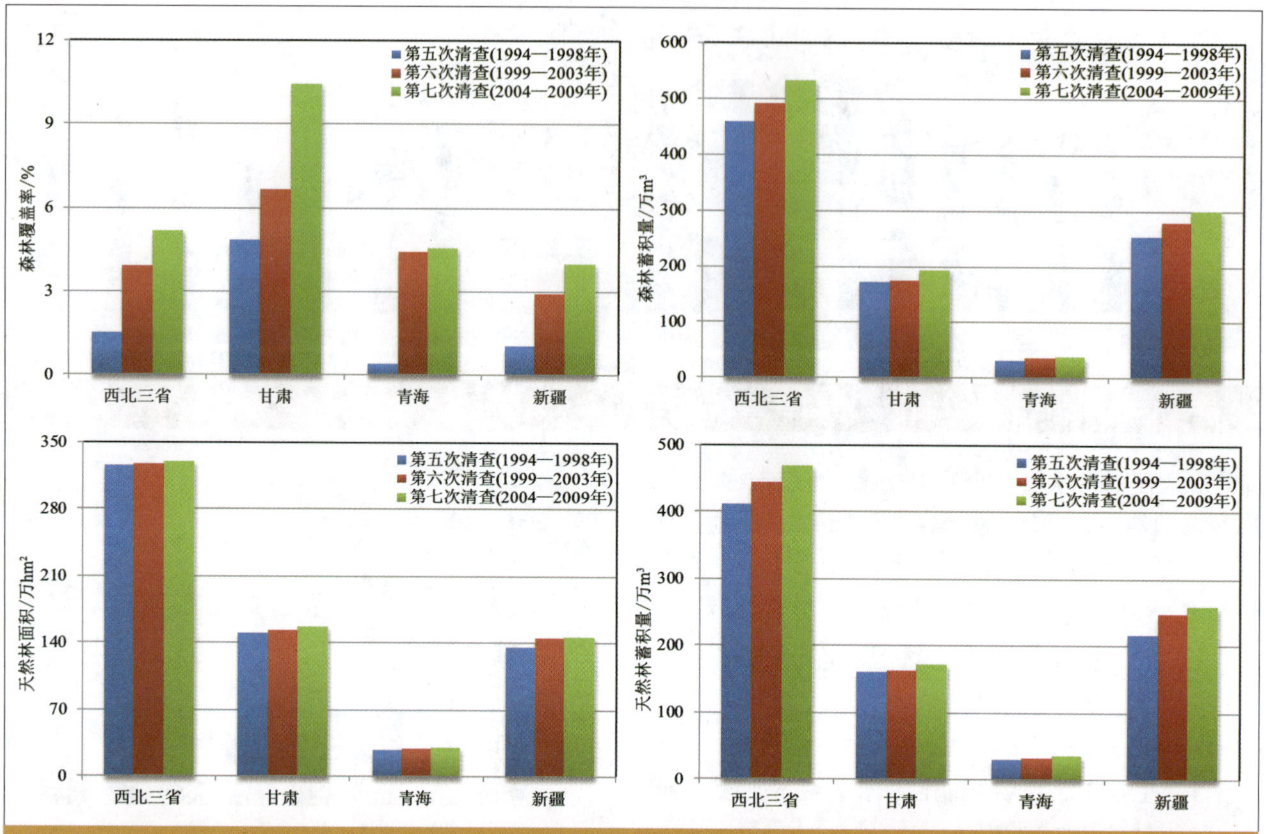

图 35 甘青新地区主要森林指标变化情况

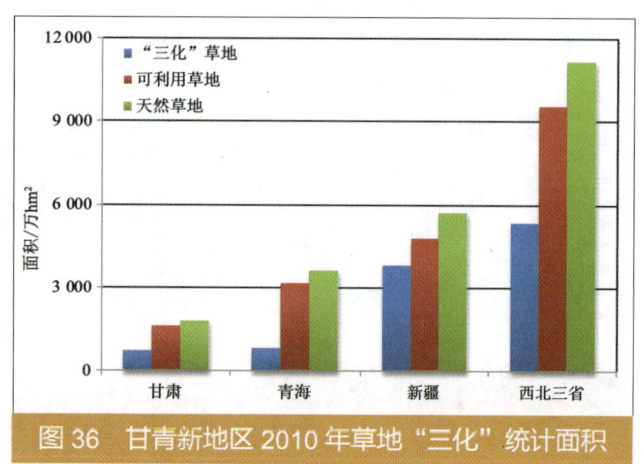

图 36 甘青新地区 2010 年草地"三化"统计面积

（2）草地"三化"问题依然严重，生态质量和功能下降明显

甘青新地区草地"三化"（沙化、碱化、退化）现象严重，"三化"面积占可利用草地总面积的 48%，其中新疆地区接近 80%（图 36）。甘肃省 90% 的草地出现不同程度的退化，并以每年 10 万 hm^2 的速度递增。青海省中度以上退化草地占可利用草地面积的比例由 1988 年的 23.2% 急剧上升至 2010 年的 51.7%，主要集中在三江源地区。

云贵地区近年来草地面积减少超过 200 万 hm^2，人工草地建设每年仅增加 1 万 hm^2。草地植物种类日趋减少，威胁草地质量的杂草大量繁生，紫茎泽兰、翻白叶、蕨类、飞机草、狼毒、乳浆大戟、白茅、扭黄茅等已成为许多草地的优势种群，严重破坏了草地植物结构，降低了草地生态功能。

（3）湿地面积严重萎缩，恢复和破坏并存

与 20 世纪 50 年代相比，甘青新地区湿地面积萎缩严重。新疆湿地面积由 20 世纪 50 年代的 800 万 hm^2 降至 2006 年的 148 万 hm^2。由于一些河流断流或流程缩短，导致部分尾闾湖干涸，1973—2006 年，河西走廊地区湿地面积下降 12.9%，柴达木盆地湿地面积下降超过

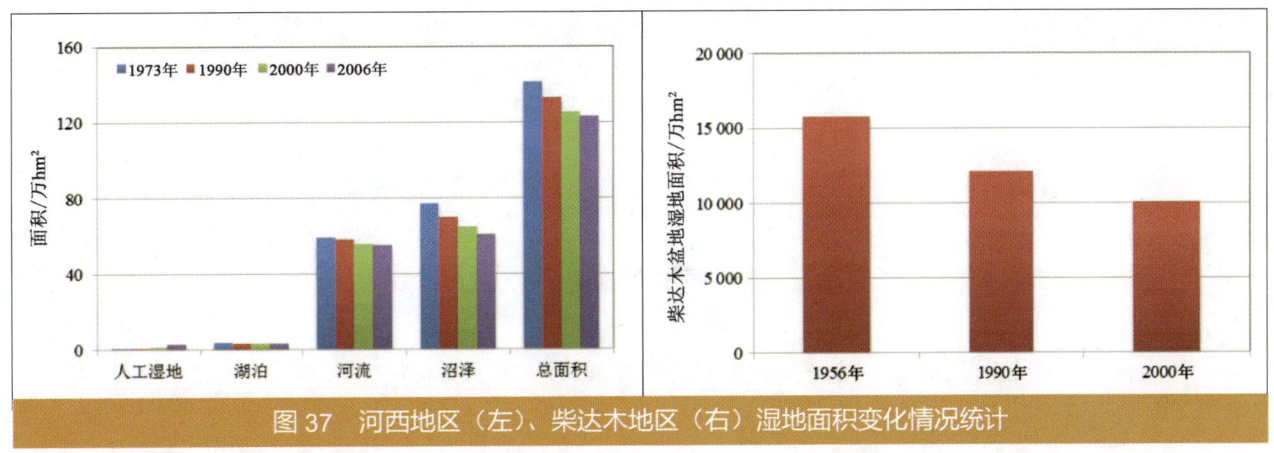

图 37　河西地区（左）、柴达木地区（右）湿地面积变化情况统计

35.9%（图 37）。

甘青新地区湿地类型的自然保护区有 10 个，2012 年保护区面积约 1 636 万 hm^2。部分湿地受流域中上游水资源开发利用影响显著，依靠人工补水维持。玛纳斯河流域中下游湿地严重萎缩，玛纳斯湖于 1972 年完全干涸。近十年多次实施湿地补水，2010 年玛纳斯湖湿地面积超过 100 km^2，湖区生态有所恢复。

2．生物多样性受到严重威胁，保护形势严峻

西部五省（区）珍稀野生动物栖息地环境恶化，生物资源总量下降，生物多样性受到严重威胁，珍贵野生药用植物数量锐减，部分物种已经灭绝或濒危。云南特有或曾分布的物种已有 13 种灭绝，占全国绝灭物种总数的 38.2%。贵州省动植物种类受威胁的比例均达到 20% 左右。在滇西北，犀鸟、长臂猿、懒猴等已很少见到，具有较高药用价值的红豆杉已成为濒危物种，具有观赏价值的兰花资源量也急剧下降。此外，云贵地区还是我国遭受外来生物入侵最为严重的地区之一。

甘青新地区生物多样性分布范围较广，特有种和珍稀濒危种较多。实施西部大开发战略以来，保护力度不断加大。截至 2012 年，共有国家和省级自然保护区 92 个，保护面积 5 091.1 万 hm^2，约占甘青新地区国土面积的 17.9%。其中，野生动物保护区数量 37 个，森林生态保护区 29 个，野生动物和内陆湿地保护区面积分别为 2 337 万 hm^2 和 1 636 万 hm^2，对甘青新地区的生物多样性起到了较好的保护作用。但是，区域生物多样性保护压力空前加大，一些重要湿地、湖泊对人工补水的依赖程度显著提高，矿产资源开发与生态保护之间的矛盾比较突出。

3．水土流失依然严重，荒漠化和石漠化问题十分突出

云贵地区水土流失问题依然严峻，两省石漠化面积占全国石漠化总面积的 53.4%。根据 2000 年贵州土壤侵蚀现状遥感调查成果，贵州水土流失总面积为 7.32 万 km^2，占全省土地总面积的 41.54%。1999—2004 年，云南水土流失面积减少 7 072 km^2，但强度、极强度流失区面积分别增加 23.1% 和 250.7%。严重的水土流失导致云贵地区石漠化加剧，石漠化面积呈逐年扩大趋势。2005—2007 年，云南受石漠化影响区域面积年均增加约 30 万 hm^2；贵州省 2011 年石漠化面积为 302.38 万 hm^2，相比 2005 年减少约 29 万 hm^2，石漠化面积正逐步减少、总体程度有所减轻、扩展趋势得到了初步遏制，但局部恶化现象仍然存在，石漠化防治形势

图 38 艾比湖、玛纳斯湖、石羊河的生态安全战略区位

十分严峻。

甘青新地区土地荒漠化以风蚀荒漠化为主，占荒漠化面积的 80% 以上，土地荒漠化类型以草地和未利用地为主，约占 75.6%。其中，天山北坡经济带、河西地区、柴达木盆地是风蚀荒漠化集中区域，位于黄土高原的河湟谷地和兰白经济区则是水蚀荒漠化集中区域。2000—2010 年，甘青新地区荒漠化面积略有降低，中度和极重度荒漠化土地面积减少，中度以上荒漠化土地面积仍然是主体。艾比湖、玛纳斯湖、石羊河等具有重要生态屏障功能的流域水资源开发过度，主要河流及尾闾湿地生态用水缺乏保障，土地荒漠化问题日趋严峻（图 38）。

（三）流域性水环境安全问题突出

1．流经主要城市河流污染依然严重

“十一五”期间外流河水质达标率有所提高，但水体污染依然严重。2010 年，云南 152 个主要断面水质仍有 30% 不达标，劣Ⅴ类断面仍然还有 26 个。贵州 85 个省控断面中仍有 28.2% 水质不达标。青海湟水河西宁河段断面达标率不足 60%，Ⅴ类、劣Ⅴ类断面占比近 30%。

西部五省（区）主要污染河段集中分布在黄河流域上游的湟水河流域和泾河流域、金沙江水系的昆明市滇池—普渡河流域、红河水系的红河州三家河—藤条江—红河干流片区、南盘江水系在红河州和黔西南州境内的支流（曲江、泸江、马别河、湾塘河）、乌江水系在铜仁地区的乌江下游段和六盘水市的乌江上游段，以及沅水水系的黔南州重安江—清水江片区（图 39）。

2．内陆河中下游河段水环境普遍污染

内陆河流域上游河段水量基本稳定，中下游断流，水环境污染严重。2010 年内陆河流域 64 个国控、省控河流断面中，49 个断面的水质满足水环境功能区划目标要求，12 个断面的水质为Ⅴ类或劣Ⅴ类。总体上，上游出山断面、水库控制断面、流经城市前的河段断面水质良好，中下游段流经城市河段水质普遍较差。

河西内陆河流域的疏勒河、黑河干流水质良好，支流污染严重；石羊河水系近十年污染逐步减轻。天山北麓诸河（尤其是乌鲁木齐河、水磨河）下游水质污染较严重。伊犁河流域水质状况总体为优，“十一五”期间 8 个连续监测国控断面的水质达标率均为 100%。

3. 湖库富营养化依然突出

云贵地区湖库水质总体为轻度污染，氮、磷超标现象较为普遍。2010 年，云南省 61 个湖库水质达标率为 44%，主要污染指标为总氮、总磷，其中滇池和异龙湖污染最为严重，2011 年，云南省 61 个湖库水质达标率为 49.2%，恢复到 2006 年水平。贵州省 8 个湖库水质达标率为 56%，比 2004 年提高约 15 个百分点，主要污染指标为总磷，主要污染湖库为乌江水库和草海。

图 39 云贵地区河流水质现状（2010 年）

云南省九大高原湖泊水质基本稳定，抚仙湖、泸沽湖长期保持在 I 类水质、贫营养水平，洱海、程海和阳宗海基本在 II～III 类变化，营养状态以中营养为主，滇池、异龙湖、杞麓湖、星云湖始终为劣 V 类，处于富营养化状态。

4. 水污染排放以生活源为主

西部五省（区）水污染物排放以生活源为主，生活污水中 COD、氨氮排放量分别占五省（区）排放总量的 62% 和 77%（表 6）。

2010 年，西部五省（区）工业废水污染物去除率与城市生活废水处理率差异较大（表 7）。云贵地区高于全国平均水平，但内部差异显著；甘青新地区均低于全国平均水平，仅个别城市高于全国平均水平，普遍存在污水治理设施建设资金投入不足、污水治理设施建设滞后、城市污水管网建设不配套等问题。

表 6 2010 年西部五省（区）主要水污染物排放情况

省（区）	废水 / 亿 t		COD/ 万 t		氨氮 / 万 t	
	生活源	工业源	生活源	工业源	生活源	工业源
云南	8.5	3.7	30.9	17.1	4.1	0.6
贵州	5.9	2.5	22.1	6	2.9	0.3
甘肃	4	2.2	15.2	10.2	2.3	1.5
青海	1.1	0.6	4.2	4	0.7	0.2
新疆	3.8	2.3	12.1	14.1	2.1	1
合计	23.3	11.3	84.5	51.4	12.1	3.6

表 7 2010 年西部五省（区）废水处理情况 单位：%

省（区）	工业废水中 COD		工业废水中氨氮		城市生活废水	
	去除率	全国排名	去除率	全国排名	处理率	全国排名
云南	77.7	12	82.2	7	93.4	1
贵州	78.4	11	59.3	17	86.8	8
甘肃	54.4	27	46.4	24	62.6	27
青海	12.1	30	2.5	30	43.5	30
新疆	50.5	29	—	—	73.3	26
全国	76.5	—	75.2	—	82.3	—

数据来源：《中国环境统计年鉴 2010》，全国排名不含西藏自治区。

（四）结构性大气污染特征明显

1．城市大气污染呈煤烟型特征，空气质量有改善趋势

以煤为主的能源结构造成重点地区城市煤烟型污染特征显著，二氧化硫和可吸入颗粒物是影响区域空气质量的主要污染物。按照国家环境空气质量标准（GB 3095—2012），2010 年二氧化硫年均浓度超二级标准的城市共有 5 个，分别为云南昭通，贵州遵义、黔南，甘肃金昌以及新疆乌鲁木齐。可吸入颗粒物年均浓度超二级标准的城市共有 36 个，空气质量不达标城市数占西部五省（区）城市总数的 60%；其中，甘肃、青海、新疆地区可吸入颗粒物超标城市共有 28 个，不达标城市比例达 80%。

2001—2010 年，西部五省（区）大部分城市环境空气质量有改善趋势，但 NO_2 浓度总体呈缓慢上升趋势（图 40 至图 42）。2010 年乌鲁木齐、昌吉和兰州氮氧化物年均浓度超二级标准，污染占标率分别为 167.5%、120.0% 和 110.0%。

2．局部地区大气环境容量接近饱和，部分重点城市已经超载

整体来看，各省（区）大气环境容量现状利用水平均未超载（表 8），甘青新地区均低于 50%，但云贵地区二氧化硫和氮氧化物容量利用水平均已超过 70%，其中贵州省二氧化硫排放量占容量的比例已高达 100%，容量利用率已经饱和。

主要大气污染物排放量近期在云贵地区呈下降趋势，在甘青新地区则呈上升趋势，特别是二氧化硫和氮氧化物排放量相对于 2005 年分别增长了 6.4% 和 35.8%。

表 8 西部五省（区）主要大气污染物排放总量及容量利用水平（2010 年）

地区	污染物排放量 / 万 t		容量利用水平	
	二氧化硫	氮氧化物	二氧化硫	氮氧化物
云南	70.4	52.0	79%	74%
贵州	116.2	49.3	100%	70%
甘肃	62.2	42.0	49%	27%
青海	15.7	11.6	16%	16%
新疆	63.1	58.8	27%	29%

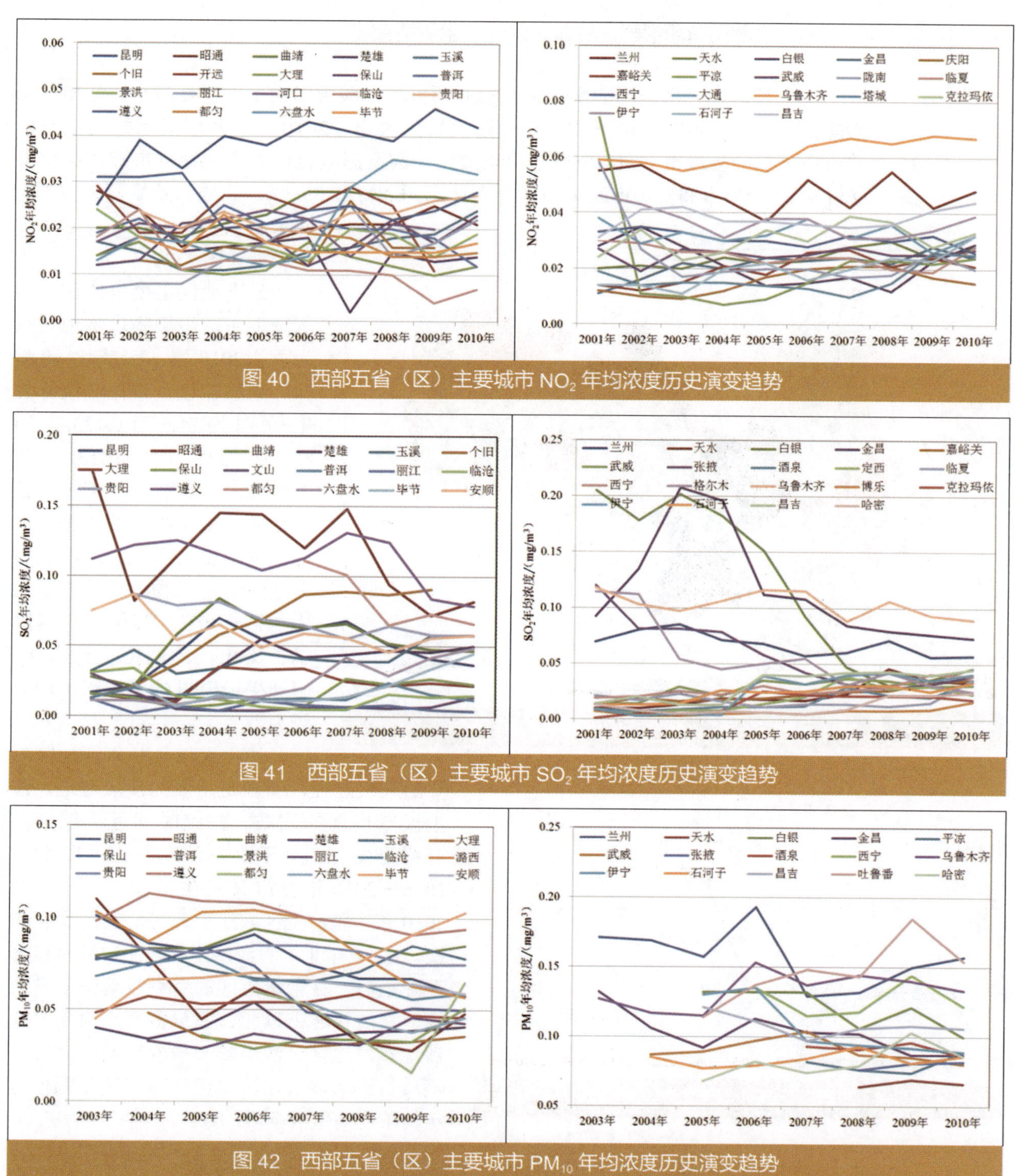

图 40 西部五省（区）主要城市 NO_2 年均浓度历史演变趋势

图 41 西部五省（区）主要城市 SO_2 年均浓度历史演变趋势

图 42 西部五省（区）主要城市 PM_{10} 年均浓度历史演变趋势

西部五省（区）大气容量超载问题主要集中于省会等重点城市。云南昭通、贵州遵义和黔南州二氧化硫排放分别超载 51%、20% 和 9%；云南昆明氮氧化物排放超载 62%。甘青新地区大气环境容量超载的地市集中于甘肃金昌市、新疆乌鲁木齐市和克拉玛依市，其中乌鲁木齐市二氧化硫及氮氧化物排放量均超过环境容量。

3. 云贵地区酸雨有所缓解，甘青新地区沙尘影响突出

“十一五”期间，云贵地区酸雨污染状况有所好转，酸雨影响范围明显减少，酸雨控制区出现酸雨的城市、频率逐年下降，但问题仍较为突出。2010 年，开展降水酸度监测的 30 个城市中（包括县级市），14 个城市出现酸雨，酸雨影响范围较广。楚雄市酸雨频率最高，为 51.9%，个旧市和安顺市酸雨频率分别达到 46.8% 和 39.3%。昭通、楚雄、红河年均降水 pH 值均小于 4.6，酸雨污染严重（图 43）。

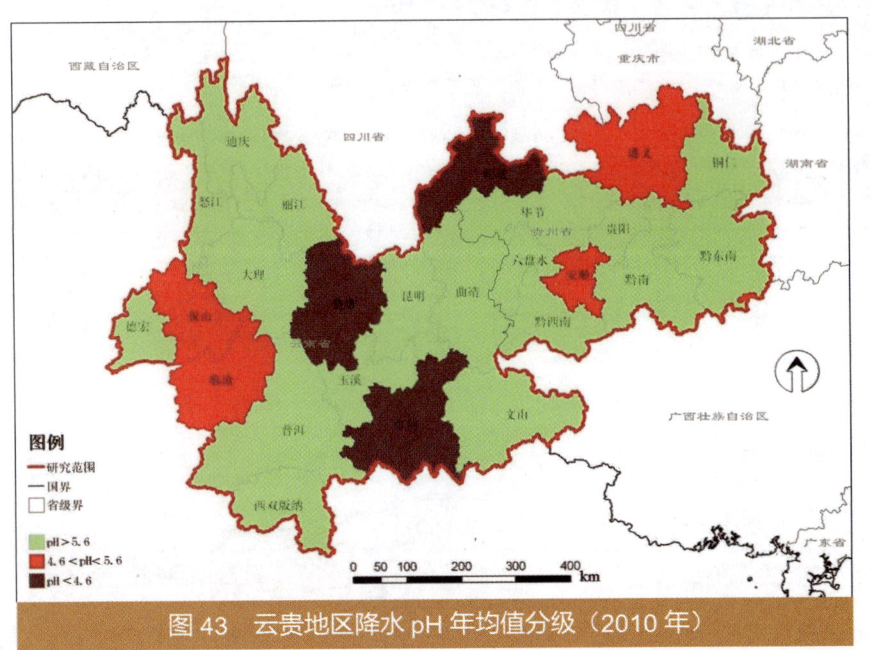

图 43 云贵地区降水 pH 年均值分级（2010 年）

云贵地区主要以硫酸盐湿沉降为主，污染物以本地贡献为主。2010 年，云南省硫酸盐、硝酸盐以及铵盐湿沉降总量分别为 71.5 万 t、23.7 万 t 和 25.7 万 t；贵州省分别为 59 万 t、25 万 t 和 19.5 万 t。云贵地区与中南半岛的缅甸、老挝、越南以及四川、广西等省份之间的污染物跨界输送影响为 5% ~ 10%。其中，西双版纳、文山、黔西南、黔东南、昭通受云贵以外区域影响相对较大。

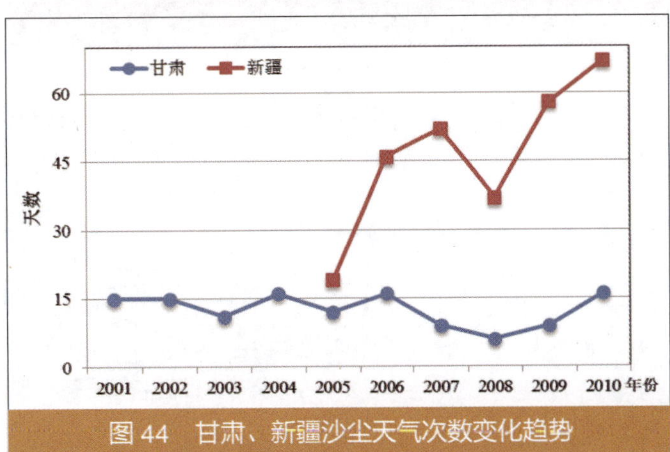

图 44 甘肃、新疆沙尘天气次数变化趋势

沙尘天气是甘青新地区重要的天气过程，新疆是重要的沙尘源地。沙尘天气出现的次数、持续时间近十年来没有明显变化，处于上下波动状态（图 44）。2006—2010 年甘肃共发生沙尘天气 58 次，2010 年新疆沙尘区域沙尘天气发生次数达 67 次。近 50 年来，青海沙尘暴发生日数呈显著下降趋势。甘青新地区的塔克拉玛干沙漠边缘、甘肃祁连山以北、鄂尔多斯高原是主要沙尘多发地区。沙尘暴和扬沙对城市大气环境质量影响显著，沙尘天气高发区与颗粒物年均浓度高值区基本一致。

4. 非常规大气污染物尚未大规模显现，个别城市复合型污染值得警惕

采用区域空气质量模式模拟 $PM_{2.5}$ 和臭氧浓度表明，2010 年云贵地区 $PM_{2.5}$ 浓度总体维持在 15 ~ 104 μg/m^3，秋季和冬季存在超标风险。从云贵地区内部来看，$PM_{2.5}$ 浓度较高地区位于黔中、黔西、滇中和滇东北地区，云南西部和南部地区 $PM_{2.5}$ 浓度相对较低。甘青新地区的 $PM_{2.5}$ 浓度总体低于 50 μg/m^3（图 45），1 月 $PM_{2.5}$ 浓度区峰值和影响范围最大。浓度较

高区域位于乌昌地区、甘肃的东南部、新疆克孜州和阿克苏地区等。

云贵地区的臭氧浓度维持在 80 ～ 120 μg/m³，季节性变化明显，夏、秋两季存在一定超标风险。甘青新地区的臭氧浓度总体维持在 100 μg/m³ 以内，夏季浓度最高；从地势分布来看，海拔高的地区臭氧浓度高，海拔低的地区臭氧浓度较低。

西部五省（区）主要城市受地形、气象等因素影响，大气污染物不易扩散、稀释，大气自净能力有限。兰州市 2011 年 $PM_{2.5}$ 日均浓度超过二级标准的比例占 50%，乌鲁木齐市 2011—2012 年采暖期 $PM_{2.5}$ 日均浓度超过二级标准的比例占 66.2%。

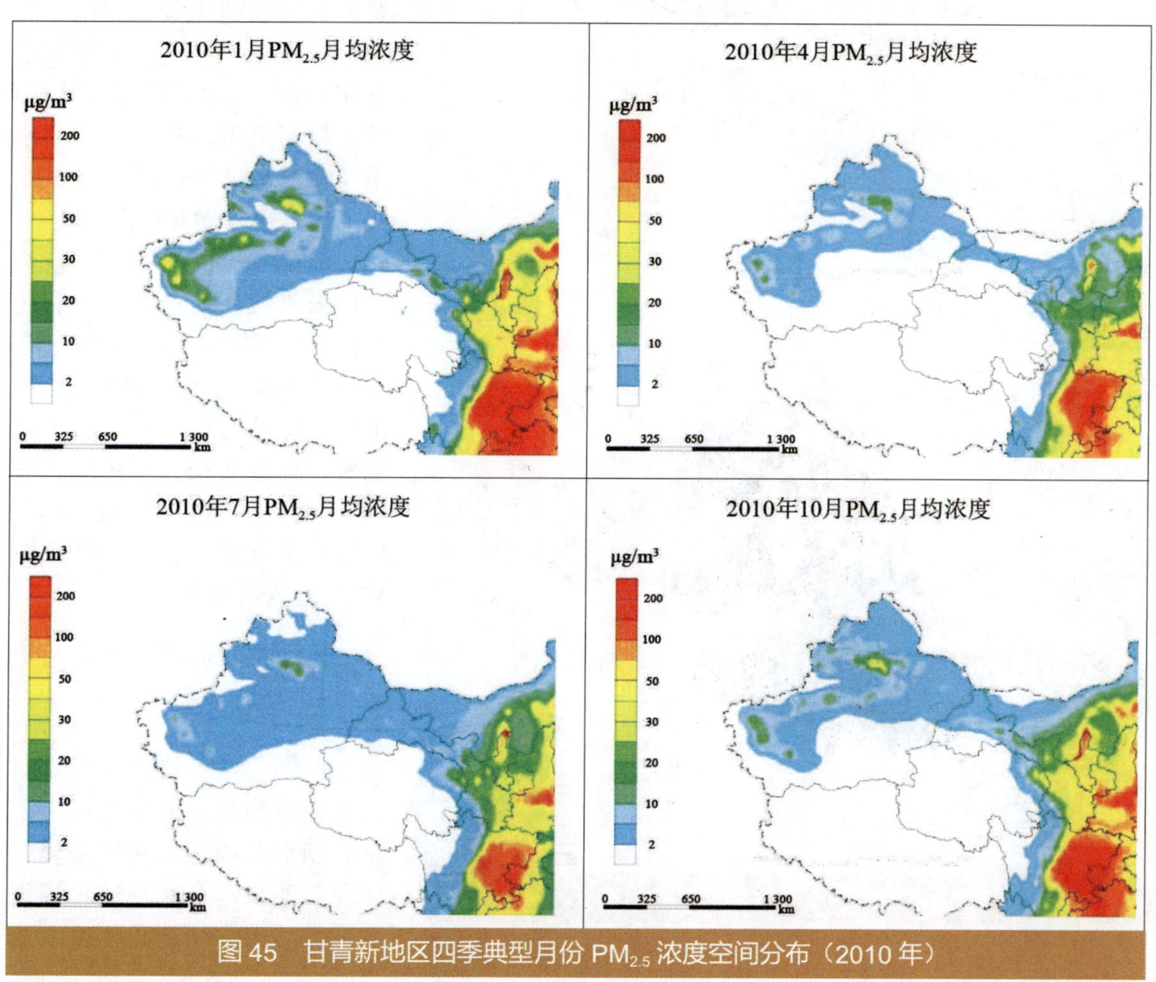

图 45　甘青新地区四季典型月份 $PM_{2.5}$ 浓度空间分布（2010 年）

（五）累积性重金属污染不容忽视

1．重金属污染分布广泛

根据土壤污染状况调查结果，云南省土壤中砷、镉、铅，贵州省土壤中镉、砷污染较突出。其中，云南红河、文山、曲靖 3 市州，以及贵州黔西南和六盘水等市州土壤重金属污染较严重（图 46）。甘青新地区存在镉、砷、铬超标区域，其中镉超标分布相对较广。镉超标区域包括伊犁州、白银市、定西市、阿勒泰地区、博州、哈密地区、陇南地区和海东地区；砷超标地区分布于

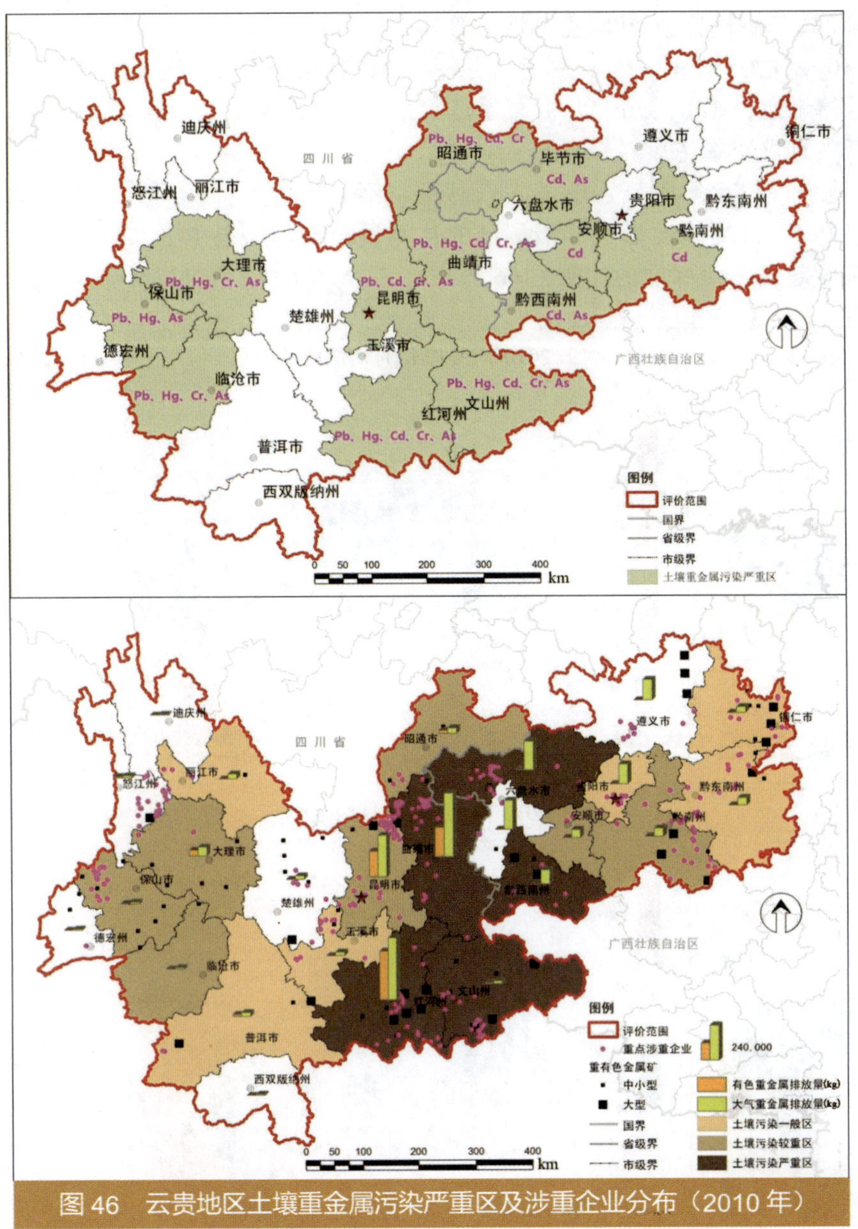

图 46 云贵地区土壤重金属污染严重区及涉重企业分布（2010 年）

酒泉市、博州、甘南州、伊犁州、玉树州和海西州；铬超标地区分布于酒泉市和陇南地区。

云贵地区地表水体以及沉积物中存在重金属污染问题。2010 年，河流监测断面中重金属超标断面比例为 11.0%，主要分布在红河流域、澜沧江流域、珠江流域、乌江水系和南盘江水系。云贵地区沉积物中重金属污染范围广泛，主要水系及湖泊底泥中砷、汞、铬、铅、镉、铜、锌等均有检出。

根据全国污染源普查数据，云贵地区矿产开发、有色冶炼等涉重企业共有 1 232 家，其中重点防控企业 377 家。涉重企业除分布在矿产资源丰富地区，还分布在人口密集区域（如昆明、曲靖、红河、贵阳等），以及众多河流、湖泊沿岸（图 46），对人群污染风险较大。

2. 局部地区重金属污染态势严峻

根据土壤污染状况调查结果及文献研究，云贵地区工矿企业场地及周边土壤重金属超标现象明显，个别地区污染程度指数（P_i）高于 20。2010 年主要河流监测断面中，铅、汞、砷、镉等重金属污染最高超标倍数分别为 23.4 倍、4 倍、2 倍、15 倍。参照土壤环境质量二级标准，沉积物中镉、砷、铅等重金属污染最大超标倍数分别达 379 倍、186 倍和 20 倍。

作为全国重要的有色金属开采与加工基地，云贵地区重金属污染防治形势严峻。重金属污染已对云贵地区生态环境和食品安全构成威胁，局部地区粮食、蔬菜、水果等食物中镉、砷、铅等重金属含量超标或接近临界值。例如，云南省兰坪县农作物中铅和镉的超标率达 61.1% 和 88.9%，平均污染指数为 11.4 和 20.1；个旧锡矿影响区的蔬菜食用部位的重金属含量超标严重，砷和铅最高含量（以干重计）分别达 856 mg/kg 和 506 mg/kg。近年来，云贵地区重金属重特大污染事件呈高发态势。如 20 世纪 90 年代云南省怒江州沘江的重金属污染，2003 年云南省楚雄州重金属集体中毒事件，2007 年贵阳市百花湖汞污染事故以及黔南州都柳江砷污染事件，2008 年云南省阳宗海砷污染事件，2011 年云南省曲靖铬污染水库事件等。

甘肃、青海两省重污染企业周边、工业企业遗弃场地土壤重金属污染相对严重。白银市白银有色公司周边土壤环境的重金属污染问题严重，镉为重度污染，砷、铅、铜、锌、镍、硒为中度污染和重度污染，汞为轻微污染。据统计，白银市重金属污染耕地面积达 6 688 亩*，其中因重金属污染而弃耕的土地有上千亩。青海省海晏县原海北铬盐厂所在地土壤重金属铬污染严重，土壤采样点中铬元素超标 2.2 倍，总铬浓度监测最高值为 20 000 mg/kg，六价铬监测最高值为 12 000 mg/kg。

（六）整体性资源环境效率水平较低

近十年，西部五省（区）单位 GDP 资源环境效率水平持续提升，能耗效率提高 17% 以上，水耗和氨氮排放效率普遍提高 50% 以上，但与全国差距依然明显（表 9）。

总体来看，云南省资源环境效率四项指标在西部五省（区）西部中最优，但各指标也均未达到全国平均水平，2010 年万元 GDP 能耗、水耗强度，以及 COD、氨氮、二氧化硫、氮氧化物排放强度分别是全国平均水平的 1.5 倍、1.4 倍、1.2 倍、1.3 倍、1.7 倍和 1.3 倍。新疆能耗强度和贵州二氧化硫排放强度超过全国平均水平 3 倍以上，差距显著。整体来看，西部五省（区）污染物排放效率水平较低，滞后全国平均水平 3 年左右，滞后东部地区平均水平 7 年左右。

表 9　西部五省（区）资源环境效率与全国平均水平比较（2010 年）

地区	能耗 /（t 标煤 / 万元）	水耗 /(m^3/ 万元）	COD/（kg/ 万元）	氨氮 /（g/ 万元）	二氧化硫 /（kg/ 万元）	氮氧化物 /（kg/ 万元）
云南	1.2	204.1	7.8	830.5	9.7	7.2
贵州	1.8	220.4	7.6	875.7	25.2	10.7
甘肃	1.4	295.6	9.8	1 050.8	15.1	10.2
青海	1.9	227.9	7.7	710.9	11.6	8.6
新疆	1.5	984.1	10.5	746.7	11.6	10.8
全国	0.8	150.1	6.4	659.0	5.7	5.7

* 1 亩＝1/15 hm^2。

五、区域环境影响与生态风险综合评估

（一）需水总量增大，水资源短缺趋势加剧

1．需水总量增大，内陆河区用水结构有所改善

2020 年，西部五省（区）重点地区水资源需求总量将达到 757.58 亿 m^3，较现状用水量增加 43%（表 10）。其中，云贵重点区域水资源需求量较现状增加 209 亿 m^3，增长 84%；甘青新重点区域水资源需求量较现状增加 50 亿 m^3，增长 20%。

在考虑调整种植业结构、提高灌溉水利用系数等农业节水措施的情景下，河西地区 2020 年全社会需水总量下降至 71.3 亿 m^3，农业需水量从 2010 年的 68.25 亿 m^3 下降到 2020 年的 61.15 亿 m^3，占比从 2010 年的 90% 下降到 2020 年的 86%。天山北坡经济带 2020 年全社会需水总量增加至 164 亿 m^3，农业需水量从 2010 年的 113.7 亿 m^3 增长到 2020 年的 138.2 亿 m^3，农业需水所占比重从 89% 降低到 84%（图 47）。

表 10　西部五省（区）重点地区经济社会需水量预测　单位：亿 m^3

地区	2010 年用水量	2015 年需水量	2020 年需水量
滇中经济区	50.0	110.1	104.8
沿边经济带	65.9	109.4	103.7
滇西北	22.7	35.84	34.6
滇东北	7.8	22.16	22.7
黔中经济区	63.2	104.2	111.1
黔西经济区	29.4	54.4	62.6
黔北经济区	8.9	15.1	17.5
兰白地区	25.1	29.6	33.8
陇东地区	6.2	8.1	9.6
河西地区	75.2	78.9	71.3
西宁河湟谷地	7.2	10.0	10.7
柴达木试验区	9.09	10.5	11.18
天山北坡经济带	127.9	157.8	164.0
合计	495.58	746.1	757.58

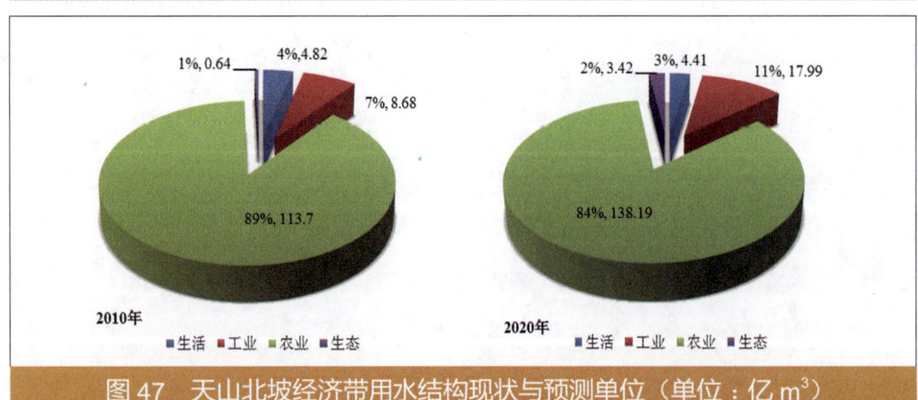

图 47　天山北坡经济带用水结构现状与预测单位（单位：亿 m^3）

2．水资源持续严重超载

未来十年，云贵重点区域需水量增加迅猛，部分重点地区水资源供需矛盾突出，云南滇中经济区、滇东北经济区以及贵州黔中经济区、黔西经济区等重点地区缺水严重（表 11）。云南省昆明、玉溪、昭通、红河、大理

等5个市州，以及贵州省贵阳、六盘水、遵义、安顺、黔西南、毕节等6个市州处于持续缺水状态，其中昆明水资源需求超过可供水量3倍以上，供水支撑能力严重不足（图48）。

通过节水、开源和调水等工程措施，预计2020年甘青新地区重点区域用水缺口仍达27.3亿m^3，水资源供需矛盾突出。其中，天山北坡经济区缺水6.55亿m^3，河西地区缺水5.76亿m^3，兰白经济区缺水9.47亿m^3（表12）。

目前，甘青新重点区域中大部分地区水资源利用已经达到极限，用水潜力为“负增长”状态。按照预测的2020年全社会需水总量及其空间分布状况，伊犁河流域和柴达木盆地经济社会发展的用水需求总体上在水资源可承载范围内，河西内陆河流域、甘—青黄河流域以及天山北麓和吐哈盆地超出水资源承载能力（表13）。如果不大力扶持现代节水灌溉农业的发展，未来十年，在水资源超载严重的内陆河地区，生态需水和农业需水将可能失去保障。控制当地水资源的供水“零增长”或“负增长”，对于缓解由水资源过度开发利用导致的生态危机至关重要。

表11　云贵地区重点区域2020年水资源供需平衡分析

地区	需水量/亿m^3	供水量/亿m^3	缺水量/亿m^3	缺水率/%
滇中经济区	104.83	73.95	30.88	29
沿边经济带	103.68	266.54	—	—
滇西北	34.61	127.53	—	—
滇东北	22.71	13.6	9.11	40
黔中经济区	111.15	97.58	13.57	12
黔西经济区	62.6	42.87	19.73	32
黔北经济区	17.46	19.2	—	—

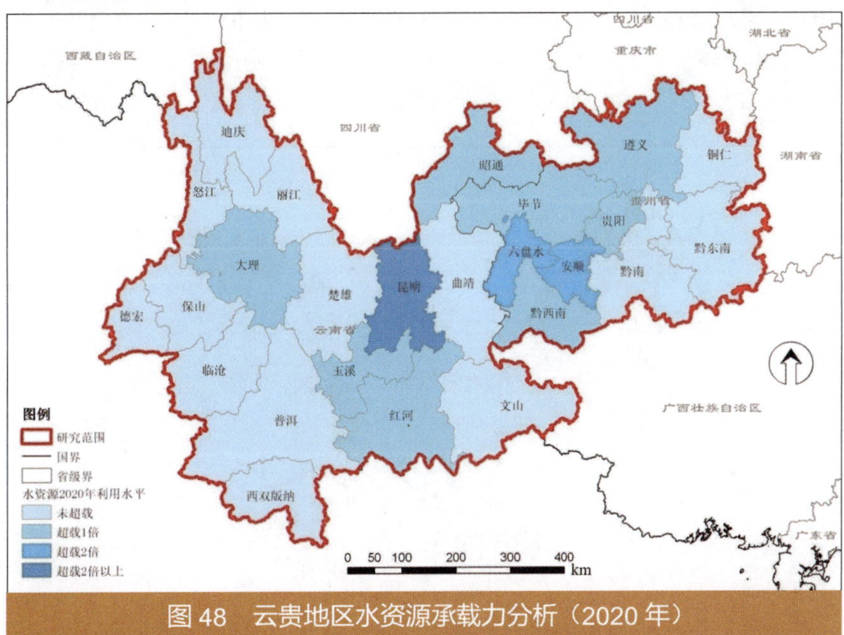

图48　云贵地区水资源承载力分析（2020年）

表12　甘青新重点区域2020年水资源供需平衡分析

重点区域	需水量/亿m^3	供水量/亿m^3	缺水量/亿m^3	缺水率/%
天山北坡经济带	164.02	157.47	6.55	4.0
河西地区	71.25	65.49	5.76	8.1
柴达木盆地	11.18	9.73	1.45	13
西宁河湟谷地	10.71	9.08	1.63	15.2
兰白经济区	33.76	24.29	9.47	28.1
陇东地区	9.58	7.15	2.43	25.4

（二）土地资源支撑发展潜力有限，局部资源环境影响显著

1. 可利用坝区土地无法支撑未来城镇与工业用地需求

根据云贵地区未来人口规模、工业产值增长测算2020年新增土地需求为2 887.3 km^2。

表 13 甘青新重点区域水资源承载分析

重点区域	可利用水资源量 / 亿 m^3		2020 年需水量 / 亿 m^3	水资源承载系数
	地表水	地下水		
兰白经济区	15.17	0.21	33.76	2.20
陇东地区	4.27	0.19	9.58	2.15
河西地区	28.88	22.83	71.25	1.38
西宁河湟谷地	4.79	2.29	10.71	1.51
柴达木盆地	15	18.24	11.18	0.34
天山北坡经济带	139.96	48.30	164.02	0.87
其中：吐哈盆地	7.00	9.31	21.03	1.29
天山北麓	31.46	19.75	69.12	1.35
伊犁河谷	80.50	13.43	73.88	0.79

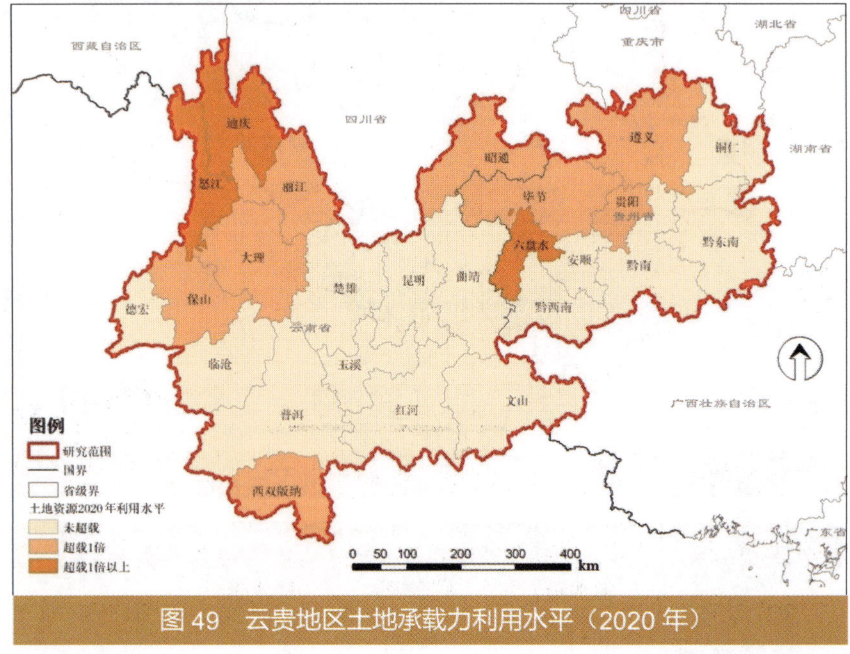

图 49 云贵地区土地承载力利用水平（2020 年）

其中，云南新增土地需求量将大于贵州，为 1 568.9 km^2。工业用地需求扩张迅速，工业发展土地需求量占总用地需求量的 85%。云南省昆明、曲靖、红河，以及贵州省贵阳、六盘水、遵义等 6 个市州土地需求量占两省土地需求量的一半以上。

对比云贵两省未来土地需求与适宜建设的可利用坝区面积，2020 年土地供需矛盾增大，云南省土地承载力利用水平超过 90%，贵州省土地承载力整体上超载。云贵地区怒江、迪庆、六盘水等 10 个市州土地资源超载。其中，云南土地供需矛盾主要集中在滇西北地区，可利用坝区面积较少，土地承载力利用水平为 132%。贵州省土地供需矛盾主要集中于毕水兴地区，土地需求超过其可利用坝区面积的 1 ～ 3 倍，六盘水土地超载近 9 倍（图 49）。

如将可利用坝区条件放宽至坡度 25° 以下、面积在 8 km^2 以上的土地斑块，2020 年云贵两省的土地需求占坝区面积的 8%，发展空间较大，怒江、迪庆和六盘水等土地资源约束相对较强。

2．城镇工业上山与低丘缓坡开发对山地生态环境造成影响

由于云贵地区山地丘陵多、平坝地少、用地发展空间受限，以及城镇化和工业化加速发展带来的用地需求增加，为了保护平坝地区的耕地，应对土地资源紧缺难题，云南和贵州相继提出“城市上山，工业上山”和“向山要地，开发低丘缓坡”的土地开发利用战略。

云贵地区适宜开发区域的山地面积为 4 336.7 km^2（地块面积≥ 0.1 km^2）。其中，昆明、楚雄、玉溪、红河及大理等 5 个市州适宜上山区域较多，丽江、文山及昭通适宜上山的土地空间较少，迪庆、怒江、西双版纳没有适宜上山的土地空间。贵州省除六盘水、毕节之外的市州均有较大面积的适宜开发山地区域，未来土地利用空间相对较大（图 50）。

云贵两省已开展“城镇上山”“工业上山”的试点县有 56 个（图 51），其中 27 个县域范围

内没有“优先上山区域”的空间布局，分别为：松桃苗族自治县、彝良县、丽江纳西族自治县、金沙县、大方县、织金县、宣威市、鹤庆县、剑川县、东川区、云龙县、宾川县、富源县、大理市、永平县、马龙县、富民县、弥渡县、嵩明县、宜良县、石林彝族自治县、富宁县、沧源佤族自治县、澜沧拉祜族自治县、马关县、孟连傣族拉祜族佤族自治县、勐海县。这些地区泥石流、地震风险较高，生境敏感脆弱，肩负着重要的生态服务功能，建议以上县市调整山地和低丘缓坡开发战略。坝区内可供开发的土地资源紧缺的地区，如云南省的丽江、昭通、保山、大理、迪庆州、怒江，及贵州省的贵阳、毕节、遵义、六盘水，在规划开展“城镇上山”“工业上山”试点工程的过程中，要综合考虑生态适宜性，进行合理科学的空间布局，对其中有适宜上山的地区，尽量将其布局在“优先上山区域”，对于不覆盖“优先上山区域”的地区要根据当地实际情况，慎重推进“上山”战略实施。

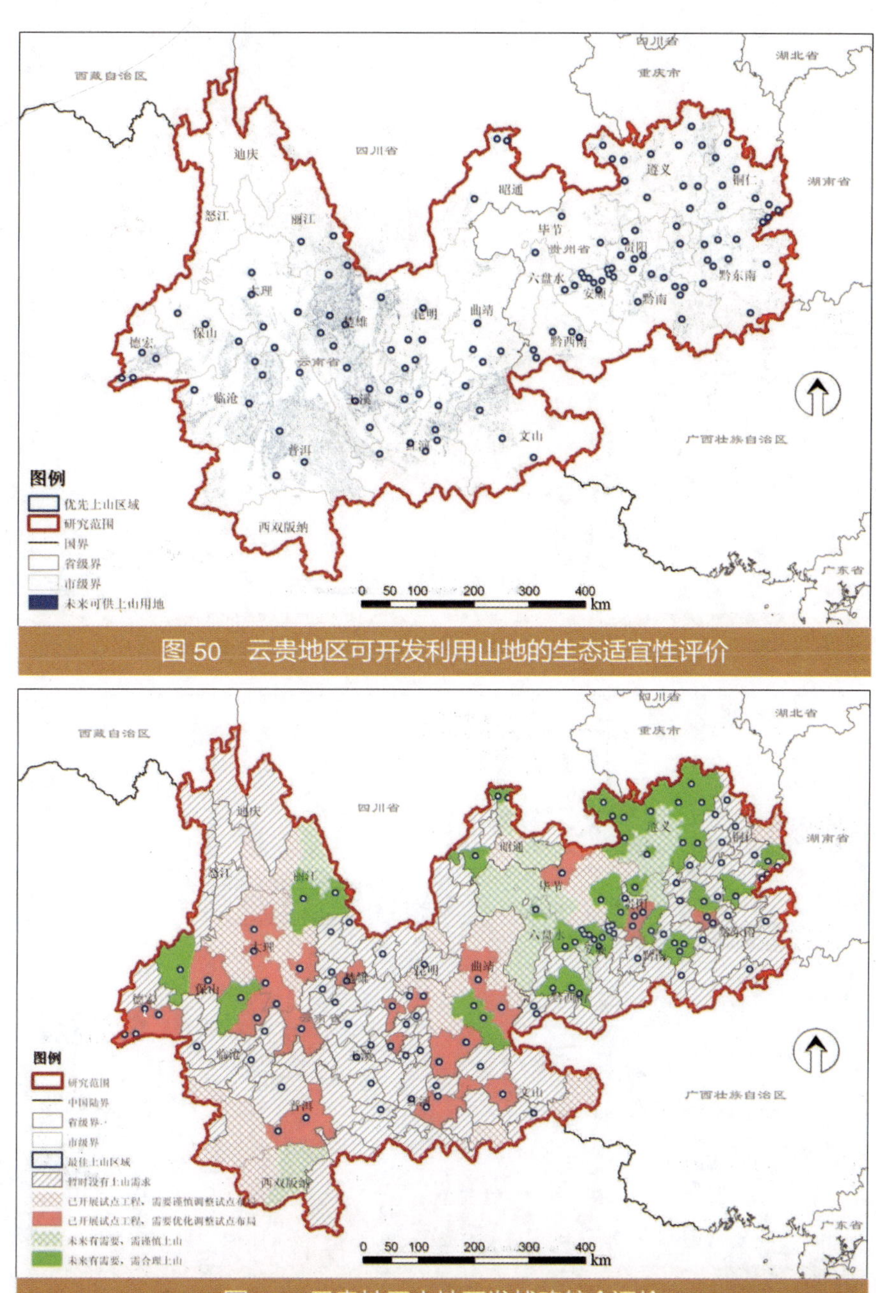

图 50　云贵地区可开发利用山地的生态适宜性评价

图 51　云贵地区土地开发战略综合评价

（三）重点地区生态脆弱性加剧，流域生态安全面临威胁

1. 矿产资源开发将严重损害区域生态功能和安全水平

西部五省（区）的矿产资源富集地区往往也是生态重要地区或生态敏感单元，大规模的矿产资源开发极易引发各类生态问题并加速生态环境恶化，对区域生态功能和安全构成威胁。云贵地区煤炭资源开发主要集中于珠江上游水源涵养重要地区，贵州“毕水兴”煤矿富集区同时也是西南石漠化最严重的地区。有色金属富集区位于西南“三江”并流区，部分铜矿开

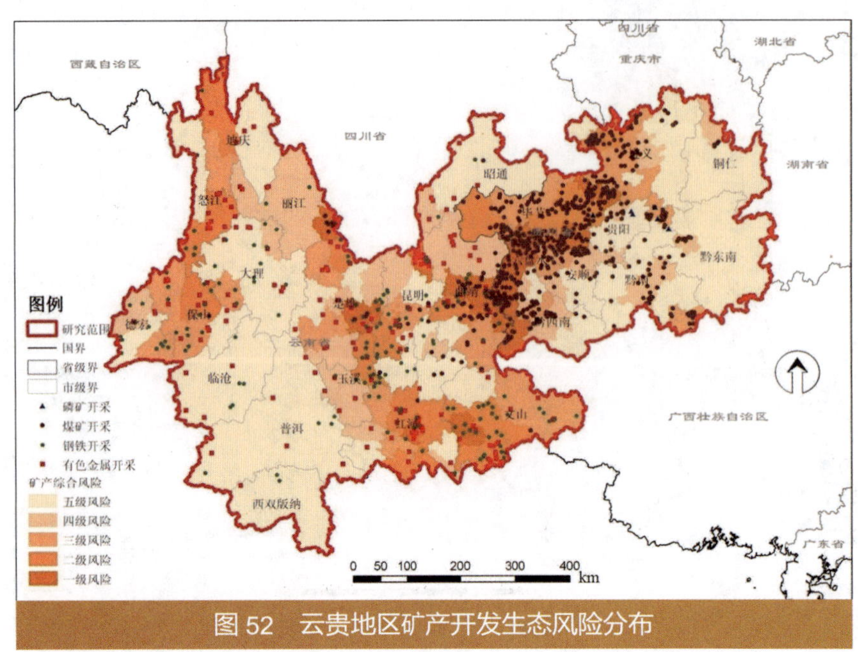

图 52 云贵地区矿产开发生态风险分布

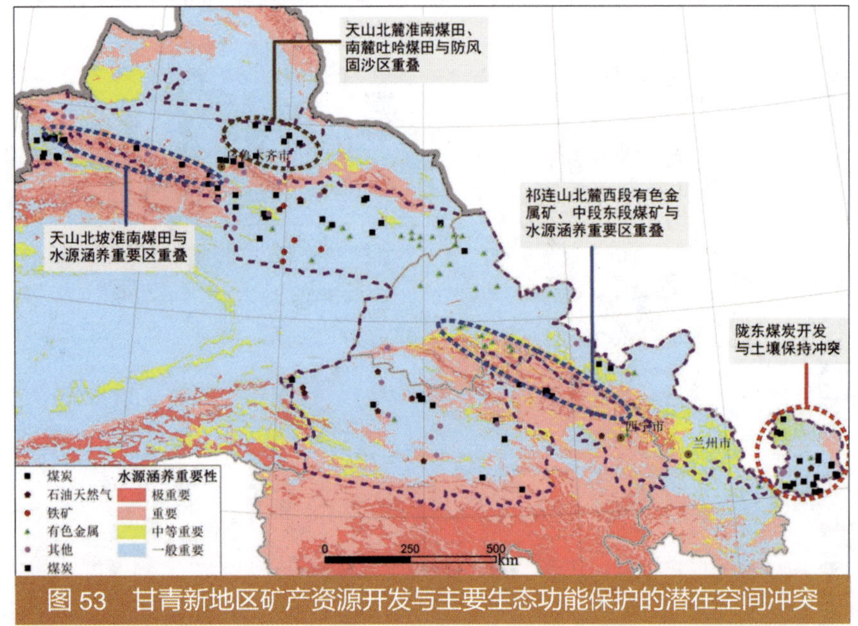

图 53 甘青新地区矿产资源开发与主要生态功能保护的潜在空间冲突

采区位于国家级自然保护区内，红河、文山铁矿、有色金属富集区位于桂西石灰岩地区内。上述资源富集区与矿产开发生态风险高值区基本吻合，主要包括黔西北—黔西—黔西南一线的煤矿开采密集带、滇中“昆曲玉”铁矿聚集区、“三江”有色金属基地、滇东南个旧大型金属矿等。这些地区采矿业密集，且分别与黔西喀斯特生态脆弱区、滇西北生物多样性保护区、桂西石灰岩地区存在较多的空间重合，大规模矿产资源开发可能造成的生态风险相对较高（图 52）。

矿产资源开发和利用是甘青新地区工业经济的主要增长点，矿产资源开发与生态保护的冲突日益尖锐，受保护生态用地正面临矿产开发的不断蚕食。伊犁河谷、天山北坡、吐哈盆地、河西走廊西部、柴达木盆地以及平庆等资源富集区，也与许多区域重要生态功能单元存在一定程度的空间重叠（图 53）。

天山北麓河谷、祁连山的煤炭开采部分位于水源涵养重要区，哈密部分煤炭、铁矿资源分布在罗布泊野骆驼国家级自然保护区内。煤、铁、有色金属等小矿山开采将对天山北坡、祁连山北坡、伊犁河谷的水源涵养功能造成破坏；准东的煤炭和吐哈盆地的煤炭、石油、铁矿的开发利用不仅严重损害这些地区的防风固沙功能，而且会挤占野生动物生存空间、阻碍动物的迁徙通道，并极有可能导致卡拉麦里山有蹄类自然保护区内野生动物的天然饮用水源干涸，造成蒙古野驴、鹅喉羚、普氏野马等有蹄类野生动物生存环境的恶化（图 54）。

2. 全面提速的工业化和城镇化将挤占生态用地和用水

未来十年，在全面加快西部地区工业化、城镇化的大背景下，工业和城镇用地大幅增加，农业、工业和城镇生活需水持续增长，但土地和水资源开发利用的潜力却十分有限，云贵地区的“用地紧张”和甘青新地区的“用水短缺”问题将进一步突出。云贵两省土地资源特别是适宜建设用地严重紧缺，尤其是在“城镇上山”和“工业上山”战略的驱动下，生态用地被挤占的风险将不断加大。未来十年，随着两省工业化和城镇化逐步进入高峰期，城镇和工矿用地规模预计将分别增长 2 倍和 1 倍。用地需求倍增导致坝区耕地和生态用地被挤占的风险持续放大，由此加剧重点地区植被破坏、生物量降低、下垫面硬质化、径流污染、水土流失等一系列生态问题。生态用地挤占风险较高的地区将主要集中在滇中经济区、黔中经济区和黔北经济协作区，以及昆明、贵阳等重点城市（图 55）。

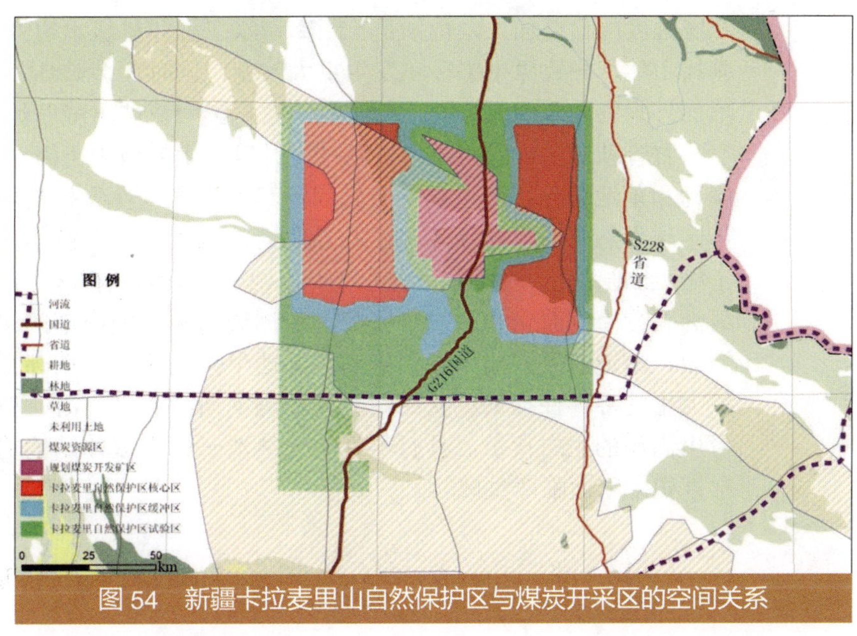

图 54　新疆卡拉麦里山自然保护区与煤炭开采区的空间关系

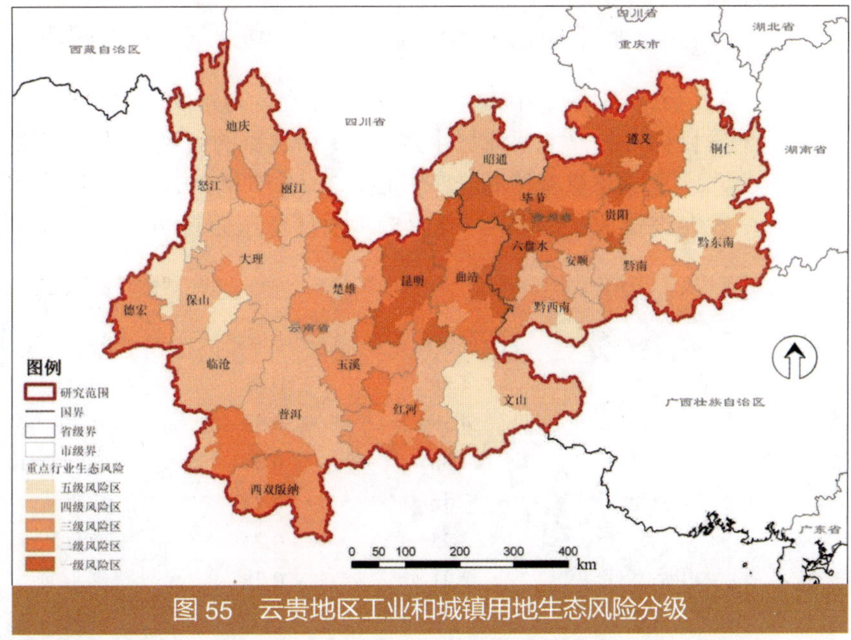

图 55　云贵地区工业和城镇用地生态风险分级

甘青新地区未来煤电、煤化工、石油化工等高耗水产业的开发将大幅增加水资源需求量，从而诱使主要河流开发超过安全警戒线。艾比湖流域耕地扩张导致的农灌用水增加将挤占艾比湖生态补水，艾比湖面临继续萎缩风险；玛纳斯河下游湿地和玛纳斯湖受作为主要生态补水来源的人工绿洲退水量大幅减少的影响，将面临更大的萎缩和退化风险；吐哈地区水资源极度短缺，地下水继续超采将导致重要湖泊艾丁湖加速萎缩、干涸，湖周草原植被进一步退化，最终很可能发展成为又一个沙尘源地。在天山北坡中段、吐哈盆地和河西走廊地区继续大规模开采地下水，将面临原有地下水漏斗面积扩大和新增地下水漏斗的风险，由此将加速区域农田防护林网的退化。

3. 高强度的水资源开发将造成流域生态环境进一步恶化

云贵两省水资源绝对量丰富，但时空分布不均。其中，云南省水能可开发装机容量 9 570 万 kW，占全国的 1/4，其中 56% 集中在滇西北所处的“三江”上游。随着水利和水电工程开发强度的日益加大，特别是长距离调水工程和梯级水电开发，不仅将淹没大量耕地和植被、剥离山体，导致原生态环境发生重大改变，同时还会破坏鱼类和水生生物栖息地及洄游路线，增加外来物种入侵风险等，所造成的累积影响将严重威胁流域生态系统健康。

甘青新地区内陆地表水资源过度开发利用导致中下游湖泊、湿地和天然绿洲萎缩、河（湖）岸林和草地退化，严重损害防风固沙和生物多样性保护功能。在现有水资源条件下，未来十年区域生态需水无法保障，由此导致河流健康状况继续恶化，地下水位进一步下降；坎儿井干枯、土地沙化、荒漠化问题进一步加剧；天然绿洲将减少，对人工绿洲的屏障作用将被削弱；绿洲与荒漠过渡带将进一步变窄，绿洲边缘和绿洲内部的防风固沙功能将进一步削弱；河流缩短、河道断流、尾闾湖泊干涸、湿地旱化现象将长期存在。生态环境的加速恶化将进一步扩大生物多样性损失。艾比湖流域、玛纳斯河流域下游、石羊河流域下游等重要地区为此将付出高昂的生态代价，具有罕见的天然淡—咸水双体结构的可鲁克湖—托素湖的重要生物多样性资源将面临严重威胁。

（四）部分流域水环境风险加剧，内陆河水安全难以保障

1．水环境压力降低，部分区域流域水环境仍将超载

云贵地区采用多年平均最枯月流量为水文设计条件，以目前执行的水环境功能区划为水质目标，计算主要流域水系 COD 和氨氮的可利用环境容量（表 14）。

考虑总量减排和经济发展，2015 年和 2020 年云贵两省 COD 和氨氮预测排放量均可控制在允许排放量范围内（表 15），水环境压力较 2010 年有所降低。

表 14　云贵地表水系多年平均最枯月条件下的可利用环境容量　　单位：万 t/a

云南水系	COD	氨氮	贵州水系	COD	氨氮
长江	4.58	0.55	乌江	7.72	0.71
珠江	4.38	0.53	沅水	3.17	0.31
红河	4.68	0.59	赤水—綦江	1.27	0.12
澜沧江	7.46	0.73	北盘江	1.54	0.13
怒江	2.75	0.24	南盘江	0.39	0.03
伊洛瓦底江	2.41	0.28	红水河	0.58	0.06
			柳江	1.31	0.13
合计	26.26	2.93	合计	15.98	1.49

除滇中经济区之外，评价子区域均能满足允许排放量的要求。但是，有 44% 的市州 COD 和氨氮排放量均超出允许排放量。2020 年水体 COD 超载的地区包括昆明、曲靖、玉溪、丽江和迪庆，六盘水、遵义，其中，昆明和六盘水 COD 排放量超出水环境承载力的 38% 和 41%。曲靖、红河、六盘水和黔西南的氨氮排放量分别超载 6%、2%、13% 和 6%。

在保持资源环境效率与全国平均水平差距不扩大的条件下，预测 2020 年甘青新地区主要污染物 COD、氨氮排放量将有较大幅度下降，水环境压力下降（图 56）。

表 15 云贵地区水环境承载力利用水平变化 单位：%

区域	2010 年		2015 年		2020 年	
	COD	氨氮	COD	氨氮	COD	氨氮
云贵地区	93	104	90	79	88	87
云南省	99	121	94	86	89	92
滇中经济区	152	243	109	89	117	98
沿边经济带	90	85	89	86	80	91
滇西北产业区	66	103	82	78	77	76
滇东北产业区	88	121	96	82	82	92
贵州省	84	86	84	71	88	81
黔中经济区	72	76	82	72	85	78
黔西经济区	107	107	97	72	97	84
黔北产业区	100	103	71	65	82	87

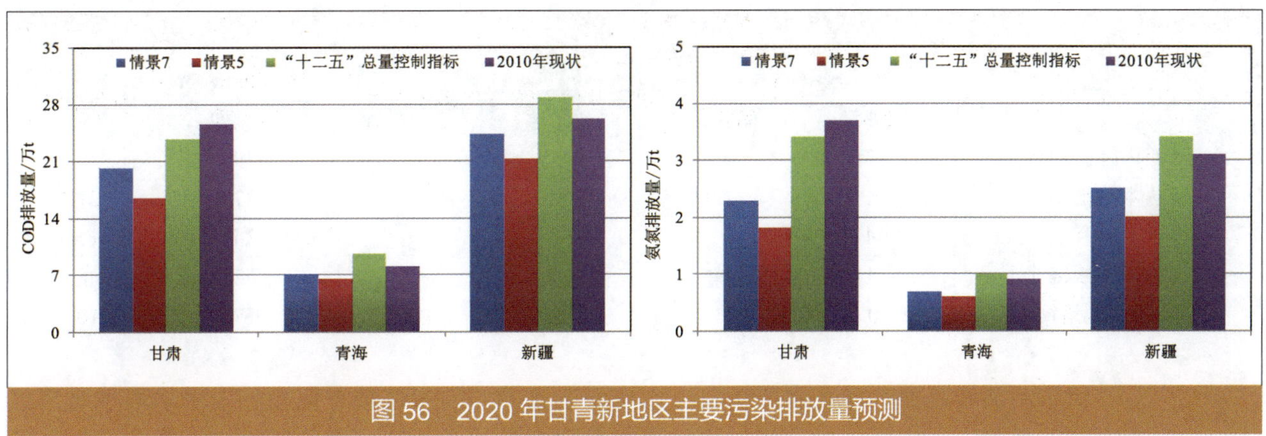

图 56 2020 年甘青新地区主要污染排放量预测

注：情景 5：2020 年资源环境效率与全国平均水平差距不扩大；情景 7：以 2015 年实现"十二五"规划的单位 GDP 能耗低 16%（同全国），主要污染物排放总量控制指标的资源环境效率为基数，2020 年资源环境效率与全国资源环境效率水平差距不扩大。

表 16 2020 年黄河流域主要河段水环境承载状况 单位：万 t/a

受纳水体	COD			氨氮		
	现状入河量	预测入河量	允许入河量	现状入河量	预测入河量	允许入河量
黄河干流甘肃段	4.83	3.74	41.49	1.12	0.61	1.42
泾河水系	2.79	2.23	0.85	0.26	0.23	0.04
湟水水系	3.36	3.03	1.36	0.35	0.31	0.07

黄河干流甘肃段处于水环境可承载状态，主要支流湟水河、泾河处于水环境超载状态。通过采取提升工业废水控制绩效、城市生活污水处理能力等措施，2020 年可实现入河污染物总量减少，水环境承载压力下降，黄河干流甘肃段处于水环境可承载状态，但湟水河和泾河依然处于水环境超载状态（表 16）。

2．内陆河干旱区河流受损严重，河流健康状况继续恶化

内陆河流域由于上游山区水库、山前水库控制，以及人工绿洲城市和农业灌溉大量用水，致使内陆河河流流程不断缩短，河流中下游河道处于干涸或间歇断流状态，大部分河流受损状态中度以上，基本丧失了河流自然净化污染物的能力。

以“河道不退缩”“地下水位不下降”“水质不超标”“天然绿洲不萎缩”指标综合判断，在没有大规模的跨流域引水工程支撑的条件下，未来十年，内陆河干旱区主要河流健康状况将继续恶化。石羊河主要表现为大部分河段来水不能维持生态环境所需的最小径流量，河流污染严重，地下水位持续下降；玛纳斯河和乌鲁木齐河主要表现为水资源持续过度开发，河流断流状况不会明显改善。

内陆河流域工业废水的排放去向多元化（表 17），工业废水排放的环境影响多样化，难以阻断持久性有机污染物和重金属在土壤和生物中的累积途径，存在现实的水环境污染并潜在累积性环境风险。

表 17 内陆河流域工业废水不同去向的比例统计 单位：%

地区	地表水体		进入其他单位	直接进入灌渠	进入地渗或蒸发地	去向不详
	直接	间接				
河西内陆河流域	17	4	—	2	39	38
柴达木盆地诸河	—	2.9	37.6	—	37.8	21.7
玛纳斯河流域	34	15	6	—	34	11
天山北坡中段诸小河	21	14	3	2	52	8
吐哈盆地诸河	0	33	—	0	57	10

伊犁河流域是西北现状水质优良、水资源丰富的内陆河流域，但面临未来水环境质量急剧下降的风险。一方面，伊犁河谷作为国家粮食安全后备基地，农业需水快速增加，加之伊犁河流域向艾比湖生态补水，预计 2020 年伊犁河流域水资源开发利用率达到 50% 左右，超出流域水资源开发安全警戒线。另一方面，伊犁河谷煤、水组合条件好，是我国战略布局的重要现代煤化工基地。现代煤化工正处于技术成熟度不高、运行不稳定阶段，无序布局、盲目发展将带来产业安全、环境污染等一系列问题，废水处理和固体废物处理面临难题。伊犁河是国际河流，水环境问题敏感，需要主动采取有效对策措施管控水环境风险。

（五）重点地区大气污染仍然较重，复合型污染呈加重趋势

1．重点地区大气污染仍然较重

2015 年和 2020 年，西部五省（区）大气环境容量利用水平均未超载（表 18）。贵州省二氧化硫排放量占容量比例仍将超过 70%，大气承载压力较高。甘青新地区氮氧化物排放增幅较大，2020 年甘肃和新疆氮氧化物容量利用水平均超过 50%。

重点地区大气污染态势依然严重。2020 年，云贵地区二氧化硫超载市州比例将达 20%，甘青新地区氮氧化物承载力超载城市将超过 28%。

表 18　西部五省（区）大气容量利用水平预测　单位：%

地区	2010 年		2015 年		2020 年	
	二氧化硫	氮氧化物	二氧化硫	氮氧化物	二氧化硫	氮氧化物
云南	79	74	73	70	69	66
贵州	100	70	89	60	76	49
甘肃	49	27	52	47	57	54
青海	16	16	16	21	21	33
新疆	27	29	34	43	35	50

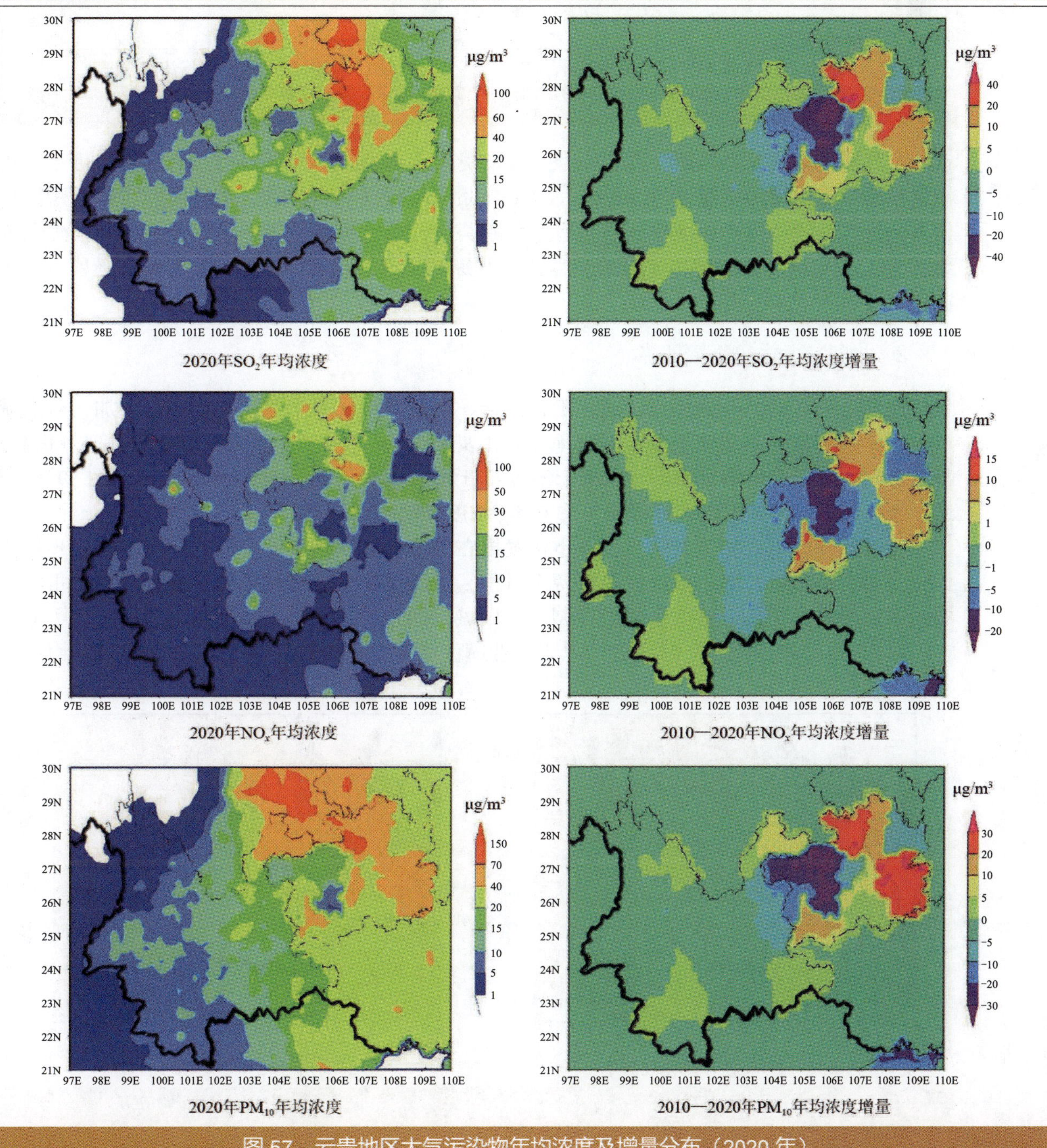

图 57　云贵地区大气污染物年均浓度及增量分布（2020 年）

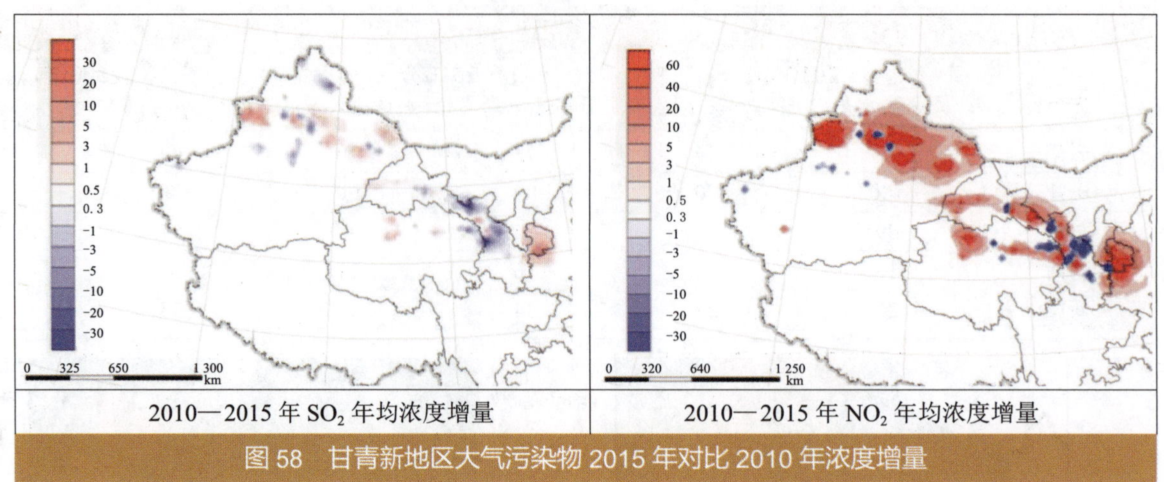

2010—2015 年 SO_2 年均浓度增量　　2010—2015 年 NO_2 年均浓度增量

图 58　甘青新地区大气污染物 2015 年对比 2010 年浓度增量

空气质量模式模拟表明（图 57、图 58），贵州北部及东部部分市州二氧化硫和可吸入颗粒物年均浓度净增加量超过 20 μg/m³，2020 年贵州省遵义和贵阳的二氧化硫和可吸入颗粒物仍将超标。甘青新重点地区空气质量有恶化趋势，天山北坡经济带、河西走廊地带、陇东等地区 NO_2 年均浓度普遍增加，2020 年兰州、平凉、昌吉、哈密、伊犁、石河子和乌鲁木齐等重点城市 NO_2 仍将超标。

2．大气复合污染态势加重

西部五省（区）石油化工、煤化工、冶金、钢铁等重化工产业规模将快速增加，重点城市机动车保有量也将迅速增长，城市地区发生臭氧、$PM_{2.5}$ 等复合污染的可能性进一步提高，甚至可能引发光化学烟雾污染。未来十年，云贵地区 $PM_{2.5}$ 浓度将维持较高水平（图 59），昭通、遵义、黔东南和黔西南等市州年均 $PM_{2.5}$ 浓度仍将严重超标。

甘青新地区重点城市工业化、城市化发展在国土空间利用上的矛盾与冲突将进一步加剧大气复合污染态势，集中体现在以下两个方面：一是重化工业沿城市郊区蔓延、与城市交织布局的态势相当突出，甚至呈现工业园区“围城”的现象。例如，新疆乌昌地区（乌鲁木齐市、昌吉市、五家渠市），10 个省级以上工业园区中 8 个园区布局了煤电煤化工、石油化工、

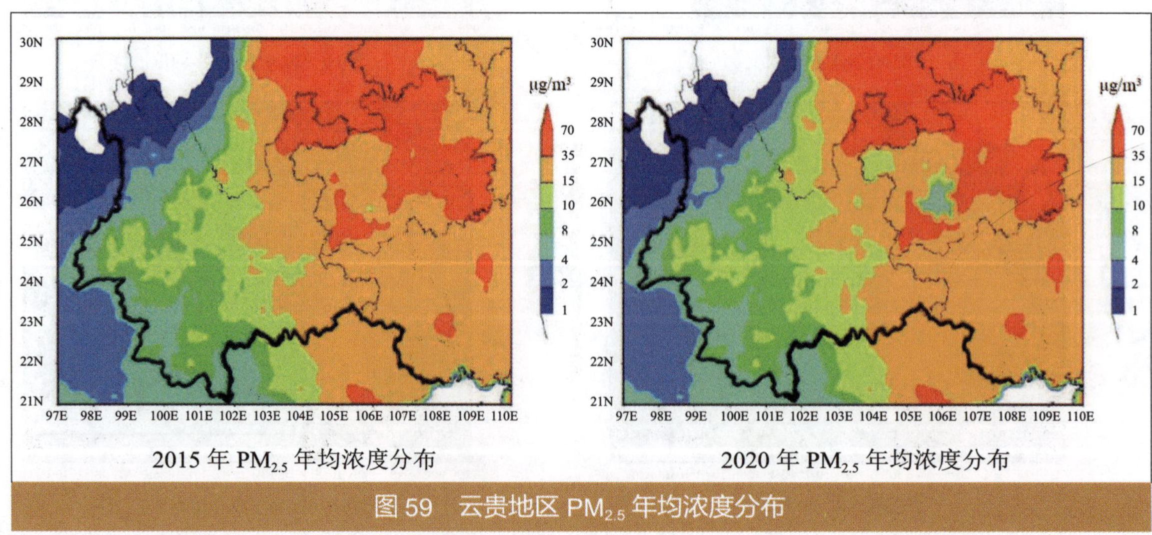

2015 年 $PM_{2.5}$ 年均浓度分布　　2020 年 $PM_{2.5}$ 年均浓度分布

图 59　云贵地区 $PM_{2.5}$ 年均浓度分布

氯碱化工、有色金属冶炼等重污染行业，园区与城市呈现出“城市—园区—城市”交错布局的特征，且园区全部位于城市上风向（图 60）。二是受地形和土地利用空间限制，部分重点城市缺乏城市与工业园区有效分隔布局的国土空间。例如，西宁市呈现“四山夹三河”格局，已有的 7 个工业园区中 3 个毗邻西宁市区（图 61），工业园区的大气污染容易在山谷隧道效应下输送至西宁市区。

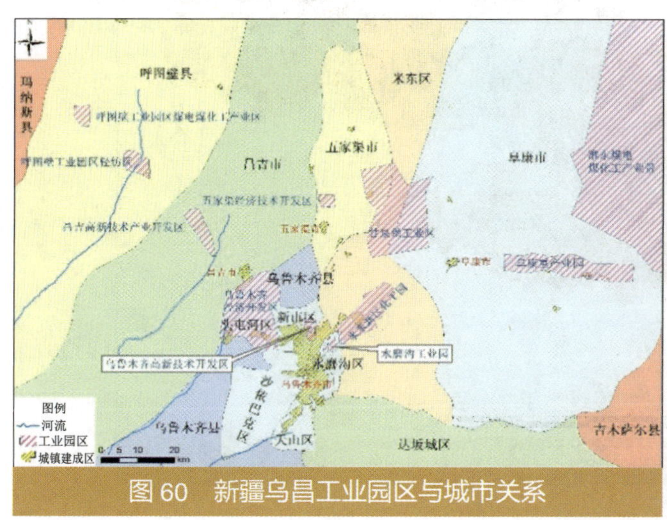

图 60　新疆乌昌工业园区与城市关系

图 61　西宁市工业园区与城市关系

（六）重金属污染形势严峻，累积性生态环境风险加大

西部五省（区）有色冶金行业产能将持续扩张（表 19），2015 年西部五省（区）电解铝、氧化铝、铅锌、铜等主要产品产量相对 2010 年普遍增长 2 倍以上，重金属污染防治面临巨大压力。

表 19　西部五省（区）有色冶金行业产能情景　单位：万 t

地区	产品	2010 年	2015 年	2020 年
新疆	电解铝	0	640	820
	铅锌	0	30	35
甘肃	电解铝	100	475	475
	铅锌	18	69	69
	铜	60	150	150
青海	电解铝	81	200	300
	铅锌	—	36	60
	铜	—	30	65
贵州省	氧化铝	220	560	560
	电解铝	100	260	260
	铝深加工产品	40	150	220
	氢氧化铝	0	150	150
云南省	十种有色	240	620	650
	铜	34.1	70	58
	铝	68.6	250	275
	铅	38	60	65
	锌	89.1	160	168

局部地区重金属累积性污染风险加大。云贵地区红河、文山、大理、黔西南、黔南等 5 市州废水中镉、铅累积污染风险较高，保山、昭通、六盘水、黔西南等 4 市州土壤重金属累积污染风险加大。甘青新地区有色金属冶炼企业与城市建成区交错布局，局部地区水体和土壤中重金属污染风险加大，大气沉降对人群健康产生的累积性风险呈加重趋势。

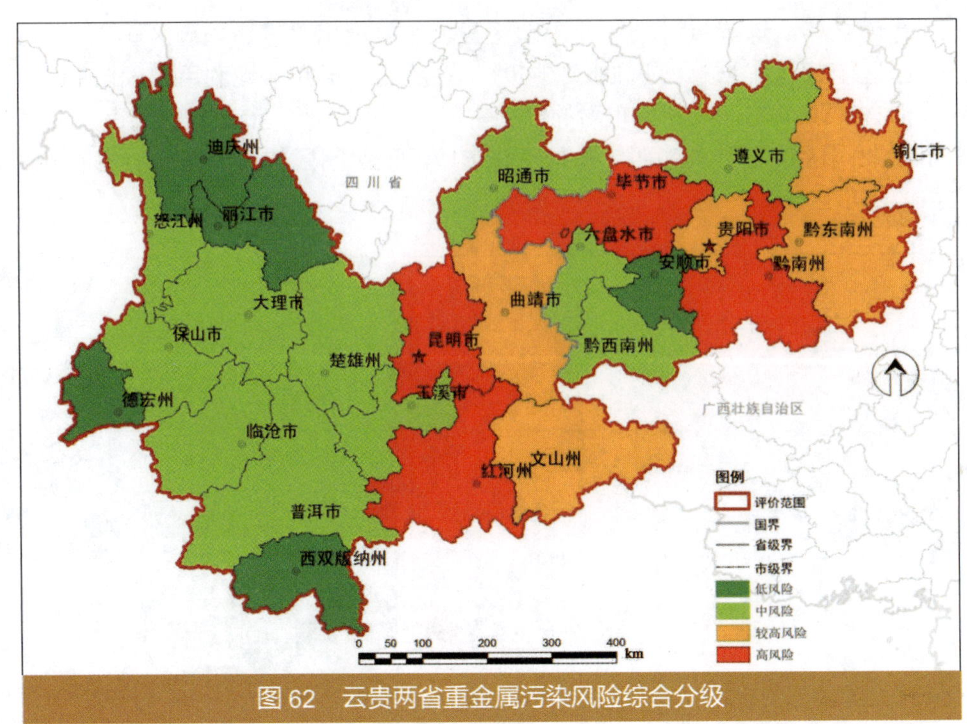

图 62 云贵两省重金属污染风险综合分级

综合考虑涉重行业规模、废气排放、危废堆存、废水排放、重金属大气沉降等因素，云贵地区重金属污染风险水平较高的区域见图 62。其中，昆明、红河、黔南、毕节为重金属污染高风险地区，曲靖、文山、铜仁、贵阳、黔东南为风险较高地区。

六、促进区域环境与经济社会协调发展的对策建议

深入贯彻“十八大”建设生态文明的总部署，牢牢把握经济建设、政治建设、文化建设、社会建设、生态文明建设“五位一体”的总布局，加强生态环境战略性保护，优化生产力布局，强化体制机制创新，提升发展质量与效益，推动西部五省（区）形成生产发展、生活富裕、生态良好的发展格局。

（一）努力建设生态文明示范区

把生态文明建设放在更加突出的战略地位，坚持在发展中保护、在保护中发展的战略思想，按照“保生态、优布局、调结构、提效率、建机制”的总体思路，构建以环境保护优化经济社会发展的长效机制，实施生态环境战略性保护，引导生产力优化布局，推动产业结构战略性调整，加快重点区域和产业发展方式转变，培育和增强区域可持续发展能力，力争成为生态文明建设优先示范区。

建设西部五省（区）生态文明优先示范区，必须坚持保护生态优先、合理布局优先、创新体制机制优先、加大环保投入优先等原则，破解经济社会发展的空间布局与生态安全格局、结构规模与资源环境承载之间的矛盾，推动形成环境保护优化经济社会发展的新格局。

1．坚持保护生态优先

树立尊重自然、顺应自然、保护自然的生态文明理念，将增强区域生态服务功能、改善生态环境质量放在更加突出的战略地位。划定重点生态功能区保护红线，加强西部五省（区）范围内 10 个重点生态功能区的环境保护和管理。云贵地区要科学论证、妥善处理“工业上山、城镇上山”与生态保育的关系，坚持开发服从保护，对重要生态用地实施强制性保护，严格限制不符合生态环境功能定位的开发建设活动。甘青新地区要统筹兼顾矿产资源开发、工业基地建设与区域生态系统脆弱性的关系，坚持面上保护、点状开发，严格控制开发范围和强度，保持并逐步扩大自然生态空间。

2．坚持合理布局与效率并重

落实“十八大”优化国土空间开发格局的要求，集中高效布局城市和产业，合理确定生产、生活和生态空间结构，控制开发强度，协调空间功能关系，引导区域发展整体推进与地方差别化发展的良性互动，促进生产空间集约高效、生活空间宜居适度、生态空间山清水秀。云贵地区要大力推进国土空间的精细化管理，合理开发土地资源，严格限制土地开发利用的总量，加大产业用地调整力度，促进产业向园区集中发展，制定产业节约集约用地标准，提高供地门槛，限制“占地大、产出低”的项目进入，稳步提高产业集聚水平。甘青新地区要坚持以水资源承载确定产业发展规模，以生态安全和环境质量优化产业空间布局，引导资源型开发产业合理布局、有序发展，推进工业化和城镇化协调发展。

3．坚持体制机制创新

建立生态文明建设目标体系、考核办法、奖惩机制，促进西部五省（区）经济社会步入可持续发展路径。推动构建资源节约型和环境友好型的产业体系，推进以环境保护优化经济增长的体制机制创新。云贵地区应积极探索改革能源税费与价格形成机制，研究完善水电税收政策，实施电力生产的清洁发展机制，完善反映环境治理效果的电力价格联动机制；加快资源性产品价格改革，健全矿产资源有偿使用制度，建立和完善反映市场供求关系和资源稀缺程度以及环境损害成本的生产要素和资源价格形成机制。甘青新地区应积极探索煤炭资源产业环境类型区管理模式，建设煤炭开发、利用全流程环境监管试点、示范工程，探讨由限制为主策略转向生态恢复与补偿、优化发展为主的管理方略；按照“储水于山”“流水于洲”“涵水于漠”的基本思路，严格区域水资源和水环境管理，建立内陆河流域河流健康的环境管理体系。

4．坚持环保投入持续加大

西部五省（区）协调发展与保护的任务十分艰巨、事关全局，国家应采取资金、技术、人才、基础能力建设等倾斜政策，建立健全政府性环境保护投入的绩效考核机制，加大生态环境保护投入力度，优先支持云贵地区生物多样性保护、天然林保护、石漠化治理、重金属污染防治等工作，优先支持甘青新地区生态安全屏障建设、重要生态功能区保护、水土流失防治、沙漠化防治等工作。西部五省（区）应将生态环境保护与治理作为重中之重，建立环境保护财政投入资金增长机制，完善多主体、多渠道、多元化环境保护投融资机制。

（二）切实强化生态环境战略性保护

推进生态文明示范区建设，关键是要培育和增强区域可持续发展能力，按照人口资源环境相均衡、经济社会生态效益相统一的原则，实施生态环境战略性保护，加强环境监管和保障力度，确保水土资源开发适度，实现西部五省（区）生态系统功能健康稳定、环境质量持续改善。

1．确保生态系统功能健康稳定

推进云贵地区生态保护与建设，继续实施天然林资源保护、长江珠江防护林体系建设、小流域综合治理、草山草坡治理等生态建设工程。加强水源地和湿地保护，增加造林和抚育任务。突出抓好水土流失和石漠化综合治理，开展坡耕地水土流失综合治理，对生态位置重要的陡坡耕地继续实施退耕还林还草。加强对自然保护区、风景名胜区、湿地公园、森林公园、地质公园、世界自然遗产地、水产种质资源保护区的保护和建设，加强以滇西北、滇西南、滇东北川滇生态功能区为重点的生物多样性保护，提升生态系统功能。到2020年，云贵地区江河上游水土流失面积明显减少，石漠化得到有效控制，森林覆盖率达到50%以上，天然林比例明显提高，生态功能不断增强。

保持甘青新地区“水源涵养”“防风固沙”生态功能不退化，确保人工绿洲稳定，草原“三化”得到有效遏制，区域生态环境有所改善。继续实施好天然林保护工程、“三北”防护林建设工程、退耕还林工程、天然草原退牧还草工程、祁连山水源涵养区生态建设和环境保护工程、防沙治沙工程、公益林补偿工程等。研究实施天山水源涵养区生态建设工程，落实草原生态保护补偿机制，建立山区水源涵养功能保护生态补偿机制。加快实施伊犁河等流域水土保持工程，遏制艾比湖流域、石羊河下游民勤盆地生态退化、恶化趋势，保持玛纳斯湖入湖水量和湿地生态面积稳定。强化国家生态安全屏障区建设，将三江源地区建成国家重要的生态安全屏障，将天山北坡准噶尔盆地南缘防风固沙带建设、天山冰川—山地水源涵养重要功能区建设纳入国家生态安全屏障战略。

2．确保环境质量持续改善

改善水环境质量。根据水环境承载条件、现状水环境质量状况、未来发展需求，结合“十二五”总量管理要求，科学制定水环境污染物排放控制方案。面源削减任务按照国家“十二五”减排相关要求执行，确保区域水质达标率稳步提高，水环境持续改善。加快污水处理厂和配套管网建设，稳步提高城镇污水收集和集中处理率。2015 年设市城市污水集中处理率提高到 80% 以上，2020 年城市（含县城）污水集中处理率平均达到 85% 以上。污水处理厂出水水质达到《城镇污水处理厂污染物排放标准》一级要求，水环境容量紧张的地区应达到一级 A 要求。

推进城市大气污染综合治理。云贵地区大气环境质量总体保持优良，各大气环境功能区需达到相应的空气质量标准等级。甘青新地区着力解决乌鲁木齐、兰州、金昌、白银等城市大气污染严重问题；加大西宁、格尔木、德令哈、兰州新区、石河子、昌吉—阜康—五家渠、奎屯—独山子—乌苏等城市和城市群的大气污染防治力度，确保环境质量不下降。

加强重金属防控。重点控制红河、文山、大理、黔西南、黔南等地铅、镉等重金属污染，以及白银、金昌、陇南、酒泉、嘉峪关、乌鲁木齐、克拉玛依等地铜、铅、锌、镍等重金属污染。开展重点防控区重金属排放总量控制。推进对矿产资源开采区和污灌区的重金属污染控制工作，适时开展重点污染矿区土壤修复，遏制重特大重金属污染事件频发的势头。

3．确保水土资源开发适度

落实最严格的水资源管理制度。严格控制用水总量，提高水资源利用效率。按照确保农业用水零增长或负增长，第二产业、第三产业及生活用水适度增长的原则制订用水总量控制方案，优先保障生活用水，推进农业节水，优化工业用水，确保生态用水。推进农田水利工程建设，大力发展节水灌溉技术，建立节水灌溉制度，重视农田灌溉用水的管理，提高农业用水的利用率。加大节水工程建设力度，支持建设一批保护生态和支撑新型工业化发展的引水工程。有序推进水电水能开发，以流域开发规划环境评价为前置条件，严格控制二级及以下支流小水电开发，切实保护好珍稀鱼类“三场一通道”等重要生境，保障生态基流需求。严格控制高耗水产业规模，在严重缺水的吐哈地区原则上不再新布局高耗水的煤化工、石化产业；准东地区和柴达木盆地严格控制耗水量大的初级产品加工规模扩张，大力建设循环型经济体系。积极推进土地利用结构和空间布局优化。执行最严格的耕地保护制度。制定产业节约集约用地标准，提高供地门槛，限制“占地大，产出低”的项目进入。重大项目原则上布局在国家级和省级开发区（园区）。可利用坡地资源量较大、生态环境不敏感、自然风险水平较低的云贵部分地区，科学规划、合理推进低丘缓坡规模化开发，加强地质灾害风险评估和预防，加强生态修复和生态补偿。

4．确保环境管控保障有力

加快环境管理的战略性转型，不断创新管理方式和手段，不断强化管理重点和力度。科学评估生态服务功能价值，定期发布生态资产评估报告，将生态资产的保值增值列入政府考核目标。制定以环境质量持续改善为目标的环境总量控制、考核和监测体系。实施以生态功能保育和改善为目标的生态环境保护战略规划，对重要生态功能区、生态环境敏感区和脆弱区等，划定生态红线，禁止与保护无关的开发活动。根据区域、流域的资源环境承载能力，制定实施重点经济区、产业集聚区空间和行业的环境准入政策，严格环境准入。

（三）大力推动发展方式转变

推进生态文明示范区建设，核心是加快转变经济发展方式，重点是以环境保护优化发展路径，优化生产力布局，优化经济结构，优化资源环境效率，构建资源节约型和环境友好型的空间格局和产业体系，实现绿色发展、循环发展、低碳发展。

1．优化发展路径

发挥西部五省（区）的特色和潜力，加快转变经济发展方式，促进工业化、信息化、城镇化和农业现代化同步发展，实现生产发展、生活富裕、生态良好的发展愿景。

城镇化、工业化与信息化相促进。依托昆明、贵阳、兰州、乌鲁木齐、西宁等主要城市，以信息化、新型城镇化带动区域经济发展，把战略性新兴产业培育发展成为先导性、支柱性产业，走科技含量高、经济效益好、资源消耗低、环境污染少、人力资源优势得到充分发挥的新型工业化道路。按照资源环境承载能力，合理确定西部地区城镇体系规模结构、等级结构和职能结构。集约利用空间资源，促进城市功能区紧凑式布局。

循环发展、生态园区与产业集群相结合。规划建设一批循环经济园区和生态工业园区。云贵地区重点支持贵阳市开阳磷煤化工生态工业示范基地、遵义市坪桥循环经济型新材料生态工业基地、盘南煤电铝一体化循环经济产业基地、普洱市特色生物产业和林产业基地、楚雄绿色产业基地建设，尽快形成示范效应。继续推进贵阳国家循环经济试点城市、低碳试点城市建设和节能减排财政政策综合示范工作。甘青新地区要积极推进甘肃循环经济示范区、石河子循环经济试点以及青海柴达木循环经济试验区、西宁经济技术开发区等循环经济试点园区建设。建议将六盘水列为国家循环经济示范城市，伊犁煤炭综合示范区纳入国家循环经济示范区战略，准东煤炭能源基地纳入国家循环经济试验区。

生态空间保育与生产空间、生活空间拓展相协调。立足西部五省（区）空间资源禀赋条件，合理安排新增建设用地规模，统筹各类产业集聚区布局，严格控制城市空间拓展，加强各类自然保护区建设，留足生态空间，促进生产空间、生活空间与生态空间和谐共生。云贵地区要优先通过存量空间资源调整获取发展空间，控制“工业上山、城市上山”和“挖山削坡”规模，加强地质灾害防治，建立健全区域环境风险应急响应系统和自然灾害防御体系。甘青新地区要以水资源利用和保护为核心，合理安排产业集聚区布局和城镇布局，促进区域产业发展、城镇布局与内陆河流域、天山和祁连山水源涵养重要生态功能区的保护建设相协调。

2．优化生产力布局

统筹考虑西部五省（区）资源禀赋、产业基础和资源环境承载能力，充分发挥比较优势，优化区域资源配置，强化区域分工和经济联系，引导区域产业发展合理分工、有序布局。

强化滇中经济区、黔中经济区建设。云南省应构建滇中经济区、沿边经济带、滇东北和滇西北四大板块区域特色鲜明、优势互补、分工有序、协调发展的区域经济格局。贵州省应充分发挥黔中经济区辐射带动作用，加快建设黔北经济协作区，积极推动毕水兴能源资源富集区可持续发展，积极支持黔东南州、黔南州、黔西南州等民族地区跨越发展，形成全省中、西、北各具产业发展重点的工业化战略布局。

培育天山北坡经济带和兰—西—格经济区。积极推进工业化和城镇化协调发展，促进产业集聚布局、人口集中居住、土地集约利用，形成西部大开发战略新高地，辐射和带动周边地区发展。将天山北坡经济带建设成为我国面向中亚、西亚地区对外开放的陆路交通枢纽和重要门户，全国重要的综合性能源资源生产及供应基地，现代化农牧业示范基地。兰—西—格经济区建设成为全国重要的新能源、盐化工、石化、有色金属和农畜产品加工产业基地，区域性新材料和生物医药产业基地；着力推进国家级兰州新区建设，打造区域重要的经济增长极。

高起点、高标准建设一批产业基地。积极推进河西地区实施建设全国重要的有色金属基地战略，建设金昌、白银、酒泉、嘉峪关金属综合加工利用基地。依托云南有色金属矿资源，明确区内分工，建设云南滇中地区全国钒钛资源综合利用产业基地，形成滇中铜、铝、钛冶炼及深加工、稀贵金属深加工基地，滇南锡、铝、铅锌深加工基地以及滇东北铅锌综合利用基地。在保护生态的前提下，推进水电基地建设。依托铝土矿资源，推动贵州铝工业结构调整和优化升级，建设贵阳铝深加工、遵义铝钛深加工基地。支持建设贵州清镇—黔西—织金煤电铝示范基地。结合河西地区新能源基地建设，推进电—冶—加一体化发展。积极引导电解铝产业在河湟谷地、准东地区（不含乌—昌）集聚，科学合理布局，有序发展。支持兰白、西宁等地向铝制品深加工发展。推进独山子、鄯善国家级石油储备基地和乌鲁木齐、克拉玛依、兰州国家级成品油储备基地建设，大力推进石化产业结构升级，优化以兰州、乌鲁木齐、独山子—克拉玛依为主体的石化产业集群。支持云南石化产业加快发展，优先在曲靖、楚雄布局炼油后续石化项目。加快建设准东、吐哈、伊犁、陇东等现代化大型煤炭基地，推进吐哈、准东煤炭东运、煤电一体化基地建设。推进云贵煤化工转型升级和集中布局，支持云南昭通、曲靖、红河和贵州毕节、六盘水建设新型煤化工基地。甘青新地区重点推进以煤制天然气为主导的现代煤化工产业集群建设，支持准东和伊犁现代煤化工基地建设。积极引导甘青新地区盐化工产业向柴达木盆地集聚。提高云南磷化工技术工艺水平和资源循环利用，重点建设昆明、玉溪磷化工基地，加大楚雄、曲靖磷化工业升级改造力度。支持贵州建设织金—息烽—开阳—翁安—福泉磷煤化工基地。推动贵钢新特材料循环经济基地建设，支持水城钢铁升级改造。推进甘青新地区钢铁工业优化升级，加快现有生产工艺的技术改造，促进产品升级换代，鼓励酒钢建设新的特钢生产基地，稳定和巩固西宁特钢的生产能力，支持天山北坡地区铁合金企业资源整合和产业重组，促进乌鲁木齐钢铁企业向精、特、新发展，严格限制低水平重复建设。甘青新地区加快新能源产业配套延伸，扶持光伏、风能发电产业链和服务基地建设，推进青海格尔木“光伏城”、甘肃河西走廊新能源基地建设。

破解城市与产业发展的布局性矛盾。逐步缓解西宁甘河工业园、西宁特钢与西宁市城市发展的空间矛盾，严格限制冶金工业发展，不宜布局发展煤化工。遏制乌鲁木齐市—昌吉—五家渠城市组群与工业园区交错密集布局、沿城乡结合地带、郊区蔓延式布局的发展态势，在乌—昌城市边缘和近郊地带，严格控制传统煤化工、氯碱化工、电解铝产业的发展。乌鲁木齐主城区和周边工业园区不宜扩大石化、钢铁产能，不宜布局发展煤化工产业。石河子市城市规划发展空间内不宜新布局高载能、重污染资源加工型产业。滇池流域内产业集聚区外，原则上不再布局新的工业项目，原有工业企业要逐步搬迁。贵州赤水河上游重点水资源保护区内原则上不允许新建化工类企业。

3．优化经济结构

立足西部五省（区）产业发展基础、资源优势和生态环境条件，按照“农业提效、服务业提速、工业提升”的总体思路，促进三次产业互动、协调发展。

加快推进农业结构调整。大力推进农业产业化进程，建设一批特色农副产品生产基地，促进传统农业向现代化农业转变。加强科技推广，扩大云贵经济作物种植规模，立足不同区域特色，做大做强传统优势产业，在特色优势农产品主产区创建一批区域特色鲜明、带动辐射效应突出的现代农业生产基地，大力发展外向型农业，建立一批境外农产品生产基地。加快甘青新地区节水型农业建设，大力发展设施农业、现代节水灌溉技术，推进水资源利用方式的转变。在天山北坡、河西走廊地区、河湟流域，加强节水型、特色型农牧产业基地建设，积极扶持特色农副产品和畜产品精深加工发展，大力推进建设具有民族特色、地方特色的农产品生产加工基地。

加快现代服务业发展，保障工农业发展和城乡居民消费需求。加快发展生产性服务业，大力提升消费性服务业，构建现代服务业体系，促使服务业成为拉动地区经济发展的重要力量。提升昆明、兰州、乌鲁木齐区域性金融中心地位，促进区域金融业发展。依托地区交通枢纽和交通网络节点，推进物流网络与平台建设，推动传统物流企业向现代物流企业转型。加强旅游资源的开发利用，充分发挥西部地区特色民族文化、历史文化、地域文化和自然资源优势，加快推进特色旅游资源开发。

提升工业发展质量，推进新型工业化。加快淘汰落后产能，优化发展冶金工业。有色冶金（铅、锌、铜、镍、电解铝）产业应立足于淘汰落后产能转型发展，严格控制初级产品产能扩张，大力淘汰铅冶炼中烧结锅—鼓风炉等落后工艺，淘汰锌冶炼中电炉、韦氏炉、竖罐等落后工艺。加快白银、金昌、黔西南有色产业的升级换代。优化钢铁行业产品结构，重点发展高端精品钢材，控制焦炭、铁合金、粗钢等产能扩张。推进昆钢搬迁改造和贵阳城市钢厂搬迁。云贵地区水泥行业规模原则上不再增加，新建企业以淘汰已有落后产能为前提，实现等量置换。淘汰昆明、曲靖、临沧、玉溪、遵义等市州规模以下造纸企业，加大楚雄、保山等地小造纸和落后工艺的淘汰力度。控制石化化工产业规模，促进集约发展。统筹协调独山子—奎屯—乌苏城市群与独山子—克拉玛依石化基地的发展，合理空间布局，保护城市饮用水源地安全和人群健康环境，严格限制光气等高风险产品项目。原则上不再扩大兰州主城区石化产能（炼油、乙烯），着力推进技术升级改造，发展石化下游产业。煤炭、煤电、煤化工的布局和规模必须符合国家能源发展相关规划。控制新疆准东、吐哈和贵州六盘水、遵义煤炭产能过快增长。严格限制天山北坡水源涵养保护区、祁连山水源涵养保护区内的煤炭资源开发，加快现有煤矿资源整合和生态修复。划定贵州赤水河上游煤炭开采控制区，严格控制区内煤炭开采规模，禁止新上煤炭洗选项目。准东、吐哈的煤电基地建设规模与电力通道建设相匹配，与电力需求相匹配。“上大压小”淘汰 20 万 kW 以下小火电机组，昆明、遵义、黔南、乌鲁木齐、兰州、金昌等地，在大气环境质量未得到持续改善之前，除热电项目外不再新建或扩建燃煤机组。稳妥推进现代煤化工升级示范工程建设，严格限制大规模布局工艺技术不成熟的现代煤化工产业。加强传统煤化工整合提升，严格限制煤焦化发展。天山北坡、河西等地下水严重超采、地下水位持续下降地区，不宜发展煤化工产业。

4. 优化资源环境效率

全面推行清洁生产和循环经济，节约集约利用资源，推动资源利用方式根本转变，加强全过程节约管理，大幅降低能源、水、土地消耗强度，提高利用效率和效益。

着力提高资源利用水平。重点提升煤炭、钢铁、化工、电力、食品、有色等行业的水资源效率，提升钢铁、化工、建材、有色、电力等高耗能行业的能源效率水平。实施单位产品水耗、能耗限额管理。发展精深加工产品，延长产业链，提高工业能效。加强矿产资源勘查、保护、合理开发，鼓励共伴生矿、尾矿及大宗产业废物综合利用。加强水源地保护和用水总量管理，建设节水型社会。加快淘汰落后产能，提高存量产业的资源环境效率。

着力降低主要污染物排放强度。降低化工、造纸、饮料制造、农副食品加工等传统行业的化学需氧量和氨氮排放强度。提高电力、化工、非金属制造、石油等行业脱硫脱硝技术水平，降低大气污染物的排放强度。提升有色矿采选、有色冶炼、黑色金属冶炼等行业清洁生产水平，控制铅、镉、铬、汞等重金属排放强度。

着力严格新建、改扩建项目的环境准入。加快传统产业的技术改造和落后产能淘汰进程，确保主要资源环境利用绩效指标与全国平均水平的差距逐步缩小，特色优势产业主要资源环境绩效指标应超过全国平均水平或达到东部地区水平。单位产品的能耗、物耗、水耗及污染物排放达到国内领先或国际先进水平；化工、冶金、电力等项目均应采用现代化技术工艺，清洁生产达到国际先进水平；新建、改扩建工业项目用水指标和水污染物排放指标均应达到清洁生产一级水平或国际先进水平。

（四）不断加强基础能力建设

立足西部五省（区）建设生态文明示范区战略目标，进一步落实环境保护优化经济发展的相关措施，研究制定具有区域针对性的经济政策，加大对西部五省（区）民生事业支持力度，推进相关环境制度体系建设，为西部五省（区）实现可持续发展奠定基础。

1. 完善环境保护优化经济发展政策措施

强化规划引导。根据西部五省（区）各地市社会经济发展水平、产业发展定位和资源环境承载能力的差异，编制区域资源型产业及重化产业发展规划，统筹安排区域内生态环境影响较大的重化项目；加快推进金沙江、乌江、红河、沅水、南盘江、石羊河、黑河、疏勒河、玛纳斯河等重点流域污染防治规划编制工作。

加强规划环评。全面推进重点区域、重点城市、重点产业集聚区以及重点行业的规划环境影响评价。省级以上产业集聚区规划环评必须与规划编制同步开展，规划环评未经审查通过的园区禁止项目准入，强化和落实规划环评中跟踪监测与后续评价措施。

2. 制定区域性经济政策

加大财政转移支付力度。充分考虑西部五省（区）自我积累能力差的实际，建议国家进一步加大对云南、贵州、甘肃、青海省、新疆等西部省区财政转移支付力度，健全对西部省区财政转移支付增长机制，确保西部落后省区能够分享国家发展成果。

创设区域性产业投资基金。借鉴国家已经批准试点的相关产业投资基金的成功经验，建议设立针对西部落后地区的产业投资基金，重点支持西部五省（区）传统产业升级和战略性新兴产业发展，支持西部落后地区战略性新兴产业的技术创新、高新技术开发以及区域内的基础设施建设。

实行差别化产业引导。对于有资源优势的农副产品加工业、有色冶金等资源类加工业，建议适当减少增值税，引导相关产业在西南、西部地区集聚发展；对于装备制造业和生物产业、新能源、新材料等战略性新兴产业，建议大幅度减少增值税和企业所得税，加大对符合环保要求和信贷原则企业和项目的信贷支持，并在产品研发环节提供政策支持。对于金融服务业、物流业、旅游业等现代服务业，建议在“营改增”框架内安排更低档税率。

3. 推进环保体制机制创新

实行差别化的环境政策，通过排污权交易等方式探索建立主要污染物排放总量指标转移机制。实施基于环境质量持续改善的污染物总量控制，同步实施区域污染物排放指标转移管理。在具有资源优势和环境容量的地区，设立主要污染物排放总量指标转移试验区。全国对口支援西部发展项目审批时给予总量控制指标倾斜，对具有环境容量但总量指标缺乏地区由对口援建地区提供污染物总量控制指标的支援。

完善生态补偿、生态修复、生态开发性保护相结合的新机制。按照谁开发谁保护、谁受益谁补偿的原则，逐步在森林、草原、湿地、流域和矿产资源等开发领域建立健全生态补偿机制。按照核减超载牲畜数量、核定草地禁牧休牧面积的办法，开展草原生态补偿。研究开展主要湖泊湿地的生态补偿。推进区域内部、上游下游之间社会经济发展和水环境保护的统筹协调，通过国家财政转移支付，对大江大河源头水体保护进行补偿。建立工程建设项目资源与生态补偿机制，确保遭受破坏的水生生物资源和生态得到相应的补偿和修复。加强矿产资源开发过程中的生态环境保护与恢复治理工作，落实地方政府和企业责任，实行矿山环境治理恢复保证金制度。在重点生态功能区范围内，矿山环境治理恢复保证金实行较高的提取标准。

完善环保投入资金保障机制。增加政府环保投资占财政收入比重，确保政府环保基础设施投入年增速不低于20%，政府环保投入增长幅度要明显高于同期财政收入增幅。建立健全西部落后地区的资金投入增长机制，国家有关部门专项资金应根据西部落后地区生态保护需求，确定适当资金投入增速，切实解决西部落后地区生态环境保护资金需求。

建立资源型企业可持续发展准备金制度。资源型企业按规定提取用于环境保护、生态恢复等方面的专项资金，准予税前扣除。矿产资源所在地政府对企业提取的准备金按一定比例统筹使用，专项用于环境综合治理和解决资源开发带来的有关问题。

4. 强化环保公共服务能力建设

提高地方环保监管能力。加大对市、县二级环保部门投入，在人员编制、业务办公用房、各类标准化建设、监察监测能力建设等方面予以倾斜。大力推进城市、工业园区环境保护管理能力建设，加强工业园区突发环境事件预防、快速响应处置能力。

推进环保基础设施建设。综合考虑人口规模增加和城镇化率提高水平，在各地州市继续完善污水处理设施建设，加快县市和乡镇污水处理设施建设。同步加快污水处理厂和配套管网建设，稳步提高城镇污水处理厂实际处理规模。

建立区域环境风险综合应急响应系统。对于水污染、大气污染等突发性污染事故以及地震、暴雨、干旱、泥石流等突发性自然风险，制订紧急预案处理措施，及时进行预报预警。

分项目一

西南（云贵）
重点区域和行业发展
战略环境评价

编　写　组

技术承担单位　清华大学

技 术 负 责 人　刘　毅

主要编写人员

刘　毅　张天柱　谢　丹　李王锋　金凤君
刘　洋　张惠远　李　巍　曾思育　王自发
杨永宏　董泽琴　李　倩　曾　琳　惠　艺
刘　鹤　王兴杰　许开鹏　刘军会　鱼京善
朱洪利　吕春英　刘天嵩　魏文龙　谢付莹
向伟玲　迟妍妍　杨永森　黄韵清　梅向阳
黄代宽　刘永霞　吕　晨　王淑芳

主要协作单位

国家发改委国土开发与地区经济研究所
环境保护部环境规划院
北京师范大学
中国科学院大气物理研究所
北京清华城市规划设计研究院
云南省环境工程评估中心
贵州省环境科学研究设计院

前 言

西部大开发战略实施十年来，云贵地区社会经济建设取得了重要成就，但总体发展水平仍相对落后，已成为我国区域经济发展的短板和全面建成小康社会的难点和重点。今后十年是深入推进西部大开发承前启后的关键时期，加快云南、贵州两省的发展是缩小西部和欠发达地区与全国差距的一个重要象征，是国家兴旺发达的一个重要标志。

云贵地区生态环境保护具有全局性战略地位。云贵地区是我国重要的生态安全屏障，是青藏高原生态屏障、黄土高原—川滇生态屏障、大江大河重要水系功能区中的关键组成部分。云贵地区生物多样性丰富，生态系统类型多样，是我国重要的生物多样性宝库和世界著名的动植物标本重要产地。保护云贵地区生物多样性、维护生态系统功能直接关系到区域生态安全格局，保护好生态大屏障更关系到国家中长期生态安全。

2012 年 1 月,环境保护部正式启动了西南(云贵)重点区域与行业发展战略环境评价工作，旨在落实科学发展观，探索生态文明发展路径，坚持在发展中保护、在保护中发展，通过大区域尺度的战略环境评价，处理好云贵地区发展相对落后生产力与保护生态环境之间的关系，推动区域产业结构战略性调整，引导生产力优化布局，促进云贵地区逐步转变经济社会发展方式，提升区域中长期协调可持续发展能力和水平，确保国家全面建成小康社会目标的实现。

清华大学为西南区域战略环境评价技术牵头单位，联合国家发改委国土开发与地区经济研究所、环境保护部环境规划院、北京师范大学、中国科学院大气物理研究所、云南省环境工程评估中心、贵州省环境科学研究设计院等科研单位组成技术工作组。2012 年 1 月，西南区域战略环境评价技术方案通过环境保护部组织的专家评审。技术工作组随后开展了基础数据资料收集、现场调查、技术攻关等工作，参与了环境保护部组织的三次阶段评估及多次重大专题研讨会，于 2012 年 11 月完成初步成果报告。2012 年 11 月，重大专题顺利通过环境保护部组织的专家验收。经与相关部门就初步成果进行对接和沟通，于 2012 年 12 月形成征求意见稿。在征求云贵两省领导小组及有关政府部门意见的基础上，于 2013 年 1 月形成送审稿。2013 年 1 月 21 日，西南（云贵）重点区域与行业发展战略环境评价项目成果通过环境保护部组织的专家验收。

在此，对云南省、贵州省人民政府及环境保护厅等有关部门的大力支持，对项目咨询专家顾问团队的悉心指导表示衷心感谢！

1 概　述

1.1　项目背景

西部大开发战略实施十年来，云贵地区发展水平仍相对落后，是国家区域经济发展版图中的短板，已成为国家全面实现建成小康社会目标的难点和重点。2010 年《中共中央国务院关于深入实施西部大开发战略的若干意见》（中发 [2010]11 号）明确提出，今后十年是深入推进西部大开发承前启后的关键时期。这一时期也是云贵地区加快转变发展方式，进一步充分发挥西部地区特色和优势，实现又好又快发展，缩小与全国差距的重要机遇期。

《国务院关于支持云南省加快建设面向西南开放重要桥头堡的意见》（国发 [2011]11 号）、《国务院关于进一步促进贵州经济社会又好又快发展的若干意见》（国发 [2012]2 号）两份重要文件的颁布，明确了云贵地区在国家社会经济发展格局中的地位和发展战略。随着国家持续加大对云贵地区的政策支持和资金投入，今后十年云贵地区特别是滇中经济区、黔中经济区等重点区域将进一步加快发展，区域经济发展潜力将得到进一步释放，资源优势和地缘优势进一步充分发挥，基础设施建设加快，云贵地区在国家区域发展战略格局中的地位将进一步提高。

云贵地区生态环境保护具有全局性战略地位。云贵两省是我国重要的生态安全屏障，是青藏高原生态屏障、黄土高原—川滇生态屏障、大江大河重要水系功能区中的关键组成部分。云贵地区生物多样性丰富，生态系统类型多样，是我国重要的生物多样性宝库和世界著名的动植物标本重要产地。保护云贵地区生物多样性、维护生态系统功能直接关系到区域生态安全格局，保护好生态大屏障更关系到国家中长期生态安全。然而，近年来云贵地区森林破坏、生物多样性退化、湖泊富营养化、土壤重金属污染、酸雨、水土流失、石漠化等生态环境问题仍较为严重，局部地区生态退化和环境污染还有持续加重的趋势。西部大开发战略深入实施的第二个十年里，云贵地区的开发规模与强度将进一步加大，资源环境压力还将进一步加重。

积极推进生态文明建设，坚持在发展中保护、在保护中发展，处理好云贵地区发展相对落后生产力与保护生态环境之间的关系，协调好维持区域生态平衡与保障区域发展的环境资源之间的关系，从源头扭转生态恶化趋势，促进经济社会发展方式的根本性转变，大力推进产业结构战略性调整，积极引导生产力优化布局，构建区域跨越式发展的绿色助推器，对于促进云贵地区又好又快发展，实现区域中长期协调可持续发展具有重大现实意义。

开展西南区域发展战略环境评价是深入贯彻落实科学发展观，积极探索生态文明发展道路的重要举措。在继承五大区域战略环境评价“保红线、严标准、优布局、调结构、控规模”总体思路，落实“生态功能不退化、水土资源不超载、排放总量不突破、准入要求不降低”基本原则的基础上，进一步拓展和深化大尺度区域性战略环境评价，坚持理念创新、方法创新、管理创新，统筹兼顾发展转型和环境保护，对于进一步推动环境保护参与国民经济和区域发展综合决策，从源头预防生态环境恶化，加快构建区域生态安全格局和良好生产生活环境，全面推进生态文明建设，建设美丽云南、生态贵州具有重要意义。

1.2 工作目标

深入贯彻落实科学发展观，树立尊重自然、顺应自然、保护自然的生态文明理念，坚持在发展中保护、在保护中发展，按照“保红线、助发展，控准入、促转型”的总体思路，以“资源环境可承载、生态功能不退化”为前提和依据，深入分析和评估西南地区生态环境特征、演变趋势及其对社会经济发展的关键制约，系统辨识区域发展可能造成的区域性、累积性环境影响和生态风险，统筹兼顾保障区域发展的环境资源、维护良好生态的人居环境，研究提出重点区域和重点产业发展方向与环保对策，推动产业结构战略性调整，引导生产力优化布局，构建以环境保护优化社会经济发展的绿色助推器，促进云贵两省在加快发展中实现发展方式的根本性转变，力争成为国家生态文明建设的排头兵。

图 1-1 评价范围与评价区域划分

表 1-1 评价子区域及重点产业

省	子区域	涵盖市州	重点产业
云南	滇中经济区	昆明、曲靖、玉溪、楚雄	有色、冶金、化工、装备制造
	沿边经济带	德宏、保山、临沧、普洱、西双版纳、红河、文山	冶金、化工、生物产业
	滇西北产业区	大理、怒江、丽江、迪庆	矿产资源开采及加工、电力
	滇东北产业区	昭通	冶金、化工、生物产业
贵州	黔中经济区	贵阳、遵义、安顺、黔南、黔东南	矿产资源开采及加工、化工、有色、冶金、装备制造、建材
	黔西经济区	六盘水、毕节、黔西南	矿产资源开采及加工、冶金、化工、装备制造
	黔北产业区	铜仁	电力、有色、装备制造

环境保护目标：以维持云贵地区重要生态功能和良好人居环境质量不降低为总体目标，保持重要生态保护单元面积不减少、生物多样性水平不降低，主要河流断面水质达标率提高、主要湖泊富营养化水平有所降低，城市大气空气质量改善、区域性酸雨污染有所缓解，主要资源环境效率指标达到国家平均水平，不出现大范围环境污染和生态风险事件。

1.3 工作范围

云贵地区战略环境评价的工作范围覆盖云南、贵州两省整个行政管辖区，国土面积 55.9 万 km^2，2010 年人口 8 071 万人，国土面积、人口均占全国总量的 6.0%。2010 年地区生产总值 11 826 亿元，占全国的 2.9%。

根据区域特点及功能定位，将评价范围划分为七大子区域（见图 1-1，表 1-1）。其中，云南划分为滇中经济区、滇东北重化工产业区（以下简称滇东北产业区）、滇西北及西南“三江”云南段（以下简称滇西北产业区）、沿边经济带等 4 个子区域；贵州划分为黔中经济区、黔北能源化工及特色产业区（以下简称黔北产业区）、黔西资源富集和开发区（以下简称黔西经济区）等 3 个子区域。

评价现状基准年为 2010 年。回顾性评价回溯至 2001 年，近期评价水平年为 2015 年，远期评价水平年为 2020 年。

1.4　工作思路与重点

云贵地区战略环境评价工作坚持节约优先、保护优先、自然恢复为主的方针，围绕“保红线、助发展，控准入、促转型”的总体思路开展（见图 1-2）。从社会经济与生态环境两个维度，系统梳理云贵地区发展的功能定位和战略目标，研究分析二者之间的适宜性；深入分析区域社会经济、主要产业和城镇化发展水平，辨识生态环境演变趋势特征及其与社会经济发展的相关性；客观分析云贵地区潜在的经济增长空间，生态资源开发和环境容量利用的潜力，研究比较其总量、时序及空间格局的一致性；在充分考虑战略性资源优势转化、生产力布局现实条件和地方发展意愿的基础上，深入论证资源环境可承载的社会经济发展路径，着力推进绿色发展、循环发展、低碳发展；研究提出资源节约、环境友好的新型工业化发展方向及重点产业发展调控对策，形成节约资源和保护环境的国土空间开发格局、产业结构和生产方式，为促进云贵地区发展方式的根本性转变提供决策支撑。

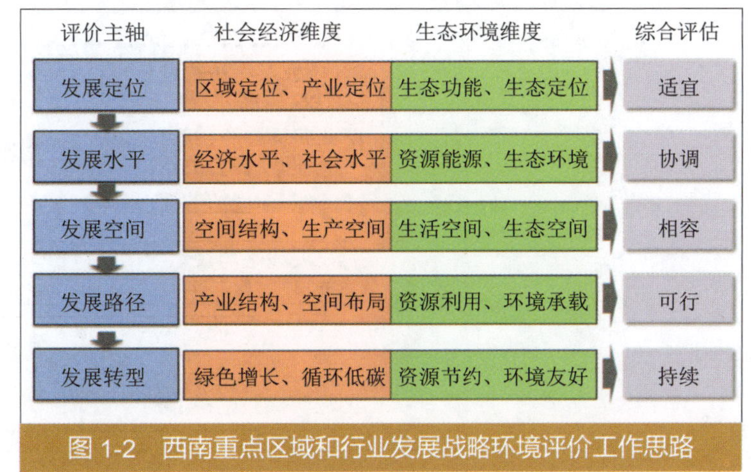

图 1-2　西南重点区域和行业发展战略环境评价工作思路

按照环境保护部《西部大开发重点区域和行业发展战略环境评价第一阶段工作方案》（环办 [2012]21 号）文件要求，确定云贵地区战略环境评价的工作重点如下：

（1）重点区域和产业发展战略分析。根据国家区域协调发展总体战略和主体功能区战略，结合云贵两省经济社会发展规划、重点区域和行业规划等，分析未来云贵地区在全国区域发展格局中的战略地位、经济社会发展的战略目标、资源开发与重点产业发展的战略目标以及环境保护的战略目标。

（2）重点区域生态环境现状及演变趋势评估。评估云贵地区生态环境现状，分析经济社会发展的资源环境压力和演变趋势，剖析区域经济社会发展导致的突出的区域性、累积性资源环境问题，识别区域资源开发和重点产业发展的关键性制约因素。

（3）重点区域和产业发展资源环境压力评估。分析云贵地区重点区域和产业发展现状、技术水平和发展态势，评估资源环境效率水平；基于云贵地区重点区域和产业发展情景方案，预测资源环境压力及时空分布；结合重点区域资源环境现状和关键性制约因素，解析经济与环境协调发展水平以及存在的主要矛盾。

（4）重点区域和产业发展资源环境承载力综合评估。根据区域经济社会发展水平和资源环境禀赋，分析评估云贵地区水土资源、环境和生态承载力及其利用状况和空间分布特征，提出区域资源环境承载力可持续利用的对策。

（5）重点区域和产业发展环境影响评价和生态风险评估。针对云贵地区重点区域和产业发展情景，分析、预测重点产业发展的中长期生态环境影响变化趋势及其阶段性、结构性特征，分析、评估重点区域和产业发展的中长期生态风险，辨识关键性社会经济影响因素。

（6）重点区域和产业优化发展的调控方案。根据云贵地区重点区域和产业发展资源环境承载力水平，提出产业发展与布局优化调整方案，明确优先支持的重点产业发展方向和生产力优化布局建议。

（7）重点区域和产业与资源环境协调发展的对策机制。研究提出保障区域生态安全、促进资源高效利用、构建循环经济体系的环境保护策略，提出节能减排、环境准入、跟踪监测与评价、生态恢复与补偿 / 能力建设的中长期环境管理对策建议，研究跨流域、跨行政单元的区域性环境综合管理模式，探索建立以环境保护优化经济发展的长效政策机制。

1.5 技术路线

西南地区战略环境评价开展的技术路线如图 1-3 所示。

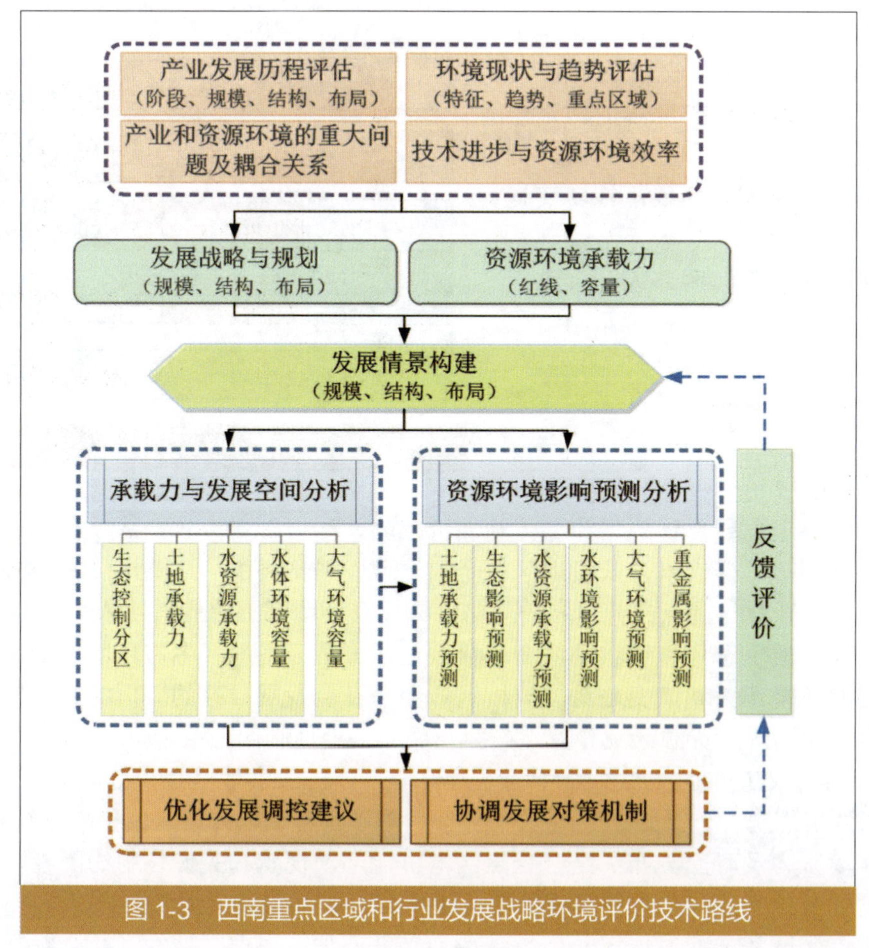

图 1-3　西南重点区域和行业发展战略环境评价技术路线

2　区域发展战略与定位

2.1　区域发展战略分析

2.1.1　西部大开发战略

2000 年 1 月 3 日，中共中央、国务院印发《关于转发国家发展计划委员会〈关于实施西部大开发战略初步设想的汇报〉的通知》，标志着国家正式开始实施西部大开发战略。同年 10 月，中共十五届五中全会通过《中共中央关于制定国民经济和社会发展第十个五年计划的建议》，把实施西部大开发、促进地区协调发展作为一项战略任务。国家发改委分别于 2002 年、2006 年编制了《西部大开发“十五”规划》《西部大开发“十一五”规划》，推进西部大开发战略实施。

2011 年起西部大开发进入加速发展阶段，是深入推进西部大开发承前启后的关键时期。为扭转区域差距持续扩大的趋势，确保西部地区在 2020 年与全国同步实现全面建成小康社会的目标，2010 年党中央、国务院出台了《关于深入实施西部大开发战略的若干意见》（中发 [2010]11 号），提出了西部地区新一轮开发的指导思想、基本原则和主要目标，明确提出西部地区在我国区域协调发展总体战略中具有优先位置，在促进社会和谐中具有基础地位，在实现可持续发展中具有特殊地位；并且要求重点突出提升发展保障能力、调整产业结构、保障和改善民生、增强发展活力和动力、维护社会和谐稳定和加大支持力度等六个方面的工作。与前 10 年西部大开发的总体要求相比，西部大开发战略实施的第二个十年更加强调保障和改善民生，更加强调西部地区自我发展能力建设。

2012 年，国务院批复国家发改委编制的《西部大开发“十二五”规划》。与前两个五年规划相比，“十二五”规划在开发理念、开发重点、开发方式、开发布局、开发机制、开发政策上都提出了新的要求。在开发理念上，更加注重发展的质量和效益；在开发重点上，更加集中力量解决交通和水利两大关键性问题；在开发方式上，深入实施以市场为导向的优势资源转化战略，建设国家能源、资源深加工、装备制造业和战略性新兴产业基地；在开发布局上，注重因地制宜、分类指导，着力抓好重点经济区培育壮大和老少边穷地区的脱贫致富；在开发机制上，发挥政府和市场两方面的作用，凝聚社会各方力量共同开发；在开发政策上，在进一步加大资金和项目支持的同时，更加注重差别化的支持措施。“十二五”规划结合《全国主体功能区规划》进一步明确了西部大开发的重点区域（见图 1-4），提出将成渝、关中—天水、北部湾等经济区建成具有全国影响的经济增长极，支持呼包鄂榆、兰西格、天山北坡、陕甘宁等经济区形成西部地区新的增长带，培育滇中、黔中、宁夏沿黄、藏中南等省域经济增长点。其中，黔中、滇中地区也是《全国主体功能区规划》中国家层面 18 个重要开发区域之一，对于我国云贵地区发展具有重要意义。

云贵地区是我国集中连片特困地区相对集中的地区，也是重要的生态功能区和少数民族集聚区，云南省还处于边疆地区，在整个西部地区也属于相对落后地区。实现云贵地区又好

图 1-4 西部大开发“十二五”规划重点经济区分布格局

又快发展，是深入实施西部大开发战略的重要内涵，对于促进区域和谐、民族和谐、人与自然和谐具有重要意义。

2.1.2 云贵地区国家战略导向

根据云南、贵州经济社会发展实际，为进一步推动两省加快发展，国务院前后颁布了《关于支持云南省加快建设面向西南开放重要桥头堡的意见》（国发 [2011]11 号，以下简称《意见》）和《关于进一步促进贵州经济社会又好又快发展的若干意见》（国发 [2012]2 号，以下简称《若干意见》），加大对云贵两省交通水利基础设施、产业发展、城镇建设、扶贫开发等方面的支持力度。

国务院《意见》要求云南要建成“我国向西南开放的重要门户”“我国沿边开放的实验区和西部地区实施‘走出去’战略的先行区”“云贵地区重要的外向型特色优势产业基地”“我国重要的生物多样性保护和西南生态安全屏障”、“我国民族团结进步、边疆繁荣稳定的示范区”等“一门户一基地一屏障二区”的战略定位。《意见》突出强调了“通道、平台、基地、窗口”的建设。所谓“通道”就是紧紧围绕开辟从陆上通往印度洋的西向贸易通道为重点，进一步加大公路、铁路、航空、水运、管道、口岸、信息、能源等基础设施建设力度，完善云南综合交通运输体系，全面构筑我国通往印度洋的交通、通信、电力互联互通网络，将云南从“沿海开放”的末端变为向东南亚、南亚“沿边开放”的前沿，充分利用两种资源、两个市场发展经济，以开放促发展，进一步缩小云南乃至云贵地区与全国的发展差距。所谓“平台”就是加强中国—东盟自由贸易区和大湄公河次区域合作，提升孟中印缅地区经济合作层次，积极探索建立与东南亚、南亚等国家的制度性合作机制。所谓“基地”就是要围绕产业结构调整和发展方式转变的根本任务，以及把云南建成东部产业转移的基地、面向印度洋沿岸市场的外向型产业基地和进出口商品生产加工基地的目标，依托滇中经济区和边境地区的发展，培育壮大特色优势产业，夯实经济发展基础，提升城镇化发展水平。为保障“基地”的建设，《意见》具体提出“实行差别化产业政策，对云南具有特色优势的项目适当给予倾斜。对于边境地区技术水平先进的清洁载能工业给予优惠政策”。所谓“窗口”就是要统筹经济社会发展和生态环境保护，全力维护社会和谐稳定。深化同相关国家在经济、科技、文化、教育、生态、旅游、体育等领域的交流合作，不断扩大中华文化的影响力和感召力，使云南成为充分展示中华文化、促进国际友谊的交流窗口。

国务院《若干意见》提出贵州为“全国重要的能源基地、资源深加工基地、特色轻工业基地、以航空航天为重点的装备制造基地和西南重要陆路交通枢纽”“扶贫开发攻坚示范区”“文化旅游发展创新区”“长江、珠江上游重要生态安全屏障”“民族团结进步繁荣发展示范区”，进一步明确了贵州“一基地一枢纽一屏障三区”的战略定位，强调了“基础、跨越、扶贫、协调”的发展内涵。所谓“基础”就是要突破支撑经济发展条件的制约，不断加强贵州省内外通道、水利、能源等基础设施能力建设，提高经济社会发展保障能力。同时，依托基础设施的改善，积极融入周边地区的发展，促进不同区域板块的同时崛起，借助外力实现经济后发赶超的目标。所谓“跨越”就是要加快工业化、城镇化发展步伐，不断壮大产业，特别是工业规模，进一步强化产业园区承载能力建设，加大能源产业、资源深加工产业、装备制造业、特色轻工业、战略性新兴产业、文化旅游业等优势产业发展，增强经济发展实力，确保2020年与全国同步实现建成小康社会目标。为此，国务院从资源类项目核准、行业准入、探矿权审批等方面加大对贵州产业发展的支持力度，并且明确提出“合理确定贵州节能减排目标”。所谓“扶贫”就是在“一个主基调”（突出加速发展、加快转型、推动跨越的主基调）、“两大主导战略”（工业化和城镇化）、“三化同步”（工业化、城镇化和农业现代化）的大背景下，通过集中各种资源，统筹规划安排，多重优势重合，区域综合推进，大力实施一批扶贫民生工程，大力发展扶贫特色产业，大力开展产业扶贫整县推进试点，着力解决各片区致贫的主要矛盾，在重点区域、重大民生事项、重点工程上实现重大突破，迅速推动贵州连片特困地区实现整体脱贫。所谓“协调”一方面要保障和改善民生，让全省人民共享经济发展的成果；另一方面要重视贵州生态屏障作用以及石漠化问题严重的现实，协调好经济发展和生态环保的关系。同时，还要协调好经济发展与对外开放的关系，以开放促改革、促发展。

2.1.3　云贵“十二五”规划分析

（1）云南“十二五”规划要点

云南省“十二五”规划围绕建设绿色经济强省、民族文化强省和中国面向西南开放重要桥头堡的战略目标，提出“十二五”期间GDP和人均GDP年均增长10%以上，力争实现翻番，外贸进出口总额年均增长17%以上，第二产业占生产总值比重提高2个百分点左右，以文化、旅游、物流为重点的第三产业占生产总值比重提高2个百分点以上，城镇化率力争年均提高2个百分点左右。

遵循“强圈、富带、兴群、促廊”空间战略布局原则，加快形成“一圈、一带、六群、七廊”的战略格局。滇中城市经济圈，包括昆明、玉溪、曲靖和楚雄4个州（市）。沿边对外开放经济带，包括云南省沿边25个县（市）。率先发展滇中核心城市群。进一步加强铁路、公路、航空、水运相配套，高效便捷的综合交通基础设施和物流基地建设，以骨干交通网为载体，加强区域合作，大力发展沿线特色优势产业，加快推进城镇建设，促进7条对外对内开放经济走廊早日形成。

滇中地区布局资本和技术密集型产业，将其打造成我国面向西南开放重要桥头堡的产业基地和区域性金融中心。滇西、滇西北、滇东南和滇云贵地区布局生态环保型和外向型产业，促进四大地区绿色经济发展。滇东北地区布局清洁载能和劳动密集型产业，促进重化产业园区形成。依托六大区的产业布局，力争把云南建成国家重要的可再生清洁能源基地，生物产业发展基地，电、矿、化一体化资源精深加工的清洁载能产业基地，石化基地，外向型出口加工基地，战略性资源及原材料接续地。

打造以6大城市群为核心的城镇体系。加快推进昆明、曲靖、玉溪、楚雄滇中城市群建设，充分发挥龙头作用，提升对全省经济社会的辐射带动力；加快发展滇西次级城市群；大力发展滇西北次级城市群；积极构建滇西南次级城市群；加快建设滇东北次级城市群；加快特色小城镇发展。

进一步发挥云南民族文化丰富多彩的优势，积极打造以昆明为中心的滇中核心文化产业圈、以大理为中心的滇西文化产业圈、以蒙自为中心的滇东南文化产业圈、以西双版纳为中心的滇南文化产业合作圈，全方位开展与东南亚、南亚、西亚、东非国家的交流与合作，不断提升云南文化软实力。紧紧抓住桥头堡建设的机遇，以战略通道、合作平台、产业基地、交流窗口建设为突破口，构筑面向西南开放的合作平台，促进云南与国际国内区域联动，开放开发并重，培育具有内陆特点的开放型经济，到2015年，云南在全国开放开发格局中的战略地位有较大幅度的提升。

（2）贵州“十二五”规划要点

贵州省“十二五”规划凸显了工业强省战略和城镇化带动战略，提出到2015年，工业增加值比2010年增加1.5倍，工业总产值实现1万亿元以上，工业累计投资实现1.5万亿元以上。电力、煤炭、冶金、有色、化工、装备制造、烟酒、民族医药和特色食品及旅游商品为主的八大特色优势产业产值分别超过1 000亿元；培育形成年销售收入超过百亿元的大企业、大集团20户以上。依托100个左右的重点产业园区，发挥黔中地区、西部地区、北部地区和东南部地区的产业基础优势，基本建成全国重要的综合能源基地、资源深加工基地、特色装备制造业基地、特色轻工产业基地、战略性新兴产业基地等五大基地。

通过工业化带动城镇化的发展，力争五年累计转移农村劳动力250万人以上，到2015年贵州省城镇化率达到40%左右，到2020年，贵州省大城市（含特大城市）、中等城市分别增加到9个、20个以上，发展一批小城市，到2020年城镇化率达到50%。进一步优化城镇化空间布局，形成以贵阳为中心，以贵阳—遵义、贵阳—安顺、贵阳—都匀和凯里为主轴，以六盘水、兴义、毕节、铜仁为区域中心城市，以一批中小城市为网络节点，全面强化城镇集聚与辐射能力，形成中心集聚、轴线拓展的集约发展态势。加快发展黔中城市带，构建黔中城市群，带动全省城镇化加快发展。

大中城市要按照城市功能定位，强化产业发展布局与城市空间布局的有机衔接，明确主导产业方向，加强城市之间的产业分工与合作，积极发展优势产业和劳动密集型产业，提升城市经济实力，增强区域辐射带动能力和吸纳就业能力。小城镇要根据各自资源禀赋、区位条件和发展基础，因地制宜积极发展具有比较优势的特色产业，有条件的小城镇要依托大中城市发展配套产业，提升城镇经济实力，增强对农村人口转移就业的吸纳能力。

2.2 区域社会经济发展战略定位

2.2.1 全面建成小康社会的攻坚地区

云贵两省是国家实现全面建成小康社会目标，切实解决民生问题的攻坚地区。西部大开发战略实施以来，云贵地区发展取得重大进展，但与2020年全面实现小康社会的目标要求还存在巨大差距（见图1-5）。

2010年云贵两省地区生产总值占全国比重为3.0%，仅比2001年提高0.02个百分点，而同期两省人口约占全国的6%；人均GDP绝对值与全国的差距从3 783元/人扩大至14 286元/人，2010年云贵两省人均GDP在西部12个省区中分列最后两位。2010年云贵两省城镇化水平分别为35.2%、34.8%，但仍落后全国平均约15个百分点，相当于全国1999年的城镇化水平。

云南省129个县中有73个国家级贫困县，贫困县的数量在全国最多。贵州省是我国贫困面最大、贫困程度最深的地区，贫困县占全省66.0%的国土面积；2010年贵州省扶贫开发县人口1 786.5万人，占全省人口的51.4%。根据《中国农村扶贫开发纲要（2011—2020年）》，滇桂黔石漠化区、滇西边境山区属于国家14个集中连片特困地区。

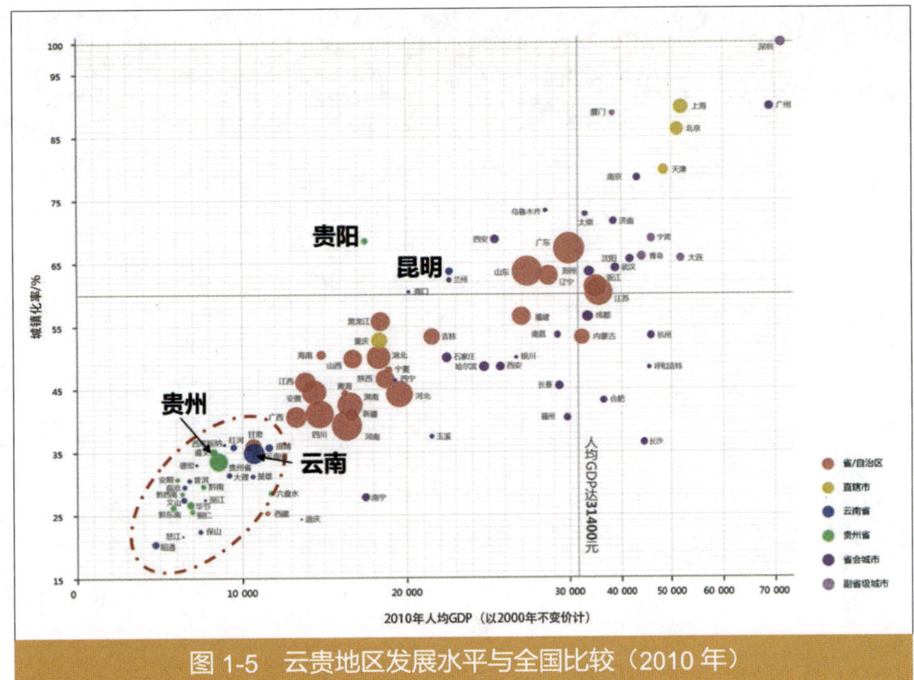

图1-5　云贵地区发展水平与全国比较（2010年）

2.2.2　国家面向西南开放的桥头堡

云南省是我国国家桥头堡战略指向区，国家西部开发重点开放实验区，中国对外开放门户城市所在区。云南地处“三亚”（即东南亚、东亚和南亚）、“两洋”（即太平洋和印度洋）结合部，沟通中国、东南亚和南亚三个大市场，其所处的中枢位置辐射面约达2 000万km^2、近30亿人口。云南与东南亚地区的缅甸、老挝、越南三个国家接壤，边境线长达4 060 km，与泰国、柬埔寨、马来西亚、新加坡是近邻。

西南区域周边国家经济资源丰富，其农业资源、矿产资源具有较大优势，是这些国家对外输出产品的主要经济领域。由于历史原因，这些国家多数整体经济不发达，资源开发程度低，资源开发合作潜力较大。西南区域周边国家经济发展状态与云南省存在较大互补性（见表1-2）。除泰国外，西南其他国家在经济总量、工业结构、技术创新能力等方面均不如云南，与云南存在一定的发展阶段落差，云南对这些国家具备较强辐射和带动能力。同时，云南省工业部门齐全，主导产业特色突出，经济合作领域宽泛、易于对接。

目前，云南与东盟各国已建立了多种形式的合作关系。依托中国—东盟自由贸易区以及大湄公河次区域合作机制、“黄金四角”经济合作区（范围主要包括中国云南的西双版纳、普洱、老挝的北方七省、缅甸的景栋及大其力地区、泰国的清迈及清莱两府）、“两廊一圈”（昆明—老街—河内—海防—广宁、南宁—凉山—河内—海防—广宁经济走廊和环北部湾经济圈）、中国云南—越南五省市经济协商会议合作机制、中国云南与老挝北部九省的合作机制、中国云南—泰北工作组合作机制等，加快沿边地区开放，瑞丽、河口、磨憨跨境经济合作区和瑞丽国家级重点开发开放试验区，以及天保、猴桥、孟定、片马、勐阿5个边境经济合作区建设取得了长足的发展。随着大湄公河次区域间的铁路、公路、水运、航空立体交通网络加快建设，特别是向西南开放大通道建设力度加大，以及向西南和中部内陆腹地综合交通体系的加快建设，云南将成为我国面向西南开放的重要门户。

表 1-2 云南与周边国家经济类型及经济资源对比

地区	经济类型	2010 年 GDP/亿美元	工业行业	农业产品	主要资源
云南	工业化初期向中期发展	1 067	烟草、有色、电力、钢铁、化工	稻谷、豆类、玉米、薯类、油料、烟叶	铜矿储量 274.3 万 t，铅矿 191.0 万 t，锌矿 682.1 万 t，磷矿 6.7 亿 t
泰国	新兴工业化国	3 189	服装、纺织、电机、电子、运输设备	水稻、橡胶、玉米；水产品、畜产品、水果、蔬菜、花卉	锡储量约 150 万 t，居世界首位；森林资源丰富
越南	新兴工业化国	1 036	纺织服装、农林加工、化工、机电、电力、煤炭、电子通信设备	水稻、玉米、高粱、豆类、木薯；橡胶、咖啡、茶叶；水果	铁矿储量 13 亿 t；铝土矿储量 45 亿 t；铜矿储量 795 万 t；煤储量约 38 亿 t
缅甸	传统农业国	430	矿业、纺织、食品、农业机械	水稻、小麦、玉米、花生、芝麻、棉花、天然香蕉、咖啡、蔬菜、林木	石油储量 32 亿桶，天然气储量 2.5 万亿 m^3；铅、锌储量分别为 30 万 t、50 万 t
柬埔寨	传统农业国	116	纺织服装、矿产加工	稻谷、玉米、豆类、薯类；橡胶、胡椒、棕榈糖	石油储量 20 亿桶；铝土矿丰富
老挝	传统农业国	63	纺织服装、电机、电子、运输设备	稻谷、玉米、薯类；豆类、咖啡、烟草、茶叶、花生、甘蔗、棉花、橡胶	金属矿的年开采量仅为 4 万～5 万 t，石膏年采量 5 万～15 万 t，煤年掘采量 10 万～12 万 t

2.2.3 国家能源安全重要支撑区

云贵两省煤炭、水能资源丰富，煤炭保有资源储量 800 多亿 t，是国家 13 个大型煤矿基地之一，是西南、中南地区煤炭供给主要来源地（见图 1-6）。其中，贵州具有水火互济的能源发展优势，全省潜在煤炭资源量 2 400 余亿 t，超过南方 12 个省（市、区）煤炭资源储量的总和；水能资源理论蕴藏量达 1 808.6 万 kW，煤炭资源和水能蕴藏量分别居全国第 5 位、第 6 位。云南省水能资源理论蕴藏量为 10 438.6 万 kW，占全国总蕴藏量的 15.3%，居全国第 3 位；经济可开发装机容量为 9 795 万 kW，占全国可开发装机容量的 24.4%，居全国第 2 位。云贵两省还拥有较丰富的煤层气资源，其中，贵州煤层气资源储量 3.2 万亿 m^3，居全

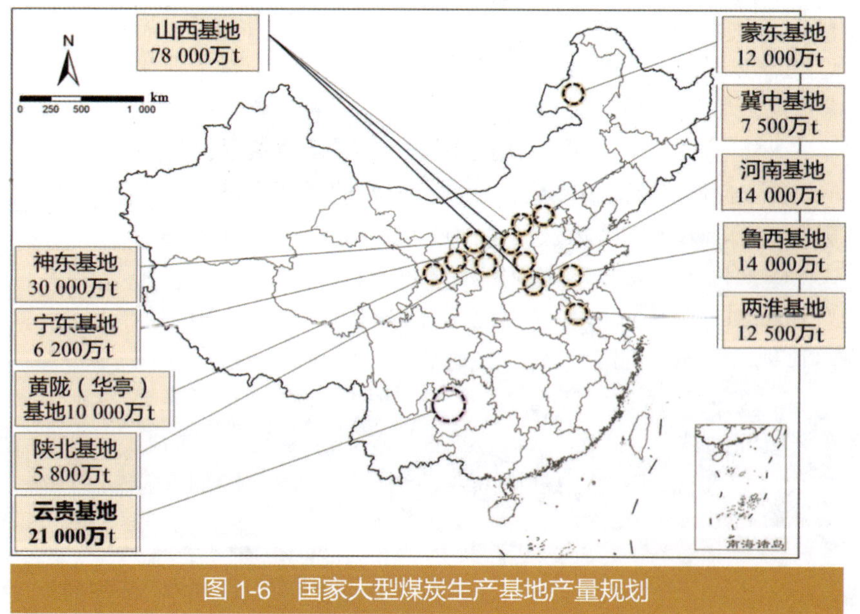

图 1-6 国家大型煤炭生产基地产量规划

国第 2 位；云南储量 4 241 亿 m^3，居全国第 9 位。

2010 年云贵两省煤炭产量达到 1.0 亿 t、1.6 亿 t，分别占全国的 3.1%、4.0%。2010 年贵州煤炭调出量 0.5 亿 t，占全省煤炭生产总量的 31.3%，是我国南方的主要煤炭输出基地。

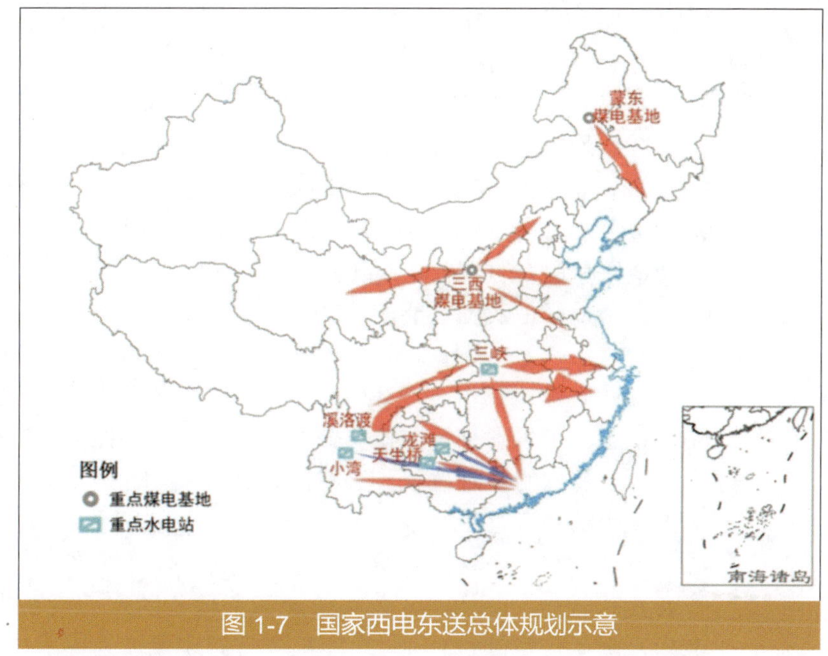

图 1-7　国家西电东送总体规划示意

云贵两省是“西电东送”南部通道的重要起点区域(见图1-7)，主要包括贵州乌江、云南澜沧江和桂、滇、黔三省区交界处的南盘江、北盘江、红水河的水电以及黔、滇两省坑口火电。“十一五”期间云贵累计向广东送 1 660 亿 kWh，每年输送的电量占广东用电总量的 10% 左右。其中，2010 年贵州省调出电量 550.5 亿 kWh，占全省电力生产量的 39.7%，“黔电东送”是“西电东送”的主力。云南省调出电量占到全省电力生产量的 23.9%。

西南油气进口通道是中国四大陆上油气通道之一，对于保障我国能源供应安全具有重要意义。西南油气进口通道从中东和缅甸进口油气资源，其中，中缅原油管道一期码头工程已于 2010 年开工，预计一期工程年输油能力在 1 200 万 t，最终目标达到 2 000 万 t；中缅天然气管道全长 2 806 km，计划 2015 年建成投产，年输气能力 120 亿 m^3。

2.2.4　矿产和生物资源战略储备区

云贵地区是我国重要的矿产资源战略接续区，是《找矿突破战略行动纲要（2011—2020年）》19 个重点成矿区带及其主要找矿远景区中西南三江成矿带、川滇黔成矿带的重要组成区域。云南省目前已发现可用矿产 150 余种，占全国已发现矿产种类的 93%。在保有储量矿产中，有 13% 的矿种居全国前列，2/3 的矿种在长江流域及南部地区占重要位置，其中居全国第一的矿种有锌、铅、锡、镉、铟、铊、蓝石棉等（见表 1-3）。贵州省矿产资源有 127 种，已查明资源储量的矿产 80 种，占全国的 50%。其中，23 种居全国前三位，10 种排全国第四至第五位。贵州省煤、磷、铝土矿、汞、锑、锰、金、重晶石、硫铁矿、稀土、镓、水泥砖瓦原料以及多种用途的石灰岩、白云岩、砂岩等矿产在全国占有重要地位。

表 1-3　云贵两省矿产与生物资源基本情况

资源情况		矿产资源	高等植物	药用植物	脊椎动物
云南	资源量	142 种	18 340 种	6 157 种	1 972 种
	全国排名 / 比例	前 10（50）前 3（25）	53.9%	51%	47.4%
贵州	资源量	128 种	7 000 种	4 258 种	1 077 种
	全国排名 / 比例	前 10（48）前 3（4）	20.1%	38.3%	25.9%

注：“()”中数字表示全国位次。

2010年，云贵两省磷矿石、黄磷产量年均占全国50%以上，其中云南省黄磷产量达41.2万t，位居全国第一。2010年，云南省有色金属业10种有色金属产量为242万t，位列全国第三，占全国总产量的7.7%；其中锡产量位列全国第一，占比超过50%；铅、锌、镍、锑等产量均居全国前五位。“十一五”以来，贵州省铝、钛、黄金等有色金属工业发展较快，2010年，贵州10种有色金属产量为93万t，位列全国第十四，占全国总产量的3.0%。其中，汞产量占全国62.2%，位列第一，钛产量位列全国第二。贵州省现已建成全国最大的电解铝厂、铁合金厂和最大的磷矿肥、磨料、人造金刚石、钡盐生产和出口基地。

云贵地区是我国重要的生物种质资源库，是我国未来可持续发展重要的生物资源支撑区（见表1-3）。云南省是全球生物物种高富集区和世界级的生物基因库，物种数约占世界物种的10%，脊椎动物占全国47.4%，天然药物资源占全国51%，微生物种类占全国已知种类的60%以上。贵州省高等植物和脊椎动物占全国的比例均高于20%。

由于特殊的地理位置和独特的地质地貌与地形环境，云贵地区生物资源独特性突出。在中国3个植物特有中心中，云南跨滇东南—桂西和川西—滇西北2个最丰富的特有属分布中心，滇西北和滇东南地区分别约有48个、47个中国植物特有属。云南省脊椎动物各类群的特有性都较高，两栖类、兽类中国特有种分别占云南种类数的65.6%、46.7%，其中30%以上为云南特有分布的物种。贵州植物特有现象较为突出，自然分布的中国特有属有57个，约占中国特有属总数的23.5%，其中贵州特有分布的属有5个，占中国特有属的8.2%。就特有种而言，特产于贵州省的维管植物可达300余种，仅种子植物就可达280余种，占贵州种子植物总数的5.6%。

云贵地区滇黔坝地是《西部大开发“十二五”规划》中8个农产品主产区之一。商品粮基地和集中联片的农业用地集中分布在滇西南、滇中、滇东北和黔中、黔东等低山丘陵生态区，这些地区地势较为缓和、水热条件配合较好，农业生产较为发达，是粮食和经济作物的主产区。云贵地区以提供林产品为主的林地区主要分布在滇西南、滇东南、滇西北和黔东南、黔西等地区，涵盖速生丰产林基地、大型国有林场分布区及以水源林发展为主的区域。这些地区一般都为中山河谷地貌，森林植被一般保存较好，发展林业经济及商品林的基础较好。此外，云贵地区烟草、鲜切花和高山杜鹃等花卉、橡胶、医药材等特色农林产品产量在全国均处于领先水平。

2.3 区域生态环境功能定位

2.3.1 世界生物多样性保护热点区域

云贵地区是世界生物多样性保护关键区，是全球生物多样性保护的34个热点地区之一，云南西双版纳热带雨林季雨林区、云南西北横断山区、贵州东北武陵山区、黔南石灰岩区等均为《中国生物多样性保护战略与行动计划（2011—2030年）》中生物多样性保护优先区域（见图1-8）。

云南省有国家重点保护野生植物114种（占全国总数的46.3%），国家重点保护野生动物222种（占全国总数的55.4%），是我国乃至世界生态多样性集聚区和物种遗传基因库。贵州地形地貌独特，生物多样性典型，全省拥有国家重点保护的野生植物71种（占全国总数的28.8%），野生动物79种（占全国总数的19.7%）。

云贵两省现有自然保护区281个，总面积3.8万km^2，其中国家级自然保护区24个，总

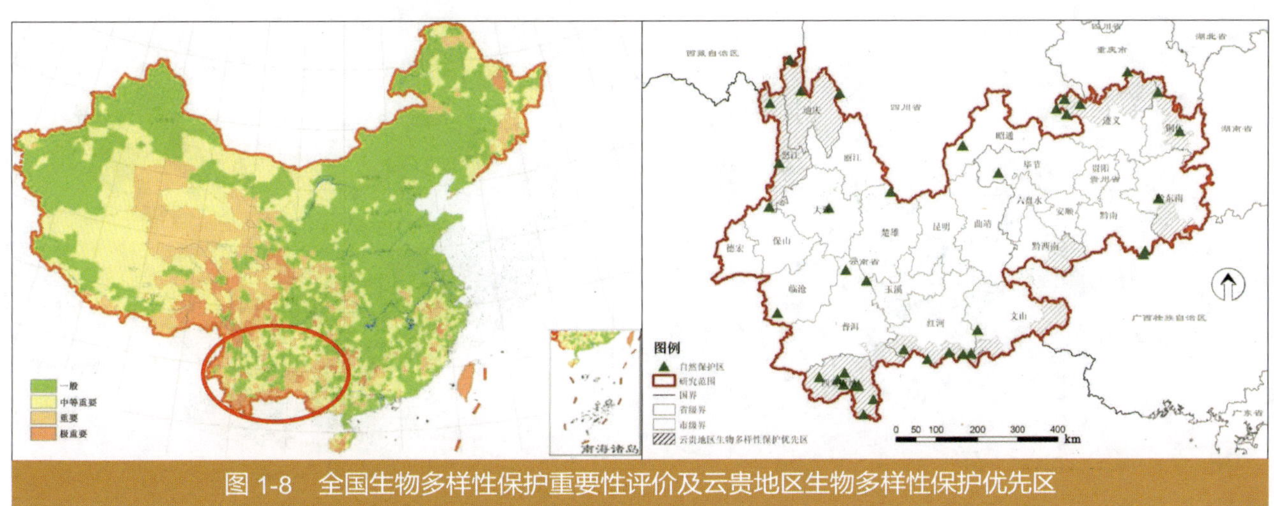

图 1-8　全国生物多样性保护重要性评价及云贵地区生物多样性保护优先区

面积 1.7 万 km^2，占全国国家级自然保护区总面积的 1.8%，主要以森林生态和野生动植物资源为保护对象。

2.3.2　国家生态安全格局关键地区

云贵高原北依广袤的亚洲大陆，南临辽阔的印度洋及太平洋，正处于东南季风和西南季风控制之下，也受青藏高原冷空气影响，兼之地形地貌多变，海拔垂直变化大，水热条件充沛，拥有我国除温带和热带沙漠、热带红树林和海岛植被外所有的主要生态系统类型，生态功能重要，生态环境脆弱敏感（见图 1-9、表 1-4）。

云南省位于珠江、红河两大江河源头和长江、澜沧江、怒江、伊洛瓦底江四大江河上游，是东南亚国家和我国南方大部分省区的“水塔”，是云贵地区重要生态屏障。贵州省地处长江、珠江上游，是长江、珠江下游地区重要生态屏障。云贵两省是国家“两屏三带”生态安全格局中青藏高原生态屏障、黄土—川滇生态屏障和南方丘陵山地带的重要组成部分，在保障国家生态安全中具有重要作用（见图 1-10）。

表 1-4　云贵地区国家级重要生态功能区

类别	名称	生态功能	涉及市州
国家重点生态功能区（全国主体功能区规划）	川滇森林及生物多样性生态功能区	生物多样性保护	云南迪庆、丽江、怒江、西双版纳、大理、红河
	桂黔滇喀斯特石漠化防治生态功能区	土壤保持	云南文山
全国重要生态功能区（全国生态功能区划）	西双版纳热带雨林季雨林生物多样性保护重要区	生物多样性保护	云南普洱、西双版纳
	横断山生物多样性保护重要区	生物多样性保护	云南迪庆、丽江、怒江、大理
	武陵山山地生物多样性保护重要区	生物多样性保护	贵州铜仁
	西南喀斯特地区土壤保持重要区	土壤保持	云南曲靖； 贵州六盘水、毕节、安顺、贵阳、都匀、遵义、黔东南、铜仁
	川滇干热河谷土壤保持重要区	土壤保持	云南丽江、大理、楚雄、昆明、昭通
	珠江源水源涵养重要区	水源涵养	云南曲靖、昆明

图 1-9 全国重点生态功能区分布及全国生态功能二级区划

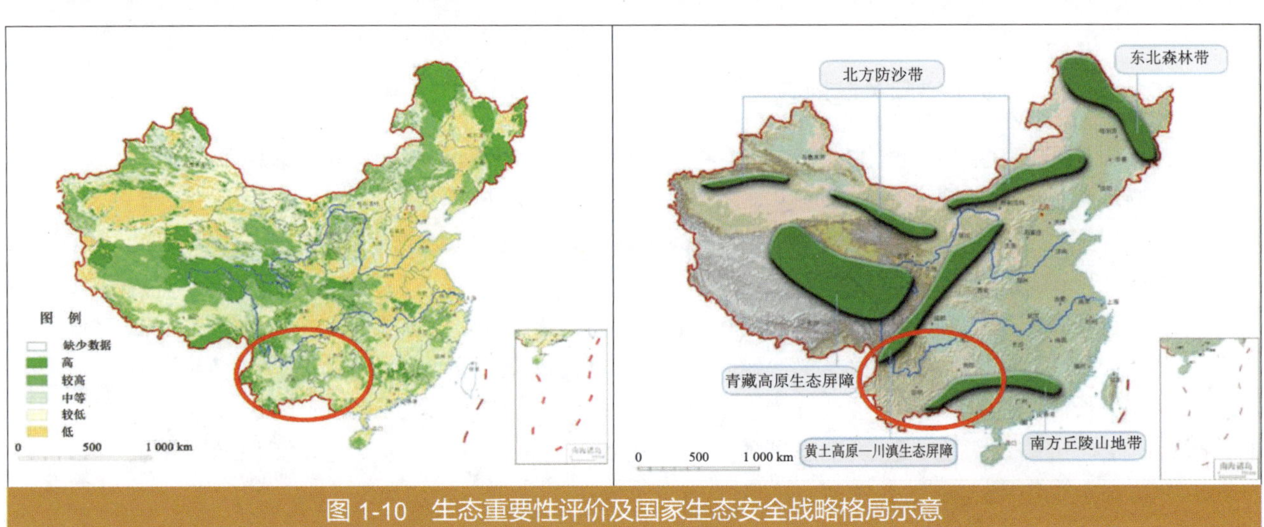

图 1-10 生态重要性评价及国家生态安全战略格局示意

2.3.3 区域重要的水源涵养区

云贵地处我国长江流域的上游，怒江、澜沧江、金沙江、南盘江、乌江等多条河流流经此地，拥有高山复合体生态系统、亚高山寒温性针叶林生态系统、山地针阔混交林生态系统、中山常绿阔叶林生态系统、高原湿地生态系统等重要的生态系统，是我国水资源、森林资源和生态景观最为富集的地区。其中，滇西北怒江、金沙江、澜沧江的上游地区，滇东北曲靖市一带的珠江源区、滇中的金沙江流域与红河流域、珠江流域的分水岭地带，黔西乌江的上游地区，黔中清水江、柳江的上游地区，是水源涵养极其重要的区域（见图 1-11）。

2.3.4 全国土壤保持重要区域

西南喀斯特地区和云南干热河谷区均是我国土壤保持的重要区域，云贵地区土壤保持对下游地区的生态安全具有重要作用。云贵两省是我国水土流失最严重的地区之一。云南东部和贵州的大部分地区属西南石质山区，石灰岩分布广泛，地形陡峭，海拔高，多暴雨，滑坡、

图 1-11　全国主要江河水源涵养重要性评价

泥石流等灾害频发。云南省年水土流失面积已达 13 万 km^2，占全省国土总面积的 34%；2005 年贵州省水土流失总面积达 7 万多 km^2，占全省国土总面积的 44.6%。

西南喀斯特地区是国家石漠化治理的重要区域。云贵地区石漠化面积占全国石漠化总面积的 53.4%，其中，贵州省石漠化面积超过全省国土面积的 20%，全省 88 个县级行政区中有 78 个石漠化严重。云贵地区石漠化面积呈逐年扩大趋势，潜在石漠化土地面积超过 4 万 km^2。

3 社会经济和重点产业发展特征

3.1 经济发展现状特征

3.1.1 经济持续快速增长，发展水平仍相对落后

2001 年以来，云南省经济总量整体呈现平稳增长态势，年均增长 9.8%。2007—2010 年连续分别突破 4 000 亿元、5 000 亿元、6 000 亿元和 7 000 亿元大关，2010 年全省 GDP 总量达到 7 220.1 亿元，实现了“十一五”时期 GDP 总量翻番目标。2001—2007 年，增长速度稳步提升，从 8.2% 提高到 19.3%；2008—2009 年，受金融危机影响，增长速度明显放缓，降至 8.4%；2009—2010 年，经济增长逐渐回暖，增长率提高至 17.0%。除少数年份外，云南省经济总量（现价）整体增长速度低于全国平均水平。受此影响，云南省在全国经济格局中的地位呈现波动下降态势。2001 年，云南省 GDP 占全国比重为 2.0%，随后开始下降，经 2004 年短暂上升至 1.9% 后开始迅速下降，到 2010 年，云南省 GDP 占全国比重下降到 1.8%，下降了 0.2 个百分点，云南省 GDP 总量在全国的位次也由第 18 位降至第 24 位。

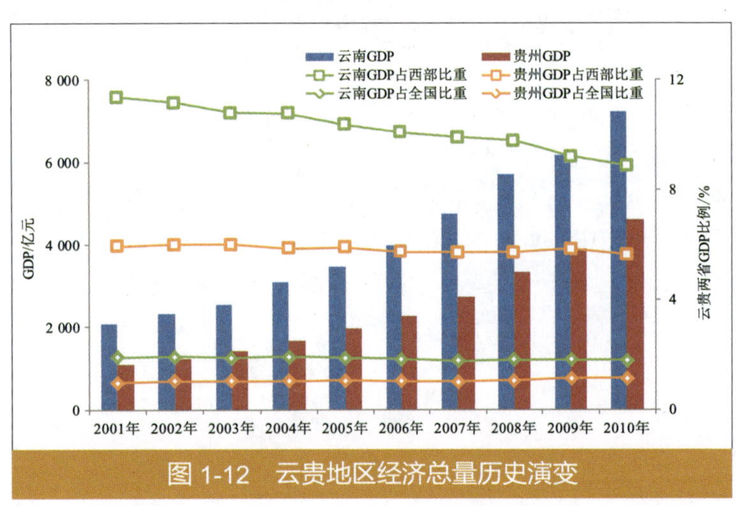

图 1-12　云贵地区经济总量历史演变

2001 年以来，贵州省经济总量进入快速扩张阶段。2001—2010 年，贵州省 GDP 总量从 1 084.9 亿元提高到 4 593.9 亿元。按不变价计算，十年间 GDP 总量增长了 191.2%，年均增长率高达 12.6%。同一时期，全国 GDP 总量增长 126.3%，年均增长 10.7%。相对于全国经济总量扩展水平，贵州省强势发展的态势非常明显。随着经济总量的快速增长，贵州省在全国经济格局中的地位不断提升。2001 年，贵州省 GDP 占全国比重仅为 1.0%；到 2010 年，贵州省 GDP 占全国比重上升到 1.2%，上升了 0.2 个百分点。但从整个西部地区来看，2001—2008 年，贵州省 GDP 占西部地区比重呈现波动起伏态势，各有升降，但从 2008 年开始，这一比重连续两年下降，到 2010 年更降至 5.7%，两年间降幅达到 0.2 个百分点。

2001 年以来，云贵两省人均 GDP 均连续保持较快稳步增长（见图 1-13）。其中，云南省人均 GDP 于 2007 年突破万元大关，到 2010 年达到 15 749 元；贵州省人均 GDP 到 2009 年突破万元大关，到 2010 年达到 12 051 元。从全国来看，2001—2010 年云贵两省人均 GDP 始终处于西部地区人均水平之下，2010 年云贵地区人均 GDP 在全国 31 个省（区、市）中分列倒数第 2 位和第 1 位。从变化趋势来看，云贵两省人均 GDP 与西部地区平均水平、全国平

均水平的差距逐年拉大。2010 年，贵州省人均 GDP 的提高速度首次高于西部地区和全国平均水平，与西部地区和全国平均水平的差距开始缩小。

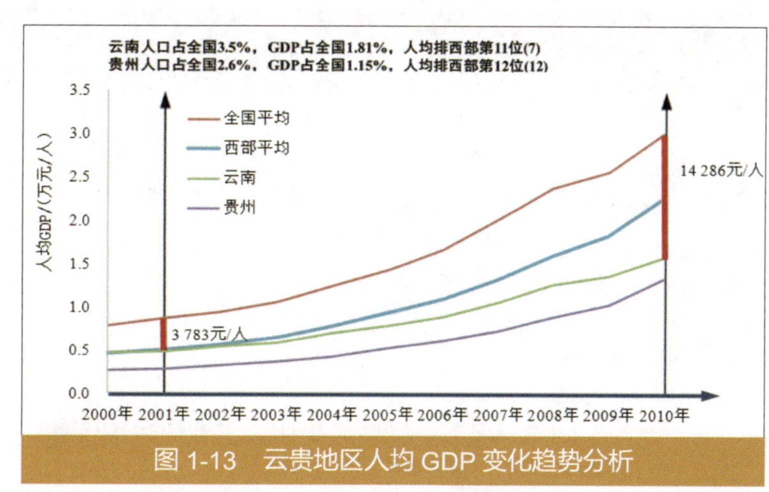

图 1-13　云贵地区人均 GDP 变化趋势分析

云贵两省“十二五”规划均提出到 2015 年经济总量翻一番目标，GDP 年均增速分别超过 10%、12%，发展的愿望十分迫切。其中，云南昭通、保山、迪庆 3 个市州，以及贵州省全部 9 个市州规划“十二五”期间 GDP 年均增速将超过 15%，规模扩张态势明显。

3.1.2　区域经济发展空间格局极不均衡

云贵地区经济总量空间分布极不均衡，经济发展内部差距非常显著（见表 1-5）。滇中经济区人口、GDP 分别占云南全省总量的 37.6%、57.6%，人均 GDP 比全省平均水平高 1.6 倍；其中，昆明、曲靖、玉溪 GDP 分别占全省 28.6%、13.6%、10%。黔中经济区人口、GDP 分别占贵州省总量 56%、63.3%，人均 GDP 比全省平均水平高 1.3 倍；其中，贵阳、遵义、毕节 GDP 分别占全省 24.2%、19.6%、13%。

从经济发展水平来看，云南省 16 个市州中，仅昆明、玉溪 2 个市州人均 GDP 在全国平均水平之上，昭通、普洱、临沧、文山等 4 市州人均 GDP 尚不及全国平均水平的 1/3（见图 1-14）。贵州省 9 个市州人均 GDP 全部低于全国平均水平，其中发展水平最高的贵阳市与发展水平最低的黔东南州人均 GDP 差距高达 17 880 多元，铜仁市、黔东南州人均 GDP 尚不及全国平均水平的 1/4。

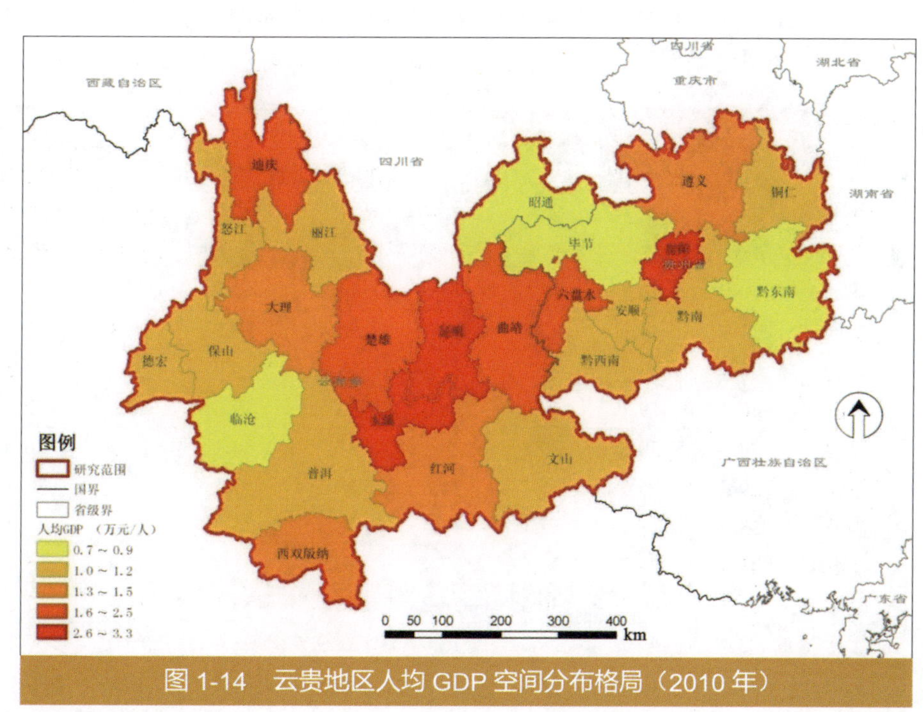

图 1-14　云贵地区人均 GDP 空间分布格局（2010 年）

表 1-5 云贵两省子区域社会经济特征

地区	子区域	人口 / 万人	占全省比重 /%	GDP/ 亿元	占全省比重 /%	人均 GDP/ 元
云南	滇中经济区	1 729.3	37.6	4 267.1	57.6	24 675
	沿边经济带	1 786.3	38.8	2 007.2	27.1	11 236
	滇西北产业区	564.2	12.3	749.6	10.1	13 286
	滇东北产业区	521.9	11.3	379.6	5.1	7 274
贵州	黔中经济区	1 946.1	56.0	2 932.7	63.3	15 070
	黔西经济区	1 219.4	35.1	1 408.6	30.4	11 552
	黔北产业区	309.2	8.9	293.6	6.3	9 495

3.1.3 经济结构持续优化，工业化进程缓慢

云南省三次产业结构由2001年的20.8 ∶ 40.6 ∶ 38.6调整为2010年的15.3 ∶ 44.7 ∶ 40.0，三次产业比例结构逐步优化。2001年，云南省第一产业比重高于全国平均水平6.4个百分点，第二产业、第三产业比重分别低于全国平均水平4.5个和1.8个百分点。到2010年，第一产业比重相比全国平均水平高出5.2个百分点，第二产业、第三产业比重分别低于全国平均水平2.1个和3.1个百分点。

从经济结构的动态演进来看，GDP份额构成由第一产业向第二产业和第三产业转移是一种基本趋势，但由于产业发展基础不同，各市州经济结构演变过程存在明显差异（见表1-6）。昆明经济结构演变特征为第三产业地位持续加强的同时，第二产业地位基本维持高位，整体呈现出高级阶段特征；曲靖、保山、昭通、丽江、临沧、文山、西双版纳、大理等8个市州经

表 1-6 云南省各市州经济结构演变过程与特征 单位：%

市州	2001年			2005年			2010年			结构转换特征
	第一产业	第二产业	第三产业	第一产业	第二产业	第三产业	第一产业	第二产业	第三产业	
昆明	8.0	46.5	45.5	7.3	44.9	47.8	5.7	45.3	49.0	高级化趋势明显
曲靖	23.5	44.1	32.4	19.9	50.4	29.7	18.3	52.4	29.4	第二产业持续强化
玉溪	10.4	66.9	22.7	11.7	58.4	29.9	9.5	62.2	28.4	稳定型
保山	40.2	19.8	40.0	36.0	24.5	39.5	30.3	30.9	38.8	第二产业持续强化
昭通	30.1	30.1	39.8	28.2	37.7	34.1	19.6	46.0	34.3	第二产业持续强化
丽江	29.2	25.0	45.7	23.8	28.5	47.7	18.1	38.3	43.5	第二产业持续强化
普洱	33.9	29.1	37.1	33.5	28.0	38.5	29.7	33.8	36.5	稳定型
临沧	43.8	25.7	30.5	37.4	30.8	31.9	32.9	35.1	31.9	第二产业持续强化
楚雄	29.3	40.2	30.5	26.2	40.6	33.1	22.4	42.5	35.1	稳定型
红河	23.4	47.2	29.3	18.6	52.9	28.5	16.0	53.1	30.9	稳定型
文山	35.7	25.9	38.4	32.1	29.4	38.5	22.2	37.0	40.8	第二产业持续强化
西双版纳	35.3	16.4	48.3	35.8	22.9	41.3	27.3	29.7	42.9	第二产业持续强化
大理	33.2	29.0	37.8	29.0	33.3	37.7	23.0	39.7	37.3	第二产业持续强化
德宏	31.1	24.1	44.8	33.1	21.6	45.3	26.5	33.9	39.7	波动型
怒江	27.9	33.1	39.1	19.1	33.8	47.1	12.1	36.0	51.9	剧烈转型
迪庆	32.6	24.8	42.6	19.1	36.0	44.9	9.3	38.5	52.2	剧烈转型

济结构演变方向相对平稳，结构演变进程以强化第二产业的突出地位为主导趋势；德宏、怒江、迪庆3个市州经济结构变动十分剧烈，第一产业、第二产业、第三产业比重呈现交替上升态势，其演替路径表现出明显的波动性；玉溪、普洱、楚雄、红河等4个市州经济结构相对稳定。

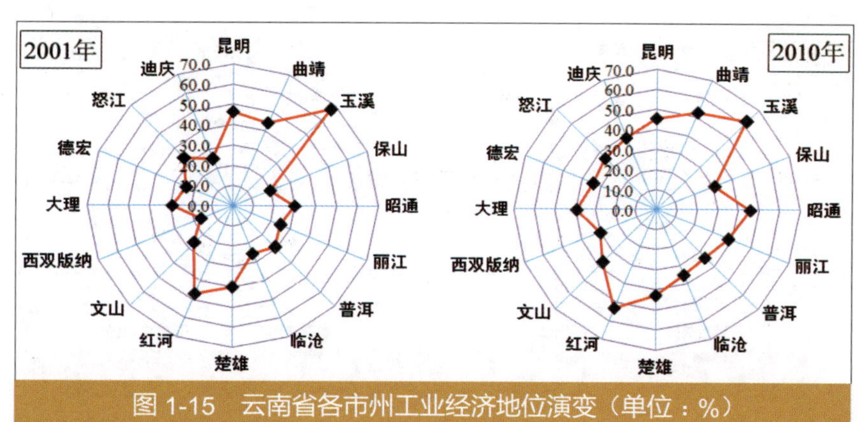

图 1-15　云南省各市州工业经济地位演变（单位：%）

云南省各市州经济结构存在4种类型（见图1-15）。保山与临沧分别属于“三一二”型和“一三二”型，传统农业仍较发达，工业发展缓慢，由此导致了低端服务业在GDP中的比重虚高；玉溪、曲靖、昭通、楚雄和红河等5市州为“二三一”类型，工业基础较好；其余9个市州为“三二一”类型，其中昆明经济发展水平较高，经济结构具有明显的高级化特征；丽江、大理、西双版纳、德宏、怒江、迪庆、普洱、文山等8个市州经济发展水平较低，“工业基础薄弱、旅游业发达”是导致其经济结构呈现“三二一”特征的内在原因。

2010年，贵州省三次产业结构由2001年的24.2 ∶ 38.3 ∶ 37.5调整为13.7 ∶ 39.2 ∶ 47.1。2001年以来，第一产业比重呈较大幅度下降，第三产业比重大幅提高；第二产业比重先增后减，2010年仅比2001年增加了0.9个百分点，相比2006年最高水平还低4个百分点。

从经济结构的动态演进来看，贵州省GDP份额构成由第一产业向第二产业和第三产业转移的基本趋势显著，但各市州经济结构演变过程存在明显差异（见表1-7）。贵阳经济结构演变特征为第一产业、第二产业持续向第三产业转移，产业结构高级化趋势明显；六盘水第二产业地位持续加强的同时，第三产业地位基本保持稳定，整体呈现出第二产业持续强化的工业化中期阶段特征；遵义、安顺、铜仁、黔西南、毕节、黔东南等6市州，经济结构演变特征为GDP份额由第一产业急剧向第二产业、第三产业分流，第一产业份额快速下降，呈现出经济结构剧烈转型的特征；黔南州经济结构演变方向相对平稳，结构演变进程以强化第三产

表 1-7　贵州省各市州经济结构演变过程与特征　　单位：%

市州	2001年			2005年			2010年			结构转换特征
	第一产业	第二产业	第三产业	第一产业	第二产业	第三产业	第一产业	第二产业	第三产业	
贵阳	8.3	50.4	41.3	6.7	47.4	45.9	5.1	40.7	54.2	高级化趋势明显
六盘水	15.4	54.1	30.6	9.0	56.9	34.1	5.8	60.6	33.6	第二产业持续强化
遵义	32.7	36.3	31.0	25.4	39.5	35.2	15.4	41.8	42.8	剧烈转型
安顺	29.8	36.3	33.9	22.7	37.2	40.1	17.3	38.0	44.7	剧烈转型
铜仁	57.2	19.8	23.0	43.7	22.7	33.6	32.5	26.3	41.2	剧烈转型
黔西南	34.1	34.0	31.9	29.3	36.3	34.4	18.2	36.1	45.7	剧烈转型
毕节	42.6	28.6	28.7	32.2	37.5	30.3	20.7	43.2	36.1	剧烈转型
黔东南	41.5	29.0	29.4	32.2	26.8	41.0	24.0	30.1	45.9	剧烈转型
黔南	33.6	37.7	28.7	29.1	38.0	32.9	19.7	39.9	40.4	稳定型

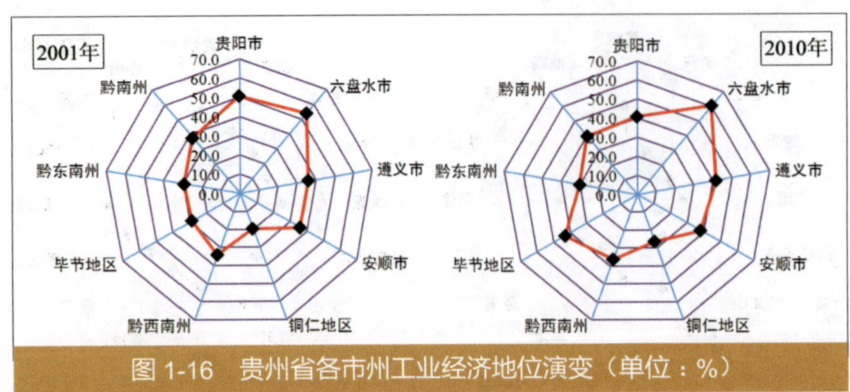

图 1-16 贵州省各市州工业经济地位演变（单位：%）

业的突出地位为主导趋势。

贵州省九市州经济结构存在 3 种类型（见图 1-16）。六盘水、毕节两市州为“二三一”类型，贵阳、遵义、安顺、黔西南、黔东南、黔南 6 个市州为“三二一”类型，铜仁为“三一二”类型。其中，贵州和六盘水经济发展水平较高，经济结构具有明显的高级化特征；遵义、安顺、黔西南、黔东南、黔南、铜仁等 6 市州经济发展水平较低，“第二产业薄弱、第三产业虚高”是导致其经济结构呈现“三二一”和“三一二”特征的原因。

2010 年，云贵两省人均 GDP 分别为 2 307 美元和 1 510 美元，整体处于工业化初期阶段。其中，昆明、玉溪、贵阳人均 GDP 分别达到 4 910 美元、4 700 美元、3 601 美元，已进入工业化中期阶段；云南曲靖、保山、丽江、楚雄、红河、西双版纳、大理、德宏、怒江、迪庆等 10 个市州，以及贵州六盘水、遵义 2 个市已进入工业化初期阶段；云南昭通、普洱、临沧、文山等 4 个市州，以及贵州安顺、铜仁、黔西南、毕节、黔东南、黔南等 6 个市州尚处于初级产品生产阶段，工业化发展进程明显滞后。

3.1.4 固定资产投资规模增幅低于全国和西部水平

西部大开发战略实施规划中明确提出要加大我国西部地区基础设施投资力度。2001 年以来，云南省全社会固定资产投资总额逐年稳步增加，2007 年后增幅显著加大，到 2010 年全省固定资产投资总额达到 5 528.7 亿元，是 2001 年的 7.5 倍。贵州省全社会固定资产投资总额逐年稳步增加，2010 年达到 3 104.9 亿元，比 2001 年增加近 5 倍。

从横向对比来看，云贵两省固定资产投资规模增速总体上低于全国甚至西部地区的平均增幅（见图 1-17）。2001 年云南省固定资产投资占西部地区和全国的比重相对较高，分别为 10.3% 和 2.0%，随后这一比例逐年波动下降，到 2010 年分别降至 8.9% 和 2.0%。2001 年贵州省固定资产投资占西部地区和全国的比重达到 2001—2010 年的最大值，分别为 7.5% 和 1.4%，随后这一比例在 2003—2006 年连续较大幅度地下降，2006 年后降幅趋缓，到 2010 年出现小幅增加，但仍低于 2001 年的水平。

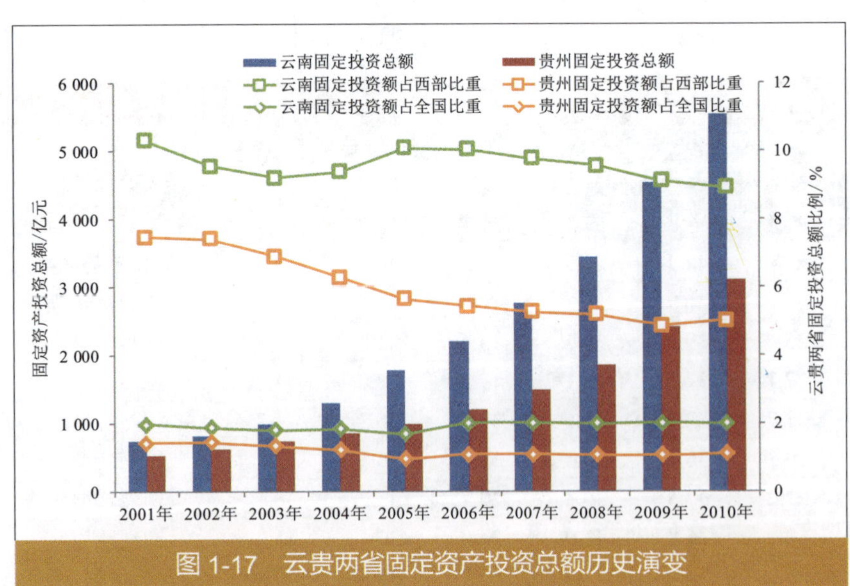

图 1-17 云贵两省固定资产投资总额历史演变

投资总量不足客观上造成

了云贵两省经济发展的外部动力不足。2005—2010 年，云贵两省人均固定资产投资始终处于全国倒数第 1 位和倒数第 2 位。云贵地区地形多变、地质条件复杂，交通运输不便，基础设施建设成本相比平原地区较高，加之自身发展水平相对落后，外部投入不足客观上加大了这一地区发展的难度。

3.1.5　进出口贸易持续发展，所占经济比重不高

云南地处我国西南边陲，是我国连接东南亚各国的陆路通道和面向东南亚、南亚开放的桥头堡，随着中国—东盟自由贸易区建设和大湄公河次区域合作的继续深入，对外贸易将成为云南省经济的一个重要组成部分。根据国家统计年鉴对外经济贸易数据的统计，西部大开发十年来，云南省进出口贸易获得了较快增长，进出口总额由 2001 年的 19.9 亿美元增加到 2010 年的 134.3 亿美元，增长了 6.8 倍，占 2010 年全省 GDP 的 11.7%。从发展趋势来看，除 2008—2009 年受金融危机影响全省进出口总额降低 32% 以外，2001—2007 年、2009—2010 年均保持稳定增长。

2010 年云南省进出口总额占西部地区和全国比重分别为 10.5%、0.5%，相比 2001 年分别下降了 1.3 个和 0.1 个百分点；进出口贸易总额在西部 12 省区市中位列第 4，全国位列第 21，均比 2001 年排位下降了 1 位。总体来看，云南省对外贸易发展现实水平与其“桥头堡”战略目标的要求（“开发门户”、沿边开放“试验区”、西部向外发展“先行区”）仍存在较大差距。

2001 年以来，贵州省进出口贸易呈现波动增长态势，2008 年全省进出口总额达到十年间的峰值，为 33.7 亿美元，约为 2001 年的 5.2 倍。受全球金融危机影响，2009 年下降到 23.0 亿美元，2010 年呈恢复性增长，全省进出口贸易总额达到 31.5 亿美元，比 2001 年增长近 5 倍，占 2010 年全省 GDP 的 6.6%。与全国和西部地区相比，贵州对外贸易发展水平还存在较大差距。2010 年全省进出口总额占西部地区比重为 2.5%，占全国比重仅为 0.1%，相比 2001 年，分别下降了 1.4 个和 0.02 个百分点；这一比例在西部 12 省区市中位列第 9，在全国位列第 28，与 2001 年的排位一致。

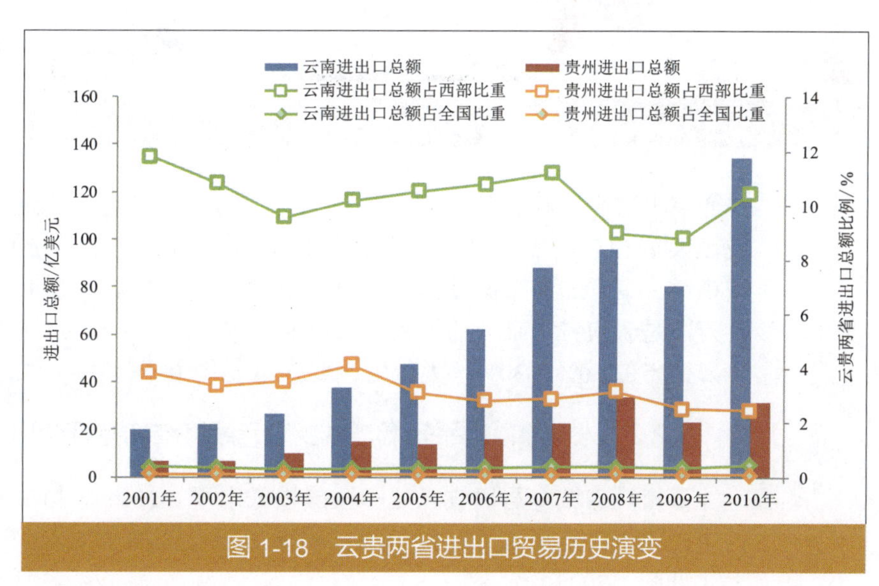

图 1-18　云贵两省进出口贸易历史演变

3.2　社会发展现状特征

3.2.1　城镇化水平落后，区域内部发展差距较大

根据国家统计局 2010 年第六次全国人口普查，云南省常住人口为 4 596.6 万人，与 2001 年相比，增加了约 315 万人，常住人口占全国合计常住人口的比重从 2001 年的 3.36% 增长

到 3.43%。贵州省常住人口为 3 474.6 万人，十年间共减少约 320 万人，减幅为 8.4%，常住人口占全国合计常住人口的比重从 2001 年的 3.0% 减少到 2.6%。

2001—2010 年，云贵两省的城镇化水平稳步提升，从 2001 年不足 25% 分别提高到 35.2%、34.8%，但仍落后全国城镇化水平约 15%，在全国分列第 29 位和第 30 位，仅相当于全国 1999 年的城镇化水平。云贵地区内部城镇化发展水平差异较大（见图 1-19），昆明和贵阳的城镇化水平已经接近 70%，其他众多市州的城镇化水平均在 40% 以下，迪庆、怒江、保山、昭通等 4 个市州的城镇化水平还不足 25%。

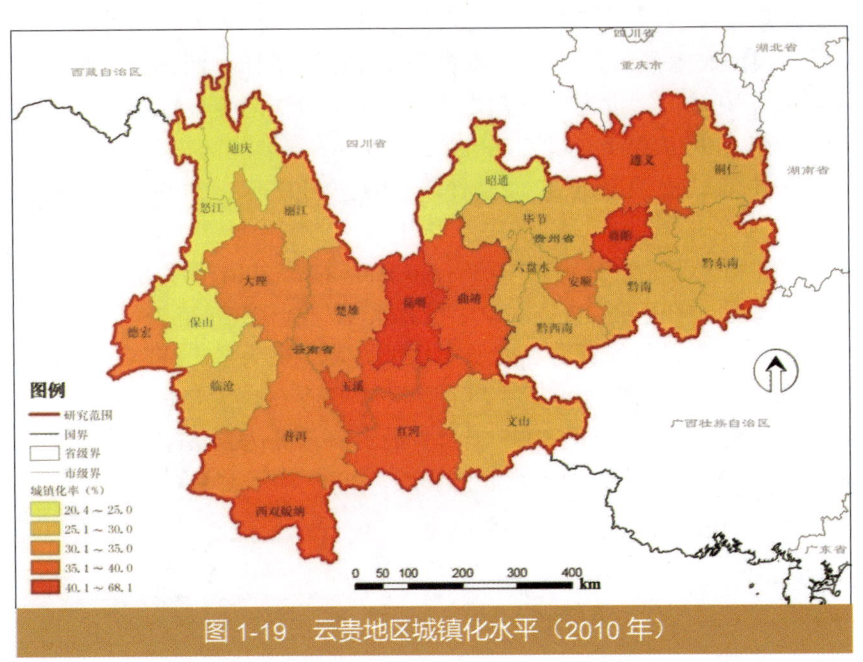

图 1-19　云贵地区城镇化水平（2010 年）

云贵地区城镇化发展主要依靠行政力量推动，工业化对城镇化带动力较弱。2010 年，云南、贵州三次产业就业人数比例分别为 69.6 ∶ 14.5 ∶ 31.1 和 49.6 ∶ 11.9 ∶ 38.5，就业结构仍停留在“一三二”格局，就业结构变动滞后于产业结构变动，既反映出区域农业效率低下、农村富余劳动力多，也说明区域工业吸纳就业能力不强，服务业规模化和市场化程度不足，这种产业结构与就业结构的失衡状态进一步阻碍了云贵地区的城镇化进程。

由于资源集聚和行政配置，各种资源向大城市和行政中心高度集聚，极化特征明显。昆明、贵阳、遵义是云贵地区 3 个特大城市，中小城市和小城镇发展相对缓慢。以云南为例，2010 年云南省 2 城市指数和 4 城市指数分别为 3.4、1.4，城镇体系首位度较高，具有欠发达地区城镇化的典型特征。其中，昆明市非农业人口超过百万，是云南省内唯一的特大城市，2010 年 GDP 达到 2 120 亿元，分别约为滇中经济区和整个云南省的 50%、30%，大量生产要素主要集中于昆明，空间集聚效应明显。

3.2.2　人均收入水平较低，城乡二元经济结构特征突出

云贵两省城乡居民收入处于全国较低水平。2001—2010 年，云贵两省城镇居民收入及农村居民收入年均增速均超过 10%，但增速不及西部平均水平，与全国平均水平的差距也在加大（见图 1-20）。

2010 年，云南省城镇居民人均可支配收入和农民人均纯收入分别为 16 065 元、3 952 元，相当于全国城乡居民平均收入水平的 84.1%、66.8%；贵州省城镇居民人均可支配收入和农民人均纯收入分别为 14 143 元、3 472 元，分别相当于全国平均水平的 74.0%、58.6%。2010 年，云贵两省农村居民人均收入水平分别位列全国倒数第 4 位和倒数第 2 位，云南与全国的差距已增大到 1 967 元。目前，云南 129 个县级行政单位中有 73 个国家级贫困县，贫困县的数量在全国最多；贵州全省贫困县人口占全省总人口的 51.4%，是我国贫困面最大、贫困程度最

深的省份。除玉溪、文山、西双版纳和贵阳外，云贵地区各市州均有国家级贫困县，提高居民收入水平压力大。

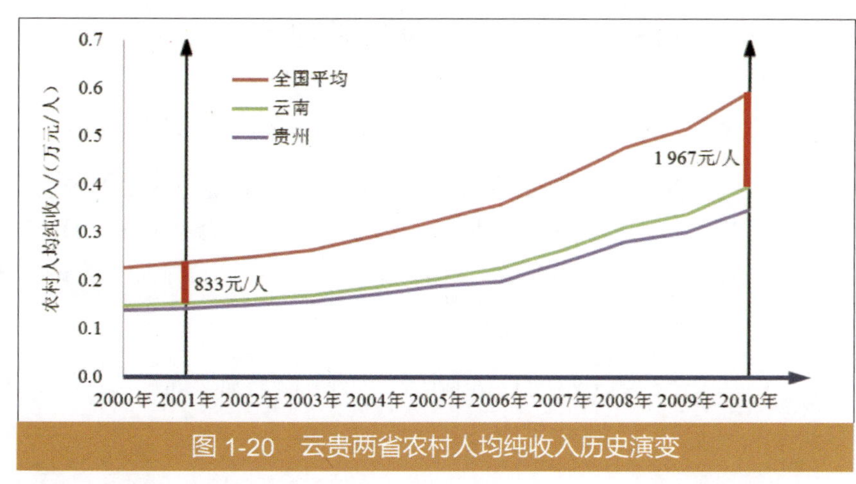

图 1-20 云贵两省农村人均纯收入历史演变

云贵地区城镇对周边地区辐射功能偏弱，城乡二元经济结构特征突出，城乡收入差距不断扩大，城镇和农村居民收入差距已扩大到 4.1 ∶ 1，高于全国平均水平 3.2 ∶ 1。区域内公共资源集中配置在城镇地区，城镇体系发展仍处于首位中心城市集聚增长阶段，城镇对区域的作用表现为对资本、劳动力、土地的吸纳作用，相对发展区域通过消费、就业等带动相对贫困地区发展的“涓滴效应”还尚未形成。

3.2.3 基础设施快速发展，整体建设水平滞后

2001 年以来，云贵两省公路、电网、通信和广播电视、水利等基础设施建设规模加速提高。2010 年，云南省铺装道路长度、供水管道长度以及城市排水管道长度分别达 4 049 km、6 559 km、4 419 km，与 2001 年相比分别增加 82%、32%、96%；贵州省铺装道路长度、供水管道长度以及城市排水管道长度分别达 2 257 km、5 979 km、3 327 km，分别比 2001 年增加 31%、90%、90%。

云贵地区基础设施建设始终受到投资不足限制。云贵两省人均固定资产投资近年来始终处于全国倒数第 1 位和倒数第 2 位，2010 年云贵两省环境污染治理投资总额占 GDP 比重分别为 1.5% 和 0.7%，均低于全国平均水平。由于发展基础较低，投资相对不足，云贵地区基础设施建设水平仍十分滞后。2010 年，云贵两省每万人拥有铺装道路面积分别为 10.9 m^2、6.7 m^2，分别为全国平均水平的 82.5%、50.3%（见图 1-21）；云贵两省城市燃气普及率分别为 76.4%、69.7%，远低于全国平均水平（92.0%），分别处于全国倒数第 4 位和倒数第 1 位。此外，区域供水、供热、污水处理等基础设施发展水平不均，地区之间、城乡之间差异较大，基础设施技术等级相对较低、质量不高。

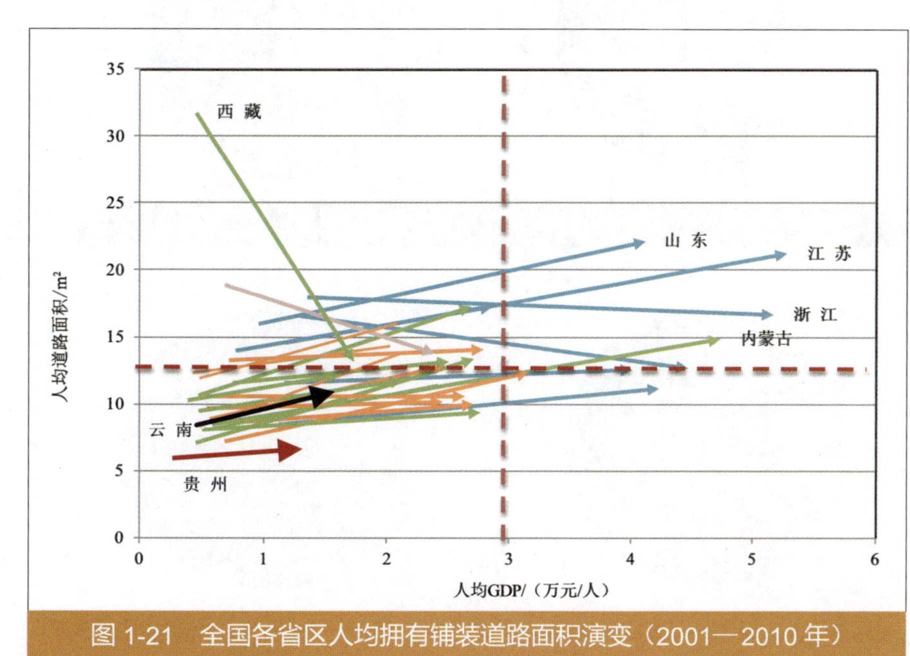

图 1-21 全国各省区人均拥有铺装道路面积演变（2001—2010 年）

3.3 工业发展现状特征

3.3.1 工业产值持续增长，占全国比重有所降低

2010 年，云贵两省第二产业总产值分别为 3 223.49 亿元和 1 800.06 亿元，十年间分别增长了 3.9 倍、4.6 倍，同期全国工业总产值增长了 6.3 倍。2010 年，云贵两省工业总产值全国比重为 1.1%、0.6%，分别比 2001 年所占比重降低了 0.62 个和 0.13 个百分点（见图 1-22）。

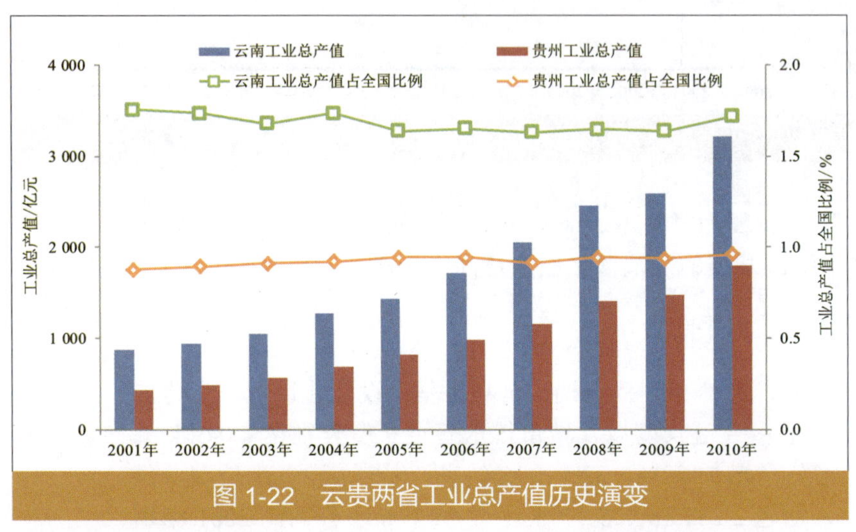

图 1-22　云贵两省工业总产值历史演变

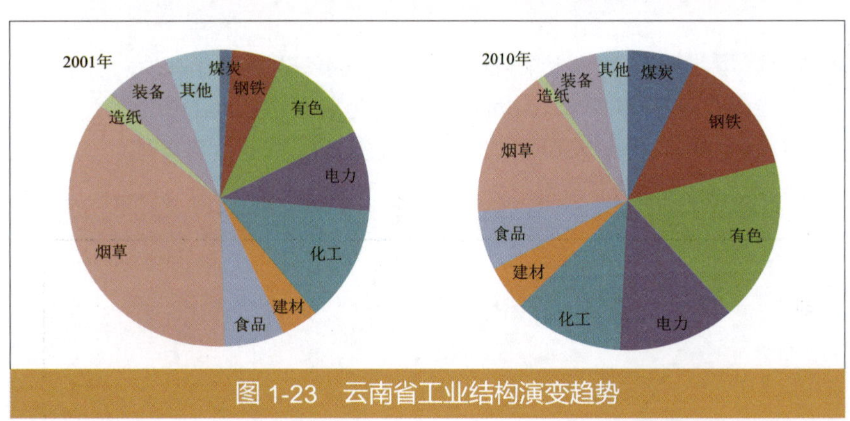

图 1-23　云南省工业结构演变趋势

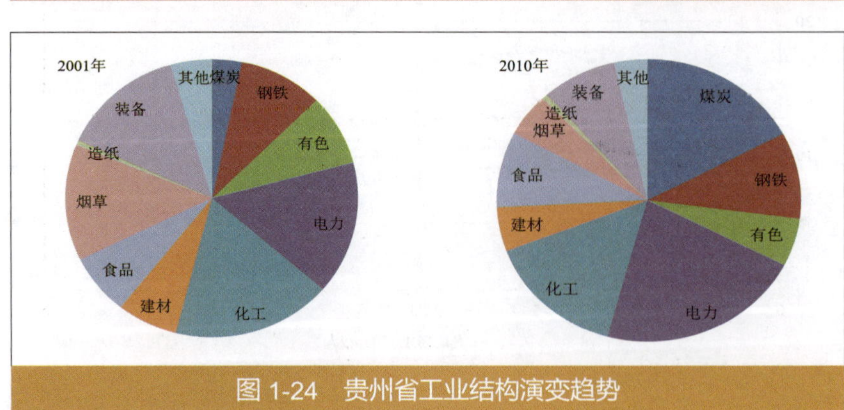

图 1-24　贵州省工业结构演变趋势

3.3.2 工业结构重化趋势明显

云南省产业结构呈现出明显的重化工倾向，资源依赖型特征明显，以原材料和动力等基础重化工行业为主导的产业结构不断强化。云南省经过多年发展形成了以烟草、有色冶金、电力、钢铁、化工五大产业为支柱的产业结构，2010 年五大产业占云南省工业总产值比重为 72.3%，与 2001 年相比五大产业所占工业比重基本保持稳定（见图 1-23）。烟草制品业始终是云南省第一大支柱产业，相对其他四大产业发展速度明显放缓，2001—2010 年产业比重下降了 20 个百分点。这一时期，钢铁、有色冶金和电力三个行业扩张最为迅猛，工业产值分别增长了 12.2 倍、7.9 倍和 6.9 倍。化工始终是云南省的传统支柱产业，十年间所占工业总产值比重未发生明显的变化。

贵州省形成了以煤炭、电力、钢铁、有色冶金、化工、食品和装备制造七大产业为支柱的产业结构。2001 年七大产业工业总产值达到 625.1 亿元，占贵州省工业总产值的 90%，到 2010 年，七大产业占贵州省工业总产值比重提高至

91.9%，重化工业为主导的结构性特征不断强化（见图 1-24）。煤炭、电力、钢铁、有色冶金、化工五大重化产业扩张迅猛，在工业经济中所占比重不断上升，由 2001 年的 55.0% 迅速提高至 2010 年的 70.1%，其中，煤炭工业扩张最为迅猛，10 年间工业总产值增长了 31 倍；电力行业增长了 8.5 倍，产值比重提高了 7 个百分点，始终是贵州省的第一大产业。

云贵两省产业结构呈现出明显的重化工倾向，矿产资源依赖型特征明显，以原材料和能源电力等基础重化工行业为主导的产业结构不断强化。随着要素成本的快速上升、节能环保约束的明显增强以及周边区域产业竞争的日趋激烈，这种以资源为依托、以原材料产业为主体、以“低资源成本—低劳动力成本—低环境成本”为支撑的传统工业发展模式面临着巨大挑战。

根据云贵相关规划，云贵煤炭、电力、有色冶金、化工等行业仍将是未来发展的重点，主要有色、化工产品产能均将有较大幅度增长（见表 1-8）。

表 1-8　云贵两省重点产品规划产能

省份	重点产品	2015 年产能 / 万 t	较 2010 年增长 /%	2020 年产能 / 万 t	较 2010 年增长 /%
云南	煤炭	13 700	40	14 670	50
	火电 / 万 kW	1 867	67.9	2 320	108.4
	十种有色	620	158	650	171
	铜	70	105	60	76
	铝	256	273	275	301
	烧碱	100	462	120	574
	黄磷	70	70	80	94
	甲醇	476	376	680	580
贵州	煤炭	25 060	57	30 160	89
	火电 / 万 kW	3 954	80	5 034	129
	焦炭	1 800	79	2 400	139
	生铁	1 000	167	1 200	220
	粗钢	1 100	221	1 500	337
	钢材	1 200	255	1 500	344
	甲醇	300	150	710	492
	电解铝	260	160	260	160

3.3.3　资源依赖性产业优势突出，但矿产资源保障能力不足

从全国主要行业竞争力来看，云南省主要优势产业包括烟草制品业、有色金属冶炼及压延加工业、有色金属矿采选业、非金属矿采选、黑色金属矿采选和电力等六大行业，2010 年区位商大于 2，在全国具有较强优势（见图 1-25）。黑色金属冶炼及压延加工业、医药制造业、化学原料及化学制品制造业、煤炭采选业、饮料制造业等五大行业的区位商大于 1，与全国平均水平相比具有一般优势。

2001—2010 年，云南省煤炭采选业、黑色金属矿采选业、非金属矿采选业、食品制造业、饮料制造业、炼焦、黑色金属冶炼及压延加工业、医药制造业、有色冶炼和电力、热力的生产和供应业等行业近年来发展速度迅猛，在全国的地位和竞争力不断提升。

贵州省传统优势产业为烟草制造业、煤炭采选业、饮料制造业、医药制造业、橡胶制品业和电力、燃气及水的生产和供应业，2010 年区位商大于 2，与全国平均水平相比具有绝对

优势(见图 1-25)。非金属矿采选业、化学原料及化学制品制造业、黑色金属冶炼及压延加工业、有色金属冶炼及压延加工业区位商始终大于 1，与全国平均水平相比具有一般优势。其他行业与全国平均水平相比，均不具备竞争优势。

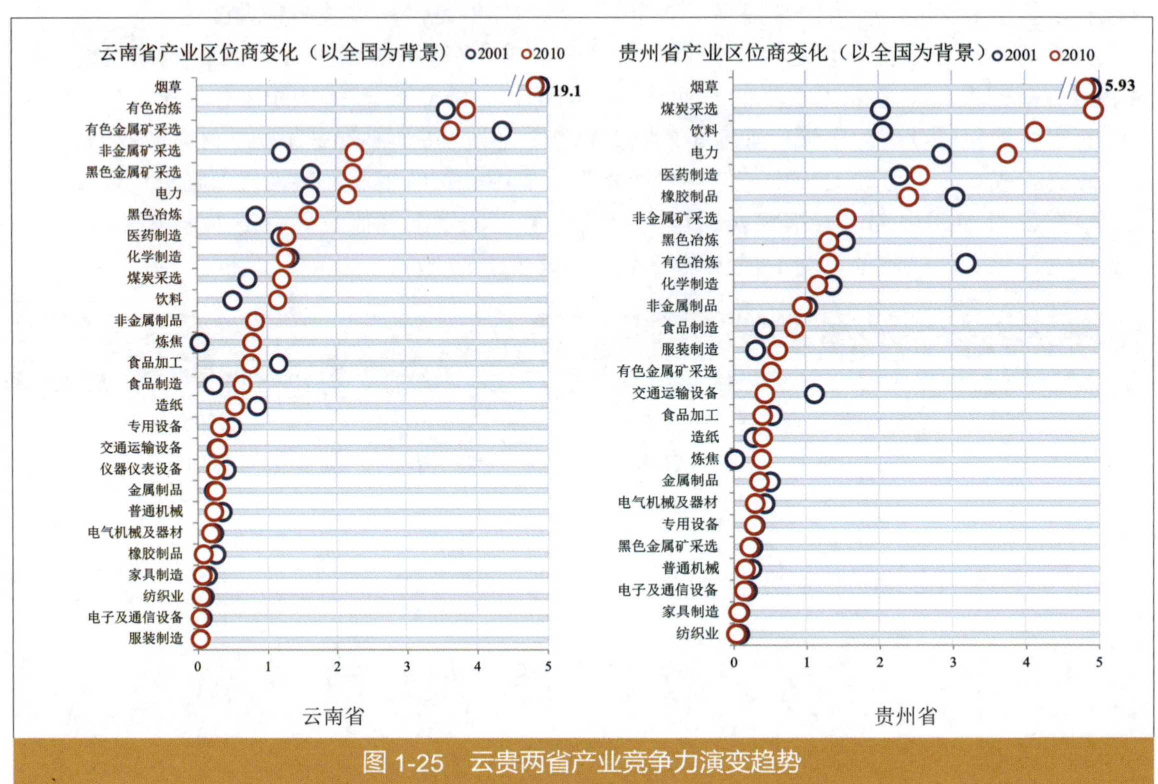

图 1-25 云贵两省产业竞争力演变趋势

2001—2010 年，贵州省除煤炭采选业、饮料制造业、医药制造业、食品制造业等少数行业的竞争力有所提升外，大部分行业相对全国的竞争力都呈现不同程度的下降趋势。其中，装备制造业竞争优势不复存在，冶金、化工等传统优势产业的竞争力明显降低。

云贵地区矿产资源储量丰富，但企业规模普遍偏小，整体技术水平不高，采富弃贫情况频发，资源浪费严重，矿产资源保障能力不足。云南省磷矿资源相对丰富，但是磷矿资源富矿少，贫矿多，高品位磷矿只占磷矿总储量的 10% 左右，资源“丰而不富”，磷矿资源静态保障程度仅为 20 ～ 30 年。贵州省已利用磷矿资源储量占总量的 35.9%，按 2010 年磷矿开采强度和当前技术水平估计，磷矿资源还可开采 24 年。

云贵地区有色金属等优势矿产的保障能力不足。根据《云南省有色产业发展规划（2009—2015)》，按现有储量和开采能力计算，云南铜、铅、锌、原生锡矿等矿产资源保障程度不足 10 年。根据《贵州省“十二五”矿产资源开发利用和保护研究》，贵州铝土矿静态保障能力仅为 28 年；锰矿、重晶石的静态保障能力分别为 16 年和 12 年；金矿、锑矿、铅锌矿的静态保障能力均不足 10 年，主要锑矿资源量可能服务年限只有 1 ～ 2 年。

从整体看来，云贵两省的优势产业均带有明显的基础原材料特征，资源依赖度较高。由于产业发展层次不高、技术水平较低、产业链较短，再加上资源保障能力趋于紧张，这一地区产业发展面临着巨大的转型压力。

3.3.4　重点产业带状分布格局明显，产业同构化趋势加剧

云贵两省各市州重点产业发展均具有一定规模，且结构差异不明显，滇中经济区、黔中经济区工业相对集聚，工业布局大分散、小集中特征突出。遵义—毕节—贵阳—黔南—曲靖—昆明—玉溪—红河一带 2010 年 GDP、能源消耗量均占区域 60% 以上，水资源消耗量占区域 40% 以上。

云南省工业主要分布在昆明、曲靖、玉溪、楚雄等滇中经济区 4 个市州和红河州，其中，昆明、玉溪和曲靖三市州工业总产值占全省的比重达 70.3%，昆明市工业总产值占全省比重超过 30%。昆明市绝大部分产业在云南省均占据优势地位，曲靖、玉溪、楚雄等市州重点产业在全省的竞争优势突出，其余市州除部分具有地方特色的优势产业外，其他产业在全省的竞争力一般。从优势产业的门类层级来看，以昆明为核心的滇中经济区优势产业整体层次较高，化工、装备制造等高端制造业较发达，其他市州优势产业多为产业层级较低的资源初加工行业。

贵州省工业主要分布在黔中经济区和毕水兴地区，贵阳、遵义和六盘水 3 个市州的工业总产值占全省的比重高达 70.7%；其中，贵阳市工业总产值占全省比重达到 38.2%。贵州省优势行业在各市州的分布相对均衡，与昆明相比，贵阳市重点产业在全省的垄断优势地位不突出。从优势产业门类层级来看，贵阳、遵义、安顺优势产业整体层次较高，毕节、六盘水、黔西南优势产业以能源工业为主，其他市州优势产业多为产业层级较低的资源初加工行业。

分行业来看，煤炭工业主要分布在六盘水、曲靖、毕节、黔西南和遵义等 5 个市州；冶金工业主要分布在昆明、玉溪、六盘水等 3 个市州，曲靖、遵义、贵阳和楚雄也有一定规模；化学工业主要分布在昆明、贵阳、曲靖、黔南、六盘水和玉溪；电力工业主要分布在曲靖、昆明、遵义、毕节、六盘水等 5 个市州；装备制造业集中在昆明、贵阳和遵义（见图 1-26）。

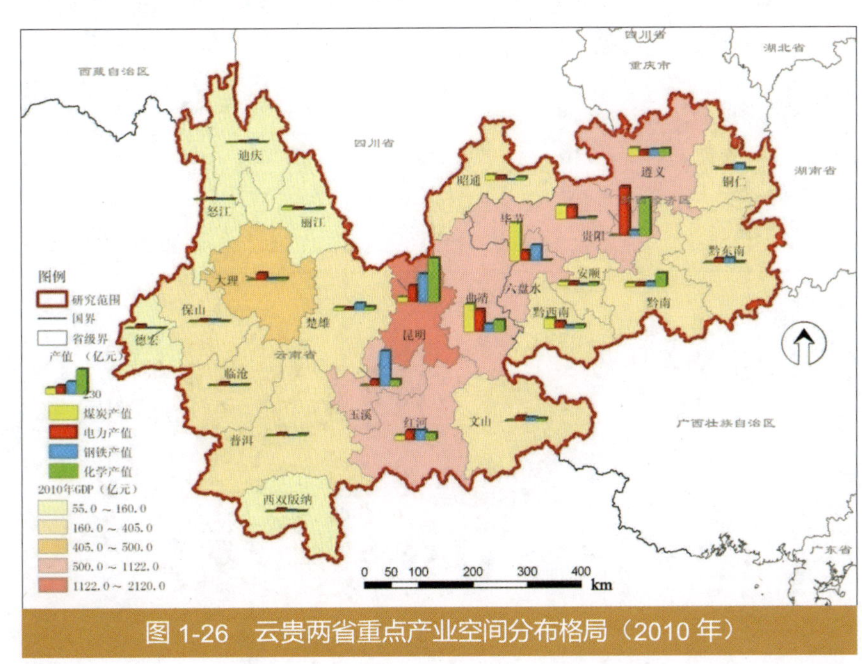

图 1-26　云贵两省重点产业空间分布格局（2010 年）

云贵两省"十二五"规划的重点产业集中于煤炭、电力、化工、冶金等行业，主要指向区除已有工业基础市州外，还布局了若干新的产业基地，区域内部产业同构倾向加剧（见图 1-27）。

3.3.5　重点产业空间布局分散态势严峻

云贵两省共有各类工业园区 245 个（见表 1-9）。其中，云南省各类工业园区 122 个，以冶金、食品 / 制药、化工类园区为主，平均 1 个县级行政区布局 1 个省级工业园区。贵州省各类工

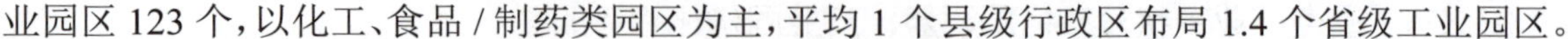

业园区 123 个，以化工、食品 / 制药类园区为主，平均 1 个县级行政区布局 1.4 个省级工业园区。

图 1-27　云贵两省“十二五”规划的重点产业及分布示意

表 1-9　云贵两省工业园区类型及数量统计

类别	云南		贵州	
	数量	比例	数量	比例
化工类	26	21%	43	35%
冶金类	32	26%	16	13%
食品 / 制药类	28	23%	33	27%
电子 / 装备	16	13%	21	17%
边贸 / 建材 / 轻工	19	16%	10	8%
工业园区合计	122	100%	123	100%

图 1-28　云贵两省工业园区空间分布情况

数量众多的工业园区主要集中分布在滇中经济区、黔中经济区，其中，化工主导型园区和电子信息装备制造园区在重点经济区及周边相对集聚（见图 1-28）。冶金主导型园区主要分布在云南省西北部和东南部，以及贵州省西南部和东北部，布局比较分散，尚未出现集聚态势。受特色农业资源和生物资源的空间分散影响，特色食品及生物制药园区在云贵两省呈相对均衡的空间分布格局。

3.4　农业与服务业发展现状

3.4.1　农林资源丰富，产业发展水平较低

云贵两省农业发展拥有丰富的资源基础。2010 年云贵两省耕地面积分别为 607.2 万 hm^2 和 448.5 万 hm^2，占全国总耕地面积比重的排名分别为第 6 位、第 13 位。云贵气候和地理条件独特、森林植被生长条件较好，森林面积分别占全国第 3 位和第 15 位，森林覆盖率分别达到 47.5% 和 43.2%，位居全国第 7 位和第 16 位。云南省有高等植物 1.8 万种以上，哺乳动物类 296 种，生物资源综合指数位居全国第 2 位。贵州是中国四大中药材产区之一，中草药资源仅次于云南，居全国第 2 位。

从全国农业发展格局来看，云贵两省属于农业发展落

后省份，2010 年人均农林牧副渔总产值分别仅为全国平均水平的 57% 和 78%。2010 年农林牧副渔总产值达到 1 810.5 亿元和 997.8 亿元，位居全国第 20 位、第 25 位。人均农业总产值（以农业劳动人口计）排名全国第 28 位和第 32 位，地均农业总产值（以有效灌溉面积计）排名全国第 16 位和第 23 位。2010 年，全国、贵州和云南的单位面积森林的经济效益依次为 1.2 元 /hm^2、0.5 元 /hm^2 和 0.3 元 /hm^2，云贵地区单位面积森林产出的经济效益远低于全国平均水平，尤以云南省最低。

从农业内部结构来看，传统农业种植业与畜牧业仍是云贵两省农业发展的主体，2010 年分别占两省农业总产值比重 94.5% 和 85.8%，分别高出全国平均水平 9.1 个和 0.4 个百分点。云贵两省林业在农业中的比重均要高于全国平均水平，其中，云南省 2010 年林业比重高出全国平均水平 6.5 个百分点，渔业占农业比重则远低于全国平均水平。除云南省林业在全国具有一定竞争优势外，云贵两省主要农业类型在全国均不具有比较优势。

2001—2010 年，云贵两省农业在全国的地位呈现稳步提升态势。从农业内部来看，十年间云贵两省传统农业在全国的地位有所下降，但林业、畜牧业和渔业的地位则稳步提升。其中，云南省林业在全国的地位提升显著，十年间提高了 62 个百分点。

从农业生产空间格局来看，云南省农业主要分布在滇中经济区及周边地区，2010 年，曲靖、昆明、大理、红河、楚雄 5 个市州累计农林牧副渔总产值占全省比重达到 52.2%。贵州省农业主要分布在黔西北、黔东南等地区，其中，遵义、毕节、铜仁、黔南和黔东南农业相对发达，2010 年 5 个市州农林牧副渔总产值占全省比重高达 73.8%。整体来看，云南省农业主要分布在经济发展较好的滇中经济区平坝地区，而贵州省农业则主要分布在经济欠发达的地区（见图 1-29）。

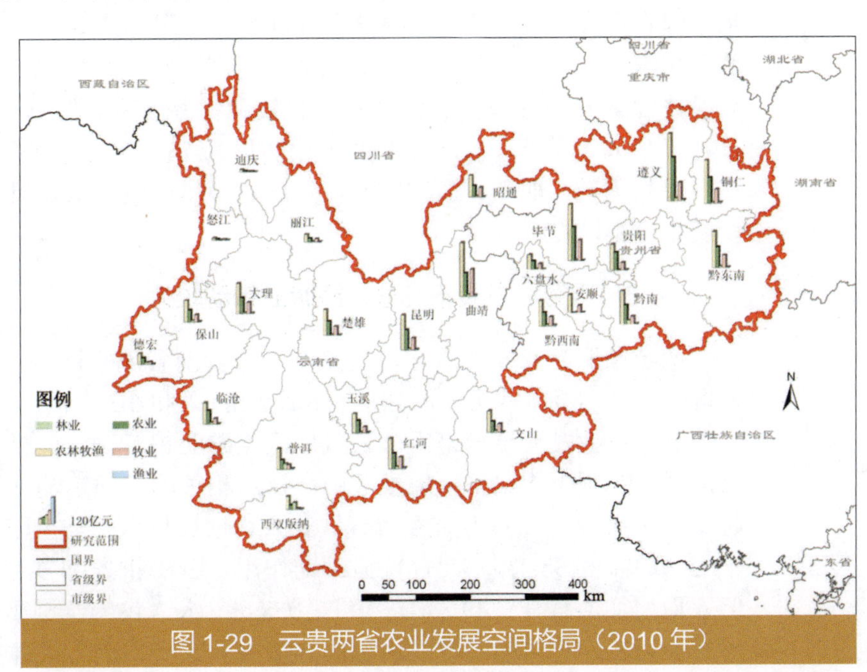

图 1-29　云贵两省农业发展空间格局（2010 年）

3.4.2　特色农林产业发展潜力巨大

云贵特有气候地理条件和丰富动植物资源，孕育了大量名、优、稀、珍品种资源，具有发展优势特色产业的优势和潜力（见图 1-30）。其中，云贵烟草产量与产值均位居全国前列，占全国总量比重接近 40%；云南鲜切花国内市场占有率高达 70%，贵州部分特色花卉如高山杜鹃也在国内外市场占有一定份额；云南橡胶产量占全国总产量 40% 左右；云贵两省医药材产量也占据全国前两位。上述产业已逐渐成为云贵两省 GDP 增长的重要组成部分，优化了云贵两省产业经济结构。从长远来看，大力发挥云贵地区比较优势，因地制宜发展特色农业，培育优势特色产业带和产业群，逐步形成具有区域特色的农业主导产品和支柱产业，是云贵两省发展现代农业、不断优化调整产业结构，提高效益、改善民生的重要途径。

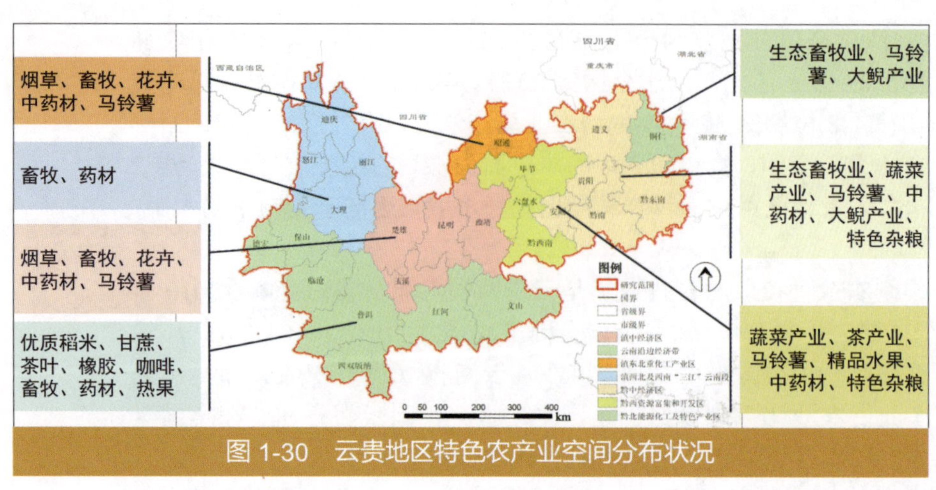

图 1-30 云贵地区特色农产业空间分布状况

云贵地区拥有丰富的战略性农业资源、生物资源，但农业发展仍然面临诸多严峻挑战，主要表现在以下几个方面：一是大资源，小产业。云贵农业资源量排名全国前列，部分产业发展水平却落后于全国平均水平。二是大生产，小出口。云贵部分产业出口份额占总产值比重较小，以烟草为例，烟草 2010 年云南出口交货值达 1.63 亿美元，占烟草总产值 1% 不到，贵州出口占当年烟草产值比重仅为 0.1%。三是大分散，小种植。云贵农业主要生产模式依然是家庭农户式种植，且种植规模小，以花卉为例，云贵户均种植面积仅为 0.7 hm^2，远低于发达国家水平。四是低科技，低附加值，短产业链。云贵农产品大多数以原料型产品销售，产品科技含量低，产品附加值低，且受科技和物流等因素制约，产业链短。云南省除烤烟、蔗糖、茶叶等少数产业外，农产品深加工比例仅为 15% 左右，低于全国 10 多个百分点。五是外部存在限制因素。烟草、橡胶等产业发展对环境影响较大，且烟草受控烟公约制约，扩增产业发展规模难以实现。

3.4.3 服务业发展不充分，旅游业带动较大

从全国服务业发展总体格局来看，云贵两省属于服务业发展水平较低的省份。2010 年，云贵两省人均服务业增加值分别为 6 267 元 / 人和 6 291 元 / 人，均未达到全国平均水平的一半。

从服务业发展结构来看，云贵地区旅游业相对发达、批发和零售业占服务业比重高，但仍然低于全国平均水平；煤炭及矿产资源相关的交通运输业运量较大，金融与房地产业刚刚起步。2010 年，云贵两省住宿餐饮业人均增加值水平与全国大体相当，分别达到全国平均水平的 70.3% 和 88.4%，具有较强带动作用；云贵批发和零售业虽然在服务业中占较高比重，但人均增加值只有 1 491 元 / 人和 1 058 元 / 人，仅为全国平均水平的 57.2% 和 40.6%。贵州省交通运输、仓储和邮政业人均增加值与全国平均水平大体相当，云南省尚不及全国平均水平的 1/3。云贵两省金融和房地产业人均增加值水平远低于全国平均水平，尚处于起步阶段。其中，房地产业人均增加值分别仅为全国平均水平的 29.9% 和 24.7%。

从空间布局来看，云贵两省服务业主要分布在滇中经济区和黔中经济区。其中，昆明服务业发展水平较高，集中了云南全省 28.6% 的服务业增加值。其次为贵阳市和遵义市，分别贡献了贵州全省服务业增加值的 30% 和 19%。整体来看，云贵两省服务业的空间分布相对集中，除几个区域核心城市发展较好外，其他地区服务业发展基本处于起步阶段。

云贵地区旅游资源丰富，自然风景优美、历史和人文古迹众多、民族文化独特。旅游产业对云贵经济发展发挥了较大的拉动作用。2010 年，云南省接待入境旅游人数和旅游外汇收入均位居全国第 10 位、西部第 1 位。贵州省“十一五”期间旅游业发展尤为迅猛，旅游业总收入和接待人数年均增长速度分别为 34.3% 和 32.8%，高出全国平均水平 1 倍多，增幅居全

国前列；2010 年全年接待游客 1.29 亿人次，较 2005 年翻了近四番；旅游总收入 1 061.2 亿元，排名全国第 16 位。2011 年云贵两省旅游总收入分别名列全国第 17 位和第 14 位，旅游收入同比增长 29.7% 和 34.7%，远远高于全国及地方 GDP 增幅，对于拉动相关产业发展，促进产业结构调整，增加城乡居民收入等方面的作用日益明显。

3.5　资源环境效率变化趋势及现状特征

3.5.1　资源环境效率处于全国相对较低水平

2001—2010 年，云贵两省能耗效率分别提高了 14.5%、45.1%。2010 年云贵两省万元 GDP 能耗达到 1.2 t 标煤 / 万元和 1.8 t 标煤 / 万元，仍为全国平均水平的 1.1 倍和 1.7 倍。其中，临沧、六盘水能耗为 4.8 t 标煤 / 万元、3.5 t 标煤 / 万元，能耗效率在整个云贵地区处于落后水平。

2010 年，云贵两省能源消费弹性分别为 0.65、0.63，略高于同期全国 0.58 的平均水平。2001—2010 年，云贵两省能源消费弹性系数呈波动中逐步下降趋势。2006 年前，云南省能源消费弹性系数基本都大于 1.0，经济发展方式十分粗放；2006 年后，均低于 1.0 且逐步降低，经济发展对能源的依赖度逐步下降。贵州省除 2003 年能源消费弹性系数较大（2.36）外，其他年份均小于 1。

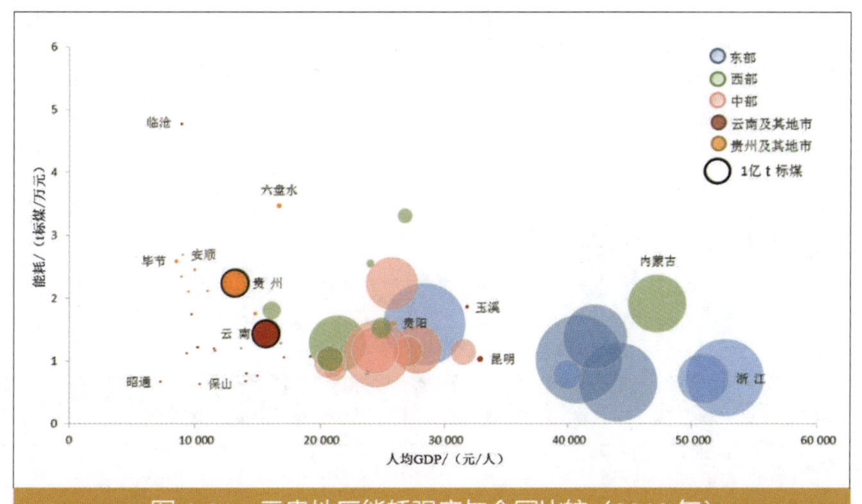

图 1-31　云贵地区能耗强度与全国比较（2010 年）

2001—2010 年，云贵两省 SO_2 排放强度均呈明显下降趋势，尤其是贵州省降幅达到 80.4%，云南省降低了 59.7%。2010 年，云贵两省万元 GDP SO_2 排放强度为 9.8 kg/ 万元、25.3 kg/ 万元，分别是全国平均水平的 1.7 倍和 4.5 倍。贵州安顺、毕节、六盘水、铜仁 SO_2 排放量大、排放强度高。

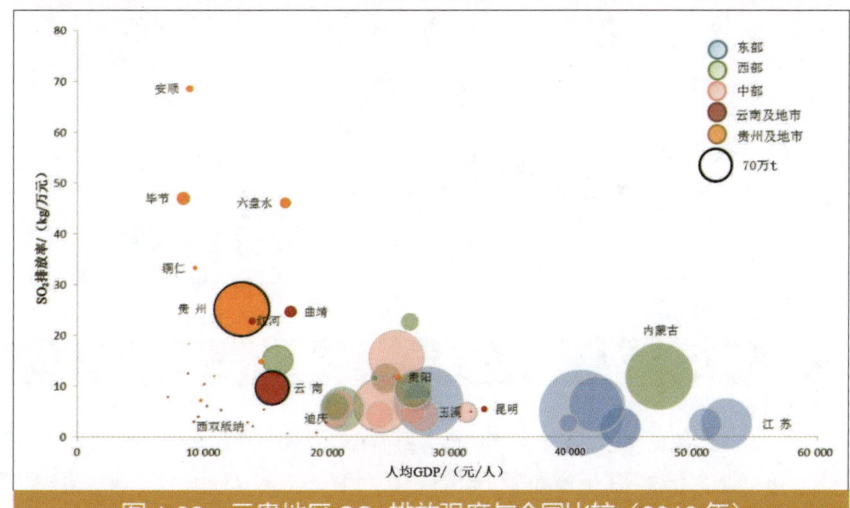

图 1-32　云贵地区 SO_2 排放强度与全国比较（2010 年）

2010 年云贵两省万元 GDP 排放氮氧化物为 7.2 kg/ 万元、10.7 kg/ 万元，分别为全国平均水平的 1.3 倍和 1.9 倍。六盘水、毕节、安顺、曲靖等市州氮氧化物排放强度水平较低。

2010 年云贵两省万元 GDP

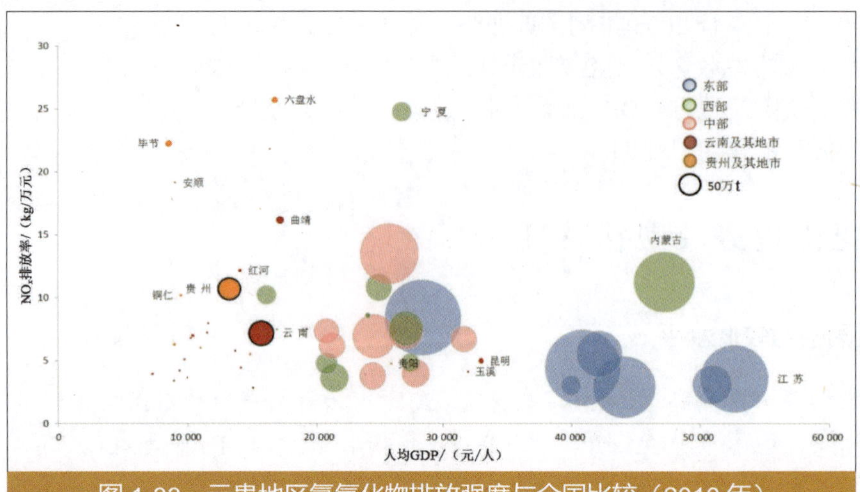

图 1-33 云贵地区氮氧化物排放强度与全国比较（2010 年）

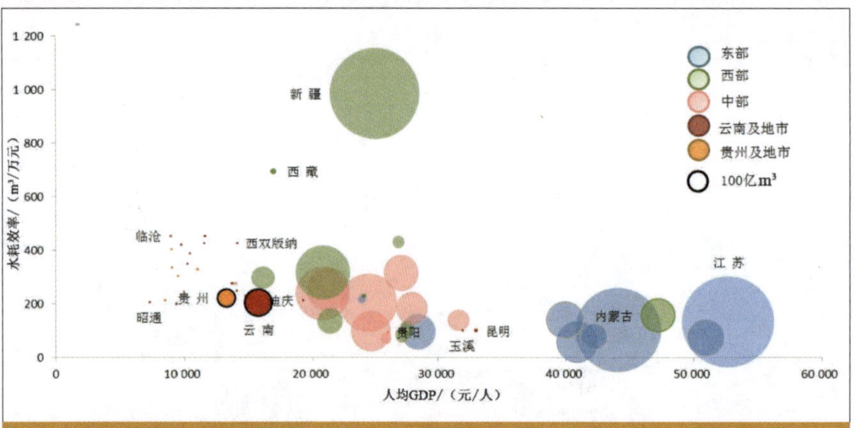

图 1-34 云贵地区用水效率与全国比较（2010 年）

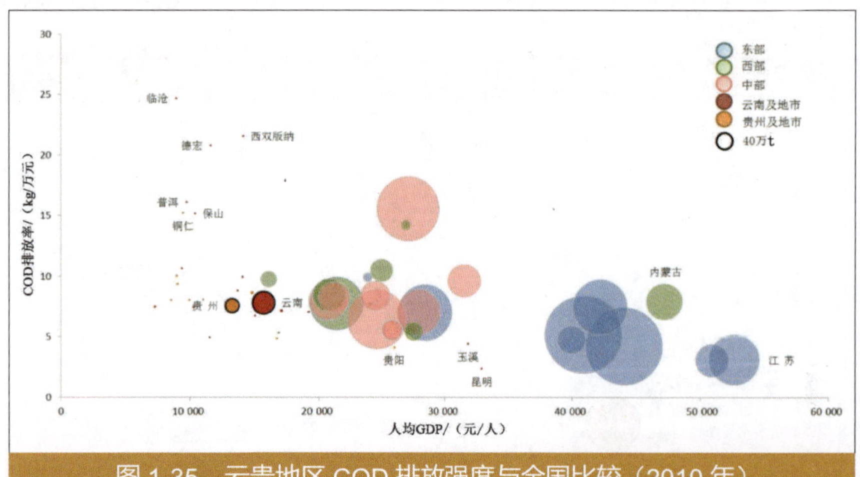

图 1-35 云贵地区 COD 排放强度与全国比较（2010 年）

用水量达到 204.3 m^3、220.6 m^3，分别为全国平均水平的 1.4 倍和 1.5 倍。与 2001 年相比，云贵两省万元 GDP 用水量分别下降了 71.5%、73.4%，降幅均高于同期全国平均水平。整体来看，黔中、滇中地区用水效率较高，其中，昆明、玉溪、贵阳万元 GDP 用水量可达 94 ～ 100 m^3；曲靖、六盘水、文山、昭通、毕节、红河等市州，万元 GDP 用水量小于 250 m^3；保山、临沧、思茅、铜仁、黔东南等市州用水效率较低。

十年间，云贵两省万元 GDP 排放 COD 分别降低 75.0% 和 76.3%。2010 年，云贵两省 COD 排放强度为 7.8 kg/ 万元和 7.6 kg/ 万元，分别为全国平均水平的 1.2 倍和 1.2 倍。昆明、玉溪 COD 排放强度分别为 2.4 kg/ 万元、4.4 kg/ 万元，仅为全国平均水平的 37% 和 69%，沿边经济区中临沧、西双版纳、德宏、普洱、保山等市州 COD 排放效率水平较低。贵阳、六盘水 COD 排放强度分别为 4.1 kg/ 万元、4.8 kg/ 万元，其他市州 COD 排放强度差异不大，且均高于全国平均水平。

2010 年，云南省氨氮排放强度为 831.0 g/ 万元，比 2003 年下降了 64.3%。除昆明、玉溪、迪庆、丽江和怒江外，其他 11 个市州的氨氮排放强度均高于全省平均水平。其中，德宏、临沧排放强度分别为云南省平均排放强度的 1.7 倍和 1.8 倍。贵州省氨氮排放强度为 875.7 g/ 万元，比 2003 年下降了 73.0%。除贵阳和六盘水以外，其他市州氨氮排放强度高于全国平均水平，其中，铜仁排放强度为 1 655.8 g/ 万元，分别是贵州平均、全国平均的 1.9 倍和 2.5 倍。

2003—2010 年，云贵两省工业废水中重金属污染物单位 GDP 排放强度均呈下降趋势，两省年均降幅分别达到 35.8% 和 24.3%，但云南省的汞、铅、砷和贵州省的镉、六价铬、铅的单位 GDP 排放强度仍高于全国平均水平。

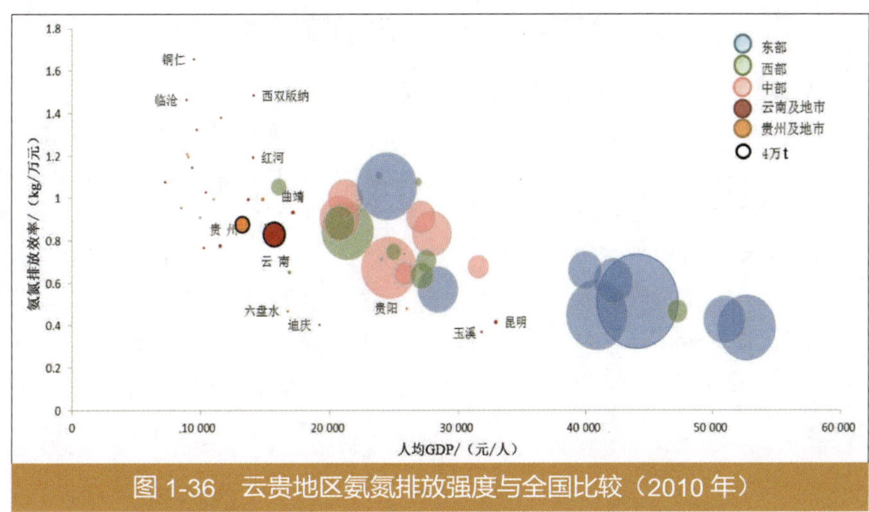

图 1-36　云贵地区氨氮排放强度与全国比较（2010 年）

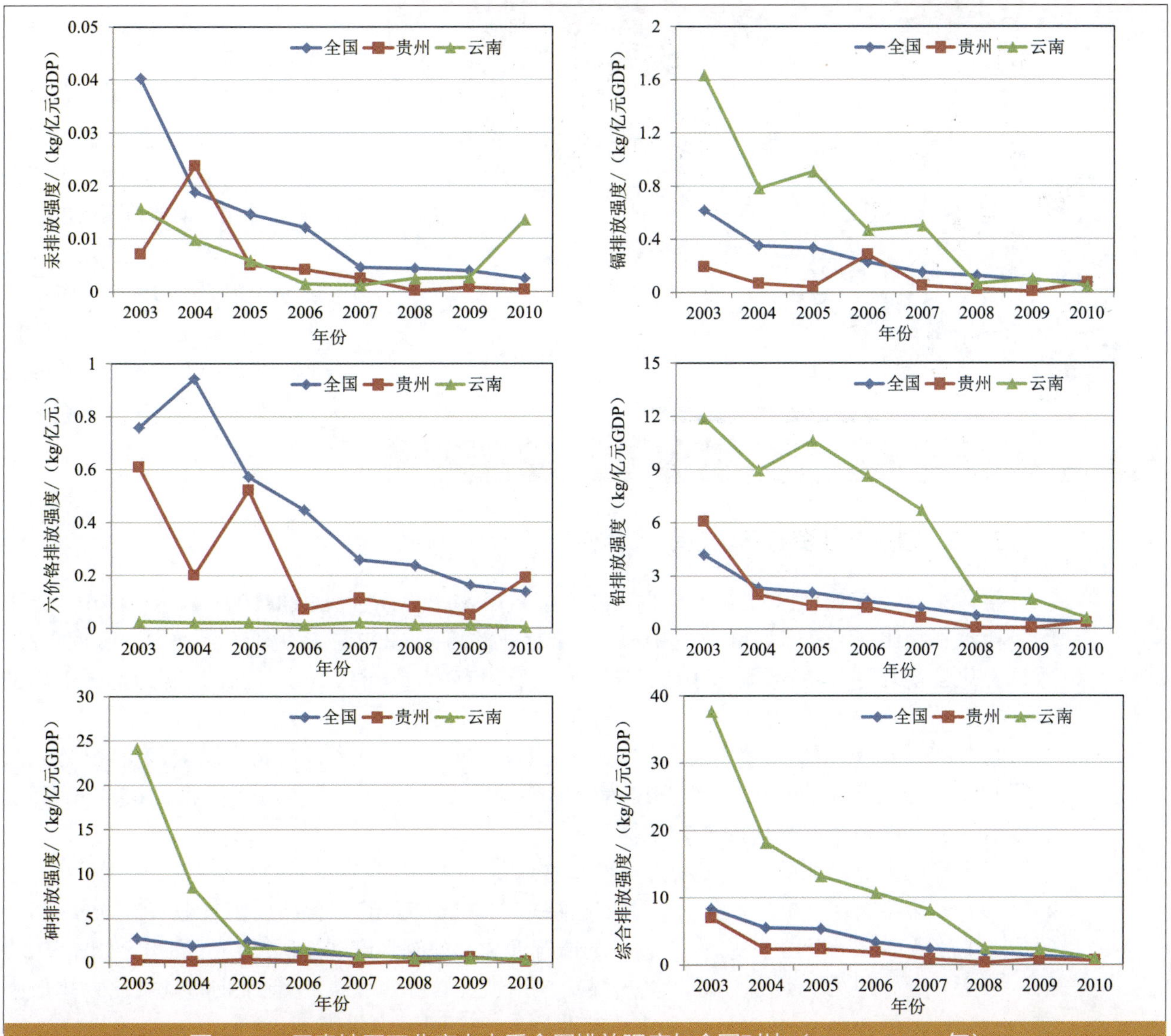

图 1-37　云贵地区工业废水中重金属排放强度与全国对比（2003—2010 年）

注：数据引自《中国环境统计年鉴》(2004—2011 年)及《中国统计年鉴》(2011 年、2006 年)。

3.5.2 区域内部资源效率水平差异大

将万元 GDP 能耗、水耗，万元 GDP 排放 COD、氨氮、SO_2、氮氧化物等六项指标进行归一化处理，综合得到区域资源环境总体效率水平（见图 1-38）。结果表明，云贵地区资源环境效率水平空间分异规律明显，不同区域之间差异显著。

滇中经济区、滇西北、滇东北地区资源环境效率水平整体上相对较高，其中，迪庆氨氮、SO_2 排放效率为云贵地区最低水平，约为全国平均效率水平的 20% 和 60%；昆明水污染排放，玉溪能源利用，曲靖大气污染排放，丽江、迪庆、怒江水资源利用等效率水平相对较低。除临沧外，沿边经济带能耗和大气污染排放效率水平较高，但整体上水资源利用和水污染物排放效率水平较低，其水耗强度为云南省平均的 2.1 倍。临沧能耗效率为 4.8 t 标煤 / 万元，是云南省平均水平的 4.0 倍，万元 GDP 排放 COD、氨氮量分别为全省平均水平的 3.2 倍和 1.8 倍，是云南省资源环境效率水平较差的地区。

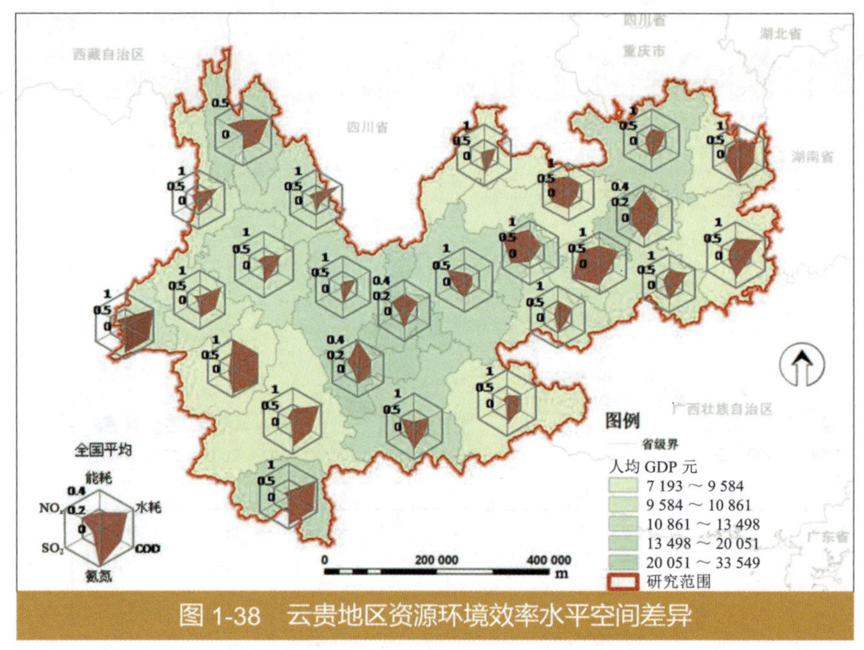

图 1-38 云贵地区资源环境效率水平空间差异

黔中经济区资源环境整体效率水平不高，遵义地区相对较好。其中，六盘水、毕节、安顺三个市州的万元 GDP 能耗、万元 GDP 排放 SO_2 和氮氧化物分别为贵州省平均水平的 1.5 ～ 2.0 倍、1.8 ～ 2.7 倍和 1.8 ～ 2.4 倍。铜仁、黔西地区水耗和水污染排放效率水平相对较低。

3.5.3 重点产业资源环境效率水平不高

整体来看，云贵地区重点产业的资源环境效率水平不高（见表 1-10）。与全国 2010 年平均能耗水平相比，仅云南烟草、贵州电力两个行业的万元 GDP 能耗优于全国平均，云南食品、建材、化工能耗强度为全国平均的 3 倍以上，贵州有色、建材、化工能耗强度为全国平均的 4 倍以上。

与 2007 年全国平均效率水平相比，云南省食品（26.5 kg/ 万元），贵州省煤炭（2.1 kg/ 万元）、烟草（0.07 kg/ 万元）的 COD 排放强度为全国平均的 2 倍以上；贵州钢铁行业（165.4 g/ 万元）的氨氮排放强度为全国平均的 8.5 倍。

云贵地区重点产业的大气污染排放效率普遍低于 2007 年全国平均水平，仅云南电力（32.2 kg/ 万元）、装备制造（0.1 kg/ 万元），贵州钢铁（5.7 kg/ 万元）、食品加工行业（3.3 kg/ 万元）的 SO_2 排放效率优于全国平均，贵州装备制造行业 SO_2 排放强度（0.9 kg/ 万元）高出全国平均 5.6 倍。云南有色、电力、装备制造，贵州煤炭、钢铁、食品加工、造纸行业的氮氧化物排放强度为全国平均的 30% ～ 80%，其余重点产业均低于全国平均水平。

表 1-10　云贵地区重点产业资源环境效率与全国平均水平比较

重点产业（全国平均水平 =1）	能耗		COD		氨氮		SO_2		氮氧化物	
	云南	贵州	云南	贵州	云南	贵州	云南	贵州	云南	贵州
煤炭	2.3	2.2	0.7	2.2	0.1	0.6	2.8	1.5	2.2	0.6
钢铁	1.7	2.3	0.7	0.8	0.1	8.5	1.5	0.9	1.0	0.6
有色	1.8	7.5	1.8	1.1	—	—	1.2	2.3	0.4	1.6
电力	1.3	0.9	0.3	0.2	1.7	—	0.8	1.9	0.8	1.2
装备	1.6	2.1	0.5	0.6	0.1	0.7	0.7	5.6	0.5	1.8
化工	3.7	4.1	0.7	0.3	1.2	0.7	2.8	3.5	3.1	1.7
建材	4.1	5.2	0.2	0.4	0.8	2.5	1.2	2.3	2.2	2.0
食品	4.3	2.1	2.1	0.6	1.4	0.5	2.4	0.9	1.1	0.3
烟草	0.8	2.7	0.8	2.9	1.3	2.3	2.5	9.1	3.4	8.1
造纸	2.9	1.2	0.7	0.4	1.6	1.4	1.8	1.2	1.0	0.4

注：云贵地区数据引自 2010 年污染源普查数据；全国平均数据引自 2007 年全国污染源普查数据库；能源数据引自 2010 年国家及省统计年鉴、能源统计年鉴。

云南省装备制造和化工的铅排放、化工的镉排放、电力和有色冶金的铬排放，贵州省有色冶金、装备制造和化工的铬排放，均优于全国平均排放强度水平，其他涉重行业的全省平均排放强度（以单位产值计）均劣于全国平均水平，部分行业的最低排放水平甚至高于全国平均排放强度。云南省有色冶金行业的铅、汞、镉排放强度分别是全国平均水平的 2.8 倍、3.0 倍和 1.9 倍，贵州省有色冶金行业的铅、汞、镉排放强度分别是全国平均水平的 1.4 倍、1.5 倍和 2.6 倍。云南省钢铁行业的铅排放强度是全国平均水平的 19.5 倍，贵州省钢铁行业的铬排放是全国平均排放强度的 87 倍。

“十一五”期间，云贵地区重点产业的资源环境效率整体上显著提高，但是部分行业的能耗强度、氨氮排放强度不降反升。

表 1-11　云贵地区重点产业资源环境效率变化趋势

重点产业	能耗		新鲜水耗		COD		氨氮		SO_2	
	云南	贵州	云南	贵州	云南	贵州	云南	贵州	云南	贵州
煤炭	0.5	0.2	0.6	0.3	0.4	0.3	—	2.3	0.3	0.3
钢铁	0.5	0.6	0.3	0.5	0.2	0.3	0.1	0.5	0.6	0.9
有色	0.7	0.9	0.7	0.4	0.2	0.2	—	0.0	0.5	0.3
电力	1.0	0.9	0.5	—	0.2	0.6	—	—	0.7	0.0
装备	0.6	0.6	0.3	0.7	0.5	0.5	0.5	1.4	0.3	0.3
化工	0.5	0.7	0.5	0.4	0.4	0.2	0.3	0.1	0.3	0.4
建材	0.6	0.4	0.7	0.3	0.6	0.8	0.3	0.5	0.3	0.4
食品	0.4	0.4	0.3	0.4	0.3	0.3	1.9	0.7	0.4	0.1
烟草	0.6	0.5	0.5	0.3	0.7	0.2	5.3	3.2	0.6	0.4
造纸	0.9	0.3	1.4	0.8	1.5	0.1	53.7	26.6	0.7	0.1

注：数据引自云贵两省环境统计数据（2005—2010 年）；2005 年 =1。

2010年，云南食品加工、烟草和造纸行业的氨氮排放强度分别为2005年的1.9倍、5.3倍和53.7倍；造纸行业的水耗强度、COD排放强度也有所上升，分别为2005年的1.4倍和1.5倍。贵州有色和电力行业的能耗强度、钢铁行业SO_2排放强度均为2005年的0.9倍，提升幅度不明显；装备制造、烟草和造纸行业的氨氮排放效率水平快速降低，万元GDP排放氨氮量分别为2005年的1.4倍、3.2倍和26.6倍。

4 区域生态环境演变及现状问题

4.1 生态环境演变趋势及现状问题

4.1.1 云贵地区生态功能重要，生态环境敏感

云贵地区为青藏高原生态屏障、黄土—川滇生态屏障和南方丘陵山地带的重要组成部分，地形地貌多变，海拔垂直变化大，水热条件充沛，是我国水资源、森林资源、生态景观、生物多样性最为丰富的地区。云贵地区自然地理和气候条件复杂多变，形成了类型多样的生态系统，主要包括森林生态系统、灌丛和灌草丛生态系统、草地生态系统、湿地生态系统、岩溶山地生态系统、干热河谷生态系统、地质遗迹生态系统等自然生态系统，以及农田生态系统等半人工生态系统。

云贵地区是世界生物多样性保护热点区，国家重要的土壤保持区、水源涵养区、农林产品提供区，在国家生态安全格局中具有重要地位。其中，川滇森林及生物多样性生态功能区、桂黔滇喀斯特石漠化防治生态功能区为国家重点生态功能区；西双版纳热带雨林季雨林生物多样性保护重要区、横断山生物多样性保护重要区、武陵山山地生物多样性保护重要区、西南喀斯特地区土壤保持重要区、川滇干热河谷土壤保持重要区、珠江源水源涵养重要区为全国重要生态功能区。

云贵地区生态环境总体上较为敏感。干旱、地震、滑坡、泥石流等自然灾害频繁，再加上人为活动干扰强度不断加大，易造成生态环境破坏，甚至导致生态系统失衡。云贵两省土壤侵蚀高度以上敏感区域占区域总面积的 26.1%，其中云南高度敏感区域面积占全省国土面积的 19.8%，主要分布在文山、临沧、曲靖、昭通等紫色土集中分布区；贵州土壤侵蚀高度敏感区、极度敏感区域分别占全省国土面积的 26.0%、5.2%，主要分布毕节、六盘水、遵义和黔南地区。云南石漠化极敏感和高度敏感区域面积占全省国土面积的 11.1%，以滇东南和滇东地区分布最广；贵州省石漠化极敏感区域占全省国土面积的 4.3%，主要分布在毕节、六盘水和遵义。云贵地区整体上属于酸雨极度敏感地区，酸雨极敏感区占云贵两省面积 54.2%，中度以上酸雨敏感区占区域面积 94.5%。云南西部以极度敏感区为主，中部为高度敏感区；贵州以高度和中度敏感区为主，其中高度敏感区在全省各市州均有分布。云贵地区生境敏感性以中度—高度为主，极敏感区主要分布在云南的三江并流区、西双版纳地区，以及贵州零星地区。

4.1.2 天然林减少、草地退化，生态服务功能整体呈退化趋势

云贵地区是我国森林植被类型最丰富的区域，分布着包括雨林、季雨林的热带森林，以及包括季风常绿阔叶林、半湿润常绿阔叶林、暖热性针叶林、暖性针叶林的亚热带森林。随着海拔升高，还分布着温性针叶林、寒温针叶林、灌丛草甸和高山苔原植被（见图 1-39）。

云南省是全国三大林区之一。据估算，新中国成立初期云南省森林覆盖率在 50% 以上，

图 1-39 云贵地区主要植被类型分布

活立木蓄积 14 亿 m^3 以上，在全国具有得天独厚的优势。从 20 世纪 50 年代后期开始，云南省成为国家和地方主要的木材输出省，80 年代初森林覆盖率下降到 24.9%，活立木蓄积减少到 9.1 亿 m^3。90 年代以来，云南省政府启动了“长江防护林工程”和“天然林资源保护工程”，全面停止了金沙江流域和西双版纳州境内的天然林采伐，森林资源量开始逐年恢复性增长，2010 年森林覆盖率提高到 49.9%。但由于造林树种林种单一，森林资源总体质量仍有待提高。

据估算，新中国成立初期贵州省森林覆盖率约为 40%。其后受经济建设影响，特别是 20 世纪 50 年代末至 60 年代自然灾害和 80 年代初期大规模砍伐的影响，森林面积大幅降低，1984 年森林覆盖率仅为 12.6%。80 年代中期以来，通过加强植树造林、封山护林等措施，贵州省森林资源逐渐得到恢复发展，截至 2010 年年末森林面积达到 10 707 万亩，森林覆盖率达 40.5%，活立木蓄积量为 3.33 亿 m^3。

必须看到，云贵地区近年来森林覆盖率提高主要是人工林和中幼林面积增加，新增的有林地中幼龄林比重超过 50% 以上，天然林及生态效益较为明显的阔叶林仍在不断减少，成熟林比重仍相对较小。“保护国际”2011 年报告显示，目前西南山区大约只有 8% 的森林仍保持原始状态。2010 年云南天然林面积 200 万 hm^2，仅为 1975 年的 22%；西双版纳 40 年来天然林（原始森林）减少了 75 万 hm^2，天然林面积减少超过 70%。从森林林种结构来看，云南省经济林占造林面积比例从 2000 年的 32.1% 上升到 2010 年的 72.8%，以云南松、桉树等为主（见图 1-40）。橡胶种植面积总体大幅度攀升，从 1976 年的 32.1 万亩增加到 2006 年 312.2 万亩，增长了近 10 倍；其中，西双版纳、红河州等具有重要生物多样性保护价值的地区也分布有大量橡胶林基地，西双版纳橡胶林约占林地面积的 15%。

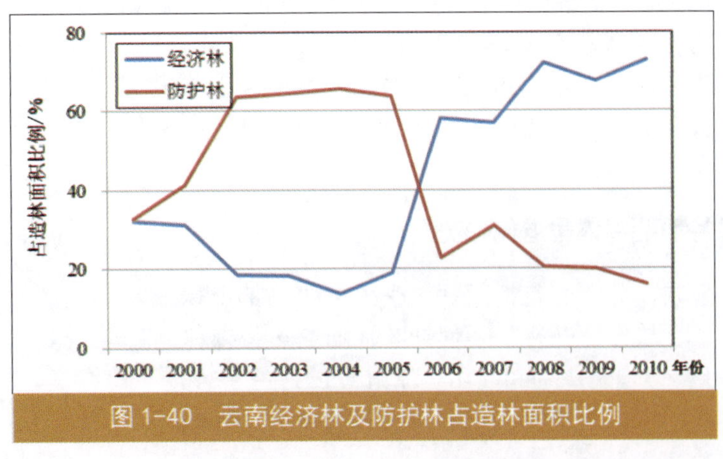

图 1-40 云南经济林及防护林占造林面积比例

总体而言，由于造林树种林种单一，结构层次不合理，纸浆林、橡胶林等经济速生林和生态低效林面积大，天然林面积不断下降，森林生态系统结构趋于单一化、空间分布趋向破碎化，森林资源总体质量仍呈下降趋势，生态系统退化趋势仍未能从根本上改变。

近年来，云贵地区草地面积减少 200.5 万 hm^2，平均每年减少 15.4 万 hm^2。

人工草地建设平均每年仅以 1 万 hm^2 的速度增加。草地质量退化明显，草地植物种类日趋减少。威胁草地质量的杂草，如紫茎泽兰、翻白叶、蕨类、飞机草、狼毒、乳浆大戟、白茅、扭黄茅等繁殖较快，已成为许多草地的优势种群，严重破坏草地结构，降低了草地生态功能。

4.1.3 生物多样性水平降低

云贵地区是全球生物多样性重点保护热点地区和我国生物多样性保护优先区域。云贵地区动植物种类极其丰富，物种起源古老，特有种属多。仅云南就有脊椎动物 168 科 730 属 1 972 种，占全国动物物种总数的 47.4%；高等植物 18 340 种，占全国高等植物物种总数的 53.9%。其中，滇西北地区分布脊椎动物、高等植物、食用菌等数量均超过云南全省一半，是世界著名的模式标本产地、野生花卉和观赏植物的分布中心。西双版纳地区、梵净山国家级自然保护区为具有国际意义的陆地生物多样性关键地区，洱海、草海是我国湿地和淡水水域生物多样性关键地区。云南省国家重点保护野生动物、植物种类分别为 222 种、114 种，分别占全国总数的 55.4%、46.3%。贵州省野生高等动物种类共 39 目 147 科 495 属 1 077 种，占全国总数的 25.9%，高等植物 7 000 余种，占全国总数比例超过 20%。贵州省国家重点保护野生动物、植物种类分别为 79 种、71 种，分别占全国总数的 19.7%、28.8%。

云贵地区生物特有现象特征突出。云南跨滇东南—桂西和川西—滇西北 2 个最丰富的特有属分布中心，滇西北和滇东南地区分别约有 48 个、47 个中国植物特有属。云南省两栖类、兽类中国特有种分别占云南种类数的 65.6%、46.7%，其中 30% 以上为云南特有分布的物种。贵州境内中国特有种目前记录的数量为 3 061 种，其中植物特有种为 2 810 种（含亚种、变种、变型，下同），动物特有种为 251 种；植物特有现象较为突出，自然分布的中国特有属有 57 个，约占中国特有属总数的 23.5%，其中贵州特有分布的属有 5 个，占中国特有属的 8.2%。

工业化、城镇化和矿产资源开发等人为活动侵占大量生态用地，使得生态系统整体性和景观连通度降低，局部生态系统功能退化，特别是天然林面积不断减少，造成珍稀野生动物栖息地环境恶化，珍贵野生药用植物数量锐减，生物资源总量下降，生物多样性受到严重威胁，部分物种已经灭绝或濒危。云南特有或曾分布的物种已有 13 种灭绝，占全国绝灭物种总数的 38.2%，濒危脊椎动物占全省脊椎动物总数的 10.8%。贵州省动植物种类受威胁的比例达到 20% 左右。犀鸟、长臂猿、懒猴等已很少见到，具有较高药用价值的红豆杉在滇西北一带已成为濒危物种，具有观赏价值的兰花资源量也急剧下降。

4.1.4 水土流失及石漠化依然严峻

近年来，云贵地区水土流失已得到初步遏制，但问题依然严峻。根据 2004 年云南省第三次水土流失遥感调查，全省水土流失面积达 13 万 km^2，占全省国土面积的 35.0%；根据 2000 年贵州土壤侵蚀现状遥感调查成果，贵州水土流失总面积为 7.3 万 km^2，占全省土地总面积的 41.5%。1999—2004 年，云南水土流失面积减少 7 072 km^2，但强度、极强度流失区面积分别增加 23.1%、250.7%；1987—1999 年，贵州水土流失面积减少了 3 503.4 km^2。

云南水土流失严重区主要分布在滇中滇东北山原区、滇南中低山宽谷区和滇东南岩溶丘陵区，涉及除西双版纳州、德宏州和怒江州外 13 个市州的 99 个县市区，其中文山、红河、曲靖、楚雄、大理、昭通等地水土流失面积最大。贵州省强烈流失面积区主要分布于黔西、黔北和黔东北部分地区，极强烈流失面积区包括六盘水、安顺、黔西南州、毕节市的 16 个县（区）。

云贵地区石漠化面积占全国石漠化总面积的 53.4%，石漠化问题仍极为严重。云南省石漠化面积占国土面积比例为15.4%，全省129个县中有118个县有岩溶分布，主要分布在11个州市的65个县（区或市），其中以昆明、昭通、曲靖、文山、红河、丽江、迪庆、临沧、保山、大理等岩溶区分布面积最大。贵州省石漠化的土地面积达3万多km²，石漠化超过全省国土面积的20%，全省88个县级行政区中有78个石漠化严重。严重水土流失导致云贵石漠化不断加剧，石漠化面积呈逐年扩大趋势。2005—2007年，云南受石漠化影响区域面积年均增加2 976.4 km²；贵州省2011年石漠化面积为302.4万hm²，相比2005年减少约29万hm²，石漠化面积扩展趋势得到了初步遏制，但局部恶化现象仍然存在，石漠化防治形势十分严峻。

4.2 水资源开发利用趋势及现状问题

4.2.1 水资源总量丰富，但时空分布不均，开发利用难度大

云南省境内河流分属长江、珠江及西南诸河流域，主要包括长江水系、珠江（南盘江、北盘江）水系、红河水系、澜沧江水系、怒江水系和伊洛瓦底江水系，其中省境内长江流域面积为10.9万km²，占全省面积的28.5%；珠江流域5.87万km²，占全省面积的15.3%。流域面积在100 km²以上的河流有908条，1 000 km²以上的河流有108条，有47条省际河流和37条国际河流（见图1-41）。境内湖泊众多，其中滇池、洱海、抚仙湖等九大高原最为知名。全省共划分410个一级水功能区，其中保护区98个，总河长6 866.4 km，占总区划河长的29.7%；划分保留区、开发利用区、缓冲区117个、175个、20个，河长分别占区划总河长的51.5%、15.6%、3.2%。

贵州省河流以乌蒙山脉和苗岭山脉为界，南、北分属珠江流域、长江流域，流域面积分别占全省国土面积的34.3%、65.7%（见图1-41）。贵州省河流均为山区雨源型河流，由降雨补给河川径流。省内河网密布，流域面积10 km²以上的河流有984条。其中，流域面积大于10 000 km²以上的河流为乌江、六冲河、北盘江、清水江、红水河、南盘江、都柳江和赤水河，是贵州的八大江河。全省共286个一级水功能区，其中，保护区45个，总河长970 km，占总区划河长的6.2%；划分保留区、开发利用区、缓冲区152个、53个、36个，河长分别占区划总河长的72.8%、11.8%、9.2%。云贵两省1951—2000年年均降水在1 100～1 300 mm，折合年降水量分别达4 820.8亿m³、2 076.3亿m³，水资源量丰富（见图1-42）。云南省多年平均水资源量为2 209亿m³，全国排名第

图1-41 云贵地区流域与水资源分区

3 位，占全国多年平均水资源总量的 7.8%；单位国土面积水资源量 56.1 万 m^3/km^2，比全国平均水平高 89%；人均水资源超过 4 805 m^3，是全国平均水平的 2.3 倍。贵州省多年平均水资源量 1 062 亿 m^3，居全国第 9 位，水资源量占全国 3.7%；单位国土面积水资源量 60.3 万 m^3/km^2，与云南相当；人均水资源量 3 056 m^3，为全国平均水平的 1.5 倍。

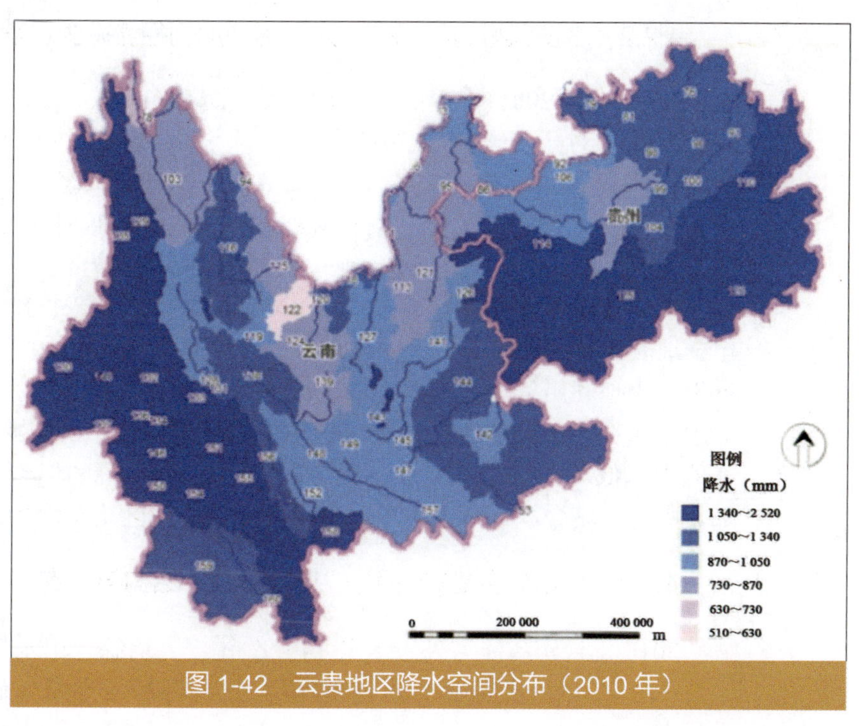

图 1-42　云贵地区降水空间分布（2010 年）

云贵两省水资源时空分布不均，降水年内不均匀性尤为突出，开发利用难度较大。云南省夏季受西南季风影响，潮湿闷热，降水充沛，主要集中在 6—8 月，降水量约占全年降水量的 60%。11 月至次年 4 月的冬春季节为旱季，降水量只占全年的 10% ～ 20%，甚至更少。贵州省降水量年内变化较大，汛期 5—9 月降水量占全年的 60% ～ 85%。

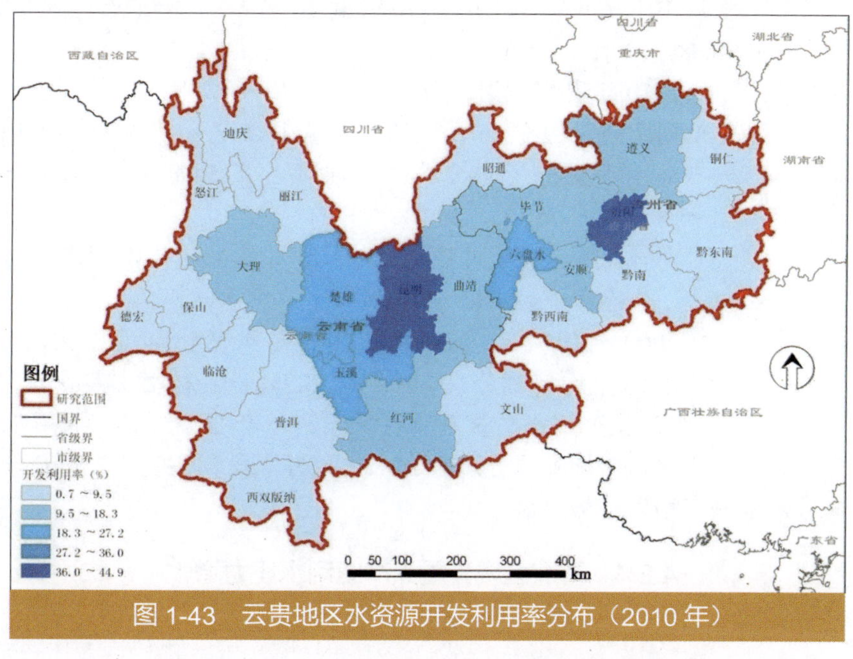

图 1-43　云贵地区水资源开发利用率分布（2010 年）

从空间来看，云南受海拔影响降水呈现南多北少、西多东少的态势；贵州呈现南多北少、东多西少的空间分布特征。水资源与经济要素空间分布不匹配。滇中经济区和黔中经济区集聚了云贵地区 59.9% 的经济总量和 45.2% 的人口，但水资源总量仅占 26.7%。

云贵两省山地、高原和丘陵面积均超过 90%，且大部分土地属于典型的喀斯特地貌，发育各种类型岩溶地形，河流高差大，水资源开发利用难度较高，加之两省水利基础设施薄弱，水资源实际开发利用率偏低。近十年云贵两省水资源开发利用水平稳步提升，2010 年云贵两省水资源开发利用率分别为 7.7% 和 9.6%，仍低于全国平均水平的 20%。其中，昆明、贵阳水资源开发利用程度最高，分别达到 44.9%、37.2%（见图 1-43）。目前，云贵两省有效水资源贫乏，局部地区水资源供需矛盾较为突出，资源型、工程型、水质型缺水并存，主要缺水形式仍为工程型缺水。

4.2.2 水资源量趋于减少，人为活动加剧径流减少过程

云贵两省2001—2010年年均水资源量分别较多年平均水资源量减少近140亿m^3、100亿m^3，约相当于两省2010年的实际供水量。其中，曲靖、昭通、毕节水资源量减少明显，降幅超过15%；临沧、红河、文山、德宏、怒江、保山、黔西南和黔东南降幅在10%～15%。全球气候变暖、季风变化不规律等自然因素是云贵地区近十年水资源量减少的可能原因。

人为活动显著加剧了水资源量的衰减。运用分布式水文模型SWAT，以2001年、2010年土地利用数据建模分析滇中、黔中两个重点区域径流总量及水分涵养能力变化。结果表明，近十年土地利用类型和利用方式的改变造成滇中及周边地区整体年径流量减少约17%，增加了水资源在非汛期季的供给压力；滇中经济区地区东部土壤含水量减少明显，土壤的水源涵养能力降低，中南部有少量增加。黔中及周边地区整体年径流量减少约9%；黔中经济区西部及中部土壤含水量减少明显，而东南部部分地区略有增加。

4.2.3 用水总量基本持平，“滇农黔工”结构与“农减工增”趋势明显

2010年云南省河道外用水量149亿m^3，人均综合用水量达到321 m^3/人。其中，生产用水量129亿m^3，生活用水量15亿m^3，生态环境用水量4亿m^3。生产用水中，第一产业用水量101亿m^3，第二产业用水量26亿m^3，第三产业用水量2亿m^3，分别占生产用水量的78.3%、20.1%、1.6%。

2010年贵州省河道外用水总量为104.2亿m^3，人均综合用水量达到242 m^3/人。其中，生产用水量89.9亿m^3，生活用水量13.7亿m^3，生态环境用水量0.6亿m^3。生产用水中，第一产业用水量55亿m^3，第二产业用水量34亿m^3，第三产业用水量0.9亿m^3，分别占全省生产用水量的64.1%、39.6%、0.7%。

总体来看，云贵两省用水结构基本一致，生产用水约占总用水量的85%，生活用水10%以上，生态环境用水量不足5%。生产用水结构体现出较为明显的“滇农黔工”特征。

2000—2010年，云贵两省用水总量变化幅度不大，年均增长率低于1.3%。其中，生活用水量年均增幅分别为2.4%、3.7%；生态用水量快速增加，年均增幅分别达到40.2%、12.5%。生产用水总量基本持平，第一产业、第二产业用水量呈消长态势，云贵两省第一产业用水量年均降幅分别为1.8%、0.8%，第二产业用水量年均增幅则分别达到6.1%、4.3%，“农减工增”趋势明显。

4.2.4 重点区域与重点产业用水压力增大

2010年云南省用水集中于沿边经济带和滇中经济区，分别占全省总用水量的45%、34%；黔中经济区用水占全省用水总量的62%。昆明市实际用水超过可开发利用量的49%，贵阳、六盘水、安顺分别超过其可利用水资源量的33%、26%和10%。

从用水量变化的空间格局来看，滇中和黔中经济区总用水量呈下降趋势，铜仁、毕节、六盘水、黔西南呈大幅度增长，沿边经济带、滇西北经济区增长趋势也较为明显。滇中经济区的昆明、曲靖、玉溪、楚雄及贵阳、昭通的生产用水量均有所减少，其他市州用水多呈现增加趋势，尤其是黔北和黔西地区生产用水增加幅度最大。其中，滇中经济区、昭通、滇西北、黔中经济区部分市州的农业用水较大幅度降低，毕节、六盘水、黔西南农业用水增幅较大，

沿边经济带大部分市州增幅达到 10% 左右。昭通、丽江、红河和除贵阳外的其他市州工业用水呈下降趋势，沿边经济带及黔西南工业用水增幅快，其中黔西南州增幅达到 155.6%，其他市州增幅大多达到 50% 以上。

电力、化工、钢铁、造纸、煤炭开采、建材等六大行业是云贵地区的重点用水行业，六大行业用水量分别占云南、贵州工业用水量的 95.7%、96.1%。其中，仅电力行业用水量分别占云南、贵州工业用水总量的 53%、67%。

4.3　水环境质量趋势变化及现状问题

4.3.1　水环境质量总体较好且有所改善

云贵地区河流水质尚好，总体呈轻度污染（见图 1-44）。2010 年，云南省 77 条主要河流的 152 个省控断面水质达标率 70.4%，主要超标指标为氨氮、COD、铅；贵州省 44 条主要河流的 85 个省控断面水质达标率 71.8%，主要超标指标为总磷、氟化物、氨氮。污染主要集中在金沙江水系的昆明市滇池—普渡河流域、红河水系的红河州三家河—藤条江—红河干流片区、南盘江水系在红河州和黔西南州境内的支流（曲江、泸江、马别河、湾塘河）、乌江水系在铜仁市的乌江下游段和六盘水市的乌江上游段，以及沅水水系的黔南州重安江—清水江片区。其他七个水系的水质良好，甚至为优。

近年来，云贵地区水环境质量明显改善。2005—2010 年，云南河流水质改善趋势明显，152 个主要断面水质达标率从 62.0% 上升到 73.1%。2007—2010 年，Ⅰ～Ⅱ类水质断面从 32 个增加到 54 个，劣Ⅴ类断面从 43 个降为 26 个。2004—2010 年，贵州 85 个省控断面水质达标率从 2004 年 62.2% 上升至 71.8%。

云贵地区湖库水质一般，总体为轻度污染，氮、磷超标现象较为普遍。2010 年，云南省 61 个湖库中水质达标率 44%，主要污染指标为总氮、总磷，其中滇池和异龙湖污染最为严重；贵州省 8 个湖库 25 条监测垂线水质达标率为 56%，主要污染指标为总磷，主要污染湖库为乌江水库和草海。

图 1-44　云贵地区河流水质现状（2010 年）

从水质变化来看，云贵湖库水质总体上呈先恶化、后改善的趋势。2011 年，云南省 61 个水库水质达标率为 49.2%，恢复到 2006 年水质达标水平。其中，2006 年、2010 年Ⅰ～Ⅲ类的湖库数量比例分别为 67.9% 和 67.2%，劣Ⅴ类湖库比例则分别为 15.1% 和 11.5%。九大高原湖泊水质基本稳定，抚仙湖、泸沽湖长期维持在Ⅰ类水质、贫营养水平，洱海湖、程海和阳宗海基本在Ⅱ～Ⅲ类变化，营养状态以中营养为主，滇池、异龙湖、杞麓湖、星云湖始终为劣Ⅴ类、富营养化水平。贵州 8 个主要湖库水质有较大改善，2010 年水质达标率比 2004 年提高约 15 个百分点。

云贵地区地下水水质状况总体较好，但部分社会经济发达区域如城市中心和工矿企业分布区的地下水受到污染，呈现出有机污染、生活污染特征，可能与喀斯特地貌特征突出、易受地表水水质影响有关。

4.3.2 生活源排放为主，工业排放总量稳中有降

2010 年，云南省工业和生活排放废水、COD、氨氮总量分别为 12.2 亿 t、48.0 万 t、4.7 万 t，COD 和氨氮分别占全国排放总量的 1.9% 和 1.8%。总体上，云南省生活源的贡献远超过工业源，2010 年生活源排放污水、COD、氨氮分别为 8.5 亿 t、30.9 万 t、4.1 万 t，占到云南省点源排放总量的 70.0%、64.4% 和 88.6%。

2010 年，贵州省工业和生活排放废水、COD、氨氮总量分别为 8.4 亿 t、28.1 万 t、3.2 万 t，COD 和氨氮分别占全国排放总量的 2.1%、1.8%。贵州省生活源贡献远超过工业源，2010 年生活源排放污水、COD、氨氮分别为 5.9 亿 t、22.1 万 t、2.9 万 t，占到贵州省排放总量的 69.8%、78.4%、90.2%。

城镇污水处理基础设施不足是云贵地区结构性水污染的重要原因。2010 年，云南、贵州分别已建成并投运城市污水处理厂 28 座、26 座，城镇污水处理率分别达到 74.7%、74.8%，均低于全国 82% 的城镇污水处理平均水平（见图 1-45）。其中，云南保山、昭通、普洱、临沧、文山、迪庆城镇污水处理率均低于 40%，云南西双版纳、德宏、丽江、玉溪、大理、楚雄、曲靖、红河、怒江，以及贵州遵义、黔西南、铜仁、安顺、黔南、黔东南、毕节、六盘水则不足 70%。另外，2010 年云贵两省城市污水处理厂平均负荷率（污水处理量 / 污水处理能力）分别为 76.4%、70% 以下，也均低于全国平均水平的 81.8%。通过提高城市污水收集率，云贵两省城镇生活污水实际处理空间还可有较大增加。

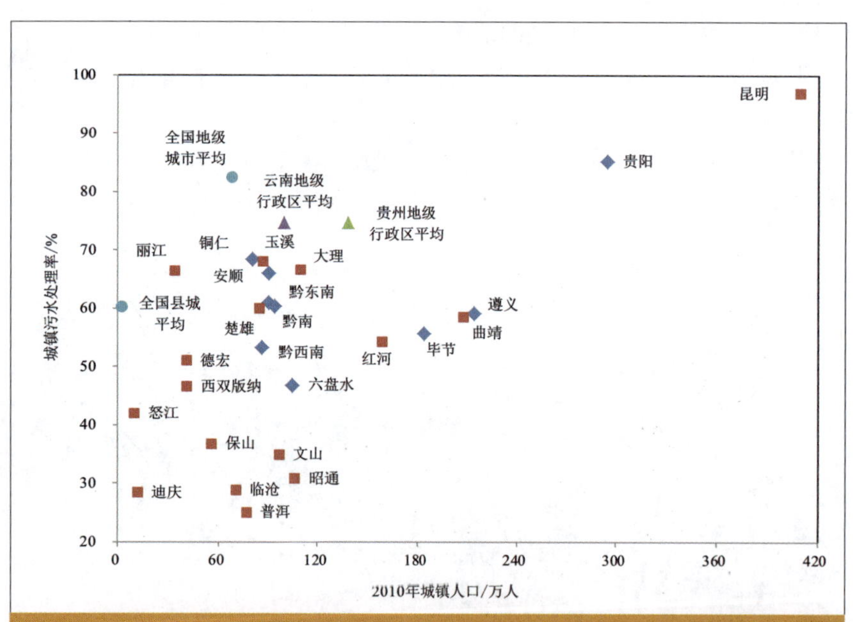

图 1-45 云贵两省城镇污水处理率（2010 年）

2010 年，云南省 10 个重点产业排放 COD 14.5 万 t、氨氮 0.44 万 t，分别占全省工业排放量的 84.6%、83.8%。其中，食品加工（制糖）、化工（氮肥制造）两个行业部门排放 COD 和氨氮分别占重点产业排放量的 82.2%、94.5%。2010 年贵州省 10 个重点产业排放 COD 5.6 万 t、氨氮 0.22 万 t，分别占全省工业排放量的 92.9%、70.2%。其中，食品、煤炭行业排放 COD 分别占重点产业排放总量的 54.9%、26.6%；化工、食品行业排放氨氮分别占重点产业

排放总量的 54.1%、23.4%。

2010 年，云南省农业源排放 COD、总氮、总磷分别为 7.1 万 t、7.4 万 t、0.7 万 t。与点源排放量相比，农业面源 COD 排放量较低、氨氮排放量略低、总磷排放量高于生活源排放量。与 2007 年污染源普查数据相比，除总氮指标略有上升外，农业面源排放 COD 和总磷都有所下降。2010 年，贵州农业源排放 COD、总氮、总磷分别为 6.1 万 t、4.5 万 t、0.5 万 t。其中，农业源 COD 排放量远低于点源，总氮排放量与点源相当，总磷排放量略高于生活源总磷排放量。考虑到面源污染流失量与排放量还存在较大差距，从常规污染物排放来看，云贵两省水污染仍以点源贡献为主。

4.3.3 结构性水质污染较为突出

云贵地区高原湖泊受到生活污染、畜禽养殖、磷矿开采等的威胁，长期存在富营养化问题或面临富营养化风险。云南全省湖库总体水质仍为轻度污染，仅 44.3% 的湖泊、水库水质达到水环境功能要求。九大高原湖泊中，滇池草海、滇池外海、异龙湖、星云湖、杞麓湖水质劣于Ⅴ类标准，重度污染。其他 13 个开展监测的湖泊中，达到水环境功能要求的湖泊仅有 5 个，占 38.5%，大屯海、长桥海和南湖重度污染。以滇池为代表的重污染水体，呈现中度、重度富营养化，恢复难度大；以抚仙湖、洱海为代表的相对清洁水体，保护压力大。贵州省湖库水质达标率仅为 56.0%，主要污染湖库为乌江水库和草海。

云南省饮用水水源地存在污染问题，达标率仅为 76.3%，主要污染指标为总磷和总氮。贵州省水源地水质较好，19 个集中式饮用水水源地水质达标率为 100%。云贵地区地下水水质状况总体较好，但由于喀斯特地貌特征突出，部分社会经济发达区域如城市中心和工矿企业分布区的地下水受到地表水污染影响，呈现生活有机污染特征。受污染较重的地区主要包括昆明、曲靖、开远、蒙自、个旧等地，多为较差—极差级，主要污染指标为 pH、氨氮、大肠菌群等。

云贵水系中部分流经城市、工矿河段超标现象突出，存在显著的地域特征、结构特征。云南全省城市水体水质总体为重度污染，贵州省乌江水系满足水质功能要求断面的比例仅为 54.8%。流经以昆明、玉溪、楚雄、六枝特区、都匀、兴义等为代表的城市中心区域的河流，超标以氨氮、高锰酸盐指数等有机污染物为主，与生活污染密不可分。

云南部分河流受有色金属业发展的影响，存在明显重金属污染，以三家河—藤条江—红河干流片区、澜沧江支流沘江为代表的水体，流经铅锌矿冶炼较发达区域，超标指标主要为铅、镉、砷。贵州部分河流受磷矿业发展的影响，存在较为严重的磷污染现象，以乌江下游河段及清水江河段为代表的水体，流经贵州磷矿开发较为集中的区域，主要超标指标为总磷和氟化物。

4.4 环境空气质量变化趋势及现状问题

4.4.1 城市环境空气质量总体良好

云贵地区属高原季风气候，受孟加拉高压气流影响，是东南亚污染物的主要输送通道。由于区域地形复杂，气候区域差异和垂直变化大，形成局地环流，不利于污染物稀释。

总体而言，云南省环境空气质量优良，仅个别城市出现超标现象。2010 年，全省城市环境空气 SO_2 年平均浓度为 0.031 mg/m^3，NO_2 年平均浓度为 0.017 mg/m^3，PM_{10} 年平均浓度

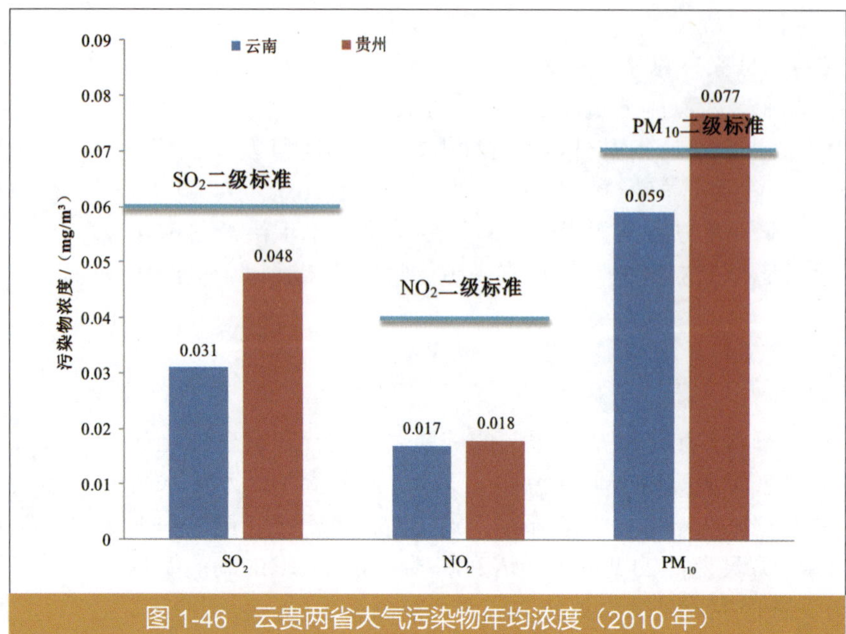

图 1-46 云贵两省大气污染物年均浓度（2010 年）

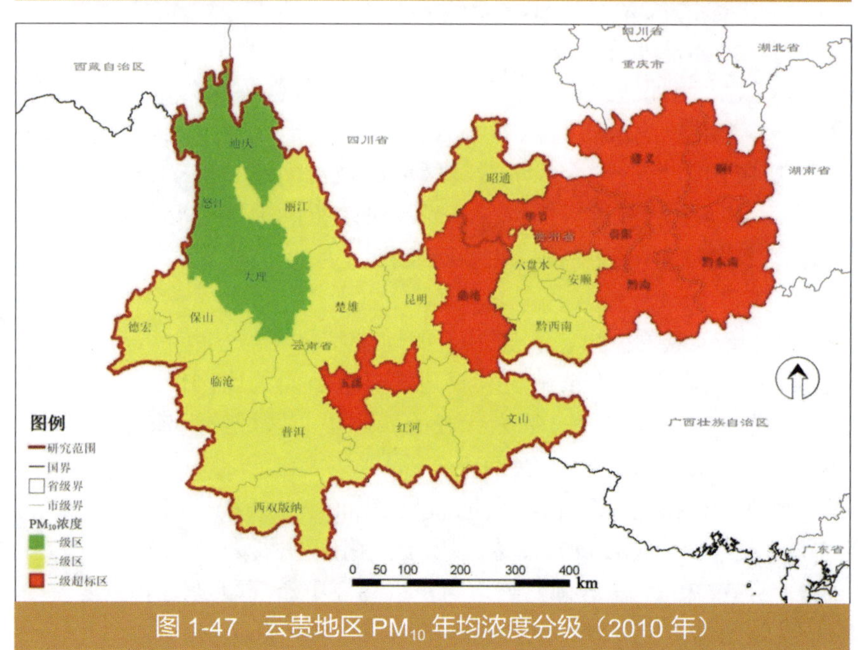

图 1-47 云贵地区 PM_{10} 年均浓度分级（2010 年）

为 0.059 mg/m^3，均达到国家环境空气质量年均值二级标准。2001—2010 年，云南省 3 项常规污染物年平均浓度值总体呈下降趋势，其中 2004—2007 年 SO_2 年均浓度较高，2010 年下降至 2001 年水平。NO_2 年均浓度基本保持稳定，十年间未出现明显变化。PM_{10} 年均浓度呈持续降低趋势，相比“十五”初期，2010 年全省 PM_{10} 年均浓度下降了约 30%，“十一五”期间全部达到了国家二级标准。

贵州省空气质量相对略差。2010 年，全省城市环境空气 SO_2 年平均浓度为 0.048 mg/m^3，NO_2 年平均浓度为 0.018 mg/m^3，均达到国家环境空气质量二级标准。全省 PM_{10} 年平均浓度为 0.077 mg/m^3，未达到国家二级标准。2001—2010 年，贵州省 SO_2 年均浓度基本保持稳定，2006 年达到峰值 0.067 mg/m^3，之后总体呈逐年下降趋势。十年间 NO_2 年均浓度均未超过国家二级标准，“十一五”期间浓度略有增加，但基本保持在 0.02 mg/m^3 左右。2001—2010 年，贵州省 PM_{10} 年均浓度均超出了国家环境空气质量二级标准，总体保持较高浓度水平，2010 年浓度值出现小幅上升。

从大气污染物浓度空间分布来看，2010 年云南曲靖、玉溪，贵州毕节、遵义、铜仁、黔南、黔东南、贵阳的 PM_{10} 年均浓度均超过了国家二级标准（见图 1-47）。昭通、遵义 SO_2 年均浓度超过国家二级标准。

4.4.2 区域性酸雨污染问题仍然突出

“十一五”期间，通过污染物总量控制等措施，云贵地区酸雨污染状况有所好转，但问题仍较为突出。2010 年开展降水酸度监测的 30 个城市中（包括县级市），14 个城市出现酸雨，酸雨影响范围较广。楚雄市酸雨频率最高，为 51.9%，个旧市和安顺市酸雨频率分别达

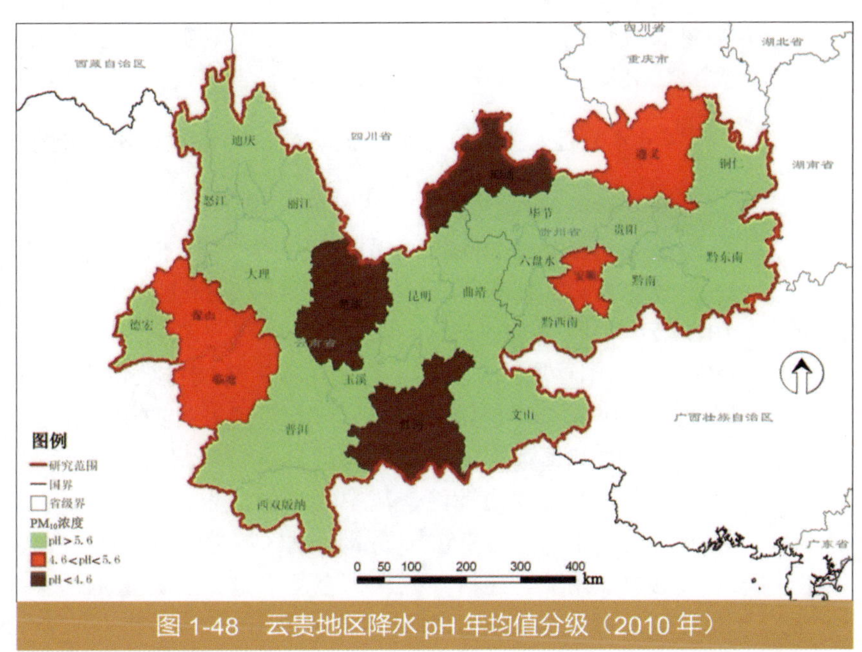

图 1-48　云贵地区降水 pH 年均值分级（2010 年）

到 46.8% 和 39.3%。昭通、楚雄、红河年均降水 pH 值均小于 4.6，酸雨污染严重（见图 1-48）。

云贵地区酸雨污染态势逐步好转。“十一五”期间，云南省受酸雨影响范围明显减少，酸雨控制区出现酸雨的城市、频率逐年下降，全省酸雨频率由 2005 年的 12.8% 下降为 2010 年的 8.2%，降幅为 36%。其中，云南昆明、蒙自的酸雨频率呈现显著下降趋势，个旧、楚雄酸雨频率相对较高，其他地区出现酸雨频率较低。贵州遵义、安顺和都匀酸雨频率相对较高，但均呈现显著下降趋势，其他地区出现酸雨频率较低。

从湿沉降量的水平分布上看，云贵两省主要以硫酸盐湿沉降为主，硝酸盐和铵盐为辅。云南省 2010 年湿沉降总量分别为：硫酸盐 71.4 万 t、硝酸盐 23.7 万 t、铵盐 25.7 万 t。其中，云南本省贡献硫酸盐湿沉降量中的 56.7 万 t，11.9 万 t 来自贵州，2.8 万 t 来自云贵两省以外区域。贵州硫酸盐、硝酸盐以及铵盐的湿沉降量分别为 57.3 万 t、25 万 t 以及 19.5 万 t，其中 45.5 万 t 硫酸盐来自贵州本省，7.9 万 t 来自云南省，3.9 万 t 来自云贵以外区域。

4.4.3　能源生产和消费持续快速增长，能源结构以煤炭为主

2010 年，云贵两省能源消费总量分别为 8 674.1 万 t 标煤和 8 175.4 万 t 标煤，占全国能源消费总量比重分别为 2.7% 和 2.5%，均高于其相应的 GDP 占比。云贵两省“十五”能源消费总量年均增速为 11.7%、5.7%，“十一五”增速为 7.6%、7.7%，贵州能源消费量呈加快增长态势。

2010 年，云贵两省煤炭占一次能源消费比重分别为 56.7%、67.0%。钢铁、化工、建材、有色冶金、电力、煤炭等六大行业是云贵两省主要的能源消费部门，2010 年六大行业能源消费量分别占云贵两省能源消耗总量的 71.7%、64.7%。

云贵两省电力生产量与输出量大幅增长。云贵两省能源产业高速发展，电力装机分别达到 2 585 万 kW（2008 年）、3 169 万 kW（2009 年），分别比 2005 年增长了 2 倍和 2.5 倍。2010 年，云南省电力装机容量为 3 409.6 万 kW，较 2005 年增长 3 倍，其中火电 1 113.3 万 kW、水电 2 296 万 kW。全年发电量 1 364.9 亿 kWh，占全国比重 3.24%。其中火电 546.5 亿 kWh、水电 818.4 亿 kWh，水电生产量占全国比重为 11.27%，位列第 3 位，水火电比为 60 ∶ 40。2010 年，贵州省全年发电量 1 385.7 亿 kWh，占全国比重 3.3%。其中，火电量 969.1 亿 kWh，占全国比重为 2.9%，火电生产量居全国第 12 位；水电量 416.6 亿 kWh，水火电比为 30 ∶ 70。2010 年，电力调出量 550.5 亿 kWh，占贵州省电力生产量的 39.7%。

占云南省电力生产比重最大的市州分别是曲靖、昆明、红河，分别占全省发电总量的

30.8%、14.6%、13.6%。上述 3 个市州火电生产量占全省火电量比重达 97.8%，其中曲靖占 57.9%。贵州火电生产主要分布在贵阳、毕节、六盘水等市州。

4.4.4 结构性大气污染特征明显，污染物以本地贡献为主

受区域能源结构影响，云贵地区煤烟型污染特征明显，SO_2 和 PM_{10} 是影响区域空气质量的主要污染物。2001—2010 年，云贵地区 SO_2、粉尘排放量先增后减，烟尘排放量呈现一定波动性。2010 年，云贵地区大气污染物全社会排放总量分别为 $SO_2$186.6 万 t、氮氧化物 101.3 万 t、烟尘 51.5 万 t、粉尘 37.1 万 t。其中，SO_2 排放量占全国的 7.6%，高出云贵两省 GDP 占全国比重 1 倍以上，其余几项污染物排放量占全国同期的 4% 左右。贵州 SO_2 排放量较大，占区域总排放量的 62.3%。大气污染排放中，工业排放占各项污染物排放比例均超过 70%；机动车对氮氧化物排放的贡献也较为显著，达到 25.9%。大气污染物排放主要集中于昆明、贵阳及其周边地区，滇中经济区、黔中经济区、黔西资源富集和开发区、沿边经济带四个地区工业大气污染物排放量超过区域总量的 85%。

电力、化工、建材、钢铁、有色冶金为五大重点污染排放行业，2010 年 SO_2 及氮氧化物排放量分别占全社会排放量的 80.7%、69.7%。其中，电力行业是大气污染排放贡献最大的行业，云贵两省 2010 年电力行业排放 SO_2 占两省比重分别达到 72.6%、40.5%，排放氮氧化物占两省比重分别达到 80.4%、53.9%。

云南冬季、春季、夏季均以西南风为主，秋季则以南风为主。贵州省冬季、春季，南部以西南风为主，北部则盛行东南风，夏季、秋季以东南风为主导。在区域特征气象条件下，云贵地区与中南半岛的缅甸、老挝、越南以及四川、广西等省份之间存在一定的污染物跨界输送影响，界外输送影响一般在 5% ～ 10%（见图 1-49）。其中，西双版纳、文山、黔西南、黔东南、昭通受云贵地区以外区域影响较大。

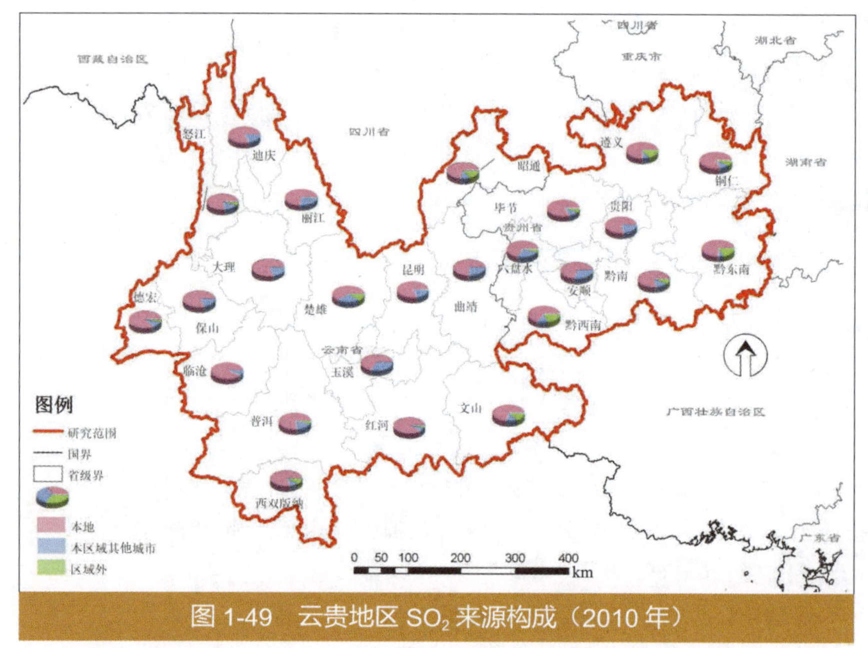

图 1-49 云贵地区 SO_2 来源构成（2010 年）

4.4.5 区域性非常规大气污染尚未出现

较其他周边省市，如四川、重庆、湖南、广西等，云贵地区 $PM_{2.5}$ 污染水平总体相对较轻，区域 $PM_{2.5}$ 浓度总体维持在 15 ～ 104 $\mu g/m^3$，秋季和冬季存在超标风险。

云贵地区四季 O_3 浓度维持在 80 ～ 120 $\mu g/m^3$。由于夏季和秋季温度较高，日照充分，光化学反应较为活跃，O_3 浓度季节性变化明显，夏、秋两季存在一定超标风险；冬季和春季温度相对较低，太阳辐射相对减弱，光化学反应也相应减弱，O_3 浓度也相对较低。从 O_3 浓度

空间分布可知，夏季贵州省 O_3 浓度相对较高，云南省相对较低；秋季，云南省 O_3 浓度有所上升，贵州省有所下降。

2010 年，云贵地区四季光学厚度（AOD）值较低，平均数值在 0.5 以下，低于周边的四川、重庆、湖北、湖南、广西及中南半岛国家（见图 1-50）。说明云南、贵州两省上空气溶胶柱浓度总体较低，气溶胶污染较轻。相比较而言，贵州省气溶胶污染相对较重。云贵地区 AOD 有明显的季节变化特征，夏秋两季 AOD 低于春冬两季，其中春季 AOD 最高。

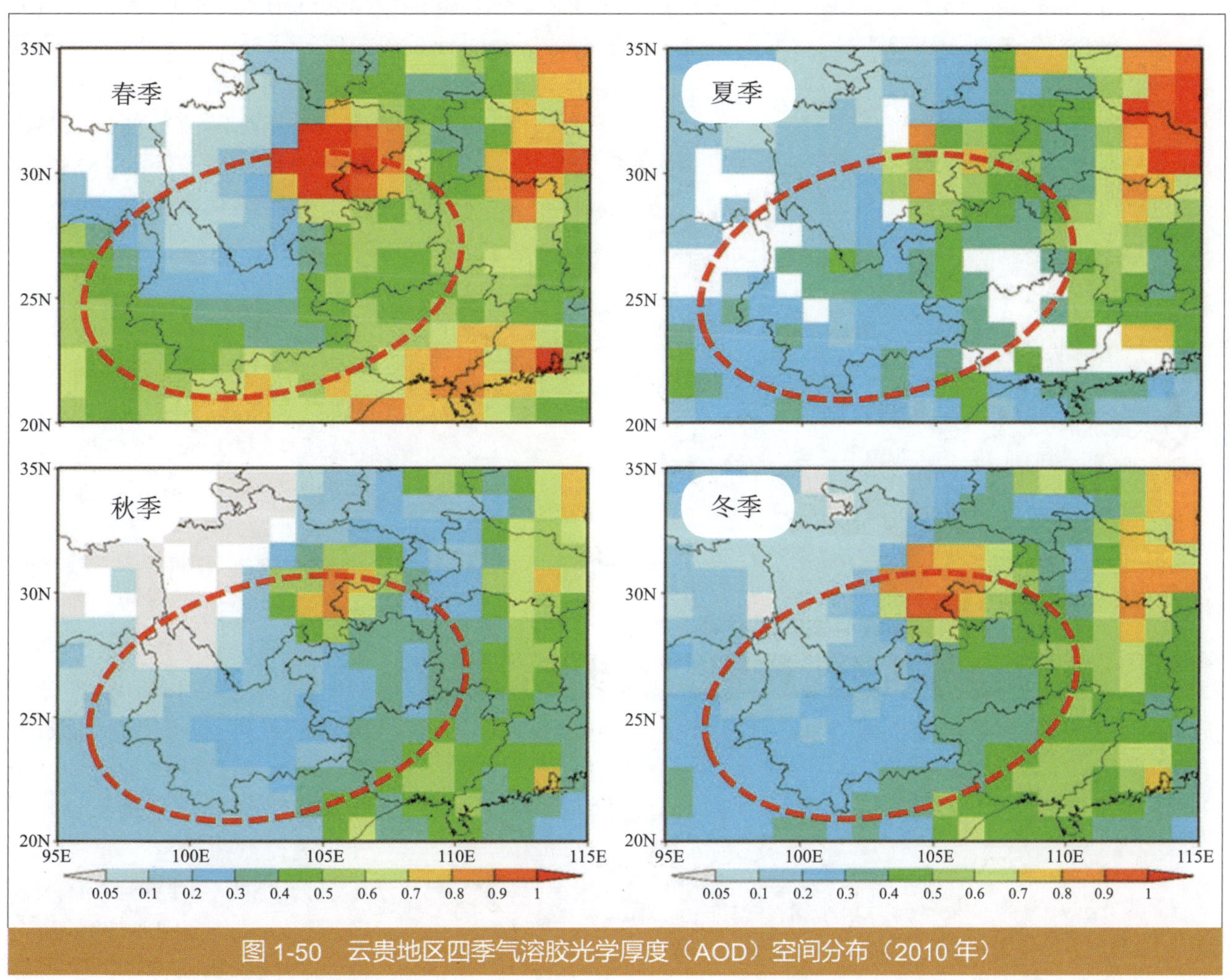

图 1-50　云贵地区四季气溶胶光学厚度（AOD）空间分布（2010 年）

4.5　重金属污染状况及现状问题

4.5.1　重金属污染较为突出，重特大污染事件呈高发态势

云贵地区土壤重金属污染较为严重，其中，云南省土壤中砷、镉、铅污染，贵州省土壤中镉、砷污染较为突出。根据云贵两省土壤污染状况调查结果，云贵两省土壤中汞、镉、铬、铅、砷均有不同程度超标。其中，云南省各元素超标率分别为：铅 6.3%、汞 3.8%、镉 8.4%、铬 6.1%、砷 11.6%，贵州省各元素超标率分别为：铅 0.5%、汞 0.2%、镉 20.6%、砷 10.9%。

从空间来看，云南红河、文山、曲靖、昆明、大理、临沧、昭通、保山等八市州土壤污染较为严重；贵州安顺、黔南、黔西南和毕节四市州土壤污染较为严重（见图 1-51）。

云贵地区地表水体中重金属浓度有所下降，但仍有部分河段超标。根据 2010 年地表水水质监测数据，采用单因子指数法进行评价。2010 年主要河流监测断面中，重金属超标断面比例为 11.0%，超标断面主要分布在红河流域、澜沧江流域、乌江水系和南盘江水系（见图 1-52）。其中，云南 63.6% 的铅超标河流断面和 85.7% 的砷超标断面分布在红河，18.2% 的铅超标断面和 33.3% 的汞超标断面分布在曲靖境内。铅、汞、砷最高超标倍数断面均分布在红河，超标倍数分别为 23.4 倍、4 倍、2 倍，镉最高超标断面分布在大理，超标倍数为 15 倍。贵州铅超标河流断面均位于贵阳境内，汞超标河流断面位于黔西南，镉超标河流断面分别位于毕节和黔西南，最大超标倍数为 3.2 倍。

图 1-51 云贵地区土壤重金属污染严重区分布

图 1-52 云贵地区地表水重金属超标河流断面分布（2010 年）

沉积物中重金属污染严重。云南省长江、珠江、红河、怒江水系的干流和所属部分支流，以及滇池、阳宗海、个旧湖、大屯海、星云湖、杞麓湖和北坡水库等湖泊底泥中，砷、汞、铬、铅、镉、铜、锌等均有检出，参照土壤环境质量二级标准，各元素均有超标点位出现，其中镉、砷、铅最大超标倍数达 379 倍、186 倍和 20 倍，分别出现在红河流域的倘甸双河、红河流域元江的沙甸河和澜沧江流域沘江的麦杆甸。贵州省无相关监测数据。

云贵两省主要湖泊水库中，仅大屯海和阳宗海的砷超标，超标倍数分别为 1.7 倍和 0.4 倍。

重金属污染已对云贵局部地区生态环境构成威胁。根据文献资料，贵州省土壤重金属污染已导致农作物受到不同程度的污染，局部地区粮食、蔬菜、水果等食物中镉、砷、铅等重金属含量超标或接近临界值。贵州汞矿开发已对乌江下游的生态与环境产生较大影响。近年来，云贵地区重金属重特大污染事件呈高发态势。如 20 世纪 90 年代云南省怒江州沘江的重金属污染，2003 年云南省楚雄州重金属集体中毒事件，2007 年贵阳市百花湖汞污染事故，黔南州都柳江砷污染事件，2008 年云南省阳宗海砷污染事件，2011 年云南省曲靖铬污染水库事件等。

4.5.2　重金属本底浓度较高，涉重企业众多、重金属排放量较大

特有的地质环境条件使云贵两省重金属本底含量较高，土壤重金属含量易于超标，根据我国“七五”期间土壤环境背景值调查研究结果，云贵地区土壤重金属背景值普遍高于全国平均值，贵州省镉背景值含量（0.659 mg/kg）甚至高于国家土壤环境质量二级标准（0.3 mg/kg）。矿产资源开发、有色冶炼等涉重企业的长期粗放发展、分散式布局，加剧了云贵地区重金属污染，同时也遗留了大量的历史问题（见图 1-53）。如沘江流域的铅锌矿采冶、个旧的砷矿采选、毕节的土法炼锌、万山、务川、铜仁、丹寨、松桃及兴仁滥木厂等的汞矿开采、黔南的铊矿开采等均有相当长的历史，向当地水体和土壤排放了大量重金属污染物，所遗留的大量矿渣，如不进行合理处置，将长期污染河流和土壤，并威胁地下水环境安全。

云南省重金属排放量相对较高。根据《中国环境统计年报 2010》，2010 年云南省汞排放量占全国总量 9.4%，位列全国第 3；铅排放量占 3.3%，位列第 7；砷排放量占 2.3%，位列第 6。铅、镉排放主要集中在昆明、红河和怒江等市州。贵州省废水中重金属的排放量与其 COD、氨氮等常规污染物排放量占全国比重相当，汞、镉、铬、六价铅、砷排放量分别位列全国第 16、第 24、第 24、第 23、第 21 位。根据《2011—2020 年非常规性控制污染物排放清单分析与预测研究报告》，2004—2008 年，云贵两省大气中铅、汞、镉、砷等 4 种重金属污染物排放总量分别位居全国第 9 位和第 17 位。

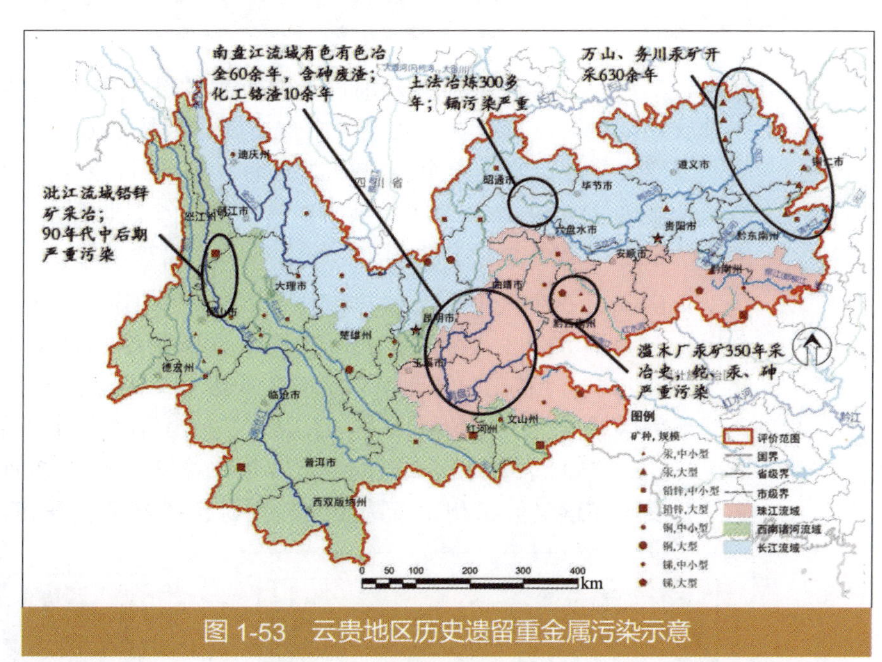

图 1-53　云贵地区历史遗留重金属污染示意

由于废气中重金属排放尚未开展监测，主要根据排放因子法进行测算。废气中重金属排放主要包括燃煤排放和有色金属冶炼排放两部分，燃煤排放量根据燃料煤消费量、燃料煤中重金属含量、排放因子估算，有色金属冶炼排放量根据有色冶炼产品产量和排放因子估算。其中，煤炭消费量数据来自统计年鉴、能源统计年鉴，燃料煤中重金属含量采用文献调研数据，有色冶炼产品产量来自统计年鉴，排放因子根据云贵两省主要行业生产工艺水平和污染控制技术等的调查确定，无生产工艺调查数据的，则按全国平均排放水平测算。

云贵地区重金属排放以工业为主，两省工业废水中重金属排放均超过废水中重金属排放量的 90%，工业废气中重金属排放量分别占云贵两省废气中重金属排放的 95%、66%。

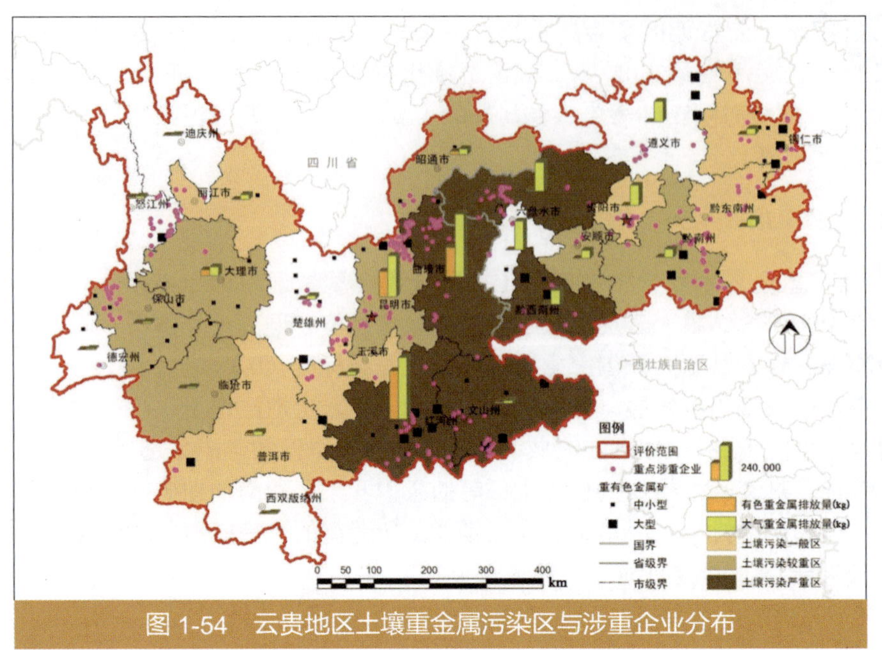

图 1-54 云贵地区土壤重金属污染区与涉重企业分布

2001—2010 年，云贵两省工业废水中的重金属排放量呈波动下降趋势，但云南省汞排放量在 2006 年之后逐渐上升，2010 年排放量超过 2001 年排放水平。2010 年，云贵两省废气中重金属排放量较 2007 年均有增加，增幅分别达到 23%、8%。

有色冶金、钢铁、电力是云贵地区的主要重金属排放行业。其中，2010 年有色冶金、钢铁行业废水中重金属排放量分别占云贵两省工业废水中重金属排放量的 99.4% 和 96.6%。2010 年，有色、电力行业排放重金属分别占云南省工业废气中重金属排放量的 59% 和 10%；电力行业排放重金属约占贵州省工业废气中重金属排放量的 68%。

云南省工业废水中重金属排放主要集中在昆明、红河和怒江，分别占全省工业废水中重金属总排放量的 41.2%、20.9% 和 10.1%。贵州省工业废水中重金属排放主要集中在毕节、黔南和黔东南，分别占全省的 40.1%、34.4% 和 18.7%。

云南省工业废气中重金属排放主要集中在曲靖、红河、昆明，约占全省工业废气中重金属排放量的 82.4%；贵州省工业废气中重金属排放以六盘水和毕节居多，分别占全省的 26.7% 和 23.1%，遵义、黔西南和贵阳工业废气中重金属排放比例也较高。

运用区域空气质量 NAQPMS 模式模拟 2010 年大气中汞的干湿沉降和总沉降量水平分布情况（见图 1-55）。云贵地区大气的汞沉降量占总排放量的 23.4%，其中干沉降约占 61.3%。昭通、毕节、安顺和遵义等市州汞沉降影响较大，2010 年汞的干沉降量超过 40 μg/m^2；云贵两省大

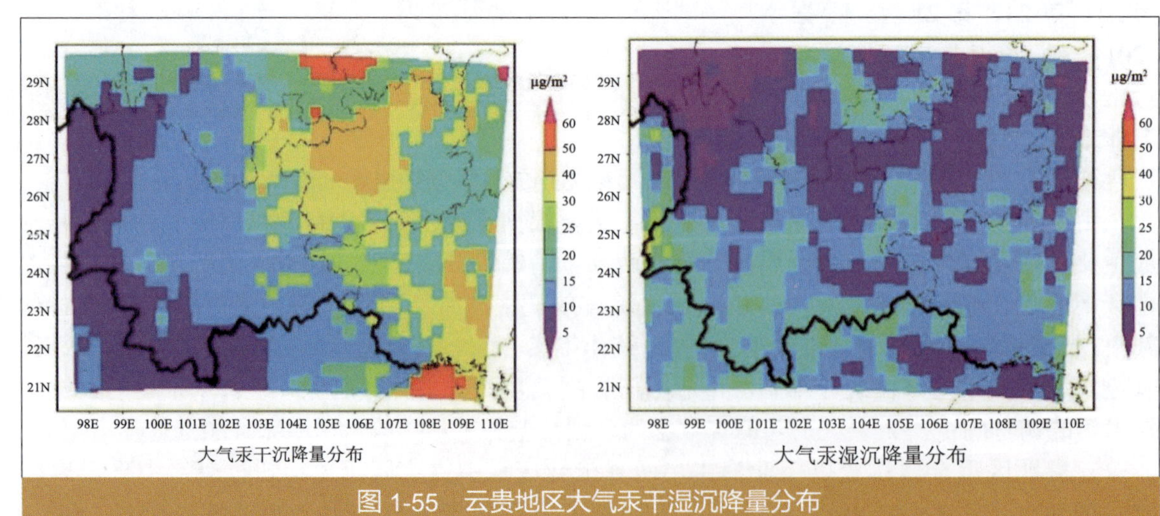

图 1-55 云贵地区大气汞干湿沉降量分布

部分地区汞湿沉降量都在 10 μg/m² 以下。

4.6　区域发展面临的困难与挑战

4.6.1　面临经济基础薄弱、发展能力不强的双重困境

西部大开发第二个十年，云贵两省面临重大发展机遇。《中共中央国务院关于深入实施西部大开发战略的若干意见》（中发 [2010]11 号）将滇中、黔中作为重点经济区开发，云南瑞丽作为重点开发开放实验区。2009 年 7 月关于使云南成为我国向西南开放重要“桥头堡”的重要指示以及 2011 年 5 月《国务院关于支持云南省加快建设面向西南开放重要桥头堡的意见》（国发 [2011]11 号）的出台，将云南的开放与发展提升到国家战略层面。随着桥头堡战略的深入实施，云南将成为国际通道枢纽、经贸合作平台，成为资金、技术、人才聚集和开放型经济发展的新高地，将为云南经济社会发展注入强劲的动力。2012 年 1 月 12 日，《国务院关于进一步促进贵州经济社会又好又快发展的若干意见》（国发 [2012]1 号）的出台，将贵州的发展上升为国家战略层面，对贵州发展给予了全面有力的支持。

区域自然资源丰富，为经济潜力释放提供基础。云南地处我国西南边疆，与缅甸、越南、老挝三国接壤，边境线长 4 060 km，是中国面向东南亚、南亚的前沿和桥头堡，也是中国—东盟自由贸易区建设和大湄公河次区域合作的前沿阵地。贵州省是我国云贵地区的陆路交通枢纽。两省地理区位条件具有一定优势。两省均地处云贵高原，具有多样的气候和地理环境，是我国自然资源最富饶的区域之一，水资源、矿产资源、煤炭资源、生物资源等资源优势相对突出，为经济发展提供良好的基础条件。

由于历史地理原因，云贵两省的经济比较落后，工业化水平较低，城镇化进程较慢，属于长期缺乏活力的欠发达地区。实施西部大开发战略十年来，云贵两省的 GDP 平均增长速度低于全国平均值 0.5 个百分点以上。2010 年，云南和贵州两省的经济总量分别为 7 220 亿元和 4 594 亿元，仅为广东省 GDP 的 15.9% 和 10.1%，人均 GDP 不足全国平均水平的一半。从产业结构看，云贵两省的第一产业比重分别为 17.3% 和 14.1%，均高于全国 10.3% 的平均水平，第二产业比重分别为 33.7% 和 41.9%，均低于全国 46.3% 的平均水平，总体上还刚刚进入工业化中期阶段。目前，云贵两省的城镇化率均在 35% 左右，远低于全国 49.6% 的平均水平，正处于城镇化开始加速发展的阶段。重大基础设施建设滞后，人均高速公路、城市道路、给排水设施、污水处理设施等均落后于全国平均水平，未来基础设施建设和城市发展的任务十分繁重。

总体来看，西部大开发实施第二个十年的开局之年，云贵两省发展已具备了较大的政策优势、资源基础，具有一定的发展潜力。但社会经济发展水平不高，经济总量小、人均水平低、发展速度慢是云贵两省发展面临的主要矛盾，工业化水平低、城镇化进程慢、区域发展不平衡、产业结构不合理、发展方式粗放、产业支撑力不强、过度依赖于资源型产业、城乡发展不协调、农村贫困程度深、人口资源环境压力大等问题非常突出，完全依靠两省自身加快发展、甚至跨越式发展尚不具备条件。

4.6.2　面临加快社会经济发展和转变发展方式的双重压力

加快云贵两省社会经济发展是中央和地方政府、人民群众的共同愿望。云贵两省的

“十二五”规划均提出到2015年经济总量翻一番的目标，发展的愿望非常强烈。其中，云南规划10种有色金属产品产量到2015年达到620万t，年均增长16%，工业增加值达到750亿元，年均增长18%；规划2020年电力装机容量1亿kW以上，为2010年的近3倍。贵州省规划到2015年工业增加值比2010年增加1.5倍，电力、煤炭、冶金、有色、化工、装备制造业、烟酒、民族医药和特色食品及旅游商品为主的八大重点产业产值分别超过1 000亿元，电力装机达到4 500万kW，是2010年的1.5倍。

当前全球主要发达国家、国内东部沿海地区已基本完成工业化，国际产业分工与合作趋于完整，金融危机深层次影响继续扩散的形势下，云贵两省实际已经错过了大规模、全面推进工业化的最佳时机。由于自然地理和区位条件限制，再加上经济基础薄弱、产业集聚度不高、城镇化水平低、生态环境敏感等现实条件制约，云贵两省推进工业化面临发展难度大、发展代价大的问题。

云贵两省的资源优势决定了资源依赖型产业的主导地位。其中，矿产资源开发、能源电力、有色、冶金等“两高一资”产业仍占有较大比重，其规模扩张将显著加大资源环境压力。根据测算，“十二五”期间云南省新增COD排放量10.9万t、SO_2排放量24.4万t，分别约为2010年全省排放量的40.7%、48.6%；贵州省新增COD排放量11.5万t、SO_2排放量30.34万t，分别约为2010年全省排放量的55.2%、26.4%。2015年，云贵两省主要污染物排放总量要在2010年的基础上再降低4%～10%，总量减排压力巨大。如不严格控制重化工等产业规模快速扩张，单纯依靠工程减排和管理减排，将难以顺利实现“十二五”减排目标。

因此，把握好加快发展的内涵，在发展中保护，在保护中发展，协调好加快发展与可持续发展的关系，协调好经济增长与改善民生的关系，大力转变发展方式，优化调整产业结构，选择生态环境友好的新型工业化道路，确定将资源优势转化为产业优势的基本路径，集中优势，延长产业链，大力发展循环经济，构建区域产业集群，避免不讲求质量效益、不顾及生态环境代价的发展，控制“两高一资”产业盲目扩张、无序布局，对于云贵两省今后一段时期发展尤为重要。

4.6.3 面临资源开发与生态保护，产业重化与环境承载双重矛盾

云贵两省矿产资源丰富，矿产资源主要分布区大多也是自然资源丰富或生态敏感脆弱区，矿产资源富集区与自然保护区以及地质灾害易发区空间上的重叠，加大了生态环境保护难度。云南省滇西北自然资源丰富，是世界上最著名的动植物模式标本产地之一，被多个国际组织列为全球生物多样性34个优先重点保护“热点地区”之一，截至2007年已建立了27个不同级别的自然保护区，保护区面积占滇西北国土面积近13%；该区域同时也是我国西部有色金属资源集中区“三江”成矿带的核心地带。贵州省的地质灾害易发带位于黔西北毕节—盘县一带以及江口—都匀—荔波一带，这两个带也是矿产资源分布较为丰富的地区。

矿产资源开发在一定程度上加重了水土流失和石漠化。云贵两省是我国石漠化最严重的省份，也是我国水土流失最为严重的省份，乱采滥挖造成的生态破坏仍然比较严重。由于缺乏规划以及监督不力，小煤窑、小铅锌、小黄金等各类型的小矿山、小矿坑、小选厂分散布局较为普遍，造成开矿区塌陷、水源污染、植被破坏、土地荒漠化、水土流失、石漠化等生态环境问题。

矿山地质灾害加剧。矿山地质灾害主要是由于人类剧烈的工程活动扰乱了地质、地貌的稳定性而激发产生的，与自然地质灾害不同的是，不合理的开采方法往往是导致灾害发生最

主要的原因。目前，云南全省受到地质灾害危害的有一定规模的矿山约有150个，小型矿山则有数千个；截至2007年，贵州省共有各类矿山7 848个，主要分布于中西部地区。未来，随着两省规划矿产资源开发规模的急剧扩张，采空区面积以及尾矿库面积都将加大，发生地质灾害的风险也将进一步加大。

“十二五”期间，云贵两省将延续资源依赖型产业发展路径，化工、冶金、火电等高耗能、高污染的重化工业规模进一步扩张，产业重型化有进一步强化的趋势，结构性资源环境问题将更为十分突出，将对区域环境承载能力构成重大威胁。随着云贵两省矿产资源开发，有色、冶金、化工等重化工业的快速扩张，能源消费、水土资源消耗、污染物排放将显著增加。作为国家重要的能源基地和原材料基地，“十二五”期间云贵两省对能源的需求仍将保持高速增长趋势，预计到2015年，云南省能源消耗量将达到1.4亿t标准煤，贵州省将超过1.3亿t标准煤，大气污染物排放量也将随之明显增加，可能加重区域性复合型大气污染和酸雨污染。

4.6.4　面临改善民生，遏制局部生态环境恶化的双重挑战

随着工业化和城镇化加速推进，推动区域民生建设，不断改善城市、重点区域和流域的生态环境质量，是云贵两省经济社会发展面临的重要挑战。目前，云贵两省环境质量总体较好，但局部污染严重。2010年云南省重点城市环境空气质量好于二级的天数占全年天数均达到80%以上，在全国113个重点城市中，昆明、曲靖、玉溪三市进入全国10个空气质量最好城市行列；全省主要水体水质保持稳定，水质优良率达71.9%，主要河流监测断面的水质总体有所改善，但九大高原湖泊中部分湖泊水质状况未有明显改善，滇池、阳宗海、星云湖、杞麓湖、异龙湖水质均为劣V类。“十一五”期间，贵州省地表水水质状况一般，主要河流监测断面水质达标率为66.2%，湖（库）监测垂线达标率仅为24%；空气质量逐年好转，但酸雨污染仍较为严重，省内8个酸雨控制区城市中有6个城市出现酸雨。

维持区域生态功能，保护生态多样性，遏制局部地区生态退化趋势，防治石漠化和水土流失，是云贵两省经济社会可持续发展的重要内容。云贵两省是全球生物多样性最为丰富的地区之一，生态环境十分敏感。处于伊诺瓦底江、金沙江、怒江、澜沧江、红河和珠江等6大水系源头或上中游，保护生态环境对维系长江流域、珠江流域的生态安全以及全国的生态安全极为重要。云贵两省又是多山省区，土壤较为瘠薄，是我国石漠化和水土流失最为严重的区域。根据2007年《云南省岩溶地区石漠化监测报告》，16个市州均有岩溶分布，在129个县中，118个县（市）具有岩溶分布，其中65个县（市）岩溶面积超过国土面积的30%。贵州省石漠化的土地面积达3万多km^2，石漠化超过贵州省国土面积的20%，全省88个县级行政区中有78个石漠化严重，而且土地石漠化正以每年900 km^{2}的速度扩展。石漠化也加剧了水土流失，据2004年云南省第三次水土流失遥感调查，全省水土流失面积已达13万km^2，占全省国土总面积的34%；截至2005年，贵州省水土流失总面积达7万多km^2，占全省国土总面积的44.6%。云贵地区山地、丘陵多，平坝区面积较少。根据测算，云贵两省可开发利用坝区面积分别为2 575.1 km^2、1 011.0 km^2，均约占两省国土面积的1%。根据工业发展及城镇化发展预测，2020年云贵两省新增土地需求分别为1 568.9 km^2、1 318.3 km^2。未来区域工业发展及城镇化如果完全依照当前的发展模式推进，十年后云南省新增建设用地将占全省适宜建设用地的61%，贵州省城镇建设用地将十分紧张。若考虑到耕地数量和质量的保护，未来云贵地区城镇化用地需求将很难得到保证。为了保护平坝地区的耕地，云南提出“城市上山、工业上山”的土地开发战略，贵州提出“向山要地，开发低丘缓坡”的土地利用战略，势必

影响林地的分布格局和生态功能，区域生态安全受到威胁。

云贵两省面临规避重大环境风险大范围出现的考验。云贵两省有色金属资源丰富，历史遗留下来的矿山、冶炼场存在着重大的环境安全隐患；目前采矿冶炼企业遍布各市州，重金属污染问题比较突出，已对两省的生态环境、食品安全和人体健康构成威胁。根据 2007 年污染源普查统计结果，云南省共有涉铅、镉、汞、铬和类金属砷污染企业 2 116 家（单因子汇总企业数），昆明市、玉溪市、曲靖市、楚雄州、怒江州、大理州、红河州、文山州等地重金属排放量较大；全省废水中重金属排放量 48.5 t，以铅、砷为主；废气中重金属排放量为 1 297.9 t，以铅、汞为主；危废重金属贮存量已达到 136.5 万 t。贵州省局部地区地表水体中重金属超标严重，部分饮用水水体也受到重金属污染；汞矿开发已对乌江下游的生态与环境产生较大的影响。

近年来，云贵两省重金属重特大污染事件频发，如 2008 年云南阳宗海砷污染事件、2011 年云南曲靖铬渣污染事件。随着国家资源深加工基地建设的推进，采矿、有色、冶金、化工等产业规模将成倍增长。云南省规划到 2015 年，资源深加工率达到 40%，十种有色产品产量达到 620 万 t；贵州省规划到 2015 年，氧化铝、电解铝、铝加工产品的生产能力分别达到 560 万 t、260 万 t 和 150 万 t，分别是 2010 年的 3 ～ 4 倍。如果按照现有的技术水平，重金属污染物的排放量将增加 2 ～ 3 倍，将从总体上加重水体、土壤等环境介质中的重金属累积性污染，如果不采取有效的行业准入和空间管制措施，将有可能形成局部生态环境风险向全局蔓延态势。

5 区域生态空间与资源环境承载力分析

5.1 生态功能控制约束

5.1.1 区域生态敏感性综合分区

受土壤侵蚀、酸雨、石漠化、生境敏感等影响，云贵地区生态敏感性较高，生态敏感区域分布范围较广（见图 1-56）。其中，生态极敏感区域面积占云贵两省国土面积 9%，生态中度、高度敏感区域占两省国土面积的 45%。云南省生态极敏感区域主要分布于滇东北、滇西北；贵州省中度以上生态敏感区域主要集中在黔西、黔北和黔东南。

云贵地区土壤侵蚀以轻度侵蚀为主，高度以上敏感区域占国土面积的 26%。云南省土壤侵蚀敏感性以轻度为主，占全省国土面积的 58%，高度敏感区域面积占全省的 20%，极度敏感区域分布面积较小。贵州省土壤侵蚀轻度敏感区域占全省国土面积的 52%；高度敏感区域占全省的 26%，主要分布在毕节、六盘水和铜仁；极敏感区域占全省国土面积的 5%，主要分布在毕节市、六盘水市、遵义市和黔南州。

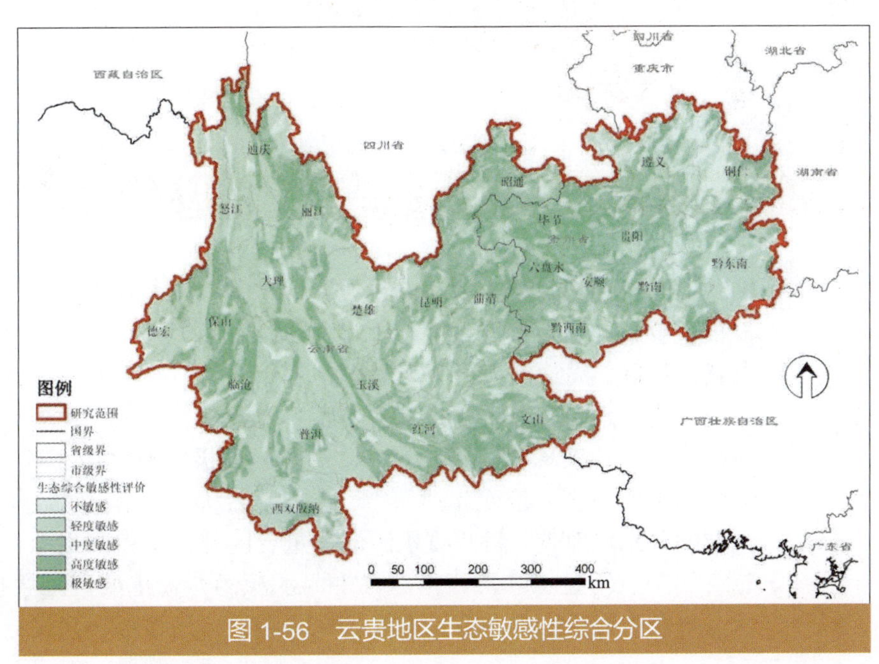

图 1-56 云贵地区生态敏感性综合分区

云贵地区属于酸雨极敏感区，酸雨极敏感区占区域面积的 54%，中度以上酸雨敏感区占区域面积的 95%。云南西部以极敏感区为主，中部为高度敏感区；贵州以高度、中度敏感区为主，其中高度敏感区在全省均有分布，范围较广。

云南石漠化极敏感和高度敏感区域面积占全省国土面积的 11%，以滇东南和滇东地区分布最广。贵州省石漠化敏感区域占全省国土面积的 66%，主要分布在贵州西部、中部地区，石漠化极敏感区域占全省国土面积的 4%，主要分布在毕节市、六盘水市和遵义市。

云贵地区生境极敏感区主要分布在云南三江并流区、西双版纳地区、贵州也有零星分布，基本涵盖了区域现有的森林生态系统类型和珍稀野生动植物类型的国家级自然保护区区域，不敏感区主要分布在贵州中东部地区。

5.1.2 区域生态系统服务功能重要性分区

根据区域生态系统的特点，选择生物多样性保护、水源涵养等因素进行生态系统服务功能重要性分区（见图 1-57）。云贵地区生态系统中最重要的功能单元主要包括《全国主体功能区规划》划定的“川滇森林及生物多样性生态功能区”和“桂黔滇喀斯特石漠化防治生态功能区”，以及位于云贵高原中部山地的珠江源水源涵养重要区。

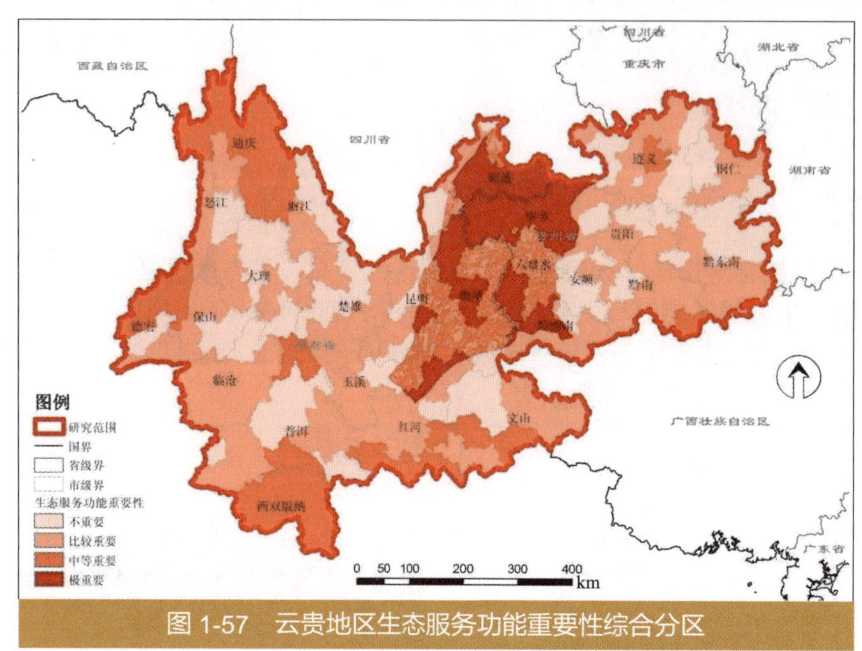

图 1-57 云贵地区生态服务功能重要性综合分区

云贵地区生态服务功能极重要区域分别占两省国土面积的 6%、13%；中等重要区域分别占两省国土面积的 50%、33%。云贵生态服务功能重要区域主要分布于滇西北、滇中和黔西地区。

云南省生物多样性保护极重要、中等重要区域面积约占全省国土面积的 45%，主要分布在滇西北、滇西南、西双版纳、文山东南部、德宏的边境地带，以及哀牢山、无量山的部分地区。贵州省生物多样性保护极重要、中等重要区域面积占全省国土面积的 33%，多分布于远离中心城镇的边缘区域或自然保护区、周边区域，主要集中在贵州北部、东南部、西部及南部等区域。

云南省水源涵养重要区域占全省国土面积的 15%，主要分布在云南东部地区，包含昭通、曲靖、昆明、玉溪和红河；其中，水源涵养极重要区域主要分布在滇西北怒江、金沙江、澜沧江的上游地区，滇西北曲靖市一带的珠江源区，滇中的金沙江流域与红河流域，以及珠江流域的分水岭地带。贵州省水源涵养重要区域占全省国土面积的 21%，主要分布在贵州西部，包含毕节、六盘水和黔西南。其中，水源涵养极重要区域主要分布在毕节、安顺市普定县、六盘水和黔西南的安龙县、普安县、晴隆县、兴仁县、兴义县、贞丰县等地区。

5.1.3 区域生态风险综合分区

云贵地区自然环境复杂，自然灾害种类多，包括干旱、地震、滑坡、泥石流、暴雨洪灾等，灾害发生频率较高，破坏性强。云贵地区自然灾害一级风险区域占两省国土面积的 17%，二级风险区域占国土面积的 31%。其中，云南省自然灾害一级风险区域占全省国土面积的比例为 25%，二级风险区域比例为 44%。风险较高的区域包括云南迪庆州横断山脉南段、云南小江地震—滑坡—泥石流带、元谋、澜沧江河谷地区、滇西泸水—保山—盈江等（见图 1-58），主要影响因素为地震—滑坡—泥石流带集中、受季节性气候影响易发干旱。相比之下，贵州一级、二级自然灾害风险区域较少。

矿产资源开发和利用，对自然环境的破坏和扰动巨大，可导致占用耕地、破坏植被、引

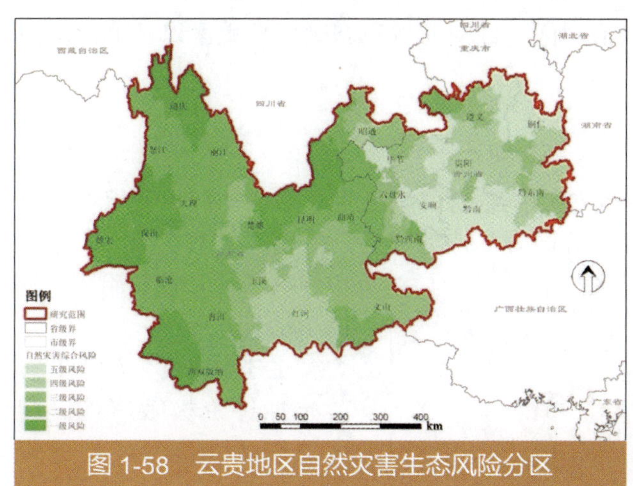

图 1-58　云贵地区自然灾害生态风险分区

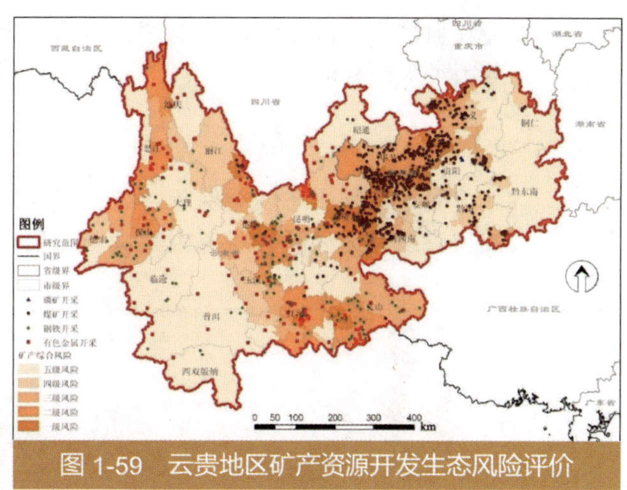

图 1-59　云贵地区矿产资源开发生态风险评价

发水土流失和石漠化等诸多生态环境问题，引发塌陷、滑坡、泥石流等多种次生地质灾害。结合考虑云贵地区生态敏感性及坡度因素，分析云贵地区矿产资源开发的生态风险（见图 1-59）。结果表明，矿产开发风险高值区与主要资源富集区吻合，重点风险区主要包括黔西北—黔西—黔西南一线的煤矿开采密集带，滇中“昆曲玉”铁矿聚集区、“三江”有色金属基地，滇东南个旧大型金属矿等地区，这些区域采矿业密集，分别与黔西喀斯特生态脆弱区、滇西北生物多样性保护区、桂西石灰岩地区重合，人为干扰导致的生态风险较高。

以行政县（市）为基本单元，综合考虑矿产资源开发、林业资源开发、农业生产、特色旅游、工业用地、城镇用地等六类人为活动造成的潜在生态风险。采用专家打分法确定以上人为活动风险权重，划定云贵地区主要生产活动造成人为生态风险的区域等级（见图 1-60）。结果表明，云贵地区重点产业活动的一级生态风险区面积分别占两省国土面积的 7%、21%；二级风险区面积分别占两省国土面积的 13%、23%。产业活动产生生态风险较高的区域主要包括滇中经济区、黔中经济区、黔西资源富集和开发区。

综合自然灾害风险、人为活动风险划定云贵地区综合生态风险分区（见图 1-61）。云贵综合生态风险重点监控区占两省国土面积的 14%、34%；适度规避区分别占两省国土面积 38%、29%；生态风险一般管理区分别占两省国土面积的 48%、37%。云贵地区综合生态风险较高的地区主要包括黔西喀斯特生态脆弱区、滇中经济区、黔中经济区、黔北产业区、禄劝—

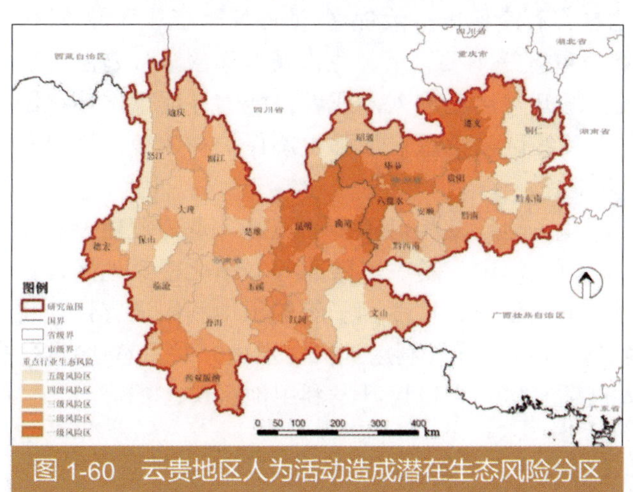

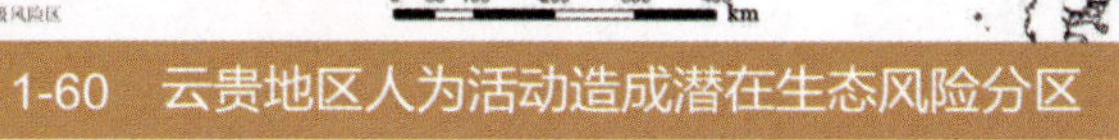

图 1-60　云贵地区人为活动造成潜在生态风险分区

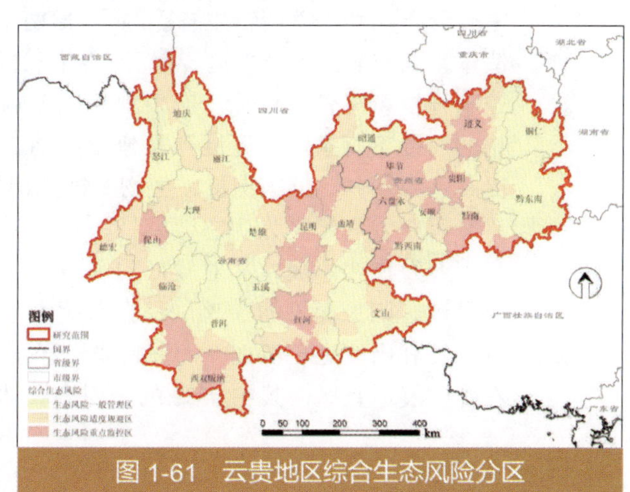

图 1-61　云贵地区综合生态风险分区

会泽自然风险区、黔南山地盆谷石漠化重点治理区、红河河谷生态破坏严重区以及滇西南西双版纳天然林区。

5.1.4 生态控制分区方案

基于区域生态安全保障，综合考虑生态系统功能维持、重要生态服务功能单元保护、自然灾害及人为风险规避等因素，划定生态控制分区方案，划分为云贵地区生态红线区、生态黄线区和可开发利用区（见图 1-62）。

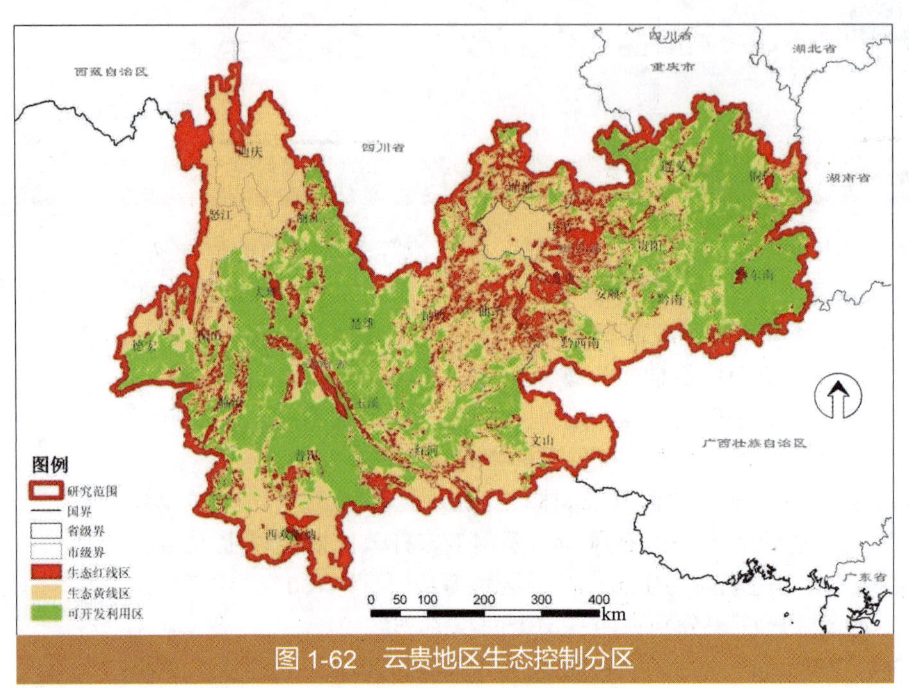

图 1-62 云贵地区生态控制分区

生态红线区是以生态敏感性评价极敏感地区和生态服务功能重要性评价极重要地区为基础，结合自然保护区、森林公园等保护地区的要求划定的空间区域，是保障生态安全的最基本保障，是区域发展建设中不可逾越的生态底线。云贵地区生态红线区占整个区域国土面积约15%，重点包括黔西喀斯特生态红线区、滇西南及滇南生物多样性保护重要区、滇中经济区生态红线区、滇西北生物多样性保护重要区等区域。生态红线区以“控制风险、限制开发”为管理目标，严禁不符合生态环境功能定位的建设开发活动在生态红线区内开展（见附表 1）。

生态黄线区的重要性仅次于生态红线区，包括生态较为敏感同时具有较重要生态服务功能，以及具有较大建设限制性因素的地区。云贵地区生态黄线区占整个区域国土面积的 50%，主要分布在黔西喀斯特生态脆弱区、黔南山地盆谷石漠化重点治理区、滇西北“三江”并流区、滇东南西双版纳天然林区、红河河谷生态破坏严重区等主要区域。生态黄线区应以“减轻风险、控制开发”为管理目标，应限制环境影响较大的开发活动准入，或者在能够补偿生态环境影响的前提下有条件地开展开发建设活动。生态黄线区内应重点加强生态保护与建设，恢复和提高水源涵养、土壤保持、生物多样性保护功能。

可开发利用区为生态敏感性、功能重要性和风险程度相对不高的地区，是开发建设和重点产业发展生态成本相对较低的区域，相对集中于滇中、黔中、黔北等城镇化密集地区，占云贵地区国土面积的 35%。综合考虑土地利用供需情况、坡度因子等的土地利用适宜性，将可开发利用区进一步划分为现状建设开发地区、坝区可开发利用地区、上山开发生态适宜区、农林发展适宜区，其中 93% 的面积为农林发展适宜区，坝区可开发利用地区仅占 2%。

5.2　资源环境承载力分析

5.2.1　土地承载力分析

通过对比研究，估算云贵地区具有经济开发规模的坝区面积以坡度 8° 以下、面积大于 8 km² 为宜。分析结果表明，云南省坝区面积为 3.4 万 km²，贵州省坝区面积为 2.0 万 km²，分别占云贵国土面积的 9%、12%，主要集中在滇中和黔中区域（见图 1-63、附表 2）。

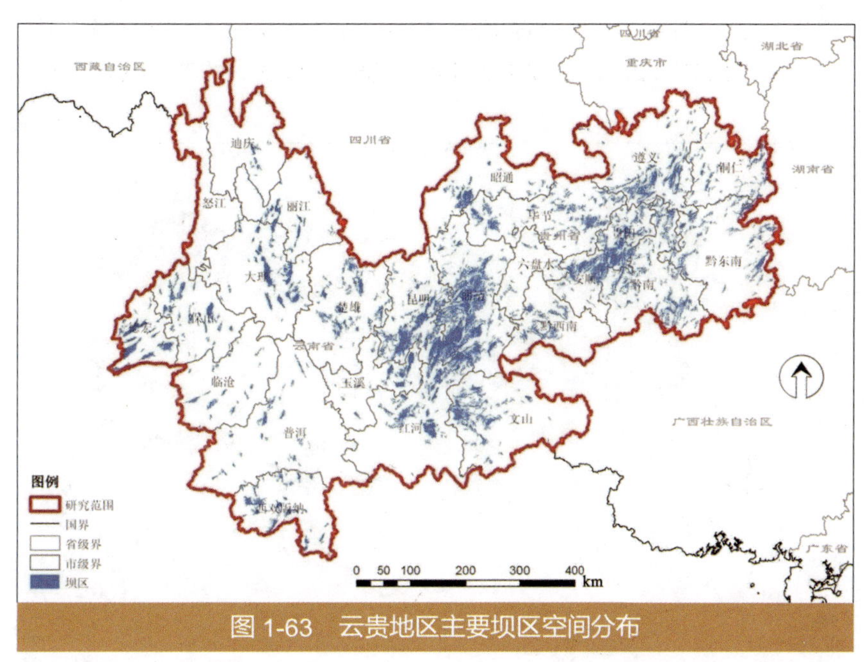

图 1-63　云贵地区主要坝区空间分布

基于生态功能控制分区，剔除坝区内的生态红线区及黄线区区域，以及已建成用地、不适合开发的土地利用类型（水域、耕地、林地、草原和草甸），分析得到云贵两省未来可开发利用的坝区面积及分布（见图 1-64）。结果表明，云贵两省可开发利用坝区面积分别为 2 575.1 km²、1 011.0 km²，均约占两省国土面积的 1%。云南省可开发利用坝区主要集中在滇中经济区和沿边经济带，分别占全省可开发利用坝区面积的 54% 和 41%，其中，楚雄、红河、昆明和曲靖占全省比例达 23%、17%、13% 和 13%。贵州省可开发利用坝区主要分布在黔中经济区，约占全省可开发利用坝区面积的 72%；黔东南、黔南、铜仁和安顺占全省比例达 28%、17%、13% 和 12%。怒江、迪庆、丽江、保山和六盘水可开发利用土地资源相对紧缺。

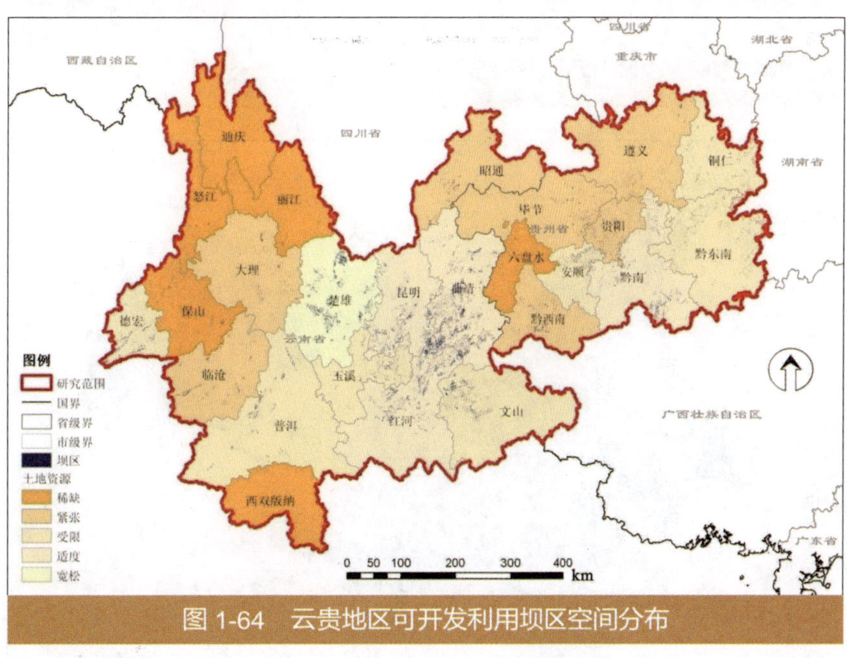

图 1-64　云贵地区可开发利用坝区空间分布

如考虑坡度在 25° 以下、面积在 8 km² 以上的土地斑块均可作为坝区，则云贵两省坝区面积增加至 44.6 万 km²，其中云南省 29.2 km²，贵州省 15.4 km²。

在考虑生态约束及不适宜开发的土地利用类型后，两省可开发利用坝区面积为4.7万 km^2，其中云南省3.7万 km^2，贵州省1万 km^2（见图1-65）。云南可开发利用坝区主要集中在沿边经济带和滇中经济区，分别占全省可开发利用坝区面积的48.3%和39.3%，其中，普洱、楚雄和临沧占全省比例达23.9%、23.3%和14.3%。贵州省可开发利用坝区主要分布在黔中经济区，约占全省可开发利用坝区面积的74.5%；黔东南、遵义、黔南和铜仁占全省比例达22.7%、22%、21.7%和14%。怒江、迪庆、西双版纳和六盘水可开发利用土地资源仍相对紧缺。

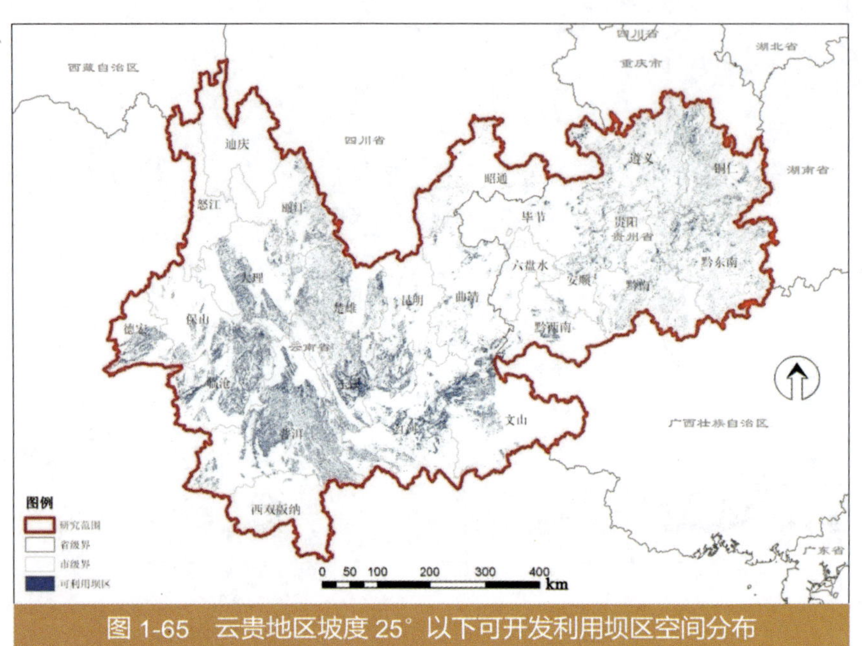

图1-65 云贵地区坡度25°以下可开发利用坝区空间分布

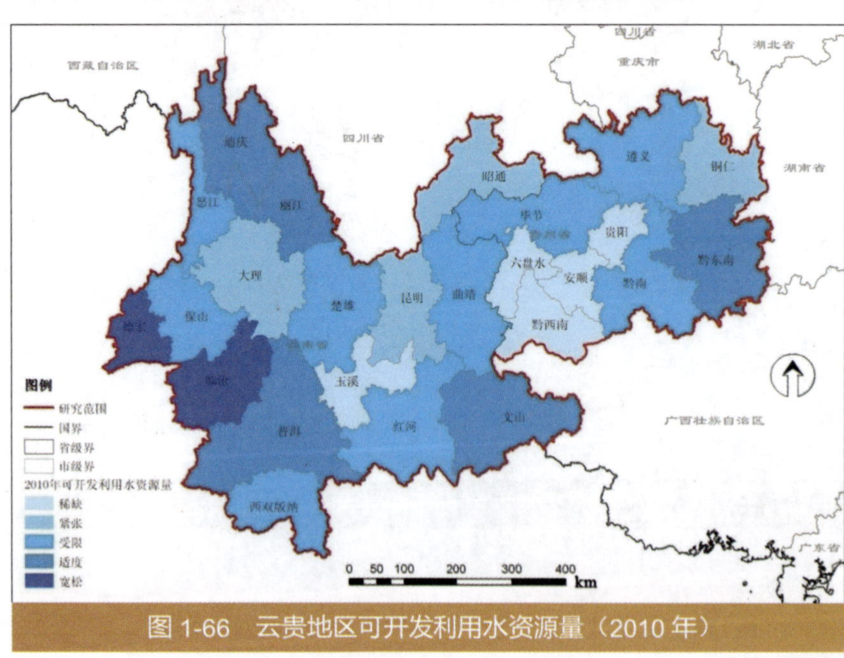

图1-66 云贵地区可开发利用水资源量（2010年）

5.2.2 可开发利用水资源量

现有技术经济条件下，云贵两省水资源可利用总量分别约为481.6亿 m^3、161.9亿 m^3。

云贵地区可利用水资源量空间上分布不均衡，云南省可开发利用水资源量集中在沿边经济带和滇西北，分别占全省总量的55%和26%。贵州省可开发利用水资源量集中在黔中经济区，占贵州省总量的61%。云南玉溪、昭通和昆明以及贵州安顺、六盘水和贵阳可开发利用水资源量相对紧张（见图1-66）。

5.2.3 河流水体环境承载力

采用多年平均最枯月流量为水文设计条件，以云贵目前执行的水环境功能区划中的水质类别要求作为水质目标，计算获得云贵主要流域水系COD和氨氮的可利用环境容量（见表1-12）。其中，云南省可利用的地表水COD、氨氮环境容量分别为26.3万t、2.9万t，贵州省地表水COD、氨氮环境容量分别为16.0万t、1.5万t。其中，澜沧江流域和乌江流域的水体环境承载能力相对较高。

表 1-12　云贵地表水系多年平均最枯月条件下的可利用环境容量　单位：t/a

云南水系	COD	氨氮	贵州水系	COD	氨氮
长江	4.58	0.55	乌江	7.72	0.71
珠江	4.38	0.53	沅水	3.17	0.31
红河	4.68	0.59	赤水—綦江	1.27	0.12
澜沧江	7.46	0.73	北盘江	1.54	0.13
怒江	2.75	0.24	南盘江	0.39	0.03
伊洛瓦底江	2.41	0.28	红水河	0.58	0.06
			柳江	1.31	0.13
合计	26.26	2.93	合计	15.98	1.49

综合考虑COD和氨氮环境承载力约束，采用内梅罗指数法将云贵地区各市州河流水体环境承载力条件划分为五个等级（见图 1-67）。云南省沿边经济带水环境承载力空间相对宽松，COD和氨氮承载力分别占云南省总量的57%和59%；滇中经济区内部水环境承载力条件差异较大，其中，昆明水环境承载力空间等级为紧张，楚雄、玉溪为稀缺，曲靖为适度。贵州省黔中经济区水环境承载力相对宽松，COD和氨氮承载力均占贵州省总量的69%。云南丽江、怒江、玉溪、楚雄和迪庆，以及贵州六盘水、黔西南和安顺，河流水体环境承载力相对稀缺和紧张。

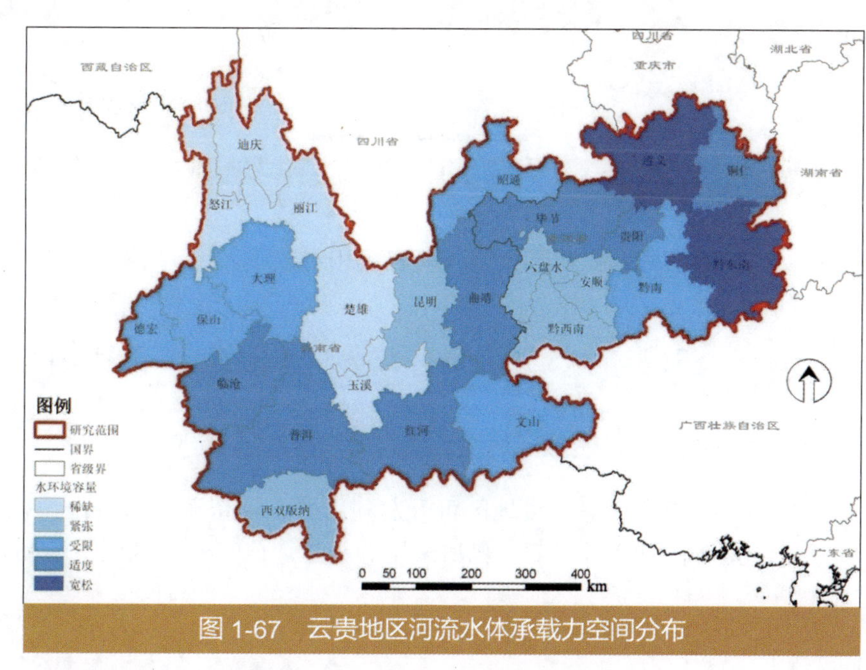

图 1-67　云贵地区河流水体承载力空间分布

综合考虑水体功能定位、水体环境质量现状，以及污染排放入河折减系数等因素，兼顾境内自产水水质和外调水水质要求，基于水体环境容量测算云贵两省COD和氨氮的环境承载力，确定2015年和2020年COD和氨氮的允许排放量。建议云南省2015年COD和氨氮允许排放量分别控制在43.4万t、3.9万t以内，2020年控制到42.1万t、3.7万t；建议贵州省2015年COD和氨氮允许排放量分别控制在27.2万t、3.0万t，2020年污染排放量维持在2015年水平。

5.2.4　区域大气环境容量

综合考虑大气污染物平流扩散、化学转化、干湿沉降净化、区域内外污染传输影响等因素，基于大尺度环境空气质量模式测算云贵地区SO_2、氮氧化物环境容量。结果表明，云南省大气SO_2、氮氧化物环境容量分别为89.4万t、69.9万t；贵州省SO_2、氮氧化物环境容量分别为116.9万t、70.1万t。

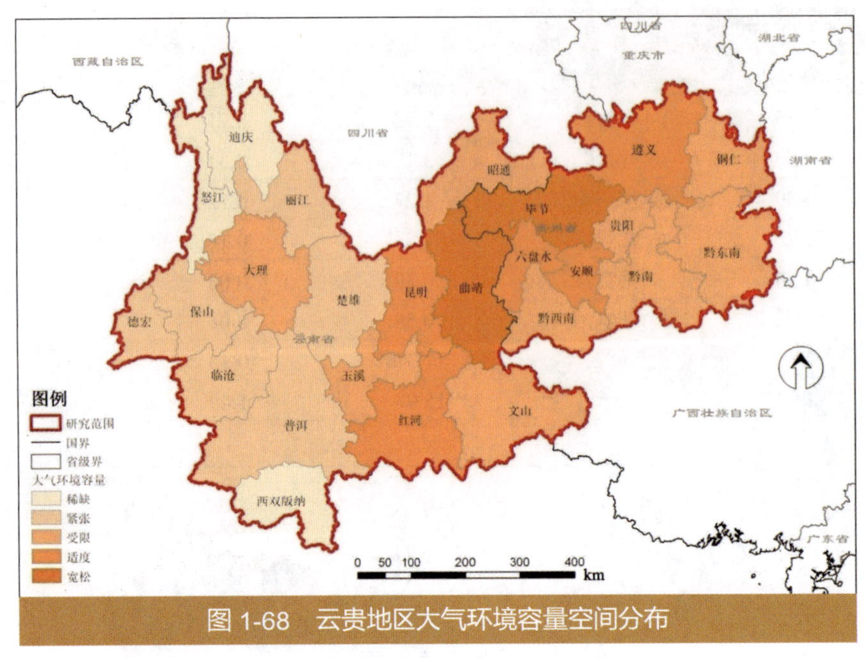

图 1-68 云贵地区大气环境容量空间分布

综合考虑 SO_2 和氮氧化物环境容量，采用内梅罗指数法计算云贵地区各市州大气环境容量条件（见图 1-68）。云南省滇中经济区、沿边经济带大气环境容量相对宽松，大气 SO_2 环境容量分别占全省总量的 52%、46%，氮氧化物容量分别占全省总量的 40%、36%。贵州省黔中经济区、黔西地区的大气环境容量相对宽松，大气 SO_2 环境容量分别占全省总量的 45%、39%，氮氧化物容量分别占全省总量的 47%、51%。云南省迪庆、怒江和西双版纳，以及贵州黔中南部、黔西南和铜仁地区大气环境容量相对较小。

5.3 区域资源环境综合承载力及利用水平评估

5.3.1 资源环境综合承载力及空间特征

综合考虑云贵地区可开发利用的土地资源、水资源，以及河流水体承载力、大气环境容量等四项指标，归一化后采用等权重均值来表征区域资源环境综合承载力（见图 1-69）。

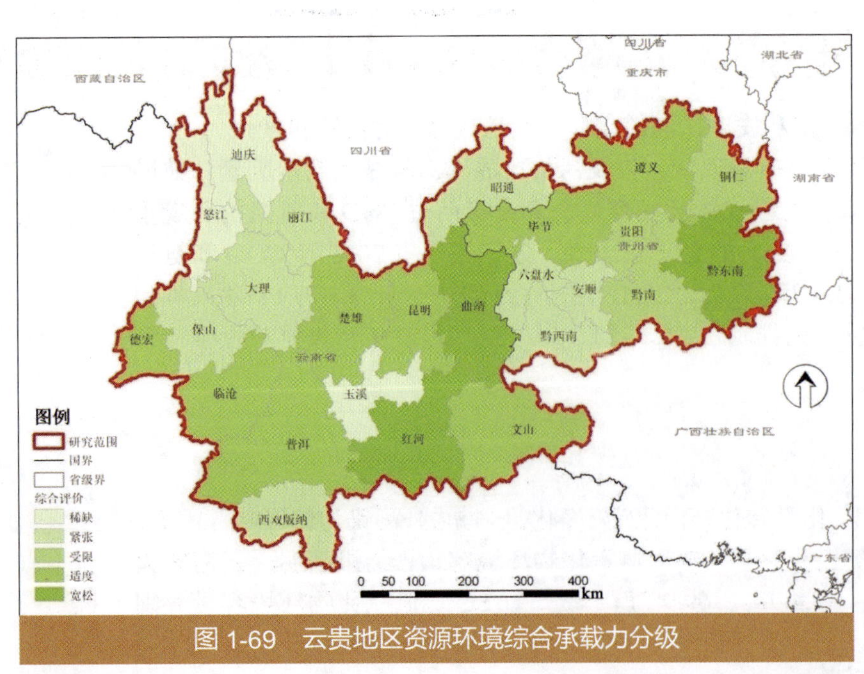

图 1-69 云贵地区资源环境综合承载力分级

从整个云贵地区来看，云南滇中经济区（除玉溪外）、黔中经济区、沿边经济带（除西双版纳外）资源环境承载能力适度。其中，云南曲靖、红河，贵州黔东南等 3 个市州综合承载能力相对较为宽松，云南昆明、楚雄，贵州遵义等 3 个市州综合承载能力适度。受可开发利用水资源和水体承载力制约，玉溪、安顺综合承载能力相对较低；受土地、生态和大气环境容量制约，西双版纳综合承载能力相对较低。滇西北、滇东北、黔南地区资源环境综合承载能力较低。其中，云南怒江、迪庆、昭通，贵州黔西南、六盘水等 5 个市州的资源环境综合承载能力相对较低。其中怒江、迪庆土地资源和水体承载力、大气环境容量均较为紧张，黔西南可利用水资源和大气环境容量受限，六盘水水土资源支撑能力有限。

从人均承载力来看，滇中经济区、黔中经济区资源环境约束趋紧，昆明、贵阳、遵义、毕节等重点城市人均资源环境承载能力较为紧张，曲靖、黔南综合承载能力受限，但楚雄、玉溪、安顺资源环境可承载空间相对宽松（见图 1-70）。滇西北地区的迪庆、怒江 2 个市州人口较少、经济规模较小，资源环境相对承载能力上升，但大理人均资源环境可承载空间明显降低。滇东北昭通、沿边经济区中的西双版纳 2 个市州人均资源环境综合承载能力下降。

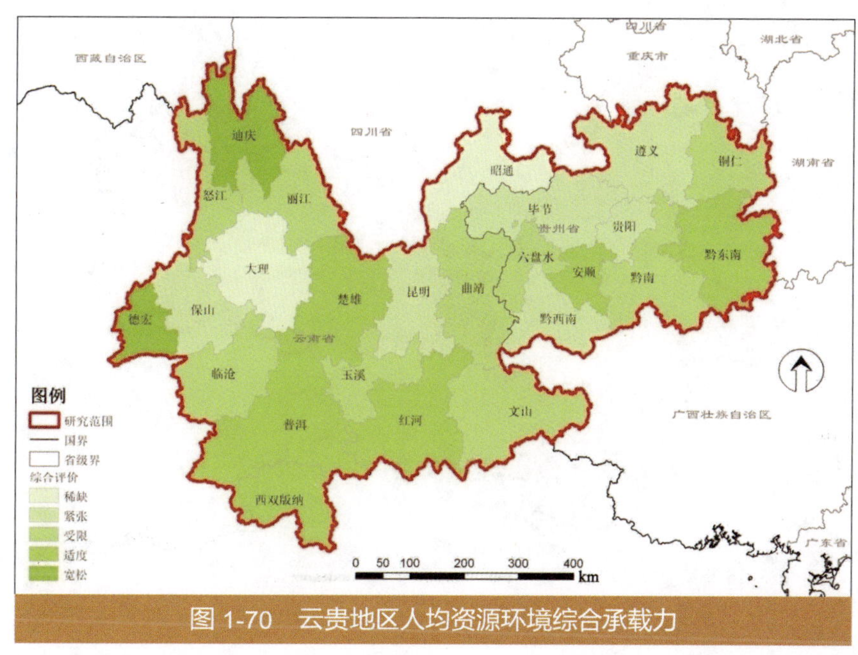

图 1-70　云贵地区人均资源环境综合承载力

5.3.2　资源环境承载力现状利用水平

2010 年，云贵两省的土地利用情况均未超载，但滇东北、滇西北和黔中经济区的土地资源情况相对紧张，个别市州土地资源稀缺，主要包括云南怒江、迪庆、丽江、昭通、西双版纳和大理，贵州遵义、六盘水和贵阳。

2010 年，云南省全省河道外用水量 149 亿 m^3，贵州全省用水总量为 101.5 亿 m^3，两省用水均未超过可利用水资源量，但局部用水差异较大。云南省的沿边经济带、滇中经济区用水量达到全省的 79%，贵州省黔中经济区用水量达到全省的 62%。个别市州出现供需不平衡，昆明市实际用水量超过可开发利用量 49%，贵阳、六盘水、安顺分别超过其可利用水资源量的 33%、26% 和 10%。

2010 年，云南省 COD 点源排放量为 48.0 万 t，COD 面源排放量为 7.1 万 t，与水环境承载力基本持平；氨氮点源排放量为 4.7 万 t，超出水环境承载力 21%。2010 年，贵州省 COD 点源排放量为 28.1 万 t，COD 面源排放量为 6.1 万 t，氨氮点源排放量为 3.2 万 t，均未超载。滇中、滇东北、黔西和黔北地区水环境承载力现状利用水平超过 100%。COD 排放超载较严重的市州包括云南省的玉溪、曲靖、昆明、楚雄、大理、红河和文山，贵州省的六盘水、毕节、黔西南和铜仁。氨氮排放量超载较严重的市州包括云南省的昆明、曲靖、楚雄、玉溪、大理、红河、昭通和文山，贵州省的六盘水、毕节、铜仁市和黔西南。

2010 年，云南省大气污染物排放量分别为 SO_2 70.4 万 t、氮氧化物 52.0 万 t、粉尘 42.1 万 t，整体上均未超出其大气环境容量；贵州省大气污染物排放量分别为 SO_2 116.2 万 t、氮氧化物 49.3 万 t、粉尘 46.5 万 t，其中，SO_2 和粉尘排放量超出大气环境容量，粉尘排放量超载约 6%。云贵两省各市州大气环境容量利用水平有较大差异，沿边经济带、滇西北产业区的部分

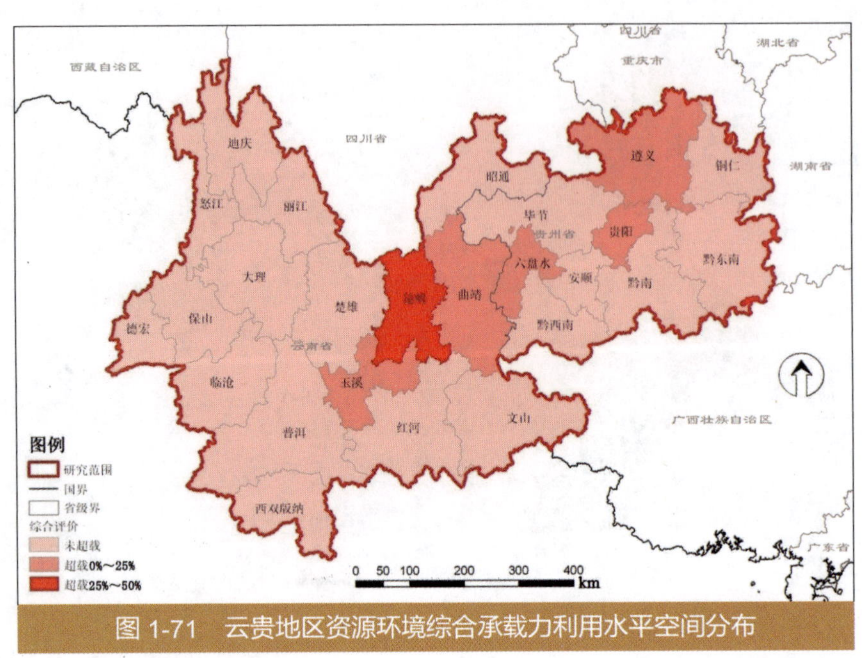

图 1-71 云贵地区资源环境综合承载力利用水平空间分布

市州大气环境容量利用率低于 70%，其中，文山、西双版纳、德宏、迪庆的 SO_2，以及文山、黔西南的氮氧化物容量利用水平均低于 30%，容量空间较为宽松。滇中、滇东北、黔中和黔西的部分市州大气污染物排放超载。在云南昭通、贵州遵义和黔南州 SO_2 排放分别超载 51%、20% 和 9%；昆明、红河氮氧化物排放均超载，其中昆明超载 62%；云南玉溪、曲靖，贵州遵义、贵阳、六盘水和黔东南州粉尘排放量分别超出环境容量 104%、19%、153%、21%、11% 和 9%。

2010 年云贵两省资源环境综合承载力利用水平均未超载（见图 1-71、附表 3）。其中，云贵两省资源环境综合承载力的利用水平分别为 75%、84%。在云贵两省内部，各市州资源环境综合承载力利用水平差别较大。综合承载力利用过度的地区主要在滇中经济区、黔中经济区的部分市州。其中，昆明、玉溪、曲靖超载水平分别为 72%、26% 和 9%。贵州六盘水、贵阳和遵义的资源环境综合承载力利用水平分别超载了 10%、9% 和 18%。

6　资源环境影响预测分析

6.1　社会经济及重点产业发展基础情景

通过梳理国家和区域发展战略、规划，以及云贵两省、市州相关发展规划，结合区域社会经济发展演变趋势，设定云贵两省2015年、2020年社会经济与重点产业发展基础情景，作为环境影响预测与评价的基准。

6.1.1　社会经济发展情景

云贵地区各市州人口增长预期速度设定为6‰左右，城镇化率以2020年达到50%作为硬约束。到2015年和2020年，云贵两省总人口将达到8 310万人、8 545万人，分别比2010年增长2.8%、5.7%。云南城镇化率从2010年的34.8%分别提高到45.0%、50.0%，贵州城镇化率从2010年的33.8%分别提高到40.0%、50.0%。

2015年、2020年，云南省GDP预期将达到1.4万亿元、2.3万亿元，年均增长10%以上。2015年、2020年，贵州省GDP预期将达到1.0万亿元、1.8万亿元，年均增长12%左右。

6.1.2　重点产业发展情景

预测水平年内云贵地区工业仍将保持快速增长态势，是区域经济发展的主要推动力。2015年、2020年，云贵地区工业总产值预期将达到1.1万亿元、1.8万亿元，分别比2010年提高1.2倍、2.6倍。云南第二产业比重从2010年的44.7%分别调整为46.0%、44.0%，贵州第二产业比重从2010年的39.1%分别提高到45.0%、45.0%。2020年，云贵各市州工业总产值普遍比2010年增长3倍以上，个别市州工业总产值将增长6倍以上。

预测水平年内云贵地区仍将处于重化工业发展阶段，重点产业产值、主要产品产量均呈较快上升趋势(见表1-13)。其中，煤炭工业中所占比重持续提高，烟草工业所占比重将下降，云南有色冶金、钢铁、电力、化工等行业，贵州电力、食品加工、化工等行业仍将占较大比重。

表1-13　云贵地区重点产业发展情景与现状产值对比

重点产业（现状产值为1）	云南		贵州	
	2015年	2020年	2015年	2020年
煤炭	4.5	12.5	3.8	9.1
钢铁	2.4	4.2	2.2	3.7
有色	2.5	4.4	2.0	3.2
电力	2.4	4.2	2.4	4.6
装备	2.3	4.0	2.1	3.6
化工	2.4	4.2	2.0	3.2
建材	2.9	5.9	2.6	4.7
食品	2.4	4.5	3.2	6.8
烟草	1.6	2.1	1.9	2.8
造纸	1.8	2.7	2.3	3.9

6.1.3　资源环境效率水平

综合考虑云贵地区经济和生态战略地位、重点产业发展基础、技术进步、环境保护要求等因素，基础情景设定资源环境效率水平的总体原则为：2015 年资源环境效率水平应达到 2010 年国内先进水平，2020 年应力争达到 2010 年国内最优水平。

能源利用效率变化采用国家“十二五”期间节能目标，到 2015 年云贵地区单位 GDP 能耗比 2010 年下降 15%，到 2020 年单位 GDP 能耗水平比 2015 年再降低 15%。

云贵地区水资源利用效率普遍不高。综合对比水利和环保部门关于工业行业用水、排水数据，以现状云贵两省及各市州工业用水总量作为约束，确定 2015 年、2020 年重点产业单位工业产值用水量分别比现状降低 30%、60%。2015 年，单位工业产值 COD 排放强度分别比现状提高 25% ～ 70%，氨氮排放强度提高 30% ～ 80%；2020 年比 2015 年 COD 排放强度提高 30% ～ 60%，氨氮排放强度提高 40% ～ 70%。

云贵地区主要大气污染物排放强度较高，重点产业污染排放强度水平还有较大提升空间。综合考虑重点产业现状排放水平、全国平均水平与先进效率水平，确定重点产业主要污染物排放强度下降幅度。2015 年单位工业产值大气污染排放强度比现状提高 40% ～ 80%，2020 年相比 2015 年再提高 30% ～ 70%。

6.2 土地承载力与影响预测

6.2.1 可利用坝区土地资源难以支撑未来城镇与工业用地需求

根据云贵地区未来人口规模、城市用地分类与规划建设用地标准、中国建筑气候区划标准等，参照人均居住用地现状，测算 2015 年和 2020 年城市居住用地需求。根据未来工业产值增长及工业投资强度指标，测算 2015 年和 2020 年工业用地需求。预测结果表明，2015 年、2020 年云贵两省新增土地需求分别为 815.7 km^2、2 887.3 km^2。其中，云南新增土地分别为 418.2 km^2 和 1 568.9 km^2，用地需求略大于贵州。

云贵地区工业用地需求扩张迅速，工业发展土地需求量占 2015 年和 2020 年总用地需求量比例分别为 69%、85%。云南省昆明、曲靖、红河，以及贵州省贵阳、六盘水、毕节、遵义等 7 个市州土地需求量占两省土地需求量的一半以上，其中曲靖和六盘水土地需求较大，均占云南、贵州土地需求量的 20% 以上。

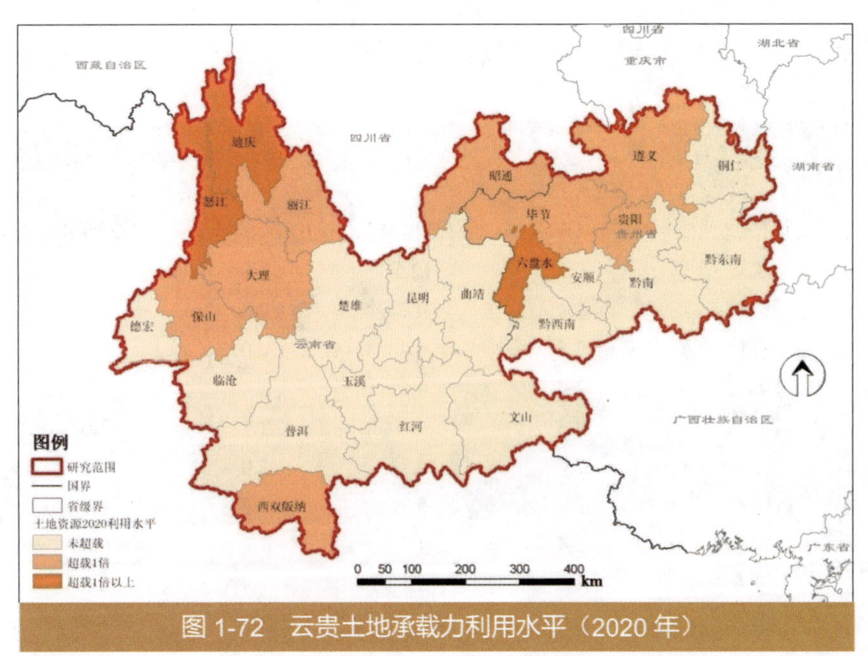

图 1-72 云贵土地承载力利用水平（2020 年）

对比云贵两省未来土地需求与适宜建设的可利用坝区面积，2015 年云贵两省土地承载力基本可以满足需求，仅迪庆、怒江、丽江和六盘水等 4 个市州土地承载力超载。2020 年，土地供需矛盾增大，云南省土地承载力利用水平超过 90%，贵州省土地承载力整体上超载。云贵两省怒江、迪庆、六盘水等 10 个市州土地资源超载，其中云南土地供需矛盾主要集中在滇西北地区，可利用坝区面积较少，土地承载力利用水平为 132%。贵州省土地供需矛盾主要集中于毕水兴地区，土地需求超过其可利用坝区面积的 1 ～ 3 倍，其中六盘水土地超载近 9 倍（见图 1-72）。

如将可利用坝区条件放宽至坡度 25° 以下、面积在 8 km^2 以上的土地斑块，2020 年云贵两省的土地需求占坝区面积的 8%，发展空间较大，怒江、迪庆和六盘水的土地资源约束相对严格。

6.2.2　城镇工业上山与低丘缓坡开发对山地局部生态环境造成影响

立足于云贵地区山地、丘陵多，平坝地少，用地发展空间受限，又处于城镇化和工业化加速发展阶段的现实情况，为了保护平坝地区的耕地，应对土地资源紧缺的难题，云南和贵州相继提出“城市上山、工业上山”和“向山要地，开发低丘缓坡”的土地开发利用战略。

综合考虑土地利用类型、地形因素、自然灾害因素、生态制约因素及区位因素，结合可开发利用坝区分析，选取坡度为 8° ～ 15°，海拔在 2 500 m 以下，且不处于生态红线、黄线区域，山体滑坡、泥石流、地震、石漠化等高灾害风险的区域，作为云贵地区未来坝区周边山地“适宜上山区域”，其中生态环境约束较小的区域为“优先上山区域”（见图 1-73）。

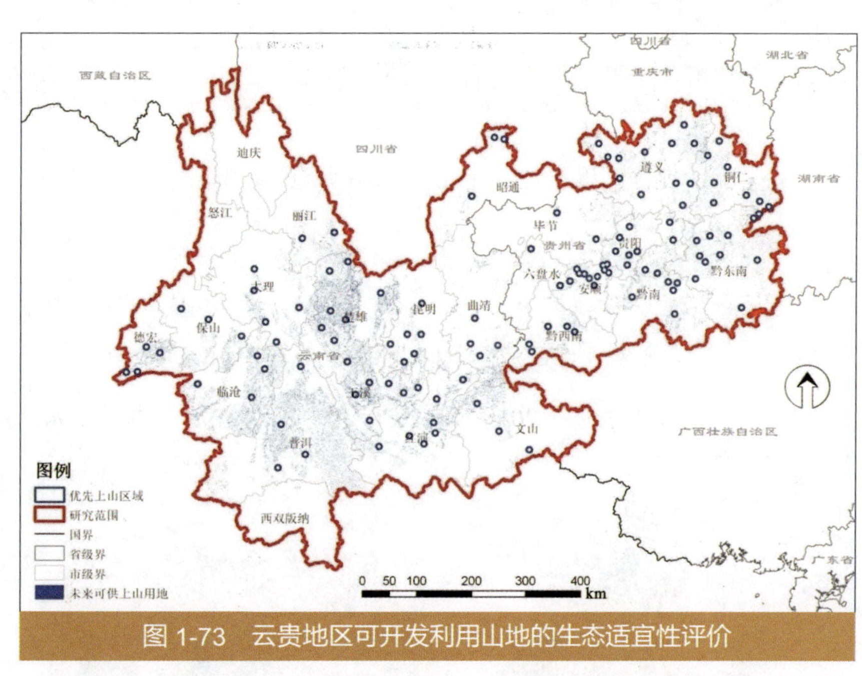

图 1-73　云贵地区可开发利用山地的生态适宜性评价

未来云贵地区适宜开发区域的山地面积为 4 336.7 km^2（地块面积 ≥ 0.1 km^2），其中云南昆明、楚雄、玉溪、红河及大理等 5 个市州适宜上山区域较多，丽江、文山及昭通适宜上山的土地空间较少，迪庆、怒江、西双版纳没有适宜上山的土地空间。贵州省除六盘水、毕节之外的市州均有连片的较大面积适宜开发山地区域，未来土地利用空间相对较大。

将可开发山地、低丘缓坡的生态适宜性与目前云贵两省已经开展“工业上山”“城镇上山”的综合试点工程县相比较，分析已开展的试点工程在空间选址上的合理性。进一步结合 2020 年云贵地区土地需求预测结果，对云贵地区“上山”战略的合理性进行分析评估。

云贵两省目前已开展“城镇上山”“工业上山”的试点县有 56 个（见图 1-74），其中有 27 个县域范围内没有“优先上山区域”的空间布局，分别为松桃苗族自治县、彝良县、丽江纳西族自治县、金沙县、大方县、织金县、宣威市、鹤庆县、剑川县、东川区、云龙县、宾川县、富源县、大理市、永平县、马龙县、富民县、弥渡县、嵩明县、宜良县、石林彝族自治县、富宁县、沧源佤族自治县、澜沧拉祜族自治县、马关县、孟连傣族拉祜族佤族自治县、

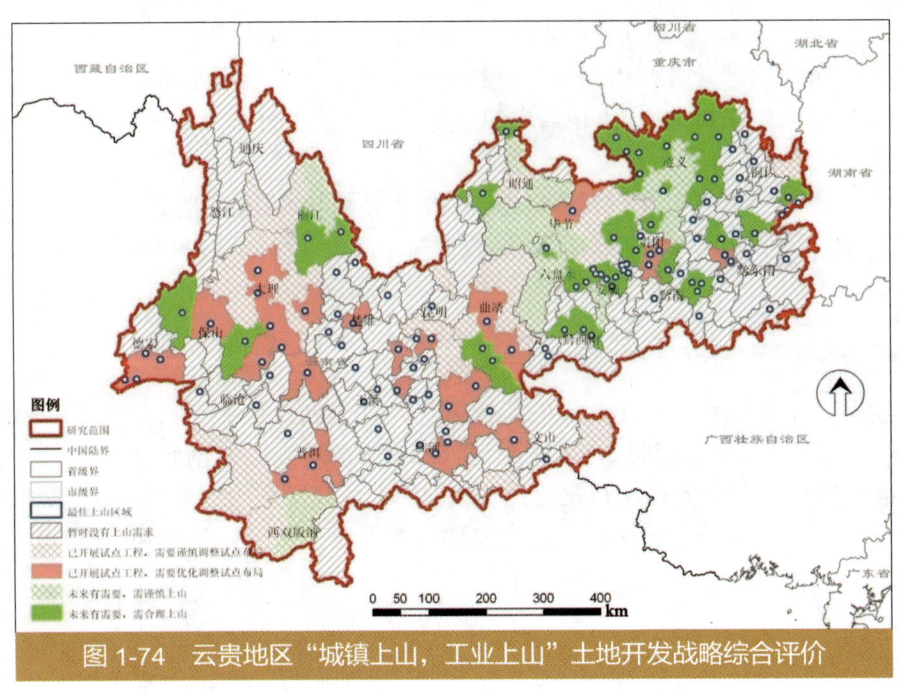

图 1-74 云贵地区“城镇上山，工业上山”土地开发战略综合评价

勐海县，建议以上县市应调整山地和低丘缓坡开发战略。对于部分坝区内可供开发的土地资源紧缺的地区，如云南丽江、昭通、保山、大理、迪庆、怒江，及贵州省的贵阳、毕节、遵义、六盘水，在未来规划开展“城镇上山”“工业上山”试点工程的过程中，要综合考虑生态适宜性评价结果，进行合理科学的空间布局，在其中有适宜上山的地区，尽量将其布局在“优先上山区域”，对于不覆盖“优先上山区域”的地区要根据当地实际情况，有序适度推进“上山”战略实施。

6.3 水资源承载力与影响预测

6.3.1 “十二五”期间区域需水量快速增加

预测表明，2015 年、2020 年云贵两省需水量为 394.8 亿 m^3、387.3 亿 m^3。“十二五”末期需水量比 2010 年增加 59.3%，“十三五”末期需水量比 2015 年略有降低。云南省 2015 年、2020 年需水量分别为 223.9 亿 m^3、212.3 亿 m^3，增幅分别为 52.9%、45.0%。贵州省用水需求增长快于云南省，2015 年和 2020 年需水量相对 2010 年分别增加了 68.4% 和 72.4%。

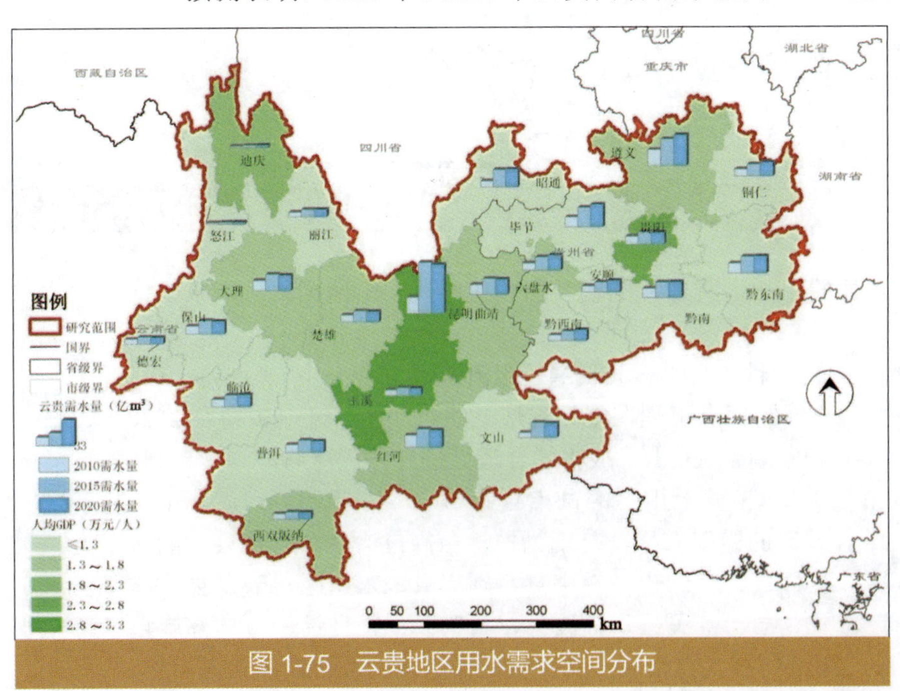

图 1-75 云贵地区用水需求空间分布

云贵地区未来需水量空间分布仍较集中（见图 1-75）。云南滇中经济区和沿边经济带需水量均占到省内需水量的近 40%。滇东

北需水量增幅最大，2020 年相对 2010 年需水量增长近 2 倍；滇中经济区用水需求增长超过 1 倍。贵州黔中经济区需水总量超过了贵州省的一半，黔北经济区所占的比例不到 10%。黔西毕水兴地区 2015 年和 2020 年需水量相对 2010 年分别增加了 85.0% 和 112.9%，是贵州省增幅最大的区域。

云贵地区未来用水需求主要集中于生产用水，占区域需水总量的比重始终超过 87%。贵州省生产需水增长较快，2015 年和 2020 年相对 2010 年分别增加 79.9% 和 81.2%。生态环境需水缓慢增加，2020 年占区域总需水量的 2.3%，比 2010 年提高了 0.5 个百分点。

云贵地区重点产业未来需水量增速快、增幅较大。2015 年和 2020 年，区域 10 个重点产业的工业需水量将分别达到 93.9 亿 m^3 和 107.5 亿 m^3，增幅分别达到了 57.7% 和 80.7%。其中，云南省重点产业需水量增幅分别达到了 75.1% 和 96.8%，贵州省重点产业需水量增幅分别为 60.2% 和 86.8%，均高于生产需水增长幅度。重点产业中用水需求较为集中。云南重点需水行业是煤炭、食品、钢铁、化工，4 个行业需水量占重点产业的 70%；贵州重点需水行业为煤炭行业，2020 年将占重点产业需水量的一半以上。曲靖、玉溪、昆明、毕节、楚雄、六盘水、黔西南和贵阳等 8 个市州重点产业新增需水量占总的新增需水量的比例超过 60%。

表 1-14　云贵地区水资源承载力利用水平变化

区域	2010 年	2015 年	2020 年
云贵地区	39%	62%	60%
云南省	30%	46%	44%
滇中经济区	68%	149%	142%
沿边经济带	25%	41%	39%
滇西北产业区	18%	28%	27%
滇东北产业区	57%	163%	167%
贵州省	64%	107%	110%
黔中经济区	65%	107%	114%
黔西经济区	69%	127%	146%
黔北产业区	46%	79%	91%

6.3.2　重点地区用水紧张态势趋于严重

云贵地区可开发利用水资源量为 641.3 亿 m^3，其中云南省为 481.6 m^3。根据用水需求预测，2015 年和 2020 年，云南水资源承载力利用水平均低于 50%，贵州省水资源承载力分别超载 7% 和 10%（见表 1-14）。2010 年，云南滇中、滇东北地区以及贵州黔中经济区、毕水兴地区水资源利用均未超载，但 2020 年均出现超载，超载水平分别为 42%、67%、14% 和 46%。云南昆明、玉溪、昭通、红河、大理等 5 个市州，以及贵州贵阳、六盘水、遵义、安顺、黔西南、毕节等 6 个市州未来十年持续缺水，其中昆明水资源需求超过可开发利用水资源供给的 3 倍以上，水资源承载能力严重不足（见图 1-76）。

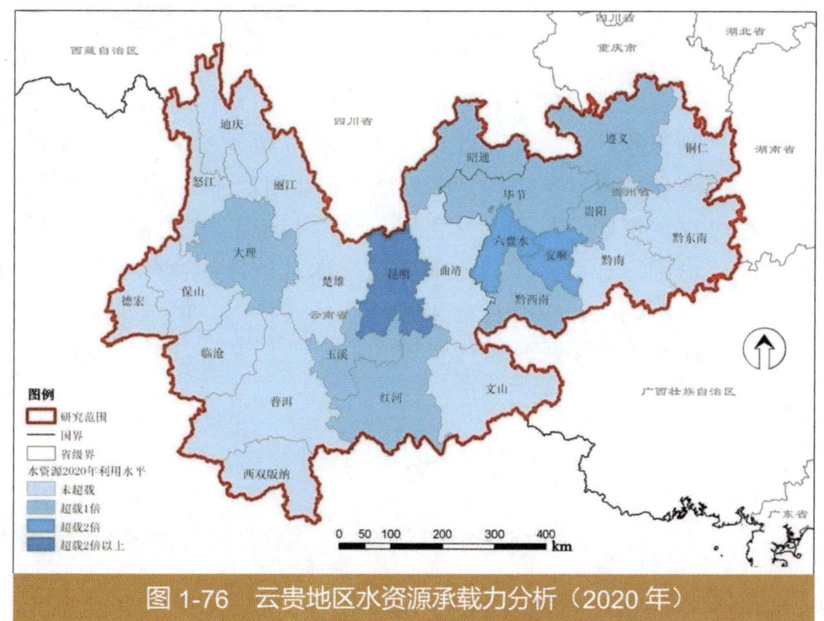

图 1-76　云贵地区水资源承载力分析（2020 年）

6.3.3 气候变化及人类活动加剧区域用水风险

通过对过去60年的降水分析，云贵两省近十年水资源量偏少，处于干旱周期的特征明显，未来两省经济社会发展可能受到干旱等气候条件的影响。根据过去60年的降水周期性及周期内不同时期水资源量的特点，预测气候因素下枯水年的可供水量。2015年云南省供水量将减少22亿m^3，2020年减少28亿m^3，贵州省2015年将减少约21亿m^3，2020年将减少26亿m^3。对比发现，气候因素对可供水量的影响程度在10%以上，安顺市甚至高达18%，六盘水、黔西南、曲靖等市州影响程度约为15%，文山州、黔东南约为13%，其他市州气候因素对可供水资源量的影响程度多在11%左右。未来云贵两省水资源开发利用应充分考虑气候因素可能带来的水资源短缺风险。

以“城镇上山”背景下的土地利用情景为基础，在保证气象条件不变的条件下，运用SWAT模型模拟2020年滇中、黔中两个重点经济区的径流量变化。结果表明，局部地区林地、耕地、草地转变为城镇和工业建设用地，总体上将造成滇中及黔中经济区汛期径流量增加，非汛期径流量减少，因而将加大汛期防汛工作的压力，加重非汛期水资源供需矛盾。汛期与非汛期的径流量差距进一步增大的影响在滇中经济区表现更为明显（见图1-77），汛期径流量将增加10.6%，非汛期径流量将减少5.4%。

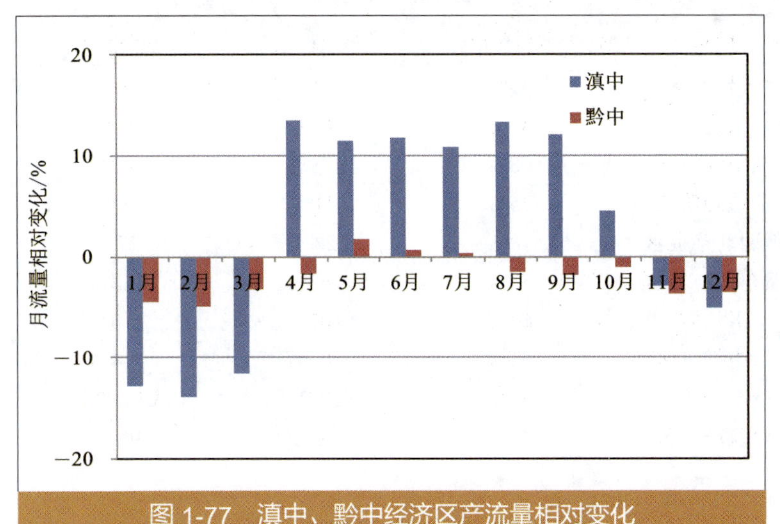

图1-77 滇中、黔中经济区产流量相对变化

从水土保持来看，滇中经济区东部土壤涵养能力进一步减少，西部也有减少趋势，影响最大地区土壤涵养水源能力将降低47%。黔中经济区北部与东南部地区涵养能力呈降低趋势，最大降幅可达12%。

云贵两省未来长距离调水和大规模水电开发强度持续增加，重点流域水资源开发的累积生态风险将明显加剧。对滇中调水工程及黔中水利枢纽建设工程等重点水利工程，迪庆、丽江、遵义等水资源调出区，水资源量的减少将造成河道过流条件恶化、生态环境用水不足等诸多问题，破坏河口生态系统；对于丽江、大理、楚雄、昆明、玉溪、红河，以及贵阳、安顺、六盘水、黔南和毕节等线路经过区域及水资源的调入区，大量土地资源的占用将加剧水土流失的风险，水文条件的变化可能对原有的洼淀和湖库蓄水、生态等造成影响，同时，也存在污染输入、疾病传入、河流原有水生环境破坏等风险。此外，大型调水工程等水利工程建设投资较大，涉及大规模、大范围移民等问题。

6.4 水环境影响预测

6.4.1 污染物排放量减少，重点产业污染排放比重仍较高

预测结果表明，2015年、2020年云贵两省点源COD排放量为63.6万t、61.3万t，较

2010 年分别降低 16.5% 和 19.5%；氨氮排放量分别较现状年削减 30.0%、25.4%。与 2010 年相比，云贵两省工业污染物排放量均有一定幅度增加，生活源排放量则大幅降低，到 2020 年生活源排放 COD 和氨氮分别降低 34.6%、29.1%（见表 1-15）。

表 1-15 云贵地区点源污染物排放量预测 单位：万 t

年份	云南省 COD		贵州省 COD		云南省氨氮		贵州省氨氮	
	工业	生活	工业	生活	工业	生活	工业	生活
2010	17.1	30.9	6.0	22.1	0.5	4.1	0.3	2.9
2015	18.1	22.6	9.1	13.7	0.6	2.8	0.3	1.8
2020	15.9	21.4	10.7	13.3	0.5	2.9	0.4	2.1

云贵两省工业 COD 排放量占总量比例将从 2010 年的 35.6% 增长到 2015 年的 44.5%，到 2020 年又小幅度下降至 42.6%。工业氨氮排放量占总量比例将从 2010 年的 11.3% 增长到 2015 年的 17.8%，到 2020 年小幅度下降至 15.2%。

云贵地区水污染物排放空间分布特征与 2010 年相比变化不大。云南沿边经济带污染物排放量最大，其次为滇中经济区，两地区 COD 及氨氮排放量占云南全省排放量比例超过 80%。贵州省污染物排放集中于黔中经济区，COD 及氨氮排放量占全省排放量比例始终在 55% 以上。

2020 年，云南省重点产业排放 COD 和氨氮将分别达到 13.1 万 t 和 0.4 万 t，分别占当年全部工业排放量的 82.5% 和 82.1%。2020 年，贵州省重点产业排放 COD 和氨氮分别占当年全省工业排放量的 77.2% 和 81.3%。

综合分析对预测水平年水环境影响较大的重点产业和市州，2015 年及 2020 年影响云南省水环境的市州和行业包括临沧、保山、德宏、普洱、曲靖、文山等 6 市州的食品加工业以及红河、曲靖、昆明和楚雄的化工行业；对贵州省水污染贡献大的分别是遵义和铜仁的食品加工业，毕节和六盘水的煤炭工业以及黔西南、黔东南和安顺的化工行业。

6.4.2 水环境承载压力降低，但部分地区水环境仍将超载

与总量减排目标值相比较，2015 年云贵两省均能完成 COD、氨氮减排任务。但云南昆明、曲靖、玉溪、昭通、丽江、楚雄和迪庆等 7 个市州，以及贵州六盘水、遵义、铜仁和黔南州等 4 个市州实现 COD 总量减排任务难度较大；云南玉溪、昭通、丽江和楚雄等 4 个市州，以及贵州贵阳和六盘水实现氨氮排放总量削减目标难度较大，预测污染排放量与目标值的差距均接近 30%。如到 2020 年，仍然执行当前目标总量管理模式，上述市州进一步削减水污染物排放总量的难度依然存在。

根据云贵地区多年水文条件，考虑河流水质达到相应河段的水质功能区划目标，兼顾境内自产水水质、外调水水质要求，测算云南 COD 水体承载力为 42 万～ 44 万 t，氨氮水体承载力为 3.7 万～ 4.0 万 t；贵州省 COD 水体环境承载力为 27.2 万 t，氨氮水体承载力为 3.0 万 t。

相比较而言，2015 年和 2020 年云贵两省 COD 和氨氮预测排放量均可控制在允许排放量范围内（见表 1-16），水环境承载压力较 2010 年有所降低。除滇中经济区外，评价子区域均能满足允许排放量的要求。但是，有 44% 的市州 COD 和氨氮排放量均超出允许排放量。2020 年水体 COD 超载的地区包括昆明、曲靖、玉溪、丽江和迪庆，六盘水、遵义，其中，昆明和六盘水 COD 排放量超出水环境承载力的 38% 和 41%。曲靖、红河、六盘水和黔西南的氨

表 1-16 云贵地区水环境承载力利用水平变化

区域	2010 年		2015 年		2020 年	
	COD	氨氮	COD	氨氮	COD	氨氮
云贵地区	93%	104%	90%	79%	88%	87%
云南省	99%	121%	94%	86%	89%	92%
滇中经济区	152%	243%	109%	89%	117%	98%
沿边经济带	90%	85%	89%	86%	80%	91%
滇西北产业区	66%	103%	82%	78%	77%	76%
滇东北产业区	88%	121%	96%	82%	82%	92%
贵州省	84%	86%	84%	71%	88%	81%
黔中经济区	72%	76%	82%	72%	85%	78%
黔西经济区	107%	107%	97%	72%	97%	84%
黔北产业区	100%	103%	71%	65%	82%	87%

氮排放量分别超载 6%、2%、13% 和 6%。其中，滇中调水工程实施后，曲靖水环境承载力将进一步下降，水质超标风险还可能增大；黔中调水工程实施后，水资源调出区遵义局部地区水环境质量达标将受到一定影响。昆明市滇池—普渡河流域水质仍将存在一定的超标现象，滇池、异龙湖等高原湖泊的污染程度和富营养化水平均有所降低但仍无法实现稳定达标。

比较水环境承载力和总量减排目标值，总体上看云南省氨氮控制应进一步收紧，贵州省 COD、氨氮控制可小幅放松。如基于容量总量控制，则云贵两省均需调整现有“十二五”COD、氨氮总量减排分配方案，水环境不超载的市州可适当增加排放量，超载水平低的市州按环境承载力削减现有污染排放量，超载严重的市州大幅削减污染排放量、逐步降低水环境超载倍数，实现总量减排与质量改善的有机关联，保证水质达标率逐步提高。

6.5 大气环境影响预测

6.5.1 能源需求大幅增加，2020 年可基本实现节能目标

2015 年、2020 年云南终端能源需求将达 14 207 万 t 标煤、17 618 万 t 标煤，分别是 2010 年的 1.6 倍和 2.0 倍。贵州终端能源需求将达到 13 196 万 t 标煤、17 284 万 t 标煤，分别为 2010 年的 1.6 倍、2.1 倍。“十二五”期间，云贵两省在能源需求增速较快，年均增速均超过 10%，主要是受第二产业能源需求大幅增长的影响。从能源需求分部门结构看，云贵两省终端能源消费需求仍以第二产业为主，2020 年第二产业能源需求比重将超过 75%。

云贵两省重点产业能源需求量持续上升。2015 年、2020 年云南省重点产业能源需求将分别达到 10 602 万 t 标煤、12 801 万 t 标煤，是 2010 年的 1.7 倍、2.0 倍。贵州省 2015 年、2020 年重点产业能源需求将分别达到 9 661 万 t 标煤、12 727 万 t 标煤，是 2010 年的 1.9 倍、2.5 倍。钢铁、化工、建材、有色、煤炭、电力等六大行业占重点产业能源需求总量的比重超过 97%。

未来能源需求较高的市州主要为昆明、曲靖、红河、玉溪、六盘水、毕节、贵阳、黔南、遵义等 9 个市州（见图 1-78），预计 2015 年和 2020 年能源需求量将占云贵地区的 75% 以上。“十二五”期间，云南省昆明、曲靖能源需求增长较快，2015 年能源需求量分别是其 2010 年的 2.3 倍、2.0 倍；2015 年，贵州省黔南、贵阳能源需求量将分别达到其 2010 年的 1.8 倍、1.6 倍。

根据云贵两省“十二五”规划，2015 年万元 GDP 能耗要比 2010 年下降 15%，云贵两省应分别达到 1.2 t 标煤 / 万元（2005 年可比价，等价热值，下同）、1.9 t 标煤 / 万元。国

家“十二五”规划提出 2020 年万元 GDP 二氧化碳排放应比 2005 年下降 40% ～ 45%。预计云贵两省 2020 年单位 GDP 能耗将分别下降至 0.96 t 标煤 / 万元、1.55 t 标煤 / 万元。

预测结果表明，2015 年云贵两省单位 GDP 能耗将分别下降至 1.2 t 标煤 / 万元、1.6 t 标煤 / 万元，2020 年继续下降到 0.94 t 标煤 / 万元和 1.20 t 标煤 / 万元，均可实现国家节能目标。但是，云南曲靖、楚雄、红河、保山、昭通等 5 个市州，以及贵州省贵阳、遵义、毕节等 3 个市州重化工业增长过快，万元 GDP 能耗预测值较高，实现“十二五”节能目标值的难度较大。

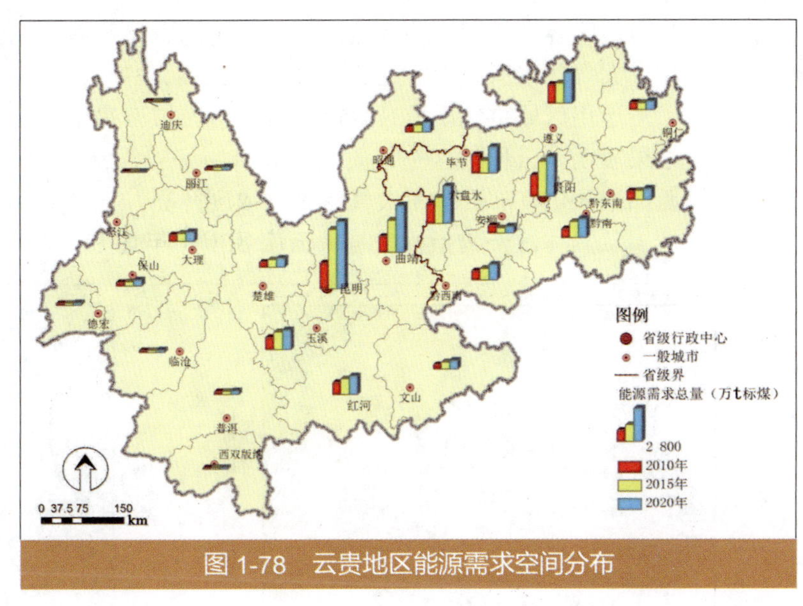

图 1-78 云贵地区能源需求空间分布

6.5.2 污染物排放量逐步降低，区域性和结构性污染依然严重

预测表明，2015 年和 2020 年云南省 SO_2 排放量为 65.6 万 t、61.4 万 t，相比 2010 年分别降低 6.7% 和 12.8%；氮氧化物排放量为 48.8 万 t 和 45.9 万 t，比 2010 年分别降低 6.1% 和 11.7%。2015 年、2020 年，贵州省 SO_2 排放量为 104.2 万 t、89.0 万 t，比 2010 年分别降低 7.4% 和 14.2%；氮氧化物排放量为 42.2 万 t 和 34.4 万 t，比 2010 年分别降低 13.9% 和 26.0%。

滇东北和滇西北地区大气污染物排放量与 2010 年基本持平，其他区域大气污染物排放量均有所减少，其中黔西地区降低幅度最大。云南滇中、沿边经济带仍为省内大气污染物主要排放区域，排放量占云南省比例超过 85%。贵州省黔中、黔西地区排放量均超过全省 90%。与现状大气污染排放空间分布相似，预测年内污染排放较大的市州仍为昆明、曲靖、红河、贵阳、遵义、毕节和六盘水等 7 个市州，云南西双版纳、丽江、迪庆、怒江等 4 个市州的污染排放量较小，2020 年 SO_2 和氮氧化物排放量均不足 1 万 t。

重点产业对大气污染物排放贡献仍较高。2015 年云贵两省重点产业排放的 SO_2 和氮氧化物为 147.0 万 t 和 66.0 万 t，分别占全社会排放的 86% 和 75%；2020 年重点产业排放 SO_2 和氮氧化物占全社会比重分别提高为 91% 和 76%。大气污染物排放仍主要集中于电力、化工、建材、钢铁和有色等 5 个行业，排放 SO_2 占工业排放量比重超过 91%，氮氧化物超过 96%。其中，电力行业排放 SO_2、氮氧化物量最大，2020 年其对云贵两省排放 SO_2 污染负荷比分别达到 40.7% 和 72.8%，排放氮氧化物污染负荷比分别达到 54.1% 和 80.4%。

6.5.3 环境承载压力降低，大气常规污染有所好转

云贵两省 2015 年、2020 年排放 SO_2、氮氧化物均未超过其大气环境容量，大气环境承载压力逐步降低（见表 1-17）。滇东北及黔中地区仍然存在 SO_2 超载问题，其中云南昭通，贵州遵义、黔西南、黔东南和黔南等 5 个市州的 SO_2 排放量始终超出大气环境容量，昭通、遵义超载比例均超过 60%。对于氮氧化物而言，滇中地区容量利用率较高，已接近饱和状态，

其他地区容量利用率均较低，还有一定的容量承载空间。2015 年、2020 年昆明氮氧化物排放超过大气环境承载力的比例分别达到 50%、39%。

运用区域空气质量NAQPMS模式，模拟云贵地区预测年空气污染物浓度分布（见图 1-79）。结果表明，云贵地区空气质量整体有所好转，常规污染物浓度超标范围均有所减少，但贵州西部地区仍有部分市州大气污染物浓度升高，甚至局部出现超标。

从具体污染物指标来看，云南各市州年均 SO_2 浓度均处于国家二级标准范围内，预测年

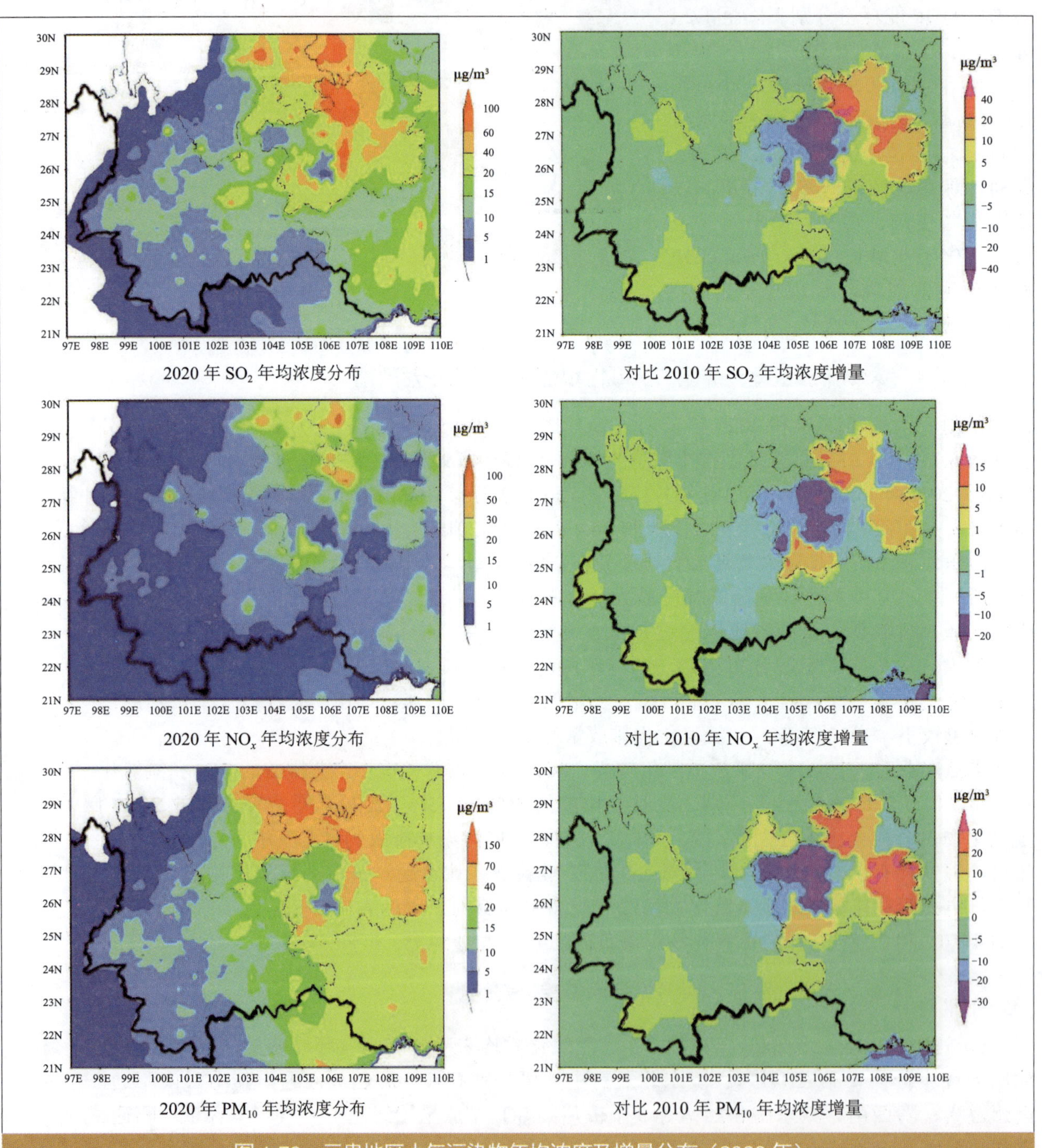

图 1-79 云贵地区大气污染物年均浓度及增量分布（2020 年）

表 1-17　云贵地区大气承载力利用水平预测

区域	2010 年		2015 年		2020 年	
	SO_2	氮氧化物	SO_2	氮氧化物	SO_2	氮氧化物
云贵地区	91%	72%	82%	65%	73%	57%
云南省	79%	74%	73%	70%	69%	66%
滇中经济区	91%	96%	82%	88%	75%	81%
沿边经济带	62%	59%	59%	56%	57%	54%
滇西北产业区	56%	56%	56%	56%	56%	56%
滇东北产业区	152%	36%	159%	36%	167%	36%
贵州省	100%	70%	89%	60%	76%	49%
黔中经济区	101%	68%	101%	69%	92%	62%
黔西经济区	98%	77%	78%	60%	61%	45%
黔北产业区	99%	42%	89%	28%	79%	18%

没有出现超标的现象；2015 年贵州中部和北部大部分地区处于红色警戒范围内，年均 SO_2 浓度最高超过国家二级标准 58.3%。2020 年云南西北部和贵州西部，年均 SO_2 浓度明显降低，超标范围减少。贵州中北部地区年均氮氧化物浓度出现超标。2015 年云南东部的年均氮氧化物浓度较 2010 年降低超过 30%，2020 年贵州西部的年均氮氧化物浓度较 2010 年降低超过 50%。2015 年贵州东部地区年均 PM_{10} 浓度较现状年略有增加，云南东部和贵州西部年均 PM_{10} 浓度较现状年有明显下降，至 2020 年降至更低水平，空气质量优良，但黔中地区仍有部分城市大气环境超标。

6.5.4　酸雨问题依然严重，区域光化学烟雾、灰霾污染不容忽视

目前，云贵两省酸雨较为严重，未来电力工业规模还将进一步扩大，致酸前体物浓度不会出现明显下降，加之氮氧化物等酸性污染物的贡献，可以预计云贵地区区域性的酸雨问题仍将难以得到有效控制。

2010 年，云贵地区 O_3 浓度维持在 80 ～ 120 μg/m³。随着产业发展、机动车排放增加，

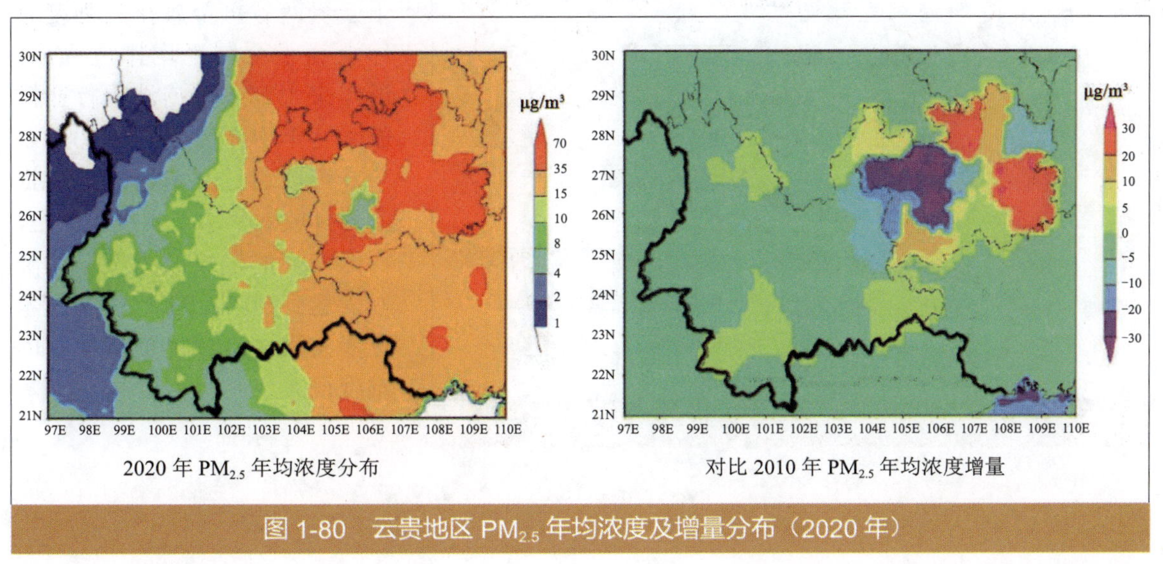

图 1-80　云贵地区 $PM_{2.5}$ 年均浓度及增量分布（2020 年）

大气氧化性增强，O_3浓度有进一步增加的趋势。由于夏季和秋季温度较高，日照充分，光化学反应较为活跃，因此，云贵地区在夏季和秋季存在O_3浓度超标风险，可能出现光化学烟雾污染问题。

2010年云贵两省$PM_{2.5}$卫星资料反演浓度为0.02～0.03 mg/m³，已接近国家环境质量二级标准的限值0.035 mg/m³。2020年模拟预测结果表明，云贵地区$PM_{2.5}$浓度仍将维持较高水平（见图1-80），昭通、遵义、黔东南和黔西南等市州年均$PM_{2.5}$浓度严重超标，灰霾污染不容忽视。相比之下，六盘水、毕节的年均$PM_{2.5}$浓度较2010年有较大幅度下降。

6.6 重金属污染趋势变化与影响预测

6.6.1 废水中重金属排放可以基本满足基于水质达标的允许排放量要求

综合考虑云贵地区重金属排放现状、河流断面水质重金属污染现状，以及国家重金属污染综合防治“十二五”规划要求，确定云贵两省2015年各市州基于水质达标的工业废水中主要重金属的最大允许排放量（见图1-81）。其中，昆明、红河、文山、怒江、曲靖，黔西南、黔南等市州重金属允许排放量相对较大。

2015年，云南省工业废水中铅、汞、镉、铬、砷排放量分别控制为16.0 t、0.1 t、2.2 t、0.07 t、10.9 t，贵州省工业废水中铅、汞、镉、铬、砷排放量分别控制为1.2 t、0.01 t、0.1 t、0.5 t、1.0 t。与2010年相比，云南省铅、汞、镉、铬、砷排放量削减比例分别为23%、21%、21%、8%、19%，贵州省削减比例应分别达到47%、7%、61%、46%、46%。

基于废水中重金属最大允许排放量和重点产业发展情景，测算重金属排放强度。2015年，云南省汞、镉、铬、铅、砷的排放强度要分别降低至2010年的34%、33%、26%、35%、32%，贵州省2015年汞、镉、铬、铅的排放强度要分别降低至2010年的39%、14%、25%、25%。2020年，保证云贵两省重金属的排放效率不降低。由于云贵两省重金属排放强度总体上高于全国平均排放强度，近年来大部分市州涉重行业排放强度年均降幅基本在30%以下，可以通过技术进步提高行业的排放效率水平实现。但是，黔西南州的镉排放强度年均降幅需达到50%以上，仅靠技术进步实现重金属排放量控制的难度很大。

图1-81 云贵两省废水中重金属最大允许排放量空间分布

6.6.2　重点行业可以实现废气中重金属排放量不增加，但部分市州增幅较大

在燃煤废气治理措施采用先进工艺、有色冶金等行业逐步淘汰落后生产工艺、新增产能全部采用先进生产工艺的前提下，结合社会经济和重点产业发展情景，估算未来大气重金属排放量。2020 年，大气重金属排放量仍将主要集中于红河、昆明、曲靖、六盘水、毕节、遵义等市州，铅、汞、镉、砷等重金属排放量均超过 200 t，其中，铅排放量占重金属排放总量比例达 80%（见图 1-82）。

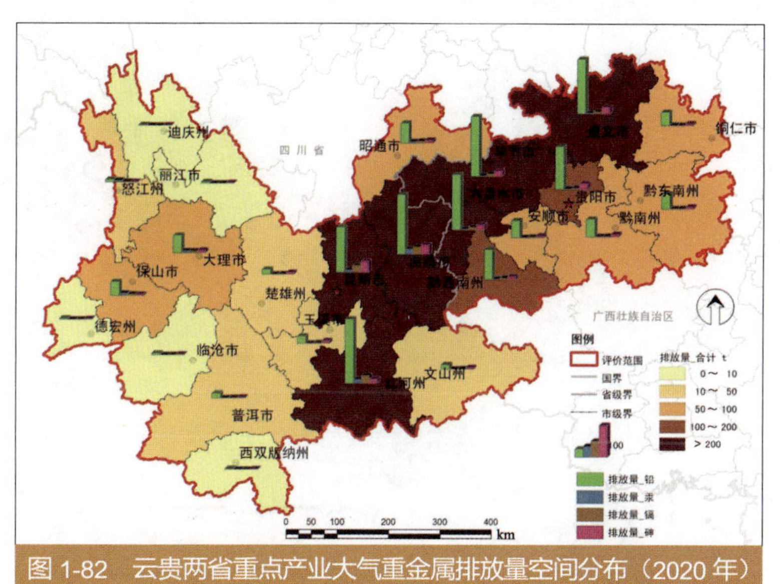

图 1-82　云贵两省重点产业大气重金属排放量空间分布（2020 年）

2020 年，云贵两省均能满足有色冶金、电力等重点排放行业废气重金属排放总量不增加，其中云南省重点行业的铅、镉、砷排放量呈减少趋势，贵州省重点行业的汞、镉排放量也略有减少。但部分市州大气重金属排放量增幅较快，发生重金属污染的风险增大。云南省昭通、保山、大理、怒江等 4 个市州的铅、汞、镉、砷等重金属排放量和占全省排放比重均较 2007 年有所增加。其中，2020 年保山的汞排放量达 2007 年的 5 倍以上，占全省汞排放量比重由 2% 上升至 10% 以上。贵州省六盘水的铅、汞、砷以及黔西南、黔南的铅、汞、镉、砷等重金属排放均较 2007 年有所增加。其中，六盘水重点产业废气中铅、镉、砷排放量约为 2007 年的 1.5 倍，占全省比重由不到 20% 升至约 30%。

2015 年云南省有色冶金行业（铅冶炼、锌冶炼、铜冶炼）单位产品重金属排放系数应降低到 2007 年的 30% ～ 70%，云南、贵州两省电力行业（火力发电）单位发电量铅、镉、砷等排放系数应降低到 2007 年的 40% 左右，汞排放系数应降低到 2007 年的 20% ～ 30%，才能满足重点行业废气中重金属排放总量不增加。2020 年云贵省有色冶金行业（铅冶炼、锌冶炼、铜冶炼）、电力行业（火力发电）单位产品重金属排放系数须在 2015 年水平上继续降低 15% ～ 35%。

6.6.3　局部地区土壤重金属累积性污染风险加大，重点地区风险水平较高

云南、贵州两省的有色冶金行业废气重金属排放量有所下降，过去受有色金属冶炼大气沉降影响的区域土壤重金属累积速度变缓，具体涉及云南红河、曲靖以及贵州毕节、六盘水等市州。但是，由于有色冶金行业规模扩张明显，通过自身淘汰落后产能腾让出的总量难以抵消新增产能的排放量，保山市有色冶金废气重金属排放明显增加，土壤累积污染风险区面积有所扩大。由于生产、生活等用煤量的增加，燃煤重金属排放总量持续增加，造成云贵地区土壤重金属累积性影响范围增大。受火力发电等燃煤排放影响，云南昭通、贵州六盘水等市州，土壤重金属累积范围增加明显。

综合考虑涉重行业产值占比、废气排放占比、危废堆存占比、废水允许排放量占比、重

金属大气沉降等因素，识别云贵地区重金属污染风险水平较高的区域（见图 1-83）。云南省重金属污染高风险市州仍为昆明、红河，较高风险市州为曲靖、文山。贵州省重金属污染高风险市州为黔南、毕节，较高风险市州包括铜仁、贵阳、黔东南。与 2010 年相比，云南省曲靖重金属污染风险水平略有降低。

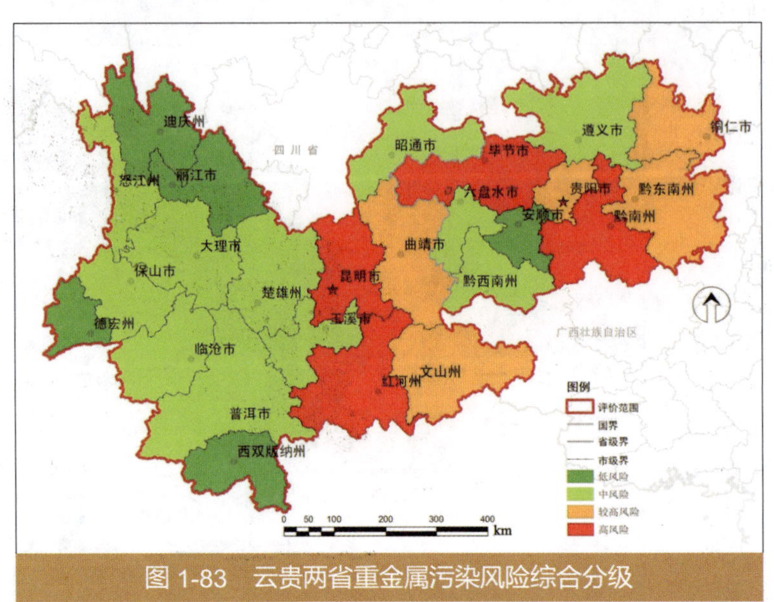

图 1-83 云贵两省重金属污染风险综合分级

通过模拟云贵地区大气中汞的沉降量分布情况（见图 1-84），2015 年和 2020 年云贵地区大气中汞沉降量分别比 2010 年降低 13.0% 和 13.4%。云贵地区汞沉降仍以干沉降为主，占总沉降量的 62% 左右。黔西南、六盘水、毕节、贵阳、遵义、昭通、曲靖等市州大气中汞沉降量相对较高，占区域总沉降量的 27% 以上，但年土壤汞累积增量不大，且云南省的整体累积增量小于贵州省。

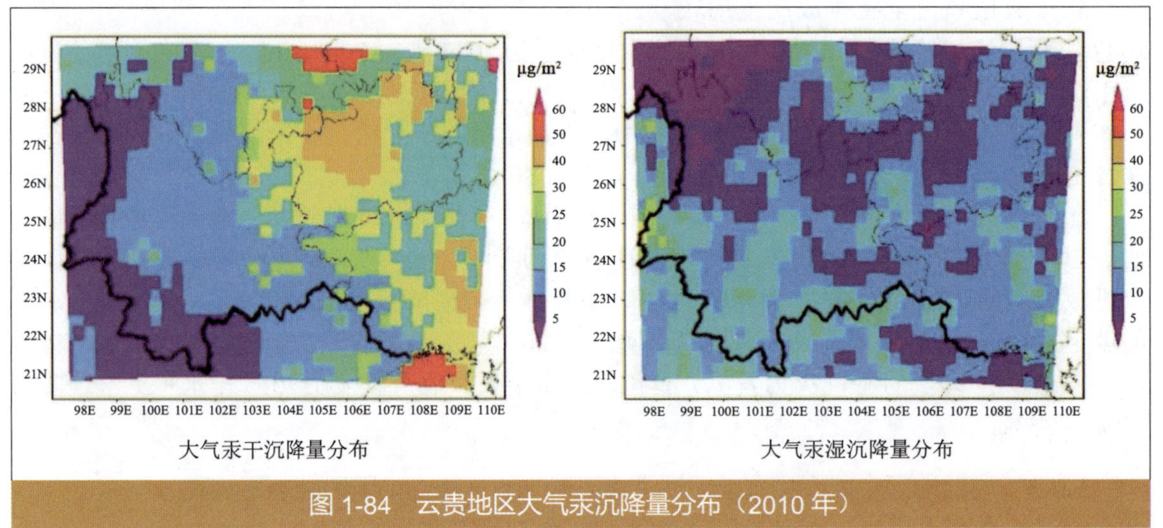

图 1-84 云贵地区大气汞沉降量分布（2010 年）

6.7 资源环境综合承载力利用水平预测

综合预测水平年土地资源、水资源、水环境承载力、大气环境容量的利用情况，2015 年和 2020 年云贵地区综合承载力利用水平分别为 78.4% 和 78.6%，较 2010 年有小幅增加（见表 1-18、附表 3）。受水土资源占用量增加与水和大气污染减排的综合影响，云南省资源环境综合承载力利用水平总体基本维持稳定，2015 年、2020 年分别为 72.8%、73.6%，均略低于 2010 年现状水平。由于水土资源需求量的大幅增加，贵州省资源环境综合承载压力增大，

2015 年和 2020 年综合承载力利用水平达到 90.9% 和 92.2%，较 2010 年水平有较大幅度提高，已接近资源环境承载能力的上限。

表 1-18　云贵地区资源环境综合承载力利用水平变化

区域	2010 年	2015 年	2020 年
云贵地区	77.6%	78.4%	78.6%
云南省	75.2%	72.8%	73.6%
滇中经济区	118.5%	104.2%	105.2%
沿边经济带	62.2%	66.7%	67.6%
滇西北产业区	65.1%	66.6%	73.0%
滇东北产业区	95.5%	121.2%	126.0%
贵州省	84.4%	90.9%	92.2%
黔中经济区	86.2%	93.3%	95.7%
黔西经济区	87.8%	97.8%	108.4%
黔北产业区	80.9%	78.3%	83.9%

分析云贵地区 2020 年资源环境综合承载力利用水平的空间特征（见图 1-85），滇中及滇东北资源环境压力相对较高，经济发展明显超出区域承载能力。其中，昆明水资源开发超载 3 倍以上，水环境及大气环境均呈超载状态，是滇中地区资源环境压力过大的主要原因。昭通水资源、大气环境和土地资源利用水平均超过 100%，其中水资源利用过载 60%。毕水兴地区水资源和土地资源利用分别超载 50% 和 40%，其中六盘水土地资源过载 8.8 倍，六盘水、黔西南、毕节的水资源开发利用均呈过载状态。综合来看，水资源和土地资源是云贵地区未来发展的主要制约因素。

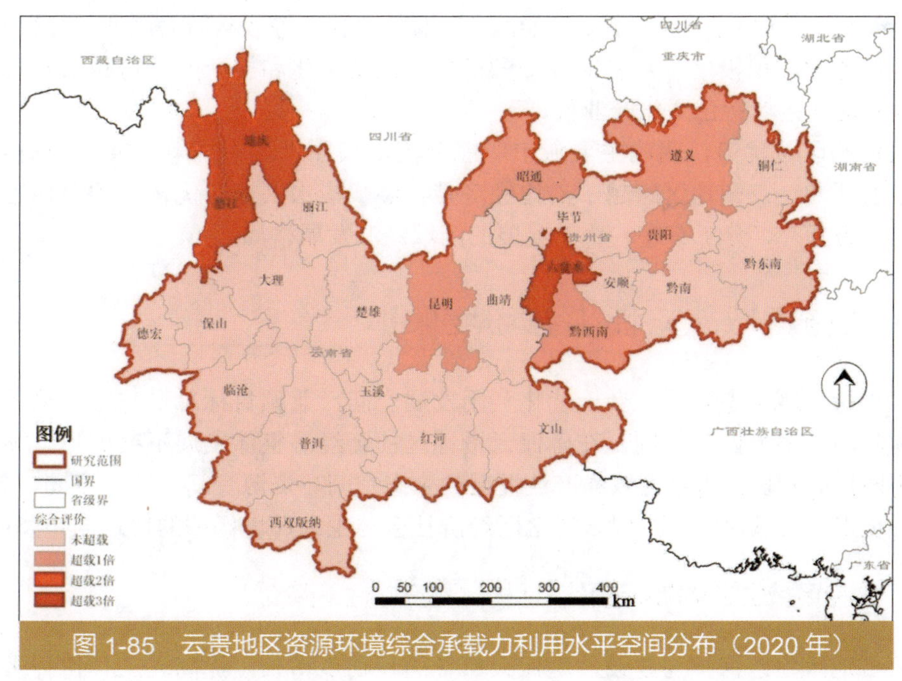

图 1-85　云贵地区资源环境综合承载力利用水平空间分布（2020 年）

7 重点区域和行业优化发展的调控建议

7.1 重点区域和行业优化发展战略方向

云贵地区生态脆弱区域分布较广，水资源分布时空不均衡，土地刚性约束较为突出，环境质量现状与环境容量资源地区差异大，局部地区资源环境超载严重，面临加快社会经济发展与转变发展方式的双重压力，必须协调好产业结构重型化与资源环境承载之间的矛盾，保护好区域良好人居环境，遏制局部生态环境恶化。

为了维持云贵地区重要生态功能，保证环境质量不恶化，局部地区有所改善，保障重点产业发展空间，必须统筹考虑经济社会发展和资源环境综合承载能力，促进产业结构升级转型，大力推进国土空间的精细化管理，不断优化区域生产力空间布局，合理控制“两高一资”行业产能无序扩张，实施“保底线、优空间、调结构、提效率”的战略对策，以生态环境保护优化经济发展，提升区域资源环境对产业发展的支撑能力，促进云贵地区经济与环境协调发展，实现全面建成小康社会目标。

按照“农业提效、服务业提速、工业提升”的总体思路，构建协调发展、相对均衡的现代产业体系。大力推进农业结构调整，做大做强特色农林业，建立健全农业服务体系。重点推进能源、化工、装备制造、有色、钢铁等传统产业优化升级。积极发展特色轻工业，做强做优特色食品工业，培育龙头企业，打造知名品牌。依托国家级产业园区，加快培育生物医药、生物技术服务、光电子、新材料、新能源、高端装备制造等战略新兴产业。加快发展物流、会展等现代服务业，积极培育发展地方金融机构。推动文化和旅游产业跨越式发展，建设一批文化产业基地和区域特色文化产业群。

立足资源和区位优势，明确主要城市职能分工，按照“滇中统筹、黔中带动；滇东北、黔北提升；黔西北、三州地区跨越；沿边经济带拓展，毕水兴地区优化”的总体思路，构建特色鲜明、优势互补、分工有序、协调发展的区域经济发展格局。

7.2 实施区域战略性生态环境保护

坚持“维持区域生态功能，合理优化利用发展空间，兼顾目标总量与容量总量控制，大力提高资源环境效率”四条原则，在确保云贵地区社会经济整体发展不突破生态环境底线的基础上，不断扩展和优化重点区域和产业发展的生态空间、资源空间、容量空间、效率空间，推进生态环境重点区域保护，实现云贵地区经济社会与生态环境保护的协调同步发展。

7.2.1 维持区域生态功能不退化，保护生物多样性不降低

推进云贵地区生态保护与建设，确保天然林面积稳步增长，提高人工林树种多样性，逐步提高人工林培育天然林比重。加强滇东北、滇南、黔东、黔东南、黔西等地区森林和草原

交界带保护，确保天然林线不继续退化。加强水源涵养林保护和建设，确保水源地安全。维持橡胶、烟草等种植面积不扩大。

继续实施天然林资源保护、长江珠江防护林体系建设、小流域综合治理、草山草坡治理等生态建设工程。加强水源地和湿地保护，增加造林和抚育任务。突出抓好水土流失和石漠化综合治理，开展坡耕地水土流失综合治理，对生态位置重要的陡坡耕地继续实施退耕还林还草。加强对自然保护区、风景名胜区、湿地公园、森林公园、地质公园、世界自然遗产地、水产种质资源保护区的保护和建设，加强以西双版纳热带雨林季雨林生物多样性保护重要区、横断山生物多样性保护重要区、武陵山山地生物多样性保护重要区为重点的生物多样性保护，确保西南喀斯特地区土壤保持重要区、川滇干热河谷土壤保持重要区、珠江源水源涵养重要区等重要生态功能区得到有效保护，确保其生态系统功能不退化。

确保云贵地区自然保护区面积总体上不减少，国家级和省级自然保护区范围原则上不调整。2015 年前完成县级自然保护区的划界工作。

加快治理水土流失和石漠化。实施云南迪庆藏族自治州“两江”（金沙江、澜沧江）流域生态安全屏障保护与建设规划；全面启动石漠化重点县（市、区）的综合治理，实施人工造林种草、封山育林育草；实施哈尼梯田生态环境保护与建设工程。设立国家级石漠化综合治理示范区，全面推进贵州 78 个县石漠化综合治理工程。加强水土流失小流域综合治理，提高区域水土保持能力。

到 2020 年，云贵地区江河上游水土流失面积明显减少，石漠化得到有效控制，森林覆盖率达到 50% 以上，生态安全屏障作用不断巩固。

制定区域生态安全保障对策，对云南西南西双版纳热带雨林季雨林区、云南西北横断山区、贵州东北武陵山区、黔南石灰岩区等生物多样性保护优先区域设立专项保护规划纲要和行动计划。

7.2.2　控制资源利用总量，保障水土资源不超载

严格实行用水总量控制，按照确保农业用水零增长或负增长，第二产业、第三产业及生活用水适度增长的原则制订用水总量控制方案。以未来水资源可供给量为水资源总量红线。2015 年，云贵两省用水总量红线分别为 193.7 亿 m^3 和 154.5 亿 m^3，2020 年云贵两省用水总量红线分别为 241.1 亿 m^3 和 194.5 亿 m^3。严格水资源规划管理和水资源论证、严格取水许可与用水指标管理、严格水资源有偿使用、严格地下水管理和保护、强化多水源统一调度。推进农田水利工程建设，大力发展节水灌溉技术，建立节水灌溉制度，重视农田灌溉用水的管理，提高农业用水的利用率，保证未来农业用水总量不增加。控制居民生活用水定额，合理设定阶梯化水价指导居民节约用水。2015 年、2020 年云南省城镇居民生活用水定额分别控制在 137 L/d 和 144 L/d；贵州省均应控制在 196 L/d。2015 年、2020 年云南省农村居民生活用水定额分别控制在 78 L/d 和 86 L/d；贵州省分别控制在 68 L/d 和 76 L/d。

有序推进水电水能开发，以流域开发规划环境评价为前置条件，合理安排金沙江、怒江、澜沧江等干流水电开发规模和时序，严格控制二级及以下支流小水电开发，切实保护好产卵场、渔业资源保护区等重要生境，保留一定长度的自然河道，保障生态基流需求。

合理开发土地资源，积极推进云贵两省土地利用结构和空间布局优化。加强城镇及农村地区的土地节约和集约利用，提高单位土地经济产出。制定产业节约集约用地标准，提高供地门槛，限制“占地大、产出低”的项目进入。促进产业向园区集中发展，原则上在国家级

开发区和省级园区以外不再布局工业项目。

严格限制云贵两省土地开发利用的总量。云贵地区要优先通过存量空间资源调整获取发展空间，控制“工业上山、城市上山”和“挖山削坡”规模。坡度在15°以下、面积8 km^2以上、生态适宜条件下，云贵两省可开发利用坝区面积分别为2 575.1 km^2、1 011.0 km^2，均约占两省国土面积的1%。如考虑坡度在25°以下的土地，两省可开发利用坝区面积为4.7万km^2，其中云南省3.7万km^2，贵州省1万km^2。

7.2.3 基于环境容量制定污染排放总量控制与管理的差别化政策

云贵地区整体来看环境质量现状较好，但局部地区污染排放已超出环境容量。须正确认识环境容量资源的空间差异和环境承载条件的区域差异，明确环境质量控制目标，兼顾目标总量和容量总量两种污染控制管理模式，合理制订未来污染物削减方案，优化既有的省内减排量分配方案，保证云贵地区环境质量不恶化，局部地区得以改善。

根据水环境承载条件、现状水环境质量状况、未来云贵两省发展需求，结合既定的“十二五”总量管理要求，确保流域水质达标率稳步提高，建议2015年云南省点源COD和氨氮排放量分别控制在43.4万t（相当于减排责任书中承诺总量）、3.9万t（比减排责任书中总量收紧7.5%），2020年分别控制在42.1万t、3.7万t。建议2015年贵州省点源COD和氨氮排放量分别控制在27.2万t（比减排责任书中总量放宽10.7%）、3.0万t（比减排责任书中总量放宽9.1%），2020年维持2015年控制目标量。上述控制量可以保证从全省总量来看，2015年云南省COD、贵州省COD、贵州省氨氮不超载，云南省氨氮超载比例低于5%；2020年两省COD、氨氮均不超载。面源削减任务按照国家“十二五”减排相关要求执行。

云贵两省内部各市州间的总量分配方案需要做出调整，以保证存在超载情况的市州超载倍数有所下降。按照水环境质量改善要求，昆明、玉溪、楚雄、红河、大理、毕节等6市州应进一步严格控制COD排放量，在“十二五”总量目标控制的基础上再削减1%～7%。32%的市州应在“十二五”总量控制的基础上进一步削减氨氮排放量，其中昆明、曲靖、红河、大理等4市州应进一步削减13%～19%，玉溪、楚雄、文山、毕节等4市州应进一步削减2%～8%；云南的普洱、临沧、西双版纳和贵州的贵阳、遵义、安顺、黔东南等市州，则可以适当放松总量指标的约束；其余市州则仍按政府承诺的“十二五”减排要求执行。加快污水处理厂和配套管网建设，稳步提高城镇污水收集和集中处理率。2015年云贵地区各市州城镇污水处理率应至少达到65%，平均城镇污水集中处理率提高到80%以上，2020年平均城镇污水集中处理率达到85%以上，其中，昆明、贵阳城镇污水集中处理率应达到95%以上，玉溪、丽江、安顺、铜仁等4市州应达到90%以上。2015年云贵两省城镇污水处理规模至少应分别增加到329万m^3/d和202万m^3/d，比2010年增加65%以上。2020年，两省城镇污水处理规模至少应分别增加到423万m^3/d和281万m^3/d，在2015年基础上进一步增加30%～40%。云贵地区污水处理厂出水水质至少达到《城镇污水处理厂污染物排放标准》一级B标准；新建污水处理厂统一按照一级要求，昆明、玉溪、楚雄、大理、丽江、六盘水等经济基础相对较好、涉及敏感水域的地区应达到一级A标准要求。2015年，云南省污水处理厂再生水利用率达到15%以上；贵州省不低于10%。所有污水处理厂污泥必须进行安全处置，污泥含水量超过60%以上不得出厂，未实现污泥安全处置的相应扣减其主要污染物减排量。

2020年云贵两省SO_2的排放量应分别控制在63万t、97万t，在2010年现状基础上削减14%；氮氧化物的排放量应分别控制在46万t、40万t，在2010年现状基础上削减15%。

实现云贵地区大气环境质量总体保持优良，各大气环境功能区达到相应的空气质量标准等级。

严格控制大气污染物新增排放量，重点区域实行“倍增削减”制度。新建排放 SO_2、氮氧化物、工业烟粉尘、挥发性有机物的项目，实行污染物排放减量替代，实现增产减污；对于昆明、贵阳等大气污染重点控制区，以及遵义、黔南（瓮—福地区）、昭通，曲靖、玉溪、六盘水、毕节等大气环境质量超标的城市，新建项目实行区域内现役源 1.5 ～ 2 倍削减量替代。

综合控制机动车氮氧化物排放。严格执行老旧机动车淘汰制度，加快提升车用燃油品质，积极推广节能与新能源汽车。全面推行机动车环保标志管理，严格控制无有效环保标志车辆上路行驶，到 2015 年基本淘汰 2005 年以前注册运营的“黄标车”。实施国家第四阶段机动车排放标准，在昆明、贵阳等有条件的重点城市逐步实施国家第五阶段排放标准。

依据水环境功能区目标，确定云南省汞、镉、铬、铅、砷等 5 种重金属污染物在废水中的最大允许排放量应分别控制在 0.1 t（比国家重金属污染综合防治“十二五”规划要求放宽 124%）、2.2 t（收紧 41%）、0.07 t（收紧 86%）、16.0 t（收紧 29%）、10.9 t（收紧 38%）。贵州省将汞、镉、铬、铅、砷在废水中的排放量分别控制在 0.01 t（比国家“十二五”防控要求收紧 68%）、0.1 t（收紧 5%）、0.5 t（放宽 100%）、1.2 t（放宽 164%）、1.0 t（放宽 73%）。

为保证水质重金属污染物达标，云贵地区需在“十二五”规划要求的基础上进一步削减废水中重金属污染物排放总量的市州共占 70.4%。其中，昆明铬、砷，曲靖汞、镉、铅，玉溪镉、铬、铅、砷，昭通镉、铅、砷，普洱汞、镉、铅，楚雄镉、铅，大理汞、镉、铅，怒江铅，贵阳铅、砷，安顺铬，黔西南铅、砷，黔东南镉等废水重金属污染物排放应进一步削减 50% 以上。普洱和楚雄铬，贵阳镉、铬，六盘水汞，遵义镉、铅，安顺汞、镉、铅、砷，以及黔东南汞等废水重金属污染物应基本实现零排放。

云贵地区废气中重金属污染物排放总量控制应达到国家“十二五”目标要求，2015 年重点防控区废气重金属污染物排放总量较 2007 年削减 15%，一般防控区废气重金属污染物排放量相对 2007 年不增加。

云贵两省应确保有色冶炼行业涉众企业数量明显减少，向曲靖、楚雄、贵阳、遵义等行业基地集中。重点控制红河、文山、大理、黔西南、黔南等地铅、镉等重金属污染。严格落实等量置换原则，大力淘汰落后产能，确保新增产能采用先进工艺，控制云贵地区有色冶金、电力、建材等重点行业废气重金属污染物排放总量不增加。重点防控区采用 1.5 ～ 2 倍置换原则控制废气重金属排放。推进对矿产资源开采区和污灌区的重金属污染控制，适时开展重点污染矿区土壤修复，遏制重特大重金属污染事件频发的势头。

7.2.4　大力提高资源环境效率，保障环境准入要求

云贵两省资源环境效率整体水平较低，单位 GDP 能源、水资源消耗量，以及主要污染物排放强度均高于全国平均水平，其中，滇中经济区、黔中经济区等主要资源重化工承载区，以及沿边经济带等地区效率水平亟待提高。

2015 年、2020 年云贵两省万元 GDP 用水量应在 2010 年的基础上分别降低 30% 和 45%。云南省 2015 年、2020 年万元 GDP 用水量应分别达到 143 m^3/ 万元和 113 m^3/ 万元，贵州省应分别达到 154 m^3/ 万元和 121 m^3/ 万元。万元工业增加值用水量也应在 2010 年基础上分别减少 30% 和 45%，云南省 2015 年、2020 年万元工业增加值用水量应分别达到 70 m^3/ 万元和 55 m^3/ 万元，贵州省应分别达到 163 m^3/ 万元和 128 m^3/ 万元。在滇中、黔中及黔西等工业集中的经济区，万元 GDP 用水量及万元工业增加值用水量还应适当进一步降低，重点提升煤炭、

钢铁、化工、电力、食品、有色等行业的水资源效率。

2015 年，云贵两省万元 GDP 能耗应在现有基础上下降 15%，分别达到 1.22 t 标煤 / 万元和 1.91 t 标煤 / 万元。2020 年，云贵两省万元 GDP 能耗应在现有基础上下降 40% ～ 45%。重点提升黔中经济区、黔西资源富集区以及安顺、红河的钢铁、化工、建材、有色、电力等高耗能行业的能源效率水平。实行单位产品能耗限额管理，通过发展精深加工产品、延长产业链提高工业能效。

逐步降低主要污染物排放强度（见表 1-19）。重点提升沿边经济带和黔中经济区化工、造纸、饮料制造、农副食品加工等行业的 COD 和氨氮排放强度。着力提高滇中经济区、黔西资源富集区、黔北能源化工产业地区以及红河的电力、化工、非金属制造、石油等能源行业脱硫脱硝技术水平，降低大气污染物的排放强度。大力控制滇中地区、黔中地区、红河、怒江和毕节有色矿采选、有色冶炼、黑色金属冶炼等行业铅、镉、铬等重金属排放强度。2015 年云南省废水中汞、镉、铬、铅、砷的排放强度要分别降低至 2010 年的 34%、33%、26%、35%、32%，贵州省废水中汞、镉、铬、铅的排放强度要分别降低至 2010 年的 39%、14%、25%、25%。2020 年废水中重金属排放强度进一步降低，缩小不同市州同类行业排放强度的差距。2020 年云贵地区火力发电行业单位发电量铅、镉、砷排放系数应降低到 2007 年的 40% 左右，汞排放系数应降低到 2007 年的 20% 左右。提高建材行业协同除汞效率。

表 1-19 云贵地区重点产业资源环境效率目标参考值（2020 年）

地区	重点产业	单位产值污染物排放强度 /（kg/ 万元）				单位产值废水重金属排放强度 /（kg/ 亿元）			
		COD	氨氮 /（g/ 万元）	SO_2	氮氧化物	汞	镉	铬	铅
云南	烟草	0.02	0.7	0.1	0.02				
	煤炭	0.2	3.0	0.5	0.2				
	电力	0.02	2.5	8.8	6.3	0.000 1	0.005	0.02	0.03
	钢铁	0.2	4.1	1.9	0.3				3.1
	有色	0.2	1.1	1.3	0.03	0.02	0.46	0.13	2.86
	化工	0.2	69.9	1.1	0.2	0.01	0.002		0.001
	装备	0.04	0.4	0.0	0.01				
	食品	5.0	70.8	1.4	0.1				
	建材	0.02	11.2	4.6	3.6	0.003	0.03		0.32
	造纸	6.0	60.9	3.4	0.9				
贵州	烟草	0.02	0.4	0.2	0.1				
	煤炭	0.4	11.1	0.5	0.1				
	电力	0.01	0.03	17.2	7.5				
	钢铁	0.1	1.5	1.1	0.1			1.45	
	有色	0.1	0.3	3.6	0.1	0.03	0.08	0.1	0.96
	化工	0.1	54.0	3.1	0.4	0.03		0.02	
	装备	0.04	0.4	0.1	0.01			0.07	0.05
	食品	2.1	44.4	1.6	0.1				
	建材	0.02	6.2	3.5	4.3			0.02	
	造纸	1.3	34.5	1.7	0.3				

提高行业资源环境效率准入门槛，全面推行清洁生产和循环经济措施，严格控制新建、改建、扩建项目资源利用率和污染物排放强度，制定废弃物资源化再利用优惠政策，鼓励共伴生矿、尾矿及大宗产业废物综合利用。国家审批项目的资源环境效率达到建设同期国际先进水平，省级审批项目应至少达到国内先进水平。省级以上重点产业聚集区应分批逐步通过国家生态工业园区、循环经济示范区认证。严格按照国家产业政策，加大化工、钢铁、造纸、水泥等行业落后产能的淘汰力度。确保到2020年使云贵两省整体资源环境效率达到国内较优水平。

7.2.5 严格生态红线区管理，推进生态环境重点区域保护

生态红线区以“控制风险、限制开发”为管理目标，严禁不符合生态环境功能定位的建设开发活动在生态红线区内开展，现有工业企业逐步迁出。提高自然保护区管护能力，推动自然保护区间的生态廊道体系建设。加强保存较完整、具有重要生态系统服务功能和具有保护价值的自然生态系统考察和调查，积极申报各类新的保护区域，扩展受保护地面积。生态黄线区以“减轻风险、控制开发”为管理目标，限制生态黄线区的开发活动类型和强度，严格准入条件。

综合考虑生态、土地、水环境与大气环境保护、重金属污染防治的要求，划定云贵地区生态环境重点保护区域，共112个（见图1-86、附表4）。其中，自然保护区、重要生态功能区23个，主要分布于滇西北、沿边经济带，黔西南地区主要为喀斯特地貌防治重要生态功能区；水环境容量重点保护区14个，主要分布于滇西北、滇中和黔西地区；大气环境重点保护区9个，分布较为分散；重金属重点防控区21个，零星分布；综合型生态环境重点保护区45个，主要分布于云南滇中、滇西北和滇东北和沿边经济带，贵州分布较为分散。滇中地区主要为水环境与大气环境综合型重点保护区；滇西北和滇东南主要为水环境与自然保护区综合型重点保护区。

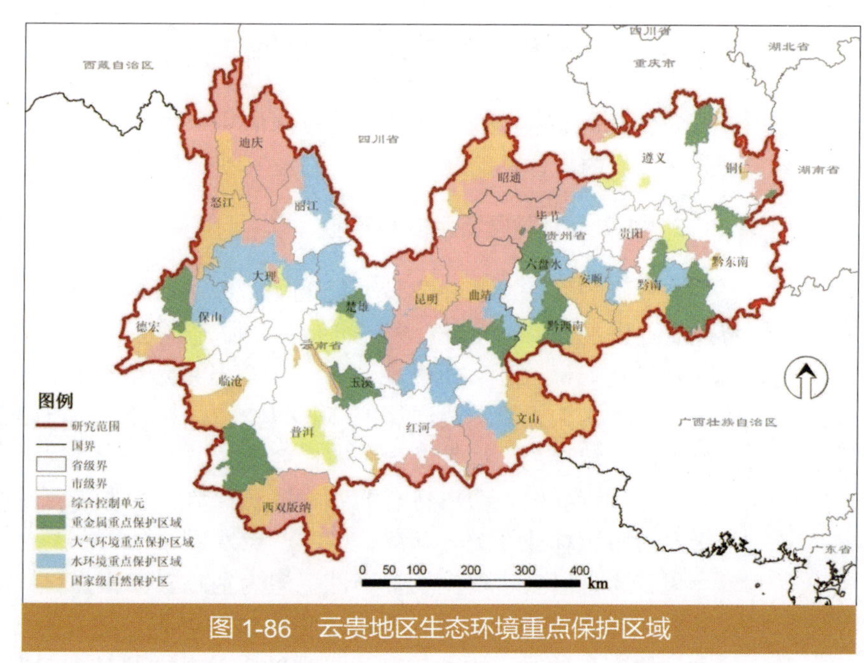

图1-86 云贵地区生态环境重点保护区域

全面加强并有序推进云贵地区112个重点生态环境保护区域的环境保护工作，将其作为国家及省级财政转移支付重点地区，优先增加环保投入。

分区推进生态敏感区域保护。加强滇西北生物多样性保护和自然保护区建设，适度控制水电和矿产开发活动。加强黔西喀斯特地貌地区石漠化治理，实施退耕还林工程，推进以缓坡耕地改造为主的土地整理工作。加强黔南石漠化重点治理，营造水土保持林、水源涵养林及北盘江沿江防护林带，对板庚一带石漠化严重地区进行综合治理，整合或关停部分小矿区，保护盆地中的耕地。滇中、滇西北、黔西以及黔北地区的水环境容量限制性与控制性利用单

元，应严格实施重点产业准入标准，淘汰落后产能，不断降低工业排污强度，确保完成总量控制目标。水环境超载较重区域，应合理限制重点产业发展规模，综合考虑排放总量贡献和环境效率调整行业结构，逐步减缓水环境压力。有条件置换、共用水环境承载力的区域，应从承载力利用最大化的角度出发优化重点产业布局，谋求整体发展空间的扩大。优先开展滇池、南盘江、牛栏江、异龙湖、洱海、抚仙湖、乌江、赤水河、三岔河、清水江等流域水污染防治工作。滇池流域内除产业集聚区外原则上不再布局新的工业项目，原有工业企业要逐步搬迁；实行更为严格的排放标准，保证在“十二五”末期，入草海通量减少 50% 以上。

加强云贵两省省会城市及其周边的大气环境污染综合治理和总量控制，力争在完成“十二五”减排方案要求的基础上，进一步削减污染排放总量。所有城市中心区全部建成烟尘控制区。滇西北地区工业发展相对落后，大气污染物排放量较小，须控制排放总量不增加。

适当调整重金属重点防控区内有色、化工等涉重行业的规模，控制火力发电行业的燃煤大气重金属排放，推广高效、除尘脱硫设备使用，提高重金属协同去除率。严格执行环境效率准入和落后产能淘汰制度，不断降低涉重行业重金属排放强度，通过技术进步、加强末端治理等手段实现 2015 年重点防控区内重金属排放总量较 2007 年降低 15% 的目标。控制含重金属危险废物的排放和储存，对重金属尾矿库、有色冶炼废渣、化工废渣等进行安全处置，避免重金属通过渗透、风化淋滤进入土壤和水体。

7.3 加快构建现代产业体系

立足云贵地区产业发展基础、资源优势和生态环境条件，按照“农业提效、服务业提速、工业提升”的总体思路，促进三次产业互动、协调发展，构建相对均衡的现代产业体系。

7.3.1 大力发展特色农林产业

农业提效以提高特色农业资源利用效率为导向，加快推进云贵地区农业结构调整，加大特色农业发展支持力度，建设一批特色农副产品生产基地，加快发展科技农业，从市场信息化、组织规模化、标准化、机械化、多元化等多视角培育农产品产业的发展，大力推进农业产业化进程。切实加强耕地资源保护，确保基本农田面积，稳定粮食生产。扩大经济作物种植规模，立足不同区域特色，做大做强传统优势产业。

以市场为导向，突出特有的生物资源优势，大力培育花卉、医药等战略性新兴生物产业，积极发展特色林业，提升烟草、橡胶产业发展。

以云贵地区宝贵的生物多样性资源为基础，以加强科技农业基础研究、应用研究为手段，实施种苗培育工程，促进区域农业生产结构调整，建立科技农业成果转化机制，完善成果推广和应用培训体系，不断提升云贵地区农业发展科技含量，促进区域传统农业向现代高效农业转变。

建立政策引导机制，支持引导云贵地区农业产业化服务体系、技术支撑体系发展；大力培育龙头企业，支持产业化生产基地建设。在特色优势农产品主产区创建一批区域特色鲜明、带动辐射效应突出的现代农业生产基地。

大力发展外向型农业，建立一批境外农产品生产基地。

7.3.2　加快发展现代服务业

服务业提速围绕区域工农业发展需求和城乡居民消费需求，加快发展生产性服务业，大力提升消费性服务业，构建现代服务业体系，促使服务业成为拉动云贵地区经济发展的重要力量。

科学适度开发生态旅游资源，在保护中开发，在开发中保护，重视昆明、贵阳、大理、丽江、西双版纳、普洱和迪庆等市州发展旅游业可能造成的潜在生态破坏和环境污染。充分发挥云贵地区特色民族文化、历史文化、地域文化和自然资源优势，开发完善旅游设施、交通设施等配套基础设施，开发同时注意对自然资源的保护，实现可持续发展；加大自然资源与民俗文化融合力度，加快推进特色旅游资源开发，提高旅游产品附加值；加强旅游产业的品牌建设，推进旅游业优质化服务，促进观光旅游向休闲度假旅游方式转变；丰富旅游产品，推进旅游产业国际化进程，加强旅游业发展对产业结构调整的促进作用。

加快提升昆明区域性金融中心地位，提升区域金融整体实力。支持云贵地区金融机构发展。加快地方金融机构发展，支持做大做强一批地方商业银行和投资机构，增强地方金融机构竞争力。深化农村信用社改革，培育农村资金互助社等新型农村金融机构。抓紧制订并实施对偏远地区新设农村金融机构费用补贴等办法，逐步消除基础金融服务空白乡镇。

依托西南地区交通枢纽和交通网络节点，推进物流网络与平台建设。提升物流业服务水平，结合全国物流示范城市建设试点，加快培育和引进一批大型现代物流企业，推动云贵地区传统物流企业向现代物流企业转型。

完善商贸服务网络，加快推进昆明、贵阳区域性商业中心建设，构建省、市、州（市）、县、乡、农村多个层级的市场网络体系，建设一批现代化城市商业购物中心，促进商贸服务业快速发展。

7.3.3　优化资源加工类产业

做大做强能源产业。有序推进云贵地区煤炭资源开发，强化资源集约开发，促进煤炭开采企业兼并重组，重点发展大型企业集团，加快大型煤炭基地建设。积极发展新型清洁能源，重点推进云贵地区风能、太阳能、生物质能、地热、浅层地温能等新能源开发利用。积极参与页岩气战略能源资源的前期勘探、开发利用论证，争取国家试点示范项目。

提升冶金工业。加快调整钢铁工业，进一步淘汰落后产能，提高钢铁工业产业集中度。大力支持六盘水等地调整钢材品种结构，延长产业链，推进钢材深加工。支持贵州铜仁、黔东南等地实施金属锰节能减排技术改造，推进锰矿资源整合，延长产业链，发展金属锰深加工。加强有色金属矿产资源勘探开发，重点推进云南国家重要的铜、铅锌等接续区建设，以及贵州铜、铅锌、银、金、镍等资源矿产开发相关基础建设。

优化发展化学工业。支持云南石化产业加快发展，集中建设区域性园区化石化基地，优先在曲靖、楚雄等资源环境综合承载水平较高的地区布局炼油及后续石化项目。支持云南省延伸磷化工、盐化工产业链。按照基地化、规模化、一体化的要求，推进贵州煤化工转型升级，支持贵州发展氯碱化工、橡胶加工和磷化工。支持贵州磷矿资源整合。推进贵州发展非金属精细化工，形成安顺、铜仁精细碳酸钡生产和研发基地。支持云南逐步提高橡胶原料本地加工转化率。

7.3.4 不断壮大装备制造业

立足区域及周边国家资源开发和工业化发展需求，发挥云贵地区科研院所和国防科技工业优势，促进地方科研单位和军工科研院所合作，加快发展装备制造业。

云南应按照扩大总量、提升质量的总体思路，以昆明、曲靖、大理、玉溪、红河等地区为重点，围绕汽车及内燃机、电力装备、机械基础件及零部件、大型数控机床、大型铁路养护机械、重化矿冶设备、自动化物流成套设备、新型农业机械和生物资源加工专用装备等领域，做强做大特色优势产品，提高装备制造业整体竞争力。

贵州应充分利用航空、航天、电子三大军工基地的人才、技术优势和产业基础，依托重大项目，促进装备制造业加快发展，打造西南地区装备业大省。围绕区域能矿产业发展，大力发展能矿产业装备制造业。依托区域航天工业基础，大力发展以航天高新技术产品为重点的航天装备产业。以遵义轻卡、微型面包、特种车等汽车生产基地，毕节载货汽车、农用车生产基地和贵阳、安顺客车、微型车、特种车生产基地为龙头，以区域汽车零部件配套生产企业为基础，大力发展汽车及汽车零部件装备。

7.3.5 积极发展特色轻工业

稳步发展烟酒业。发挥云贵烟酒品牌优势，推进烟酒工业结构调整、技术改造和资源整合，巩固白酒、卷烟等传统产品的国内市场优势地位，积极拓展国际市场，稳步发展啤酒、果酒、保健酒生产规模，支持贵州加快发展名优白酒产业。

巩固提升制糖产业。立足云贵地区资源优势，加快推进制糖业技术进步，积极发展深加工，提高蔗渣、糖蜜等的综合利用水平，支持制糖业加快产品结构调整，扩大终端型高附加值产品，提高制糖业整体竞争力。

加快发展特色食品业。立足云贵地区特色农业资源、生物资源优势，加快发展特色食品工业。云南应以发展精深加工为导向，进一步提高食品工业装备水平和联合重组，重点发展果蔬、食用菌、咖啡、核桃、乳制品、肉制品、木本油脂等加工业；贵州应充分发挥食品工业品牌优势，进一步扩大优势产品生产规模，不断提高产品档次，重点发展辣椒制品、肉制品、马铃薯制品、核桃乳、植物油、调味品和精制茶等特色食品业。

7.3.6 培育战略新兴产业

立足西南地区及周边国家市场需求和技术基础，按照国家发展战略性新兴产业战略部署，以国家级产业园区为依托，加快培育具有区域比较优势、特色鲜明的战略性新兴产业。

云南应立足省情和科技产业基础，切实贯彻落实国家“桥头堡”战略，坚持服务区域市场与辐射周边国家并重，充分发挥国家专项资金的政策支持，围绕生物医药、生物技术服务、光电子、新材料、新能源、高端装备制造等领域，加快培育战略性新兴产业。以昆明光电子产业基地建设为载体，加快发展光伏、半导体照明、红外及微光夜视产业链。

以实施生物医药、生物质能应用示范、绿色食品保健品、生物化工产品开发等工程为依托，加快推进区域特色生物资源开发。通过国家加大对生物资源开发利用的科研及投入，培育特色生物资源产业。

以延伸有色金属和稀贵金属产业链为导向，重点发展基础金属特种新材料、战略金属新材料、新能源材料和化工新材料。

以服务区域及周边国家装备升级为目标，大力发展大型重型精密复合数控机床、轨道交通大型成套养护和隧道工程设备、空港自动化物流成套设备、重化矿冶成套装备、高端电力装备、金融电子装备等高端装备。

贵州应立足自身产业基础和技术基础，以服务国内市场为导向，围绕新材料、电子及新一代信息技术、生物技术、新能源汽车等领域，加快发展战略性新兴产业。支持发展新一代信息技术，重点发展电子元器件、软件、混合集成电路等产业。促进金属及其合金材料、电子功能材料产业加快发展发展，推进贵阳、遵义新材料产业基地建设进程。加快发展生物产业，支持贵阳、遵义、安顺、黔南等地加快培育生物医药、生物育种产业。依托贵州汽车工业基础，加快发展新能源汽车产业。

7.4 优化区域产业与城镇布局

7.4.1 引导区域发展方向

统筹考虑云贵地区资源禀赋、产业基础和资源环境承载能力，充分发挥比较优势，优化区域资源配置，强化区域分工和经济联系，统筹布局一批优势产业基地，引导云贵地区产业发展合理分工、有序布局（见图 1-87）。

云南省应按照“一圈、一带、七通道”的布局模式，大力推进滇中城市经济圈一体化建设，提升滇中城市经济圈的辐射带动能力，将滇中地区培育成为云南省经济发展的重要增长极；完善跨境交通、口岸和边境通道等基础设施，规划一批边境合作区，加快形成沿边开放经济带；加快推进四条对外辐射通道、三条对内联系通道建设，培育“桥头堡”功能；努力构建滇中经济区、沿边经济带、滇东北和滇西北四大板块区域特色鲜明、优势互补、分工有序、协调发展的区域经济格局。

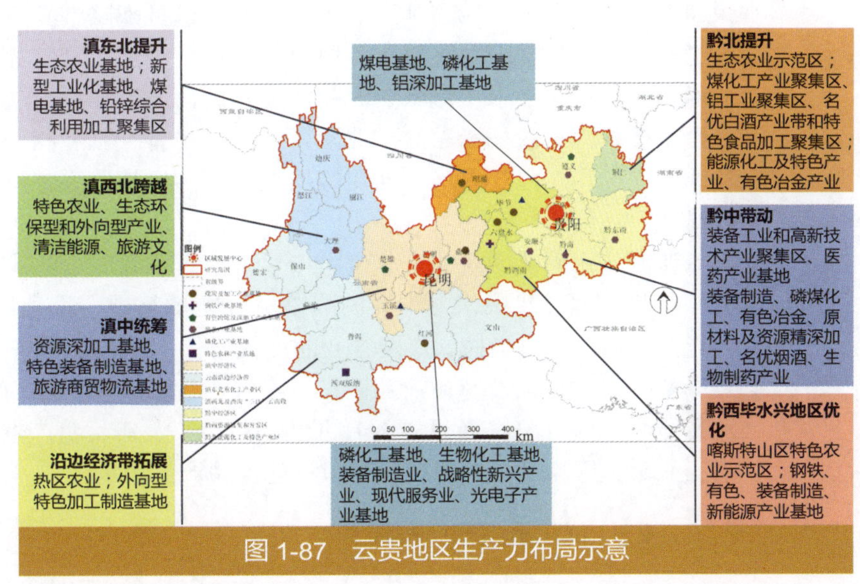

图 1-87 云贵地区生产力布局示意

滇中地区应以资本和技术密集型产业布局为主要导向，加快传统优势产业优化升级，大力培育战略性新兴产业，使之成为以化工、有色冶炼加工、生物为重点的区域性资源深加工基地，承接产业转移基地和出口加工基地，以及全国重要的旅游、文化、能源和商贸物流基地，促进形成滇中综合产业区。

统筹规划滇中及其周边市州发展定位，发挥各自优势，避免无序竞争、低水平重复建设。根据水土资源承载条件，大力推进昆明市产业结构战略性调整，支持昆明发展装备制造业、战略性新兴产业和现代服务业发展，做大做强昆明光电子产业基地；逐步引导资源型产业向楚雄、曲靖、玉溪等周边城市转移，充分发挥昆明面向东南亚和南亚、服务广阔腹地的西南地区重要中心城市作用。加快曲靖煤电基地、新能源基地、有色金属及新材料基地建设，推进传统产业升级改造。加快玉溪装备制造业、特色轻工业发展，进一步提升休闲旅游业和商贸服务业。加快楚雄冶金化工基地、绿色产业基地、民族文化旅游产业基地建设。引导滇中经济区的化工、食品等行业向沿边经济区布局转移。

沿边开放经济带应以外向型产业布局和特色产业发展为主要导向。以边境经济合作区、跨境经济合作区建设为重点，完善跨境交通、口岸和边境通道等基础设施。重点发展外向型加工制造业，积极发展保税物流、跨境旅游，加快发展热区农业、生物、轻工等产业，促进形成以绿色经济为主、与缅甸、泰国、越南等周边国家优势互补的外向型产业区。

滇东北地区应以清洁载能型和劳动密集型产业布局为主要导向。重点加快发展生态农业、能源、矿产、商贸物流、旅游等产业，促进形成滇东北新型工业化基地。

滇西北地区应以生态环保型和外向型产业布局为主要导向。重点加快发展特色农业、生物、旅游文化、清洁能源、矿产、轻工和出口加工等产业，努力建成全国重要的旅游目的地。

贵州省应按照“黔中带动、黔北提升、两翼跨越、协调推进”的原则，充分发挥黔中经济区辐射带动作用，加快建设黔北经济协作区，积极推动黔西毕水兴能源资源富集区可持续发展，大力支持黔东南州、黔南州、黔西南州等“三州”民族地区跨越发展，形成全省中、西、北各具产业发展重点的工业化战略布局。

黔中经济区应加快推进贵阳—安顺经济一体化发展，加快建设贵阳—遵义、贵阳—安顺工业走廊和贵阳—都匀凯里特色产业带，重点发展装备制造、磷煤化工、有色冶金、资源精深加工、名优烟酒、生物制药等优势产业，培育战略性新兴产业和现代服务业，建设形成装备工业和高新技术产业聚集区、原材料及资源深加工产业聚集区、名优烟酒基地和医药产业基地。依托贵州赤水河流域资源和产业基础，适度拓展名优白酒生产规模，建设全国重要的白酒生产基地。依托国家级产业园区，大力培育一批新材料、生物医药、生物技术开发服务基地。进一步加强与重庆、四川等周边省区的经济联系，不断完善优势互补、产业错位发展格局。

黔西毕水兴能源资源富集区，应以毕节、六盘水、兴义为节点城市，充分发挥能源矿产资源优势，建设我国南方重要的战略资源支撑基地。重点发展钢铁有色、汽车及装备制造、新能源等产业，适当控制煤炭行业的过快增长，深入推进毕节试验区建设。

黔北能源化工及特色产业区，以遵义、铜仁为节点城市，以黔北、黔东北为腹地，重点发展能源、有色冶金、新材料、名优白酒、特色食品等优势产业，建设能源和煤化工产业聚集区、铝工业聚集区、名优白酒产业带和特色食品加工聚集区。

7.4.2 优化重点产业布局

优化云南农业区域布局，集中力量建设一批特色化、产业化、区域化的农产品产业基地和产业带，促进优势特色农产品生产向适宜区域集中。积极推进云南水稻、玉米、麦类三大粮食基地和生猪、肉牛、肉羊、奶源、家禽、水产养殖六大养殖基地建设。重点建设滇中、滇东北烟草、花卉、中药材、马铃薯种植基地，滇西南甘蔗、茶叶、咖啡、药材、热带水果种植基地，滇西北药材种植基地等特色农业基地。以西双版纳为中心，辐射红河、临沧、德宏、普洱等市州建设橡胶产业集群，改造中低产胶园。结合农业生态示范区建设，进一步完善贵州农业区域布局，重点建设北部地区粮、畜、茶生产基地，南部地区面向珠三角地区的蔬菜、精品水果生产基地，西北部地区以草食畜牧业和马铃薯为重点的生产基地。建设贵阳、遵义、毕节等山区现代农业示范区和铜仁、黔东南、黔南生态农业示范区、安顺山地农业机械示范区以及黔西南、六盘水喀斯特山区特色农业示范区。根据生态环境保护的需要，在贵州赤水河流域依法划定禁止建设规模化畜禽养殖场的区域。

结合国家“西电东输”电源点建设，支持贵州六枝、织金、安顺三期、清江、黔北“上大压小”等一批大型坑口电厂和路口电厂建设，形成国家重要的煤电外输基地。昆明、遵义以及黔南不建议新建火电厂。

立足西南地区区内需求，支持昆明、楚雄、六盘水、贵阳改造提升钢铁工业，调整钢材品种结构，建设以服务西南地区为导向的钢铁工业基地。在滇西边境地区布局“三头在外、封闭运行”的钢铁产业。推动贵阳特殊钢有限责任公司新特材料循环经济基地建设，提高特钢、优钢及制品的市场竞争力。积极推进昆钢搬迁改造和贵阳城市钢厂搬迁项目建设。

依托云南有色金属矿资源，明确区内分工，建设云南滇中地区全国钒钛资源综合利用产业基地，形成滇中铜、铝、钛深加工、稀贵金属精制聚集区；滇南锡、铝、铅锌深加工聚集区以及滇东北铅锌综合利用加工聚集区。依托铝土矿资源，推动贵州铝工业结构调整和优化升级，引导以铝、钛为主的有色金属行业向贵阳、遵义集聚，建设贵阳铝深加工、遵义铝钛深加工基地。支持建设贵州清镇—黔西—织金煤电铝示范基地。推动黔东南、六盘水、安顺、铜仁等地发展铝加工。

依托资源优势，推进云贵煤化工转型升级和集中布局，支持云南昭通、曲靖、红河和贵州毕节、六盘水建设新型煤化工基地。引导贵州煤化工行业布局向黔中经济区安顺、黔东南等地适度倾斜。提高云南磷化工技术工艺水平和资源循环利用，重点调整提升昆明、玉溪磷化工基地。支持贵州建设织金—息烽—开阳—翁安—福泉磷煤化工产业带。依托西南地区生物资源优势，加快发展生物化工，建设昆明、昭通、曲靖、楚雄生物化工基地。贵州赤水河上游重点水资源保护区内原则上不允许新建化工类企业。

依托云南内燃机、电力装备、大型数控机床、大型铁路养护机械等优势产品和企业，积极发展高端装备制造业，加快提升行业整体竞争力，形成以昆明为核心，曲靖、大理、玉溪为重点的特色装备制造基地。依托贵州航空、航天工业基地，支持安顺民用航空产业国家高技术产业基地建设；围绕西南地区能矿产业发展，大力发展能矿产业装备，重点建设贵阳、遵义、六盘水能矿产业装备基地；推动汽车及汽车零部件生产企业资源整合，建设贵阳、遵义、安顺汽车工业基地。重点打造以贵阳为核心，遵义、安顺、凯里、都匀为配套功能区的黔中特色装备制造业基地。

7.4.3 保护重要生态空间

工业化和城镇化发展须避让具有重要生态服务功能、生态敏感脆弱、生态风险较高的区域，不断完善和保护区域生态系统格局。滇西北生物多样性重要区、滇西南及滇南生物多样性保护重要区、黔西喀斯特和滇中经济区中的生态红线区等区域应以“控制风险、严禁开发”为原则，严控在生态红线控制区内建设工业项目；生态红线控制区内已建工业企业，原则上应逐步搬迁。黔西喀斯特生态脆弱区、黔南山地盆谷石漠化重点治理区、滇西北“三江”并流区、滇西南西双版纳天然林区、红河河谷生态破坏严重区等区域以“减轻风险、控制开发”为原则，实施控制性开发，限制对于环境有较大影响的开发活动准入。加强生态保护与建设，恢复和提高水源涵养、土壤保持、生物多样性保护功能。

控制和减缓云贵地区矿产资源开发、经济林种植等产业发展可能带来的潜在生态风险。

重点加强黔西毕水兴能源资源富集区、遵义和曲靖煤炭开采，黔南州煤炭和磷矿开采，楚雄、怒江、红河有色矿采选等管理和环境保护，整体规划、集约开采、提高准入，控制矿产资源开发活动发展可能带来的生态风险、水土流失和环境污染等问题。适度发展浆纸林种植规模，强化浆纸林征地、种植经营管理，禁止在25°以上陡坡地开垦种植，在大面积浆纸林中要保留生态通道，控制农林业资源开发活动对天然林产生的影响。发展生态更适宜的纸浆林树种。

妥善解决好“城镇上山、工业上山”与生态环境保护的关系，加强地质灾害防治，建立健全区域环境风险应急响应系统和自然灾害防御体系建设。对于可利用坡地资源量较大、生态环境不敏感、自然风险水平较低的地区，应与林地保护利用规划充分衔接，科学规划、合理推进低丘缓坡规模化开发，加强生态修复和生态补偿，控制对更大范围生态环境造成负面影响。妥善处理好耕地、林地保护与开发建设的关系，禁止调整国家和省级公益林保护范围。云南富民县、东川区、宜良县、富宁县、马关县、弥勒县、沧源佤族自治县、孟连傣族自治县、勐海县、纳西族自治县、大理市、剑川县、永平县、彝良县等地区不宜大规模推进“城镇上山、工业上山”，须根据当地实际情况，统筹城镇和产业空间布局。云南丽江、昭通、保山、大理、迪庆、怒江及贵州贵阳、毕节、遵义、六盘水等市州，未来产业用地需求较大，坝区内可开发利用土地资源紧缺，应进一步论证“城镇上山、工业上山”的可行性和生态适宜性，优化和调整城镇新增建设用地和重点产业用地的空间布局。

7.5 深化重点产业结构调整

重化工产业规模扩张将对云贵地区造成新一轮的资源环境压力。在大力提高资源环境效率的前提下，通过淘汰落后、整合升级仍无法满足环境要求，与生态矛盾较为突出的重点产业，须适度控制产业发展规模，避免新项目盲目上马。依据区域产业发展优势、技术水平特点以及资源环境基础条件，深化重点产业结构调整，淘汰落后产能，加快推进经济发展方式转变，保证经济又好又快增长。

以经济效益最大化、资源利用最小化和污染物排放最小化为目标，以资源环境承载力为约束条件，对云贵地区重点产业发展的规模和结构进行优化分析，结合地方发展意愿，提出以下调控建议。

推进煤炭产业规模化、集约化和集团化发展，加大煤炭资源整合力度，着力推进国家大型煤炭基地建设。按照煤炭采选清洁生产标准的要求，进一步提高煤矿采掘的机械化程度，大型煤矿采掘机械化程度达到95%以上，中型煤矿达到80%以上，小型煤矿机械化、半机械化程度达到40%。大型煤矿和部分中型煤矿执行清洁生产的一级标准。逐步提高煤层气、煤矸石等伴生资源的开发与综合利用水平。提高洗精煤产量和煤炭洗选比例。推进清洁用煤、节约用煤和高效用煤。云南煤炭产能整体上保持稳定，贵州煤炭产能适度增长。控制贵州六盘水、遵义煤炭产能过快增长。将贵州赤水河上游怀仁市所属乡镇划定为煤炭开采控制区，严格控制区内煤炭开采规模，禁止新上煤炭洗选项目。

充分发挥云贵地区电力行业“水火互济”的优势，提高水电开发质量和效益，优化发展火电。关停20万kW以下小火电机组并建设相应替代容量的大型高效环保火电机组。新增火力发电项目采用循环流化床等先进工艺，煤耗控制在272 g标煤/kWh，推广高效除尘、脱硫、脱硝设备安装使用。大力发展清洁能源，积极发展风电和生物质能发电。控制贵州电力行业规模适度增长，防止产能盲目过快扩张对大气环境和污染减排造成严重负面影响。经测算，建议贵州 2020 年火电装机容量控制在 3 200 万 kWh 以内，约为 2010 年规模的 1.5 倍。

优化发展传统建材行业，云贵地区水泥行业规模原则上不再增加，新建企业以淘汰已有落后产能为前提，基本实现等量置换。积极开发生产特色天然石材、建筑卫生陶瓷、固体废弃物资源化利用的新型建筑材料。控制贵州建材行业规模适度增长，建议 2020 年行业工业产值规模控制在 760 亿元以内，约为 2010 年行业产能规模的 3.6 倍。

大力调整优化钢铁行业产品结构，重点发展高端精品钢材，控制焦炭、粗钢等产能进一步扩张。淘汰落后产能，提高产业集中度。鼓励和支持企业采用先进工艺技术装备，提高生产设备大型化水平，提高精料比，推广清洁生产技术和节能减排措施，提高资源综合利用效率，实现吨钢取新水 5 m^3 以下，废水回用率 80% 以上，固废综合利用率达到 93% 以上。

优化有色冶金行业内部结构，发展现代先进有色金属精加工。淘汰铅冶炼中烧结锅—鼓风炉等落后工艺，淘汰锌冶炼中电炉、韦氏炉、竖罐等落后工艺。新增铅冶炼项目应采用卡尔多法、艾萨法、闪速炼铅法等高效、低耗、低污染的工艺，铅、镉、砷排放系数分别控制在 0.171 kg/t、0.045 kg/t、0.002 kg/t。新增锌冶炼项目鼓励采用湿法冶炼等重金属排放强度较低的工艺，铅、镉、砷排放系数分别控制在 0.025 kg/t、0.005 kg/t、0.001 kg/t。铅锌冶炼除汞率达到 85%。对铅锌铜等重有色金属冶炼项目进行脱硫。适当调整红河、文山等地的铅锌冶炼、锑冶炼规模，适度控制黔西南有色行业发展，确保重金属新增污染在可控范围内。

全面提升石化行业发展升级，形成园区化、集约化石化基地。谨慎论证、适时推进云南大型炼化项目建设，落实国家能源安全战略，提高石化行业竞争力。适度发展煤炭深加工，集中建设国际先进煤化工基地，稳妥推进现代煤化工升级示范工程建设，避免煤化工项目遍地开花。大力发展精细磷化工，控制磷系复合肥产能规模，延长下游产业链，提高产品附加值；有序开发利用磷矿资源，着力提升现有矿山装置及其配套能力，加强磷石膏、磷渣等固体废弃物资源的综合利用。适度调整昆明、曲靖、昭通、红河、临沧等地化工行业规模。

以发展精深加工、特色食品为导向推进食品行业的优化升级，适当控制昆明、曲靖、玉溪、丽江、楚雄、毕节等市州的食品行业规模，推进保山、德宏、普洱、临沧等市州制糖业技术进步和深加工水平。经测算，建议 2020 年云南省食品行业工业产值规模控制在 1 000 亿元以内，约为 2010 年规模的 2.5 倍。

优化造纸原料结构和产品结构，进一步淘汰落后造纸产能。重点淘汰昆明、曲靖、临沧、玉溪、遵义等市州规模以下造纸企业，在楚雄、保山等市州加大对小造纸和落后工艺的淘汰力度，强化污染综合治理，提高造纸行业的规模、技术与污染治理准入门槛。建议 2020 年云南省造纸行业工业产值规模控制在 80 亿元以内，约为 2010 年规模的 1.6 倍。

8 重点区域和行业与资源环境协调发展的对策机制

8.1 重点区域和行业协调发展对策机制

8.1.1 实施差别化的小康发展目标与考核机制

针对云贵地区发展基础相对落后的现实，在国家全面建成小康社会总体目标框架下，建议国家对云贵地区实施差别化的小康社会发展目标，适度降低经济发展和城镇化的指标要求，强化人均收入和生态环境保护指标，促进云贵地区生态文明建设，实现经济社会协调可持续发展。

将“美丽云南”“生态贵州”纳入国家生态文明建设总体框架和重点示范区域，加大国家对云贵生态安全屏障建设的投入。

率先在云贵地区实行主体功能区政策，将环境保护和生态建设目标纳入地方考核机制，红线区以考核生态环境质量状况为主，重点生态环境保护单元以生态保护和环境质量改善为考核重点。

推进城乡统筹综合示范试点，探索符合云贵两省实际的人口城镇化模式。国家通过补贴鼓励生态红线区和重点生态环境保护单元中的农村搬迁，在资源承载力丰富的坝区集约建设中小型城镇。

建议国家进一步加大对云贵两省的财政转移支付力度，建立财政转移支付增长机制，加大对云贵地区公益性项目的资金支持力度。进一步完善现行对口支援政策，引导东部发达地区对云贵等落后地区全面小康进行全方位支援。支持云贵两省提高基本公共服务能力，促进两省城乡、区域基本公共服务均等化。

提高生态保护与建设、民生建设、产业转型等三大领域的投入，统筹安排各类专项资金。加强人力资源培训、职业教育等社会事业领域的交流与合作，提升云贵地区人力资源素质，提高云贵地区自我发展能力；进一步加大“三农”投入，从生态文明建设角度落实惠农政策。

考虑到贵州省发展条件和能力的特殊性，建议将贵州全省作为国家级贫困省，对贵州经济社会发展给予全方位的支持。

8.1.2 加大对云贵地区对外开放的政策支持力度

积极推进云贵地区综合保税区建设，促进外向型经济发展。推进在有条件的城市和边境地区设立综合保税区，利用云贵地区具有的相对发展优势，发展互补产业、“两头在外”产业。

制定相关政策，利用周边国家丰富的矿产资源和农林资源，鼓励企业“走出去”发展。对国内发展规模受限的橡胶、木材等农林产业，制定优惠财税政策，鼓励境外发展。

建议国家制定配套引导政策，大力推进云贵地区金融创新，放宽外资金融机构经营准入，支持国内外金融机构到云贵地区设立机构和开办业务，探索离岸金融业务。结合国家“桥头堡”意见中对昆明市金融服务的功能定位，建议在昆明市设立针对云贵地区的区域性发展银行，构筑云贵地区金融服务高地。

加强财政政策和金融政策的有效衔接，鼓励政策性金融机构加大对云贵地区金融服务力度，探索利用政策性金融手段支持云贵地区发展。创设区域性产业投资基金，重点支持云贵地区传统产业升级和战略性新兴产业发展，支持云贵地区战略新兴产业的技术创新、高新技术开发以及区域内的基础设施建设。

8.1.3　探索能源安全战略支撑保障政策

控制煤炭开采总量和外送总量，提高煤炭就地转化率，支持引导煤炭资源就地加工转换。

支持有序推进煤层气资源开发，积极参与国家页岩气资源开发试点。

改革能源税费与价格形成机制，在确保国家能源安全战略的基础上，提高能源开发和输送给当地带来的收益。研究完善水电税收政策、电煤价格机制，适时适度提高“西电东送”价格与地方分成比例。

制定实施脱硝电价，提高现行的脱硫电价。抓紧完善可再生能源发电定价政策。积极推行发电企业竞价上网、电力用户和发电企业直接交易等定价机制，将云贵两省作为实施发电企业与电力用户直接交易试点的电力价格改革试点省。

加强政府节能考核管理，以重点用能企业考核管理为重要手段，逐步扩大国家级、省重点及省市两级政府重点考核企业范围，鼓励推广节能技术应用、开展低碳模式示范。适时开展碳捕集、碳固定的国家试点。

鼓励发展低能耗、高附加值的第三产业，优先发展对经济增长有重大带动作用的低能耗信息产业。同时应对落后的高耗能产品、设备实行淘汰制度，定期公布淘汰产品。设备目录，并加大监督检查力度，制定高耗能产业发展规划、政策，提高行业准入标准。

8.1.4　实行差别化的资源型产业引导对策

研究制定相关差别化产业政策，引导云贵两省特色资源型产业发展。对于有资源优势的农副产品加工业、有色冶金等资源类加工业，建议通过减少增值税，引导相关产业在云贵地区集聚发展；对于云南省烟草产业，建议国家从税收方面给予支持。对于装备制造业和生物产业、新能源、新材料等战略性新兴产业，建议通过减少增值税和企业所得税，并在产品研发环节提供政策支持。对于金融服务业、物流业、旅游业等现代服务业，建议在“营改增”框架内安排更低档税率。

制定云贵地区鼓励类产业目录，促进特色资源型产业发展。支持在云贵地区优先布局建设能源资源加工转化利用项目。加大中央地质勘查基金、国土资源调查评价资金对西部地区的投入力度，鼓励和引导多元资金投入。鼓励外资参与提高矿山尾矿利用率和矿山生态环境恢复治理新技术开发应用项目。

推进资源税改革，适当提高部分黑色金属矿原矿、有色金属矿原矿和其他非金属矿原矿的税率标准，增加资源产地地方财政收入。加快资源性产品价格改革，健全矿产资源有偿使用制度，建立和完善反映市场供求关系和资源稀缺程度以及环境损害成本的生产要素和资源价格形成机制。

国家设立云贵地区生物战略资源研发中心，加大对生物资源开发的基础研究。国家加大云贵生物资源开发的投入，全面加强云贵地区生物战略新兴产业的培育。

8.2 区域可持续发展保障措施

8.2.1 探索生物多样性保护新机制

完善生物多样性保护和生物资源管理协作机制。进一步完善生物多样性保护联席会议制度，加强部门间和上下级之间信息互通和行动协调，建立重大生物多样性事件应急处理机制。

国家设立云贵地区生物多样性保护基金，引导全社会资本进入生物多样性保护和生态恢复领域。

探索实施遗传资源惠益共享制度，明确遗传资源的主权和价值，发挥市场对资源的配置作用，实现保护与收益的一致性。

实施濒危动植物和极小种群物种保护，提高有潜质和保护价值较大的保护区级别。制定滇西北生物资源和西双版纳热带生物资源保护和开发方案，指导区域生物多样性保护。

提高对生物多样性重点保护区域的资金投入，改革生物多样性保护区域的管理模式，提高生物多样性保护地区利益相关方的参与程度，探索生物资源保护与利用新途径。

8.2.2 完善生态补偿和生态修复政策

逐步完善生态补偿、生态修复、生态开发性保护相结合的新机制，研究按照生态服务功能价值进行补偿的可行性。按照谁开发谁保护、谁受益谁补偿的原则，逐步在森林、草原、湿地、流域和矿产资源开发领域建立健全生态补偿机制。全面启动国家级公益林生态效益补偿工作，并逐步提高补偿标准。

加快研究开展对云贵地区国际重要湿地、以滇池为重点的九大高原湖泊、红枫湖、百花湖、赤水河等重点流域的生态补偿。推进区域内部、上游下游之间社会经济发展和水环境保护的统筹协调，通过国家财政转移支付，对大江大河源头水质保护进行补偿。设立专项生态补偿资金用于解决历史遗留的尾矿尾渣污染问题。

研究编制重金属资源开发与污染防治行动方案，解决重金属污染历史遗留问题，试点开展重金属污染土壤修复工作。

探索生态补偿新方式，将生态补偿与小康目标和脱贫结合起来，直接补偿生态红线区和重点生态环境保护区域的贫困人口，提高人均收入。

8.2.3 探索资源市场化方法

严格建设项目用地标准，提高土地集约利用效率。建立节约集约利用土地指标体系和价格评估体系，提高生态用地占用成本研究。制定生态用地占用补偿分级制度，提高占用等生态敏感性高的土地门槛。

实施最严格的用水总量控制制度，严格控制流域和区域取用水总量，严格实施取水许可制度，严格水资源有偿使用。制定行业用水定额标准，积极推行阶梯式水价，制定合理的超额用水水价和附加的污水处理费价格，实行污染企业取水限额制度。对已有工业企业用水效率进行定期评估，对用水效率低于定额指标的企业限期进行节水工艺改造，经整改后仍未达标的适当削减下一年度用水指标。

进一步加大水价改革力度，完善水价定价体系建设，通过市场配置水资源，充分反映水资源在环境中的价值。对通过调水工程供给的水资源的价格中，应包含取水区及调水工程沿线进行生态补偿所需费用。在云贵局部缺水较重区域，对再生水进行水价补贴，推动城市污水的再生利用。探索水权交易制度，在贵州开展水权交易试点。

支持探索水电站、水库等重大能源和水利基础设施建设涉及的淹没区及生态修复整体绿化的用地方式改革。支持建立耕地保护补偿机制，充分调动基层政府和农民保护耕地积极性，鼓励通过市场化的耕地占补平衡模式合理有序地开发利用土地资源。

8.2.4 创新环境保护机制体制

按照目标总量与容量总量相结合的原则，对云贵两省污染物排放总量指标实行差别化政策。积极探索排污权交易，支持企业集团内统筹解决或通过排污权交易获取排污总量指标。

运用经济手段加大落后产能淘汰力度。清理纠正对高污染、高耗能行业的电价、地价及税费等方面的优惠政策，控制资源型初级产品大规模出口，逐步实施差别水价，提高相应企业的信贷风险等级。建立落后产能退出机制，安排专项资金并积极争取中央财政通过以奖代补、以奖促治淘汰落后产能，建立完善对高污染、高耗能行业及落后产能企业的环境保护监督性监测制度。

建立资源型企业可持续发展准备金制度，资源型企业按规定提取用于环境保护、生态恢复等方面的专项资金，准予税前扣除。矿产资源所在地政府对企业提取的准备金按一定比例统筹使用，专项用于环境综合治理和解决因资源开发带来的社会问题。

8.3 区域环评管理与环保能力建设

8.3.1 统筹区域发展及重大项目布局规划，强化环评管理

分别研究制定滇中经济区、黔中经济区区域统筹机制、项目审批机制、评估机制和一体化协调机制，促进两个经济区生产力要素合理配置，避免低水平重复建设。

综合考虑全国资源型产业及炼化产能总体规模和空间发展战略，以及云贵地区各市州社会经济发展水平、产业发展定位和资源环境承载能力的差异，编制区域资源型产业及重化产业发展规划，统筹安排区域内生态环境影响较大的重化项目；滇中产业新区需打破行政区域限制，统筹制定该区域流域水污染防治、大气污染防治、循环经济发展、生态建设等规划；加快推进金沙江、乌江、红河、沅水、南盘江等重点流域水系污染防治规划编制工作。

切实发挥规划环评作用。全面推进重点区域、重化工基地，以及“两高一资”重点产业的规划环境影响评价，尽快启动滇中经济区、黔中经济区两个重点区域战略环境评价。省级以上产业集聚区规划应与规划环评同时展开，未通过规划环评的产业园区禁止开工建设。强化和落实规划环评中跟踪监测与后续评价要求。

坚持“先节水后调水”的原则，科学论证调水工程对水资源调出区和调入区的生态环境影响。有序推进水电开发，干流开发水利水电工程应以流域规划环评为前置条件，严格控制支流小水电的无序开发。

对于国民经济和社会发展规划、城市总体规划以及新城和重点区域规划的编制、重大建设项目的布局，应当进行水资源论证，并做好地质灾害危险性评价、水土流失评价和环境质量影响评价，制定防治措施。在水资源紧缺区域，新建及改建工业项目未达到用水定额的实施“一票否决”制度，原则上不予批准立项或建设。

加强项目环境影响评价管理。严格控制污染物新增排放量。把污染物排放总量作为环评审批的前置条件，以总量定项目。对未通过环评审查的投资项目，有关部门不得审批、核准、批准开工建设，不得发放生产许可证、安全生产许可证、排污许可证，金融机构不得提供任何形式的新增授信支持。针对“扩权强县”环评审批权限下放后市、县二级环境影响评价管理，建立和完善有效的监督监管机制。

8.3.2 确保环境保护投入，加强环境保护能力建设

省市两级财政优先保证环保投入。到 2015 年，确保云贵地区环保投入总量相比 2010 年翻一番；目前环保投入占 GDP 比重低于全国平均的地区 2015 年达到 1.5% 左右。增加政府环保投资占财政收入比重，确保政府环保基础设施投入年增速不低于 20%，政府环保投入增长幅度要明显高于同期财政收入增幅。到 2020 年云贵两省环保投入达到 GDP 的 2% 以上。

加强云贵两省环境保护能力建设，加大对市、县两级环保部门投入，在人员编制、业务办公用房、各类标准化建设、监察监测能力建设等方面予以倾斜。加大对云贵两省农村环境综合整治支持力度。

加强石漠化综合整治技术、面源污染控制技术、湖泊污染生态修复技术、湖滨带生态修复技术、喀斯特地区土壤污染修复治理技术等基础研究，开展科技示范工程研究，加大对科技成果和适用技术的推广应用，组织制定相应设计与实施规范。

大力促进污水处理产业化发展，污水处理厂要向投资主体多元化、运营主体企业化、运营管理市场化方向发展和过渡。在少数民族聚集、农村居住相对分散地区，积极探索农村污水处理新模式，推广试点新开发的污水分散处理技术，加强对农村非点源控制。

加强大气环境基础设施建设，所有新建能源、重化工项目必须同步配套脱硫、脱硝设备，已有项目逐步改建。通过能源结构调整等方式重点削减现有低架源和面源。

8.3.3 加强环境基础信息能力建设，支持环境管理决策

强化区域性生态环境监测体系，建立云贵地区生态环境基础数据库。逐步统一生态环境监测指标、监测点位、监测方法，建立环保、农业、水利等多部门协调的环境监测机制。完善重点污染源在线监测系统。在九大高原湖泊周边开展城市径流、农业面源监测治理工作。对电力、钢铁、有色、化工、建材等重点行业实行大气污染全防全控，积极建立 $PM_{2.5}$、TVOC、苯、甲苯、二甲苯等特征污染物的监测网络。

开展云贵地区生态调查，建立生态长期观测站。积极开展生物资源生态系统调查、生态环境及物种变化的监测、生物资源（特别是乡土物种和濒危物种）的调查和研究，加强物种资源库、生态监测网络体系建设。

将重金属纳入环境常规监测体系，定期监测重点产业集聚区周边生物、土壤、大气中污染情况。

继续实行中心城市和县级城镇集中式饮用水水源地水质定期监测和信息发布制度，逐步开展乡镇和农村饮用水水源地水质监测工作，积极推动全指标监测。

8.3.4 建立环境风险预警和应急体系，保障区域生态安全

建立云贵地区综合应急响应系统，对于地震、暴雨、干旱、泥石流等突发性自然风险以及水污染、大气污染等突发性污染事故，及时进行预报预警，制订紧急预案处理措施，提前

防护，减少损失。

建立完善的干旱预测系统，对极端干旱事件可能影响的时空范围及程度作出及时准确的预测。建立战略性应急备用水源，提高极端干旱条件下的水资源供给能力。建立极端干旱期的水资源配置方案，确定极端干旱条件不同生产生活部门的水资源供给次序，使灾害的损失降至最低。对现有蓄水工程进行除险加固，保证其汛期储水能力，保证干旱期生产生活的必要供水。

附 表

附表 1　云贵地区生态红线区名录

省份	类型	名称	所在地	级别	面积 /km²
云南	自然保护区	轿子山国家级自然保护区	东川区、禄劝县	国家级	164.6
		会泽黑颈鹤国家级自然保护区	会泽县	国家级	129.1
		哀牢山国家级自然保护区	新平彝族傣族自治县、楚雄市、南华县、双柏县、景东彝族自治县、镇沅彝族哈尼族拉祜族自治县	国家级	677.0
		云南元江国家级自然保护区	元江县	国家级	223
		大山包黑颈鹤国家级自然保护区	昭通市昭阳区	国家级	192.0
		药山国家级自然保护区	巧家县	国家级	201.4
		无量山国家级自然保护区	景东彝族自治县、南涧彝族自治县	国家级	309.4
		永德大雪山国家级自然保护区	永德县	国家级	175.4
		南滚河国家级自然保护区	沧源佤族自治县、耿马县	国家级	508.9
		云南大围山国家级自然保护区	屏边苗族自治县、河口瑶族自治县、个旧市、蒙自市	国家级	439.9
		金平分水岭国家级自然保护区	金平苗族瑶族傣族自治县	国家级	420.3
		黄连山国家级自然保护区	绿春县	国家级	650.6
		文山国家级自然保护区	文山市、西畴县	国家级	268.7
		西双版纳国家级自然保护区	景洪市、勐海县、勐腊县	国家级	2 417.8
		纳板河流域国家级自然保护区	景洪市、勐海县	国家级	266.0
		苍山洱海国家级自然保护区	大理市、漾濞县	国家级	797.0
		云南云龙天池自然保护区	云龙县	国家级	66.3
		高黎贡山国家级自然保护区	隆阳区、腾冲县、泸水县、福贡县、贡山县	国家级	4 052.0
		白马雪山国家级自然保护区	德钦县、维西傈僳族自治县	国家级	2 764.0
		长江上游珍稀特有鱼类国家级自然保护区（云南段）	镇雄县、威信县	国家级	1.4
		云南乌蒙山自然保护区	永善县、彝良县、大关县、盐津县	省级	261.9
		铜壁关自然保护区	盈江县、陇川县、瑞丽市	省级	516.5
		梅树村省级自然保护区	晋宁县	省级	0.6
		富源十八连山省级自然保护区	富源县	省级	12.1
		会泽驾车省级自然保护区	会泽县	省级	82.8
		海峰省级自然保护区	沾益县	省级	266.1
		珠江源省级自然保护区	沾益县、宣威市	省级	1 331.5

省份	类型	名称	所在地	级别	面积 /km^2
云南	自然保护区	澄江帽天山省级自然保护区	澄江县	省级	4.5
		北海湿地省级自然保护区	腾冲县	省级	16.3
		云南小黑山省级自然保护区	龙陵县、保山市隆阳区	省级	62.9
		拉市海高原湿地省级自然保护区	玉龙纳西族自治县	省级	65.2
		玉龙雪山省级自然保护区	玉龙纳西族自治县	省级	260.0
		宁蒗泸沽湖省级自然保护区	宁蒗彝族自治县	省级	81.3
		太阳河省级自然保护区	普洱市	省级	148.9
		糯扎渡省级自然保护区	普洱市	省级	190.0
		墨江桫椤省级自然保护区	墨江哈尼族自治县	省级	62.2
		威远江省级自然保护区	景谷傣族彝族自治县	省级	76.5
		孟连竜山省级自然保护区	孟连傣族拉祜族佤族自治县	省级	0.5
		临沧澜沧江省级自然保护区	凤庆、临沧市临翔区、云县、双江县、耿马县	省级	895.04
		南捧河省级自然保护区	镇康县	省级	369.7
		紫溪山省级自然保护区	楚雄市	省级	160.0
		雕翎山省级自然保护区	禄丰县	省级	6.1
		建水燕子洞白腰雨燕省级自然保护区	建水县	省级	16.0
		元阳观音山省级自然保护区	元阳县	省级	161.9
		阿姆山省级自然保护区	红河县	省级	147.6
		麻栗坡马关老君山省级自然保护区	麻栗坡县、马关县	省级	45.1
		麻栗坡老山省级自然保护区	麻栗坡县	省级	205.0
		马关古林箐省级自然保护区	马关县	省级	68.3
		丘北普者黑省级自然保护区	丘北县	省级	107.5
		广南八宝省级自然保护区	广南县	省级	52.3
		富宁驮娘江省级自然保护区	富宁县	省级	157.3
		青华绿孔雀省级自然保护区	巍山彝族回族自治县	省级	10.0
		永平金光寺省级自然保护区	永平县	省级	95.8
		剑湖湿地省级自然保护区	剑川县	省级	46.3
		兰坪云岭省级自然保护区	兰坪白族普米族自治县	省级	758.9
		碧塔海省级自然保护区	香格里拉县	省级	141.3
		哈巴雪山省级自然保护区	香格里拉县	省级	219.1
		纳帕海省级自然保护区	香格里拉县	省级	24.0
	世界文化自然遗产	云南丽江古城	丽江纳西族自治县	文化	3.8
		云南三江并流	怒江傈僳族自治州、丽江纳西族自治县及迪庆藏族自治州	自然	16 984.2
	风景名胜区	路南石林风景名胜区	云南省路南彝族自治县	国家级	350.0
		大理风景名胜区	大理市	国家级	1 012.0
		西双版纳风景名胜区	景洪县、猛海县、猛腊县	国家级	1 202.3

省份	类型	名称	所在地	级别	面积 /km^2
云南	风景名胜区	三江并流风景名胜区	怒江傈僳族自治州、丽江纳西族自治县及迪庆藏族自治州	国家级	8 609.1
		昆明滇池风景名胜区	昆明市	国家级	685.0
		玉龙雪山风景名胜区	丽江玉龙纳西族自治县	国家级	957.0
		腾冲地热火山风景名胜区	腾冲县	国家级	115.4
		瑞丽江—大盈江风景名胜区	瑞丽市、潞西市、陇川县、盈江县	国家级	672.3
		九乡风景名胜区	宜良县	国家级	167.1
		建水风景名胜区	建水县	国家级	70.0
		普者黑风景名胜区	丘北县	国家级	176.0
		阿庐风景名胜区	泸西县	国家级	186.0
		通海秀山风景名胜区	玉溪市通海县	省级	67.4
		文山老君山风景名胜区	文山州文山县	省级	94.0
		广南八宝风景名胜区	文山州广南县	省级	68.3
		泸西阿庐古洞风景名胜区	红河州泸西县	省级	53.5
		曲靖珠江源风景名胜区	曲靖市	省级	50.0
		江川抚仙 / 星云湖泊风景名胜区	玉溪市江川县	省级	252.0
		狮子山风景名胜区	楚雄州武定县	省级	13.6
		威信风景名胜区	昭通地区威信县	省级	110.0
		罗平多依河 / 鲁布革风景名胜区	曲靖市罗平县	省级	42.9
		邱比普者黑风景名胜区	文山州邱北县	省级	165.0
		砚山浴仙湖风景名胜区	文山州砚山县	省级	109.0
		楚雄紫溪山风景名胜区	楚雄州楚雄市	省级	850.0
		元谋风景名胜区	楚雄州元谋县	省级	295.7
		禄丰五台山风景名胜区	楚雄州禄丰县	省级	50.0
		永仁方山风景名胜区	楚雄州永仁县	省级	34.0
		弥勒白龙洞风景名胜区	红河州弥勒县	省级	30.0
		屏边大围山风景名胜区	红河州屏边县	省级	50.0
		漾濞石门关风景名胜区	大理州漾濞县	省级	115.0
		孟连大黑山风景名胜区	思茅地区孟连县	省级	160.0
		景东漫湾—哀牢山风景名胜区	思茅地区景东县	省级	160.0
		玉溪九龙池风景名胜区	玉溪市	省级	5.0
		峨山锦屏山风景名胜区	玉溪市峨山县	省级	120.0
		保山博南古道风景名胜区	保山市	省级	120.0
		临沧大雪山风景名胜区	临沧地区临沧县	省级	160.0
		禄劝轿子雪山风景名胜区	禄劝县	省级	253.0
		牟定化佛山风景名胜区	楚雄州牟定县	省级	30.0
		陆良彩色沙林风景名胜区	曲靖市陆良县	省级	25.0
		思茅茶马古道风景名胜区	思茅地区思茅市	省级	264.0
		景谷威远江风景名胜区	思茅地区景谷县	省级	200.0
		镇源千家寨风景名胜区	思茅地区镇源县	省级	44.0
		普洱风景名胜区	思茅地区普洱县	省级	64.0

省份	类型	名称	所在地	级别	面积 /km^2
云南	风景名胜区	沧源佤山风景名胜区	思茅地区沧源县	省级	147.3
		云县大朝山 / 干海子风景名胜区	临沧地区云县	省级	190.8
		永德大雪山风景名胜区	临沧地区永德县	省级	174.0
		耿马南汀河风景名胜区	临沧地区耿马县	省级	146.0
		剑川剑湖风景名胜区	大理州剑川县	省级	19.0
		洱源西湖风景名胜区	大理州洱源县	省级	80.0
		兰坪罗古箐风景名胜区	怒江州兰坪县	省级	100.0
		麻栗坡老山风景名胜区	文山州麻栗坡县	省级	180.0
		盐津豆沙关风景名胜区	昭通地区盐津县	省级	70.0
		大姚县华山风景名胜区	楚雄州大姚县	省级	110.0
		双柏白竹山—磅嘉风景名胜区	曲靖市双柏县	省级	100.0
		会泽以礼河风景名胜区	曲靖市会泽县	省级	50.0
		宣威东山风景名胜区	宣威市	省级	27.5
		河口南溪河风景名胜区	红河州河口县	省级	100.0
		个旧蔓耗风景名胜区	红河州个旧市	省级	148.0
		石屏异龙湖风景名胜区	红河州石屏县	省级	150.0
		元阳观音山风景名胜区	红河州元阳县	省级	97.0
		大关黄连河风景名胜区	昭通地区大关县	省级	107.0
		鹤庆县黄龙风景名胜区	大理州鹤庆县	省级	92.0
	森林公园	云南巍宝山国家森林公园	巍山县	国家级	12.6
		云南天星国家森林公园	威信县	国家级	74.2
		云南清华洞国家森林公园	祥云县	国家级	98.6
		云南东山国家森林公园	弥渡县	国家级	62.8
		云南来凤山国家森林公园	腾冲县	国家级	64.7
		云南小白龙国家森林公园	宜良县	国家级	6.3
		云南五老山国家森林公园	临沧市临翔区	国家级	36.0
		云南紫金山国家森林公园	楚雄市	国家级	17.0
		云南飞来寺国家森林公园	德钦县	国家级	34.3
		云南圭山国家森林公园	石林县	国家级	32.1
		云南新生桥国家森林公园	兰坪县	国家级	26.2
		云南宝台山国家森林公园	永平县	国家级	10.5
		云南西双版纳国家森林公园	景洪市	国家级	18.0
		云南巍宝山国家森林公园	巍山县	国家级	12.6
		云南天星国家森林公园	威信县	国家级	74.2
		云南清华洞国家森林公园	祥云县	国家级	98.6
		云南东山国家森林公园	弥渡县	国家级	62.8
		云南来凤山国家森林公园	腾冲县	国家级	64.7
		云南花鱼洞国家森林公园	河口县	国家级	31.4
		云南磨盘山国家森林公园	新平县	国家级	242.0
		云南龙泉国家森林公园	易门县	国家级	10.0
		云南莱阳河国家森林公园	普洱市思茅区	国家级	66.7

省份	类型	名称	所在地	级别	面积 /km²
云南	森林公园	云南金殿国家森林公园	昆明市盘龙区	国家级	19.7
		云南章凤国家森林公园	陇川县	国家级	70.0
		云南十八连山国家森林公园	富源县	国家级	20.8
		云南鲁布格国家森林公园	罗平县	国家级	48.7
		云南珠江源国家森林公园	沾益县	国家级	43.8
		云南五峰山国家森林公园	陆良县	国家级	24.9
		云南钟灵山国家森林公园	寻甸县	国家级	5.4
		云南棋盘山国家森林公园	昆明市西山区	国家级	9.2
		云南灵宝山国家森林公园	南涧县	国家级	8.1
		云南铜锣坝国家森林公园	水富县	国家级	32.4
		罗汉山省级森林公园	金秀县	省级	7.2
		鸡冠山省级森林公园	西畴县	省级	10.5
		南安省级森林公园	双柏县	省级	
		象鼻温泉省级森林公园	华宁县	省级	
		小道河省级森林公园	临沧县	省级	36.0
		大浪坝省级森林公园	双江县	省级	8.0
		禄丰县五台山省级森林公园	禄丰县	省级	108.0
	地质公园	澄江动物群古生物地质公园	玉溪市澄江县	国家级	18.0
		石林岩溶峰林国家地质公园	昆明石林彝族自治县	国家级	400.0
		云南腾冲火山国家地质公园	腾冲县	国家级	100.0
		云南禄丰恐龙国家地质公园	玉龙纳西族自治县	国家级	170.0
		云南玉龙黎明—老君山国家地质公园	玉龙纳西族自治县	国家级	1 110.0
		云南大理苍山国家地质公园	大理	国家级	577.1
		云南罗平生物群地质公园	罗平县罗雄镇	国家级	33.1
	敏感脆弱区	滇东北中山针阔混交林土壤保持红线区	昭通市水富县、绥江县、永善县、延津县、大关县、彝良县、镇雄县、威信县	—	3 310.0
		金沙江下游干热河谷常绿灌丛、稀树草原土壤保持红线区	丽江市华坪县、永胜县，楚雄州永仁县、元谋县，昆明市禄劝彝族苗族自治县、东川区，昭通市巧家县	—	2 907.0
		乌蒙山针叶林山地云南松林、草甸生物多样性保护红线区	曲靖市会泽县、宣威县，昭通市永善县、鲁甸县	—	6 251.0
		哀牢山—无量山常绿阔叶林生物多样性保护红线区	大理市祥云县、南涧自治县，楚雄州南华县，楚雄州双柏县，昆明市宜良县、崇明县、曲靖市寻甸自治县、富源县、罗平县	—	8 528.0
		滇西横断山常绿阔叶林生物多样性保护红线区	丽江市丽江自治县、宁蒗自治县	—	3 631.0
		滇西山地常绿阔叶林、针叶林生物多样性保护红线区	保山市腾冲县、昌宁县	—	4 270.0

<table>
<tr><th>省份</th><th>类型</th><th>名称</th><th>所在地</th><th>级别</th><th>面积 /km²</th></tr>
<tr><td rowspan="7">云南</td><td rowspan="7">敏感脆弱区</td><td>滇西南丘陵农产品提供红线区</td><td>德宏州潞西县、保山市施甸县、龙陵县，临沧市镇康县、永德县、凤庆县、耿马自治县、沧源自治县</td><td>—</td><td>4 421.0</td></tr>
<tr><td>滇中城镇群人居保障红线区</td><td>昆明市官渡区</td><td>—</td><td>80.0</td></tr>
<tr><td>澜沧江中游山地常绿阔叶林、针叶林生物多样性保护红线区</td><td>普洱市景东自治县、景谷自治县、普洱自治县、思茅县</td><td>—</td><td>4 019.0</td></tr>
<tr><td>蒙自—元江岩溶高原峡谷针叶林、常绿阔叶林生物多样性保护红线区</td><td>玉溪市新平自治县、元江自治县，红河州石屏县、红河县、元江县、蒙自县</td><td>—</td><td>3 703.0</td></tr>
<tr><td>西双版纳热带季雨林生物多样性保护红线区</td><td>西双版纳州孟连自治县、景洪县</td><td>—</td><td>3 528.0</td></tr>
<tr><td>滇东南中山峡谷热带雨林生物多样性保护红线区</td><td>红河州河口自治县、永寿县</td><td>—</td><td>1 463.0</td></tr>
<tr><td>文山岩溶山原山地常绿阔叶林生物多样性保护红线区</td><td>文山州麻栗坡县</td><td>—</td><td>1 542.0</td></tr>
<tr><td rowspan="23">贵州</td><td rowspan="12">自然保护区</td><td>宽阔水国家级自然保护区</td><td>绥阳县</td><td>国家级</td><td>262.3</td></tr>
<tr><td>习水中亚热带常绿阔叶林国家级自然保护区</td><td>习水县</td><td>国家级</td><td>486.7</td></tr>
<tr><td>赤水桫椤国家级自然保护区</td><td>赤水市</td><td>国家级</td><td>133.0</td></tr>
<tr><td>梵净山国家级自然保护区</td><td>江口县、印江土家族苗族自治县、松桃苗族自治县</td><td>国家级</td><td>419.0</td></tr>
<tr><td>麻阳河国家级自然保护区</td><td>沿河土家族自治县、务川仡佬族苗族自治县</td><td>国家级</td><td>311.1</td></tr>
<tr><td>威宁草海国家级自然保护区</td><td>威宁彝族回族苗族自治县</td><td>国家级</td><td>120.0</td></tr>
<tr><td>雷公山国家级自然保护区</td><td>雷山县、台江县、剑河县、榕江县</td><td>国家级</td><td>473.0</td></tr>
<tr><td>茂兰国家级自然保护区</td><td>荔波县</td><td>国家级</td><td>200.0</td></tr>
<tr><td>大沙河省级自然保护区</td><td>道真仡佬族苗族自治县</td><td>省级</td><td>269.9</td></tr>
<tr><td>石阡佛顶山省级自然保护区</td><td>石阡县</td><td>省级</td><td>126.4</td></tr>
<tr><td>百里杜鹃省级自然保护区</td><td>大方县</td><td>省级</td><td>125.8</td></tr>
<tr><td>革东古生物化石自然保护区</td><td>剑河县</td><td>省级</td><td>47.6</td></tr>
<tr><td rowspan="2">世界文化遗产</td><td>中国丹霞地貌</td><td>赤水市</td><td>自然遗产</td><td>21.8</td></tr>
<tr><td>中国南方喀斯特</td><td>荔波县</td><td>自然遗产</td><td>14.6</td></tr>
<tr><td rowspan="9">风景名胜区</td><td>黄果树风景名胜区</td><td>镇宁、关岭县</td><td>国家级</td><td>163.0</td></tr>
<tr><td>红枫湖风景名胜区</td><td>贵阳市清镇</td><td>国家级</td><td>200.0</td></tr>
<tr><td>织金洞风景名胜区</td><td>毕节地区织金县</td><td>国家级</td><td>307.0</td></tr>
<tr><td>舞阳河风景名胜区</td><td>镇远、施秉、黄平县</td><td>国家级</td><td>400.0</td></tr>
<tr><td>龙宫风景名胜区</td><td>安顺市</td><td>国家级</td><td>60.0</td></tr>
<tr><td>马岭河峡谷风景名胜区</td><td>黔西南州兴义市</td><td>国家级</td><td>450.0</td></tr>
<tr><td>赤水风景名胜区</td><td>遵义赤水市</td><td>国家级</td><td>1 801.0</td></tr>
<tr><td>荔波樟江风景名胜区</td><td>黔南州荔波县</td><td>国家级</td><td>273.1</td></tr>
<tr><td>铜仁九龙洞风景名胜区</td><td>铜仁市</td><td>国家级</td><td>128.0</td></tr>
</table>

省份	类型	名称	所在地	级别	面积 /km^2
贵州	风景名胜区	都匀剑江风景名胜区	都匀	国家级	186.0
		毕节九洞天风景名胜区	毕节大方、纳雍	国家级	86.2
		黎平侗乡风景名胜区	黔东南黎平县	国家级	153.0
		紫云格凸河风景名胜区	安顺紫云县	国家级	56.8
		百花湖风景名胜区	贵阳市	省级	15.0
		百里杜鹃风景名胜区	毕节大方、黔西县	省级	125.8
		安龙招提风景名胜区	安龙县	省级	47.6
		花溪风景名胜区	贵阳市	省级	130.0
		遵义娄山关风景名胜区	遵义市	省级	310.0
		福泉洒金谷风景名胜区	福泉市	省级	36.0
		绥阳宽阔水风景名胜区	绥阳县	省级	188.9
		贞丰三岔河风景名胜区	贞丰县	省级	38.2
		习水风景名胜区	习水县	省级	200.0
		鲁布革风景名胜区	兴义市	省级	200.0
		泥凼石林风景名胜区	兴义市	省级	48.0
		梵净山—太平河风景名胜区	江口县	省级	160.0
		六枝牂牁江风景名胜区	六枝	省级	259.0
		瓮安江界河风景名胜区	瓮安县	省级	385.7
		息峰风景名胜区	息峰县	省级	80.0
		普定梭筛风景名胜区	普定县	省级	110.6
		修文阳明洞风景名胜区	修文县	省级	121.8
		石阡温泉群风景名胜区	石阡县	省级	273.0
		龙里猴子沟风景名胜区	龙里县	省级	199.7
		岑巩龙鳌河风景名胜区	岑巩县	省级	38.8
		平塘风景名胜区	平塘县	省级	177.7
		长顺杜鹃湖—白云山风景名胜区	长顺县	省级	117.0
		惠水涟江—燕子洞风景名胜区	惠水县	省级	140.9
		镇远高过河风景名胜区	镇远县	省级	45.0
		榕江古榕风景名胜区	榕江县	省级	220.0
		麻江下司风景名胜区	麻江县	省级	50.0
		剑河风景名胜区	剑河县	省级	120.0
		贵阳香纸沟风景名胜区	贵阳市	省级	54.0
		开阳风景名胜区	开阳县	省级	145.0
		仁怀茅台风景名胔区	仁怀市	省级	100.0
		余庆大乌江风景名胜区	余庆县	省级	112.0
		盘县古银杏风景名胜区	盘县	省级	146.0
		盘县大洞竹海风景名胜区	盘县	省级	172.0
		盘县坡上草原风景名胜区	盘县	省级	260.0
		关岭花江大峡谷风景名胜区	关岭县	省级	200.0
		清镇暗流河风景名胜区	贵阳清镇市	省级	120.0
		贵阳相思河风景名胜区	贵阳市	省级	68.0

省份	类型	名称	所在地	级别	面积 /km²
贵州	风景名胜区	湄潭湄江风景名胜区	遵义湄潭县	省级	530.0
		平坝天台山—斯拉河风景名胜区	安顺平坝县	省级	27.4
		南开风景名胜区	六盘水市	省级	60.0
		雷山风景名胜区	黔东南雷山县	省级	54.8
		锦屏三板溪—隆里风景名胜区	黔东南锦屏县	省级	200.0
		丹寨龙泉山—岔河风景名胜区	黔东南丹寨县	省级	75.1
		从江风景名胜区	黔东南从江县	省级	212.0
		三都都柳江风景名胜区	黔南三都	省级	127.0
		贵定洛北河风景名胜区	黔南贵定县	省级	25.0
		独山深河桥风景名胜区	黔南独山县	省级	133.9
		晴隆三望坪风景名胜区	黔西南晴隆县	省级	84.7
		兴仁放马坪风景名胜区	黔西南兴仁县	省级	83.5
		赫章韭菜坪石林风景名胜区	赫章县	省级	10.6
		印江木黄风景名胜区	铜仁印江县	省级	46.0
		思南乌江白鹭洲风景名胜区	铜仁思南县	省级	94.0
		松桃豹子—寨英风景名胜区	铜仁松桃县	省级	104.0
		万山夜郎谷风景名胜区	铜仁万山特区	省级	7.0
		沿河乌江山峡风景名胜区	铜仁沿河县	省级	30.8
		玉屏北侗萧笛之乡风景名胜区	铜仁玉屏县	省级	14.9
		遵义市务川洪渡河风景名胜区	遵义市务川县	省级	—
		黔南罗甸大小井风景名胜区	黔南罗甸县	省级	17.0
		德江乌江傩文化风景名胜区	铜仁德江县	省级	15.0
	森林公园	贵州百里杜鹃国家森林公园	黔西县、大方县	国家级	180.0
		贵州竹海国家森林公园	赤水市	国家级	112.0
		贵州九龙山国家森林公园	安顺市西秀区	国家级	125.0
		贵州凤凰山国家森林公园	遵义市红花岗区	国家级	10.6
		贵州长坡岭国家森林公园	贵阳市白云区	国家级	10.8
		贵州尧人山国家森林公园	三都县	国家级	47.9
		贵州燕子岩国家森林公园	赤水市	国家级	104.0
		贵州玉舍国家森林公园	水城县	国家级	9.2
		贵州赫章夜郎国家森林公园	赫章县	国家级	47.3
		贵州青云湖国家森林公园	都匀市	国家级	29.8
		贵州大板水国家森林公园	遵义市红花岗区	国家级	31.3
		贵州毕节国家森林公园	毕节市	国家级	41.3
		贵州仙鹤坪国家森林公园	安龙县	国家级	90.7
		贵州龙架山国家森林公园	龙里县	国家级	60.8
		贵州九道水国家森林公园	正安县	国家级	12.5
		贵州雷公山国家森林公园	雷山县	国家级	43.6
		贵州习水国家森林公园	习水县	国家级	140.3
		贵州黎平国家森林公园	黎平县	国家级	54.8
		贵州朱家山国家森林公园	瓮安县	国家级	48.9

省份	类型	名称	所在地	级别	面积 /km^2
贵州	森林公园	贵州紫林山国家森林公园	独山县	国家级	35.3
		贵州潕阳湖国家森林公园	黄平县	国家级	214.7
		台江国家级森林公园	台江县	国家级	67.0
		贵阳云关山森林公园	贵阳市	省级	—
		息烽温泉森林公园	息烽县	省级	35.5
		野梅岭森林公园	惠水县	省级	4.2
		贵阳鹿冲关森林公园	贵阳市	省级	7.0
		金沙三丈水森林公园	金沙县	省级	66.5
		景阳森林公园	贵阳市修文县	省级	532.0
		丹寨龙泉山森林公园	丹寨县	省级	18.8
		遵义娄山关森林公园	遵义县	省级	13.3
		锦屏春蕾森林公园	锦屏县	省级	126.5
		金沙冷水河森林公园	金沙县	省级	2.7
		凯里市罗汉山森林公园	凯里市	省级	78.9
		湄潭龙泉森林公园	湄潭县	省级	4.8
		大方油杉河森林公园	毕节大方县	省级	47.5
		麻江仙人桥森林公园	麻江县	省级	57.6
		六枝月亮河森林公园	六盘水市	省级	9.4
		桐梓凉风垭森林公园	桐梓县	省级	6.0
		凯里石仙山森林公园	凯里市	省级	5.6
		凤冈万佛山森林公园	凤冈县	省级	21.9
		盘县七指峰森林公园	盘县	省级	—
		万山老山口森林公园	万山特区	省级	21.9
		遵义象山森林公园	遵义市	省级	9.9
		罗甸翠滩森林公园	罗甸县	省级	17.4
		福泉云雾山森林公园	福泉县	省级	68.1
		钟山凉都森林公园	六盘水市	省级	14.2
		普安普白森林公园	普安县	省级	6.5
		乌当盘龙山森林公园	乌当区	省级	19.37
		荔波兰鼎山森林公园	荔波县	省级	35.0
		思南万圣山森林公园	思南县	省级	3.1
		习水箐山森林公园	习水县	省级	5.5
		水城杨梅森林公园	水城县	省级	27.3
		贵定甘溪森林公园	贵定县	省级	6.0
	地质公园	贵州关岭化石群国家地质公园	关岭县	国家级	26.0
		贵州绥阳双河洞国家地质公园	绥阳县	国家级	318.6
		贵州兴义国家地质公园	兴义市	国家级	256.0
		贵州织金洞国家地质公园	织金县	国家级	307.0
		贵州平塘国家地质公园	平塘县	国家级	200
		贵州思南喀斯特国家地质公园	思南县	国家级	203
		贵州黔东南苗岭国家地质公园	黔东南州 6 县	国家级	419

省份	类型	名称	所在地	级别	面积 /km^2
贵州	地质公园	贵州赤水丹霞国家地质公园	赤水市	国家级	134.57
		中国汞都·万山矿山国家公园	万山特区	国家级	105.4
		贵州六盘水乌蒙山国家地质公园	六盘水市	国家级	388
	敏感脆弱区	黔西北中山针阔混交林土壤保持红线区	六盘水市水城县、六枝特区，毕节市毕节县、大方县、纳雍县、织金县	—	6 689.0
		黔中丘原盆地常绿阔叶林土壤保持红线区	贵阳市清镇县、修文县、开阳县，安顺市平坝县、普定县，毕节市黔西县、金沙县	—	3 191.0
		黔南山地盆谷常绿阔叶林土壤保持红线区	荔波县	—	1 795.0
		黔北山地常绿、落叶阔叶混交林土壤保持红线区	遵义市绥阳县、正安县	—	1 470.0
		黔东北中低山常绿阔叶林水源涵养红线区	铜仁市松桃自治县、江口县	—	1 235.0
		黔西南山地常绿阔叶林生物多样性保护红线区	黔西南州普安县、晴隆县、兴仁县，六盘水市盘县	—	278.0
		黔东南山地丘陵常绿阔叶水源涵养红线区	黔东南州三穗县、黎平县	—	1 030.0

附表 2　云贵地区坝区分析统计汇总

地区	理论坝区面积 /km^2	可利用坝区面积 /km^2	占本省可利用坝区面积比例 /%	占国土面积比例 /%
云南	34 119.5	2 575.1	100	0.7
昆明	4 131.6	326.9	13	1.6
曲靖	8 514.2	341.5	13	1.2
玉溪	1 201.2	134.9	5	0.9
保山	1 636.6	22.8	1	0.1
昭通	1 219.1	41.6	2	0.2
丽江	908.2	6.8	0	0.0
普洱	951.5	143.5	6	0.3
临沧	711.6	80.0	3	0.3
楚雄	2 323.3	599.8	23	2.1
红河	3 520.6	445.2	17	1.4
文山	2 634.9	210.9	8	0.7
西双版纳	1 731.1	9.7	0	0.1
大理	2 389.9	55.1	2	0.2
德宏	1 936.4	156.4	6	1.4
怒江	18.0	0.0	0	0.0
迪庆	291.2	0.0	0	0.0
贵州	20 329.4	1 011.0	100	0.6
贵阳	2 503.7	75.7	7	0.9
六盘水	404.9	1.8	0	0.0
遵义	3 195.0	74.1	7	0.2
安顺	1 994.6	117.6	12	1.3
铜仁	1 707.8	135.8	13	0.8
黔西南	1315.4	92.4	9	0.6
毕节	2 956.7	58.0	6	0.2
黔东南	2 289.0	176.6	17	0.6
黔南	3 962.5	279.0	28	1.1

附表 3　云贵地区资源环境综合承载力及利用水平

地区	综合承载力得分	排名	2010 年利用水平 /%					2015 年利用水平 /%					2020 年利用水平 /%				
			水资源	水环境	大气环境	土地资源	综合	水资源	水环境	大气环境	土地资源	综合	水资源	水环境	大气环境	土地资源	综合
云南			30.4	115.6	78.0	76.7	75.2	46.5	91.7	72.6	80.5	72.8	44.1	91.3	68.0	90.9	73.6
昆明	1.4	15	149.0	316.2	141.5	80.5	171.8	467.4	101.2	134.8	83.8	196.8	447.5	127.9	125.1	94.0	198.6
曲靖	2.3	25	45.1	203.9	112.2	75.9	109.3	72.2	100.9	87.0	81.8	85.5	68.4	112.1	78.2	99.2	89.5
玉溪	0.6	2	78.1	177.3	163.8	84.5	125.9	107.6	120.5	67.3	86.7	95.5	101.2	111.1	65.3	92.5	92.5
保山	0.9	11	36.8	81.3	58.7	87.1	66.0	62.1	92.8	57.5	95.7	77.0	57.8	87.2	56.9	115.8	79.5
昭通	0.7	4	57.4	113.1	119.5	92.0	95.5	162.9	92.8	132.0	97.0	121.2	167.0	89.6	138.3	109.3	126.0
丽江	0.8	8	13.4	79.5	69.0	96.4	64.6	20.8	107.7	67.4	102.9	74.7	21.2	99.1	67.4	130.7	79.6
普洱	1.4	16	30.2	58.3	66.0	75.0	57.4	45.8	89.6	64.9	77.4	69.4	42.9	84.1	64.9	85.2	69.3
临沧	1.6	19	14.6	90.8	78.3	78.5	65.6	22.5	85.3	80.9	81.8	67.6	22.9	83.6	80.9	88.8	69.1
楚雄	1.6	20	40.5	174.6	79.8	56.7	87.9	63.2	100.8	60.8	58.1	70.7	59.3	91.0	59.1	62.6	68.0
红河	2.1	24	73.8	128.3	90.1	72.5	91.2	110.7	90.6	89.0	75.6	91.5	104.2	96.6	82.4	83.6	91.7
文山	1.5	18	19.0	109.0	22.0	74.0	56.0	55.9	92.3	19.6	77.3	61.3	52.5	99.2	19.4	84.9	64.0
西双版纳	0.7	5	22.3	97.0	50.1	89.8	64.8	30.6	93.4	44.3	99.3	66.9	28.4	86.4	44.3	106.7	66.4
大理	0.7	6	75.0	152.3	65.5	89.5	95.6	119.9	75.9	67.6	97.9	90.3	112.5	70.8	67.6	125.1	94.0
德宏	1.4	17	12.6	80.3	73.3	80.8	61.7	17.7	81.6	37.4	82.9	54.9	16.5	77.1	37.3	86.7	54.4
怒江	0.4	1	6.9	47.7	81.6	100.0	59.0	9.5	61.4	83.8		196.8	9.0	76.9	83.8		362.9
迪庆	0.6	3	4.3	23.0	73.6	100.0	50.2	7.5	108.7	70.1		196.8	7.6	108.7	70.1		362.9
贵州			63.6	85.5	99.3	89.4	84.4	107.1	80.7	82.4	93.6	90.9	109.6	86.1	69.8	103.2	92.2
贵阳	1.0	12	133.2	95.3	113.4	93.0	108.7	207.6	91.3	87.9	99.7	121.6	197.6	91.4	80.1	109.9	119.7
六盘水	0.8	9	126.4	110.8	106.8	95.4	109.8	233.1	121.2	79.2	318.6	188.0	267.0	134.2	63.7	986.8	362.9
遵义	1.8	22	71.8	99.0	205.8	95.7	118.1	119.3	79.6	148.8	99.0	111.7	137.2	92.3	148.8	107.7	121.5
安顺	0.8	10	110.0	97.0	88.4	86.7	95.5	178.0	58.6	51.7	88.9	94.3	205.2	69.4	29.3	98.6	100.6
铜仁	1.2	13	46.4	102.3	86.6	88.2	80.9	78.9	69.3	75.0	90.1	78.3	90.9	85.7	66.0	93.0	83.9
黔西南	0.7	7	62.8	101.8	63.9	82.2	77.7	104.3	84.4	120.0	87.6	99.0	120.3	71.8	120.0	95.8	102.0
毕节	1.7	21	53.7	108.8	98.0	85.1	86.4	105.6	78.0	65.6	94.7	86.0	121.8	102.8	45.7	108.2	94.6
黔东南	2.0	23	39.1	35.0	95.0	90.0	64.8	66.1	62.4	104.5	91.7	81.2	67.4	70.3	104.5	95.3	84.4
黔南	1.3	14	53.9	81.5	101.4	86.2	80.7	90.5	101.1	109.1	88.5	97.3	91.8	97.7	106.6	94.7	97.7

附表 4 云贵地区生态环境重点保护区域名录			
省份	编号	地区	生态环境重点保护区域类型
云南省	1	普洱市景东彝族自治县	哀牢山、无量山国家级自然保护区
	2	普洱市镇沅彝族哈尼族拉祜族自治县	哀牢山、无量山国家级自然保护区
	3	临沧市沧源佤族自治县、耿马傣族佤族自治县	南滚河国家级自然保护区
	4	楚雄州双柏县	哀牢山自然保护区
	5	红河州绿春县	黄连山国家级自然保护区
	6	红河州金平县	金平分水岭国家级自然保护区
	7	文山州广南县	重要生态功能区
	8	文山州富宁县	重要生态功能区
	9	文山州西畴县	重要生态功能区
	10	西双版纳勐海县、勐腊县	西双版纳国家级自然保护区
	11	大理市、漾濞县	苍山洱海国家级自然保护区
	12	大理州剑川县	重要生态功能区
	13	迪庆维西傈僳族自治县	重要生态功能区
	14	怒江州福贡县	重要生态功能区
	15	曲靖马龙县	水环境容量控制性利用区域
	16	曲靖富源县	水环境容量限制性利用区域
	17	玉溪澄江县、江川县、通海县	水环境容量控制性利用区域
	18	楚雄州禄丰县	水环境容量限制性利用区域
	19	楚雄大姚县	水环境容量限制性利用区域
	20	红河州弥勒县	水环境容量限制性利用区域
	21	文山州砚山县	水环境容量控制性利用区域
	22	大理州云龙县	水环境容量限制性利用区域
	23	曲靖市市辖区	大气环境重点保护区
	24	丽江市市辖区	大气环境重点保护区
	25	普洱思茅市	大气环境重点保护区
	26	临沧市市辖区	大气环境重点保护区
	27	曲靖市会泽县	重金属重点保护区域
	28	曲靖市陆良县	重金属重点保护区域
	29	曲靖市罗平县	重金属重点保护区域
	30	玉溪市新平县	重金属重点保护区域
	31	玉溪市易门县	重金属重点保护区域
	32	保山市腾冲县	重金属重点保护区域
	33	普洱市澜沧县	重金属重点保护区域
	34	楚雄州牟定县	重金属重点保护区域
	35	昆明市辖区	综合型保护区域
	36	昆明市东川区	综合型保护区域
	37	昆明市安宁市	综合型保护区域
	38	昆明市晋宁县	综合型保护区域
	39	曲靖宣威市	综合型保护区域
	40	玉溪市市辖区	综合型保护区域

省份	编号	地区	生态环境重点保护区域类型
	41	保山市市辖区	综合型保护区域
	42	保山市腾冲县高黎贡山区	综合型保护区域
	43	昭通市市辖区	综合型保护区域
	44	昭通市鲁甸县	综合型保护区域
	45	昭通市威信县	综合型保护区域
	46	昭通市镇雄县	综合型保护区域
	47	昭通市水富县	综合型保护区域
	48	昭通市彝良县	综合型保护区域
	49	丽江市玉龙纳西族自治县	综合型保护区域
	50	普洱哈尼族彝族自治县	综合型保护区域
	51	红河州个旧市	综合型保护区域
	52	红河州开远市	综合型保护区域
	53	红河州河口瑶族自治县	综合型保护区域
	54	红河州屏边苗族自治县	综合型保护区域
	55	红河州蒙自县	综合型保护区域
	56	红河州金平苗族瑶族傣族自治县	综合型保护区域
	57	文山州马关县	综合型保护区域
	58	文山州文山县	综合型保护区域
	59	西双版纳景洪市	综合型保护区域
	60	楚雄市市辖区	综合型保护区域
	61	大理州大理市	综合型保护区域
	62	大理州鹤庆县	综合型保护区域
	63	德宏州潞西市	综合型保护区域
	64	德宏州瑞丽市	综合型保护区域
	65	迪庆州德钦县	综合型保护区域
	66	迪庆州香格里拉县	综合型保护区域
	67	怒江州泸水县	综合型保护区域
	68	怒江州兰坪县	综合型保护区域
	69	怒江州贡山县	综合型保护区域
贵州省	70	安顺市镇宁县	重要生态功能区
	71	安顺市关岭县	重要生态功能区
	72	安顺市紫云县	重要生态功能区
	73	铜仁市江口县、印江土家族苗族自治县	梵净山国家级自然保护区
	74	黔西南州望谟县	重要生态功能区
	75	黔西南州册亨县	重要生态功能区
	76	黔东南州剑河县、雷山县、榕江县、台江县	雷公山国家级自然保护区
	77	黔南州平塘县	重要生态功能区
	78	黔南州罗甸县	重要生态功能区
	79	六盘水市六枝特区	水环境容量控制性利用区域
	80	安顺市市辖区	水环境容量控制性利用区域
	81	黔西南州普安县	水环境容量控制性利用区域

省份	编号	地区	生态环境重点保护区域类型
贵州省	82	毕节市大方县	水环境容量控制性利用区域
	83	黔南州长顺县	水环境容量控制性利用区域
	84	黔南州都匀市	水环境容量控制性利用区域
	85	遵义市市辖区	大气环境重点保护区
	86	遵义市仁怀市	大气环境重点保护区
	87	毕节市市辖区	大气环境重点保护区
	88	黔西南州兴义	大气环境重点保护区
	89	黔南州福泉市	大气环境重点保护区
	90	遵义市务川县	重金属重点保护区域
	91	六盘水水城县	重金属重点保护区域
	92	六盘水市钟山区	重金属重点保护区域
	93	铜仁市万山特区	重金属重点保护区域
	94	黔西南州兴仁县	重金属重点保护区域
	95	黔西南州安龙县	重金属重点保护区域
	96	黔西南州晴隆县	重金属重点保护区域
	97	黔东南州丹寨县	重金属重点保护区域
	98	黔东南州镇远县	重金属重点保护区域
	99	黔南州贵定县	重金属重点保护区域
	100	黔南州荔波县	重金属重点保护区域
	101	黔南州三都县	重金属重点保护区域
	102	黔南州独山县	重金属重点保护区域
	103	贵阳市市辖区	综合型保护区域
	104	遵义市赤水县	综合型保护区域
	105	铜仁市市辖区	综合型保护区域
	106	铜仁市沿河土家族自治县	综合型保护区域
	107	铜仁市松桃县	综合型保护区域
	108	毕节市市辖区	综合型保护区域
	109	毕节市赫章县	综合型保护区域
	110	毕节市威宁县	综合型保护区域
	111	黔东南州凯里市	综合型保护区域
	112	黔南州荔波县茂兰、木论地区	综合型保护区域

分项目二

西北（甘青新）重点区域和行业发展战略环境评价

编　写　组

技术承担单位　中国环境科学研究院

技术负责人　李彦武

主要编写人员　李彦武　李小敏　杨荣金　李　娟　富　国　段　宁
金凤君　刘国华　钱云平　赵玉婷　马建锋　许亚宣
冯　祯　胡炳清　赵　健　王传胜　管东红　胡　青
苏敏刚　万　勤　董林艳　胡　萌　邹广迅　田海燕
王成元　马玉林　陈　勇　梁建辉

分项目秘书　李　娟　赵玉婷

主要协作单位　中国科学院地理科学与资源研究所
中国科学院生态环境研究中心
黄河水文水资源科学研究院
中国科学院西北高原生物研究所
甘肃省环境科学设计研究院
青海省环境科学研究设计院
新疆维吾尔自治区环境保护科学研究院
新疆生产建设兵团环境保护科学研究所

1 总 则

1.1 背景

当前，我国已进入 2020 年实现全面建成小康社会宏伟目标的决定性阶段。党的“十八大”把生态文明建设纳入中国特色社会主义事业总体布局，生态文明建设的战略地位更加明确，生态文明建设融入经济建设、政治建设、文化建设、社会建设各个方面和全过程。“坚持节约资源和保护环境的基本国策，坚持节约优先、保护优先、自然恢复为主的方针，着力推进绿色发展、循环发展、低碳发展，形成节约资源和保护环境的空间格局、产业结构、生产方式、生活方式，从源头上扭转生态环境恶化趋势，为人民创造良好生产生活环境，为全球生态安全做出贡献”，成为当前和未来一定时期环境保护工作的行动指南。

《中共中央国务院关于深入实施西部大开发战略的若干意见》（中发 [2010]11 号）把西部大开发战略放在区域协调发展总体战略的优先位置。《西部大开发“十二五”规划》确定了新时期加强西部大开发工作总体思路和政策体系，构建了西部大开发在全国区域协调发展总体战略中具有优先地位的区域政策框架，掀开了深入推进西部大开发新的历史篇章。

西部地区是我国贫困面积最广、贫困人口最多、贫困程度最深的区域，是我国全面建成小康社会的难点和重点地区；少数民族众多，是我国少数民族集中分布地区，与周边 14 个国家和地区接壤，加快经济社会发展，是维护民族团结和边疆稳定的客观需要；西部地区能源矿产资源富集，是我国重要战略资源接续地；西部地区是我国大江大河的主要发源地，生态脆弱、生态区位极为重要，是国家生态安全关键区域。

西部地区生态脆弱、水土资源组合条件不好、环境承载能力不足对经济增长的制约是可持续发展无法绕行的坎。环境保护部组织开展西部大开发重点区域和行业发展战略环境评价工作，是突出生态文明建设，努力探索从源头扭转生态恶化趋势、创造良好生活生产环境，促进环境保护与经济发展协调融合的一项重大实践。

本项目是西部大开发重点区域和行业发展战略环境评价分项目之一，地域范围涵盖甘肃省、青海省、新疆维吾尔自治区（含新疆生产建设兵团）的重点发展区域。西北三省（区）能源矿产资源富集、自然环境恶劣、水资源缺乏、生态脆弱、经济欠发达，水资源和生态环境对经济增长的制约紧迫，生态安全、能源安全、粮食安全等成为经济社会可持续发展必须面对的挑战。本项目以建设环境友好和资源节约型社会为主线，以从源头上扭转生态环境恶化趋势、创造良好生产生活环境、保障国家和区域生态安全为目标，研究经济社会与环境保护协调发展的产业结构、布局、规模调控方向和途径，促进生产空间集约高效、生活空间宜居适度、生态空间山青水绿。

1.2 工作目标

按照尊重自然、顺应自然、保护自然的生态文明理念，遵循代价小、效益好、排放低、可持续的基本要求，研究有利于破解区域资源环境制约、有利于不断改善环境质量、有利于资源利用集约高效、有利于构建生态安全屏障的生产力布局和规模、产业结构，促进水资源缺乏、生态脆弱地区生态文明建设与经济社会发展协调融合。研究成果为西北地区生态环境战略性保护提供技术支撑，为重点区域开发与产业发展战略制定提供科学依据。

1.3 评价范围

1.3.1 评价区域

研究区域涵盖甘肃省、青海省、新疆维吾尔自治区、新疆生产建设兵团行政管辖区域，总面积约 284 万 km^2。重点发展区域包括兰州—白银经济区、陇东地区、河西地区、柴达木循环经济试验区、西宁河湟谷地、天山北坡经济带等 6 个重要区域，面积 89 万 km^2，占西北三省（区）国土总面积的 31%（见图 2-1）。解读国家主体功能区规划、国家“十二五”发展规划、国务院近年对西北三省（区）经济社会发展的指导意见、西北三省（区）“十二五”国民经济和社会发展纲要等的区域发展战略，梳理各重点区域相应的重点产业见表 2-1。

图 2-1 西北项目重点区域范围

表 2-1 重点区域、重点城市及重点产业

区域	重点区域	范围	重点产业
新疆维吾尔自治区及新疆生产建设兵团	天山北坡经济带	乌鲁木齐市、克拉玛依市、石河子市、五家渠市；昌吉州的昌吉市、阜康市、呼图壁县、玛纳斯县、奇台县、吉木萨尔县；塔城地区的沙湾县、乌苏市；伊犁州的奎屯市、伊宁市、伊宁县、霍城县、察布查尔锡伯自治县；博州的博乐市、精河县；吐鲁番市；鄯善县、托克逊县；哈密市；建设兵团的第四师、第五师、第六师、第七师、第八师、第十二师、建工师、第十三师的红星一场，红星二场，红星四场、黄田农场、火箭农场、柳树泉农场	煤炭、煤电、煤化工、石油、天然气开采及加工、钢铁、有色矿产资源开发及加工、新能源、农副产品加工
青海省	柴达木循环经济试验区	海西州的柴达木盆地部分	盐湖化工、能源开采及加工、有色冶金、特色生物、新能源、煤化工

区域	重点区域	范围	重点产业
青海省	西宁河湟谷地	西宁市及大通县、湟中县、湟源县，海东地区的平安县、民和县、乐都县、互助县、化隆县、循化县，海北州的海晏县，黄南州的尖扎县，海南州的贵德县	新能源、新材料、有色金属、钢铁、生物制药、装备制造、纺织、特色农副产品加工业、现代物流
甘肃省	兰州—白银经济区	兰州市、白银市所辖行政区域	石油化工、有色冶金、装备制造、新材料、能源、生物制药
	陇东地区	平凉市和庆阳市	能源、煤化工
	河西地区	金昌市、张掖市、酒泉市、武威市、嘉峪关市	有色金属新材料、新能源及新能源装备制造、特色农副产品加工

1.3.2　评价时段

基准年：2010 年；
近期：2015 年；
远期：2020 年。

1.4　工作重点

按照环境保护部《西部重点区域和行业发展战略环境评价第一阶段工作方案》（环办[2012]21 号）文件要求，确定甘青新重点区域和行业战略环境评价的工作重点如下：

（1）重点区域和产业发展战略分析。根据国家区域协调发展总体战略和主体功能区战略，结合西北三省（区）经济社会发展的国家战略和区域经济社会发展规划、资源能源等重点产业发展规划、环境保护规划等，分析未来西北三省（区）重点区域在全国区域发展格局中的战略地位、区域经济社会发展的战略目标、重点产业发展的战略目标以及环境保护的战略目标。

（2）重点区域生态环境现状及其演变趋势评估。利用资源、生态、环境等领域的调查和监测数据，评估西北三省（区）生态环境现状，分析经济社会发展的资源环境压力和演变趋势，剖析区域经济社会发展导致的突出的区域性、累积性资源环境问题，识别区域资源开发和重点产业发展的关键性制约因素。

（3）重点区域和产业发展资源环境压力评估。分析西北三省（区）重点区域和产业发展现状、技术水平和发展态势，评估资源环境效率；基于西北三省（区）重点区域和产业发展情景方案，预测资源环境压力及时空分布；结合重点区域资源环境现状和关键性制约因素，剖析区域经济社会发展与环境保护的主要矛盾。

（4）重点区域和产业发展资源环境承载力综合评估。根据区域经济社会发展水平和资源环境禀赋，分析评估西北三省（区）重点区域资源环境承载力及其利用状况和空间分布特征。根据区域协调发展战略、主体功能区战略的总体要求，以及资源环境压力评估，提出区域资源环境承载力可持续利用的对策。

（5）重点区域和产业发展环境影响评价和生态风险评估。针对西北三省（区）重点区域和产业发展情景，辨识中长期生态环境影响特征和关键影响因素。分析、预测重点产业发展的中长期生态环境影响态势及其阶段性、结构性特征，分析、评估重点区域和产业发展的中长期生态风险。

（6）重点区域和产业优化发展的调控方案。根据西北三省（区）重点区域和产业发展资源环境承载力水平，提出产业发展与布局优化调整方案、区域循环经济的发展模式，明确优先支持的重点产业发展方向和生产力优化布局建议。

（7）重点区域和产业与资源环境协调发展的对策机制。基于资源环境制约和生态风险，研究提出保障区域生态安全、促进资源高效利用、构建循环经济体系的环境保护管理策略，提出环境基础设施和环境管理能力建设方案，制定节能减排、环境准入、跟踪监测与评价、生态恢复与补偿的中长期环境管理对策，研究适合西北三省（区）资源环境禀赋的环境综合管理模式，探索建立以环境保护优化经济发展的长效政策机制。

1.5 技术路线

采用“驱动力—压力—状态—响应”模式，以经济发展战略和环境保护战略为驱动力，资源环境承载与约束、中长期环境影响和风险预测为支撑，以转变经济增长方式、优化生产空间、创建宜居空间和保障生态空间指引，研究环境脆弱、特色资源富集区域促进资源节约、循环发展和低碳发展模式，统筹保障生态空间和人居环境，引导生产力优化布局，产业结构战略性调整，构建以环境保护优化经济社会发展的长效机制。具体的技术路线如图 2-2 所示。

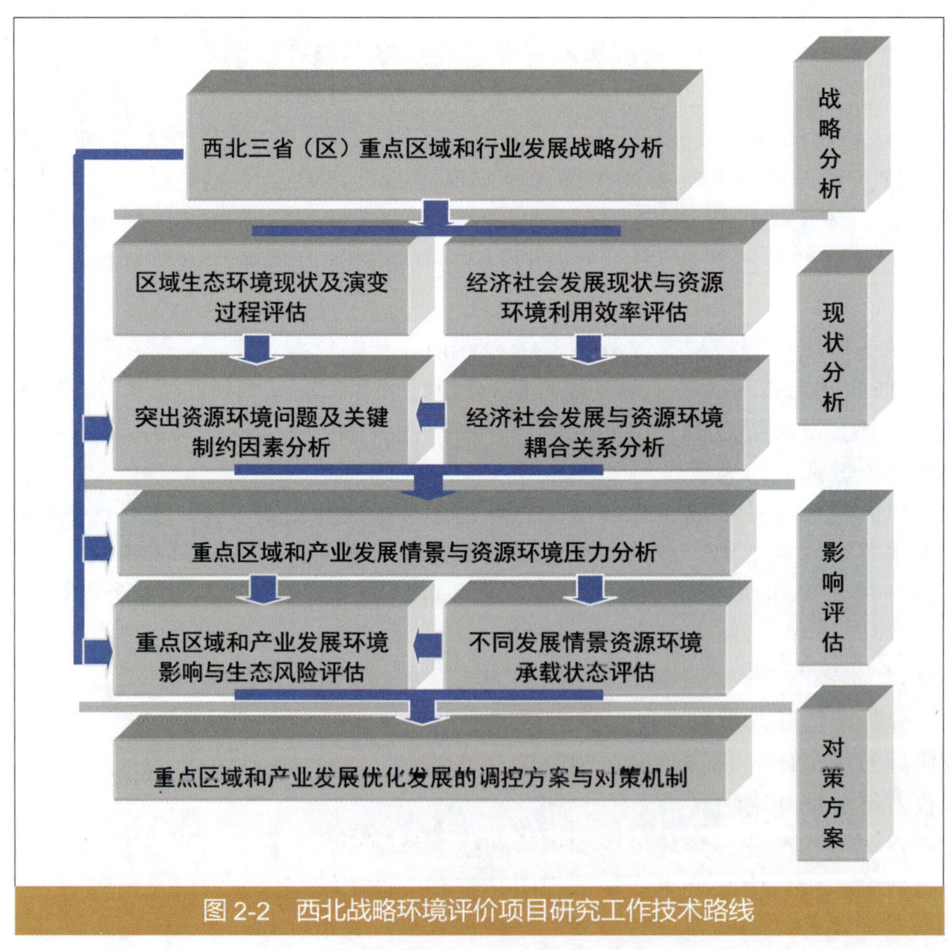

图 2-2　西北战略环境评价项目研究工作技术路线

2　区域发展与环境保护战略分析

2.1　区域战略定位

2.1.1　面向中亚和欧洲大陆开发的重要门户

西北三省（区）西接中亚，与蒙古、俄罗斯、哈萨克斯坦、塔吉克斯坦等八国接壤；深居内陆，位于中国大陆连接欧亚大陆桥的战略腹地，是向中亚和欧洲大陆开放的重要门户（图2-3）。

图 2-3　西北三省（区）战略性地理位置示意

西北三省（区）所处地理位置具有十分重要的地缘政治经济意义。在西部大开发中，依托欧亚铁路缩短同中西亚、欧洲陆路交通的距离，实现与上述地区资源、产业、技术发展优势互补，是西北三省（区）未来发展中的重要功能。

2.1.2　保障全国能源和资源安全的重要储备地

西北三省（区）能源和矿产资源丰富。塔里木盆地、柴达木盆地、准噶尔盆地、吐鲁番—哈密盆地蕴含丰富的能源矿产资源。新疆南部、青海高原、甘肃西部拥有开发前景广阔的太阳能、风能、地热能等清洁能源。秦岭山地、甘肃北山山地、祁连山地储存丰富的黑色、有色金属矿产，柴达木盆地储存丰富的盐湖资源。周边国家尤其是哈萨克斯坦、吉尔吉斯斯坦、塔吉克斯坦3个中亚国家和蒙古国蕴藏着丰富的石油、铀和有色金属等能源、矿产资源。西北三省（区）具有独特的资源、地缘优势，是全国能源资源战略储备地、有色和化工原材料工业的潜在基地。西北三省（区）作为全国重要的能源资源生产基地和进口能源资源的重要战略通道，优势地位将进一步凸显。

2.1.3　全国生态安全屏障的关键区域

西北三省（区）分布有天山、祁连山、贺兰山、秦岭等山脉和塔里木盆地、准噶尔盆地、柴达木盆地三大盆地，以及长江、黄河、澜沧江三大河流的发源地，是国家“两屏三带”生态安全格局中的北方防沙带、青藏高原生态屏障的重要组成，是我国淡水资源重要补给地，是维系西北地区乃至全国生态安全、可持续发展的重要保障区域（图 2-4）。

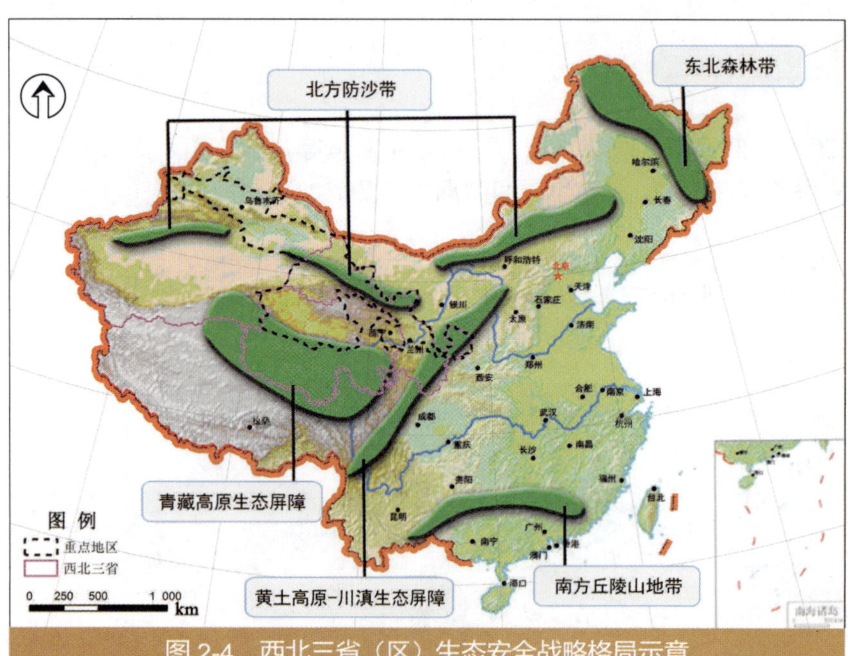

图 2-4　西北三省（区）生态安全战略格局示意

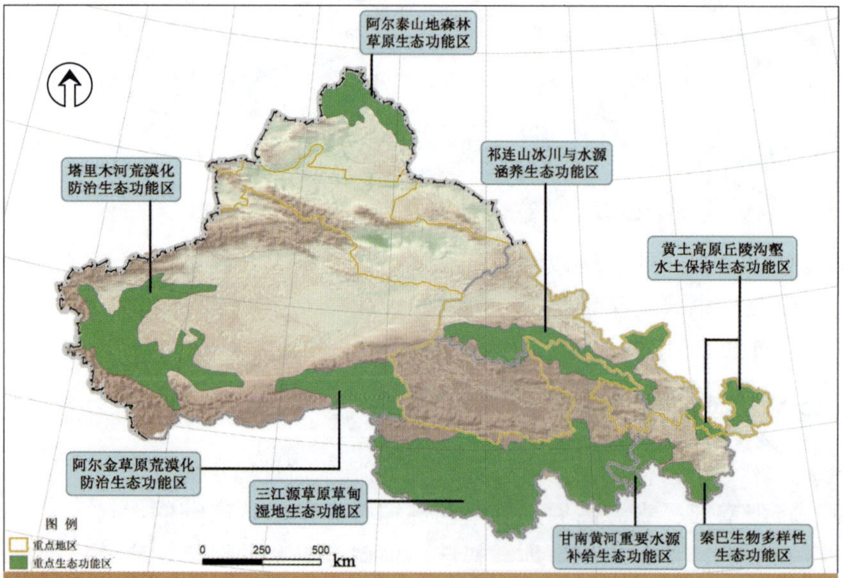

图 2-5　全国主体功能区划中的西北三省（区）重点生态功能区

西北三省（区）水源涵养功能是国家生态屏障功能的主体，防风固沙功能是国家防风固沙带的重要组成部分。西北三省（区）含有 8 个《全国主体功能区规划》划定的重点生态功能区（见图 2-5），总面积约 79.72 万 km^2，其中 6 个重要生态功能区属于水源涵养和防风固沙生态功能区，面积占西北三省（区）国土面积的 27%。按照全国生态功能区划，西北三省（区）划分为 13 个分区，其中 9 个属于水源涵养重要区和防风固沙重要区（见图 2-6）。

本次研究的重点区域内水源涵养重要生态功能区面积相对较小，水源涵养功能区主要分布在天山山地和祁连山山地；防风固沙功能区主要分布在准噶尔盆地、塔里木盆地、吐鲁番—哈密地区、柴达木盆地和甘肃省的河西走廊地区。

2.1.4 全国农业与粮食安全的重要保障地

西北三省（区）的气候、土壤和水资源禀赋，促使农业形成多样化发展格局。天山南北麓、河西走廊是国家层面上具有战略意义的农产品主产区，青海省、新疆维吾尔自治区位居我国五大牧区之列，河西走廊、南北疆是干旱区瓜果的主产区，甘肃省黄土丘陵、新疆维吾尔自治区塔里木河绿洲是重要的特种小杂粮主产区，祁连山、天山、甘南高原、青海省东部是重要的中药材和野生菌类作物主产区，柴达木盆地是青海省重要的中药材种植区，新疆维吾尔自治区伊犁、南疆是重要的亚麻、棉花等经济作物主产区。西北三省（区）耕地分布示意见图 2-7。

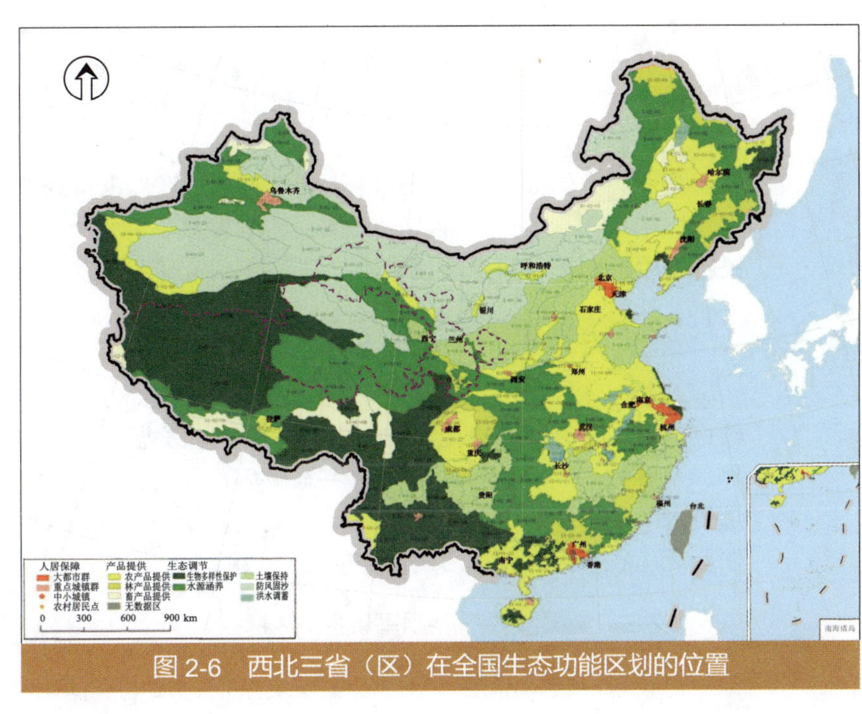

图 2-6 西北三省（区）在全国生态功能区划的位置

2.1.5 促进边疆稳定和各民族繁荣发展的重点区域

西北三省（区）民族众多，是少数民族主要聚居区，总人口占全国的 4%，少数民族人口占全国的 20%。西北三省（区）内陆腹地与西域边疆相兼、矿产资源富集与生态屏障重叠，伊斯兰文化、佛教文化和汉族文化交汇，承担“保边富民、资源开发与生态保护、完善民族自治和区域和谐发展”的历史重任。由于各种原因，经济水平与中东部地区仍有较大差距，相当部分地区仍未脱贫。西北三省（区）的繁荣与发展，对于加强民族团结、保障长治久安、全面建成小康社会等具有重要的战略意义。

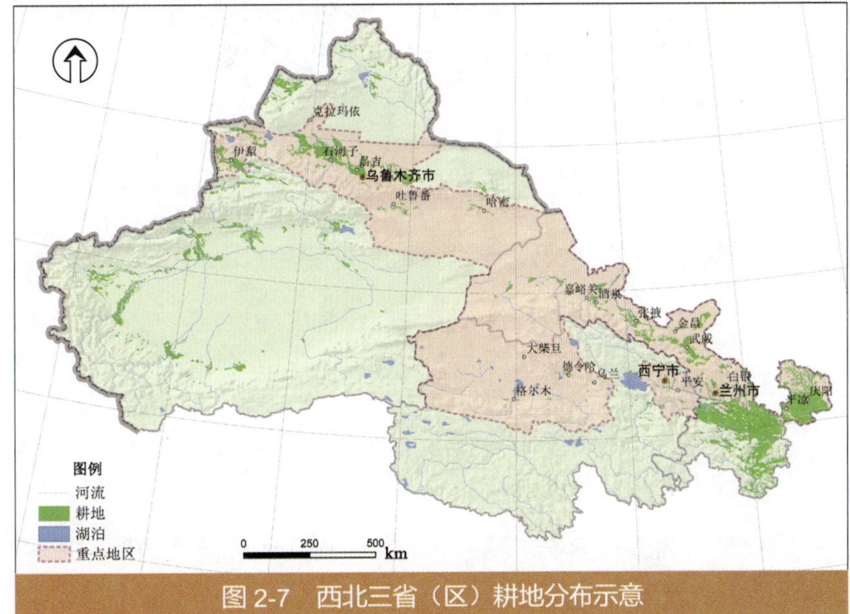

图 2-7 西北三省（区）耕地分布示意

2.2 区域社会经济发展战略目标

2.2.1 2020年全面建成小康社会

西北三省（区）近期在经济总量比2008年翻一番的基础上，人均地区生产总值达到或超过全国平均水平的80%；形成2～3个综合性较强的产业集聚区域，培育1～2个300万人口以上的特大城市；综合运输体系基本建成，生态建设和环境保护取得突破性进展，基本公共服务能力大幅提高。远期经济总量比“十二五”末再翻一番，人均GDP基本达到全国平均水平，形成4～5个产业集聚区域；科学发展、和谐发展、可持续发展的能力显著增强，人民群众生活水平和科学文化素质显著提高，实现经济发展、山川秀美、民族团结、社会和谐。

2.2.2 全国循环经济发展示范区域

西北三省（区）自然环境恶劣、水资源短缺、生态脆弱，能源矿产资源富集；水土资源约束趋紧、生态环境退化十分突出。回顾区域发展历程，传统粗放的发展方式已造成水、土、林、草等过度利用，付出重大的生态破坏、环境污染代价。建设循环经济试点、示范区，促进资源节约、环境友好的新型工业化发展，摆脱“先污染后治理”的传统发展路径，是国家在西北三省（区）发挥后发优势的重要战略选择。

2.2.3 全国重要的能源基础原材料基地

建设以吐哈、准东、伊犁河谷煤炭东运、煤电一体化和煤化工为主的综合性能源资源生产及供应基地。柴达木盆地、敦煌等地区将成为国家重要的太阳能发电基地，其中2020年柴达木盆地太阳能发电装机容量将达到百亿瓦级；酒泉、嘉峪关将建设千万瓦级以上风电基地，基本建成酒泉风电设备生产基地和数字风机设备和太阳能光伏、光热产品研发制造基地。在甘肃省推进新型有色金属合金材料、稀土材料等新材料产业发展，建设有色金属新材料产业和研发基地。将柴达木盆地建成全国重要的盐湖资源综合开发利用基地。建设以天山北坡经济带、河西走廊为主的现代化农牧业示范基地。因地制宜发展地方特色显著农产品生产，重点建设一批现代农业示范农场，初步建成石河子、哈密、张掖、武威、定西等地为主的特色农副产品加工生态经济基地。

2.3 战略布局

2.3.1 构筑“一带一轴”的城镇化工业化格局

以天山北坡经济带、兰白经济区为重点，充分发挥乌鲁木齐、兰州中心城市的辐射带动作用，连接河西走廊、吐哈盆地、泾渭谷地、伊犁河谷，打造贯通陇海—兰新铁路、欧亚大陆桥的横向发展轴线；以兰州、西宁、格尔木城市为重点，打造贯通青藏铁路—黄河干流沿线谷地的纵向发展轴线，连接黄河干流、湟水谷地，积极培育沿线城市和工业园区，城镇化工业化格局示意见图2-8。

2.3.2 率先打造“两核”——天山北坡经济带和兰—西—格经济区

天山北坡经济带以乌昌经济区为核心，以城镇组群和区域中心城市为支撑，形成产业分工合理、联动发展的格局，不断提升区域整体发展实力，进一步增强对全疆乃至西部地区的辐射带动作用。充分发挥作为向西开放大通道的优势，加快提升自主创新能力、产业集聚水平和外向型经济发展水平，在全疆率先实现新型工业化、农牧业现代化和新型城镇化，率先实现经济结构优化升级和发展方式转变，全面实现小康社会建设目标，建成国家重要的经济增长带。

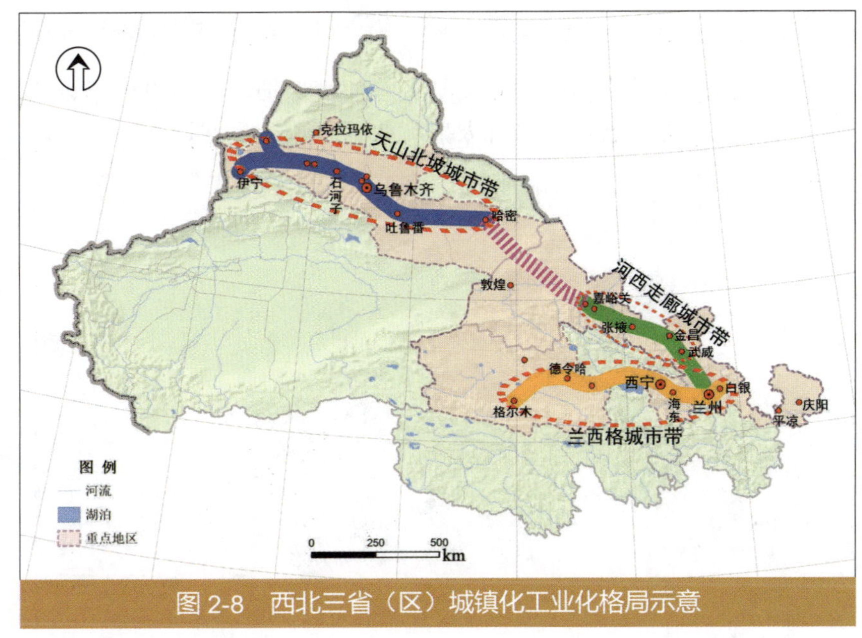

图 2-8　西北三省（区）城镇化工业化格局示意

建设兰—西—格经济区，构建以兰州、西宁为中心，白银、格尔木为支撑的空间发展格局，大力发展全国重要的新能源、盐化工、石化、有色金属和特色农产业加工产业基地，打造西北交通枢纽和商贸物流中心，区域性新材料和生物医药产业基地。全面推进国家级兰州新区建设，优化区域生产力布局和产业转型升级，建成国家重要的石化、能源储备基地；西部重要的先进制造业和现代服务业基地，打造科学发展的示范区。

2.3.3　构筑“两区四带”农产品主产区

充分发挥西北三省（区）光热资源丰富的优势，构筑以河西走廊和天山南北麓两大农产品主产区为主体，其他农业地区为重要组成的农产品生产空间战略格局。建设四大产业带，即以甘肃省蚕豆、豌豆、荞麦、谷子、胡麻、油橄榄，新疆维吾尔自治区向日葵、红花为主的小杂粮产业带；以河西走廊和新疆维吾尔自治区甜瓜，天山南北麓葡萄，河西和南疆红枣，南疆核桃、香梨等为主的干鲜果品和棉花产业带；以甘南川贝母，青海省枸杞、沙棘、大黄、黄芪，甘南丹参、当归为主的中药材产业带；以天山南北麓、祁连山地、河曲草原为主的草原牧业产业带。西北三省（区）农产品主产区分布见图 2-9。

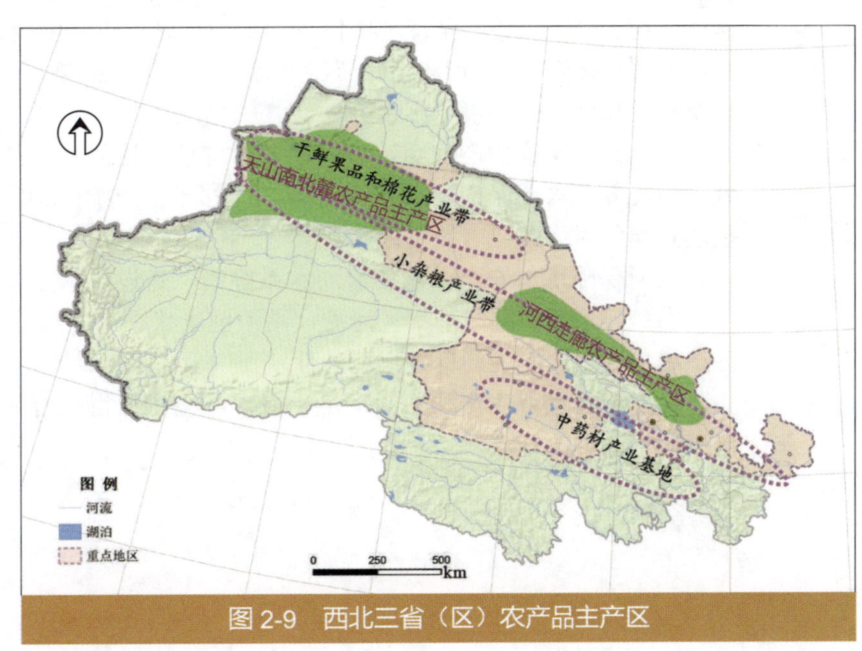

图 2-9　西北三省（区）农产品主产区

2.3.4 推进三大资源富集区能源矿产资源的有序开发

统筹资源合理开发与生态环境保护、基础设施建设和区域经济社会发展，推动资源开发利用方式转变，培育大型产业基地，推进通道建设，构建现代资源产业体系。重点加强柴达木盆地盐湖资源综合开发利用，扩大钾肥的生产能力，发展氯碱化工、金属镁及锂、硼产品，构建循环经济产业链，建设柴达木资源综合开发利用基地。推进北疆吐哈、准东、伊犁河谷煤炭东运、煤电一体化和煤化工，以及陇东油气、煤电化一体化基地建设。加强河西地区镍钴铜、钨钼及铁钒铬等资源综合开发利用和深度加工，延伸产业链，建设金昌镍钴铜多金属综合利用基地、酒嘉铁钒钨钼生产加工基地。西北三省（区）能源矿产资源重点开发区示意见图 2-10。

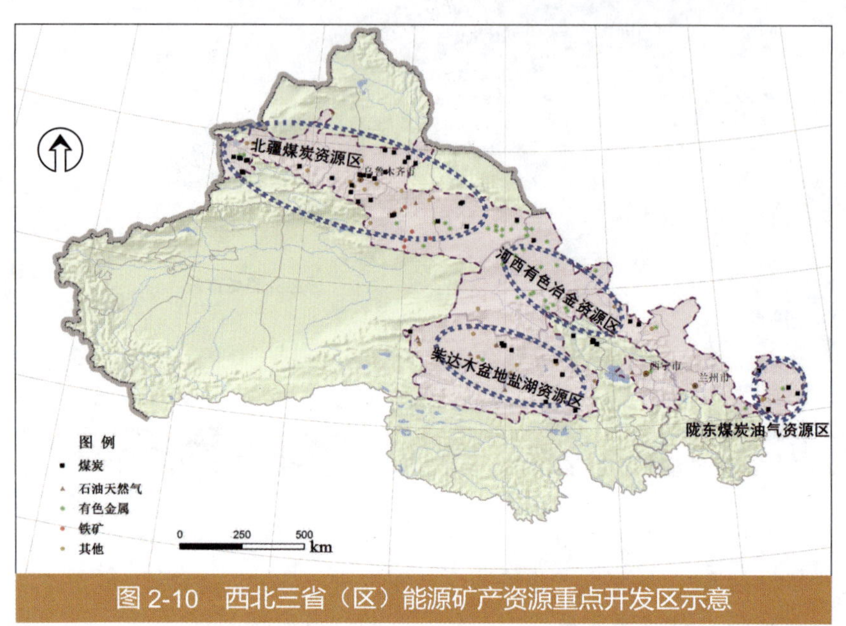

图 2-10 西北三省（区）能源矿产资源重点开发区示意

2.4 区域环境保护战略目标

西北三省（区）总体上自然环境恶劣、水资源短缺、生态脆弱，生态环境一旦破坏难以恢复；同时，西北三省（区）生态环境保护战略地位十分重要，生态环境演变对国家生态安全具有全局性影响作用。在经济社会发展进程中，必须突出生态文明建设，坚持节约资源和保护环境的基本国策，坚持节约优先、保护优先、自然恢复为主的方针，着力推进绿色发展、循环发展、低碳发展，形成节约资源和保护环境的空间格局、产业结构、生产方式、生活方式，从源头上扭转生态环境恶化趋势。

（1）维护国家生态安全，巩固区域可持续发展的生态基础。建设区域生态安全屏障，区域水源涵养和水土保持功能不降低，天山、祁连山、阿尔泰山等重要水源涵养区功能得到加强，控制荒漠化对绿洲生态的侵蚀。

（2）保障用水安全，恢复河湖水系健康。建设节水型社会，扭转经济社会发展挤占生态用水态势，恢复内陆河干旱区河流、湖泊健康状态，保障城乡居民饮水安全和农业用水安全，创造绿色农牧业发展的良好环境条件。

（3）创造良好生产和生活环境。城市环境污染得到有效控制，城乡环境质量达标，人群健康环境大幅改善。

3 区域自然环境与社会经济发展特征

3.1 资源环境的区位特征

3.1.1 地形复杂多变，气候条件恶劣，荒漠广布

西北三省（区）处于大陆腹地，幅员辽阔，山地、高原、盆地相间分布，地形地貌复杂多变，差异巨大（见图 2-11）。

内陆河干旱区地貌上分准噶尔盆地、塔里木盆地、吐哈盆地、柴达木盆地、青海湖盆地和河西走廊等独立单元。各地貌单元均为高山环抱，除青海湖盆地的中心是青海湖外，其他盆地的中心都分布着广大的沙漠。

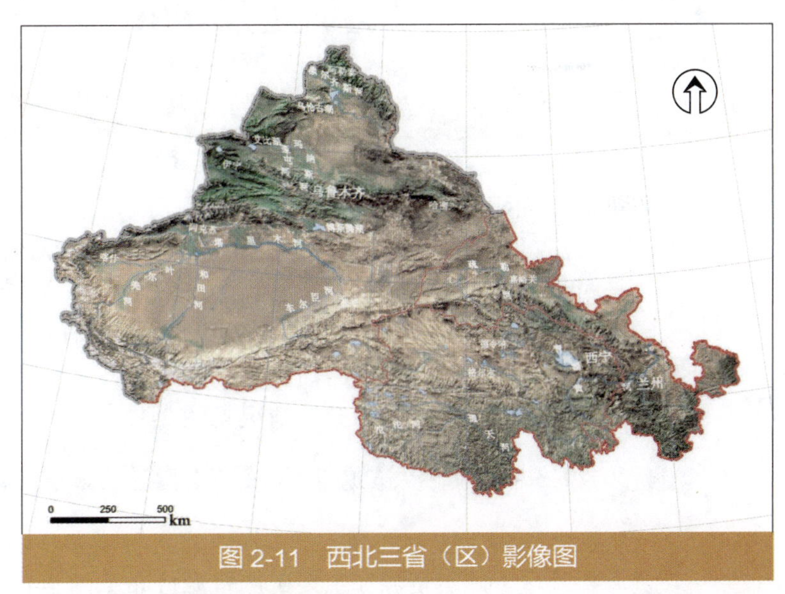

图 2-11　西北三省（区）影像图

气候干旱少雨，蒸发量远大于降水量，降水量总体呈现东多西少，内陆干旱区，降水量除海拔很高的山区外，都在 200 mm 以下，部分沙漠和戈壁的年降水量在 10 mm 以下。

气象条件恶劣、地形多变，是我国温度和降水的年际变化最大的地区，出现极端气候年份的概率较大。气象极值种类较多，形成多种局地天气灾害。雪灾、干旱、沙尘暴等灾害十分突出，大风、暴雨、冰雹、冻土、冻害等也是常见自然灾害。

干旱缺水，荒漠广布，植物净生产力低，土壤有机碳含量少，生态脆弱，极易受到破坏。西北三省（区）干旱分区见图 2-12。

图 2-12　西北三省（区）干旱分区

3.1.2 水系联系山区和沙漠，涵盖长江、黄河、澜沧江源头区

西北三省（区）河流众多，大小河流 800 余条，除出境河流伊犁河、额尔齐斯河和黄河外都是内陆河。内

图 2-13 西北三省（区）水系分布

陆区河流是联系山区和沙漠的生态纽带，内陆河流以高山的降水与冰川积雪融水为主要水源，流经山坡下的冲积平原，归属于沙漠中的湖泊湿地或消失于沙漠中。阿尔泰山、天山、祁连山地是径流的形成区和高值区，准噶尔盆地、塔里木盆地、柴达木盆地，以及河西走廊等是径流的散失区和低值区。河流径流小、流程短，地表水与地下水转换频繁。湖泊众多，入湖水系少而短，补给湖泊的水量不多，湖泊多以咸水湖和盐湖为主，也有少量淡水湖，各类湖泊面积达 2 万 km^2。

长江、黄河、澜沧江三大江河的源头区位于青海省中南部和东部，被誉为“中华水塔”。黄河是西北三省（区）最大的外流河，黄河干流全长 5 464 km，流域面积 79.5 万 km^2，发源于青海省巴颜喀拉山北侧，呈“几”字形流经青海省、甘肃省、内蒙古等 9 个省区，最后注入渤海湾，主要支流有湟水、洮河和渭河等。

西北三省（区）水系分布情况见图 2-13。

3.1.3 能源矿产资源丰富，是我国重要战略资源接续区

西北三省（区）能源矿产资源丰富，种类多、储量大、开发前景广阔，是我国重要战略资源接续区。煤炭资源和主要矿产资源分布见图 2-14 和图 2-15。新疆维吾尔自治区的煤炭预测资源量 2.19 万亿 t，占全国预测资源总量近 40%，居全国首位，已探明地质储量居全国第三位；天然气预测资源量 10.3 万亿 m^3，占全国陆上天然气资源量的 34%，累计探明地质储量 1.55

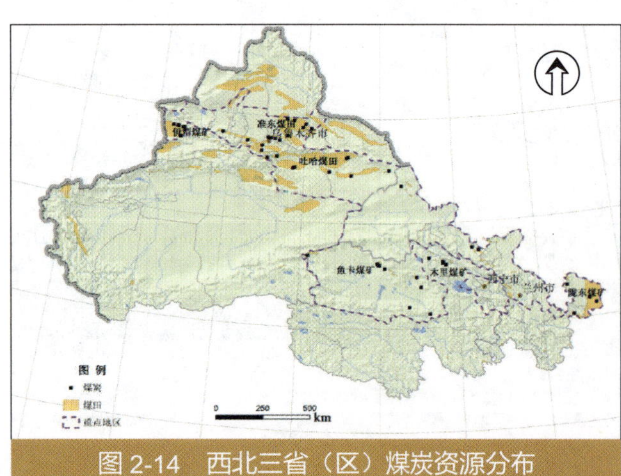

图 2-14 西北三省（区）煤炭资源分布

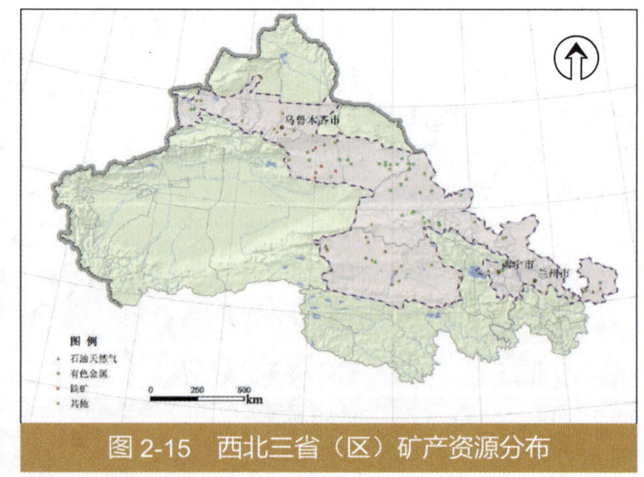

图 2-15 西北三省（区）矿产资源分布

万亿 m^3，占全国总量的 20%，居全国首位；石油预测资源量 208.6 亿 t，占全国陆上石油资源量的 30%，累计探明地质储量 42.8 亿 t，占全国总量的 14%，居全国第二位；甘肃省镍、钴、铂、钯、硒等 10 种矿产资源保有储量居全国首位。青海省盐湖资源在全国有比较明显的优势，柴达木盆地钾、钠、镁、锂、锶、芒硝等资源均居全国首位，硼、溴资源均居全国第二位。

新疆维吾尔自治区南部、青海省和甘肃省西部地区太阳能资源丰富，总辐射年总量均超过 1 740 kWh/（$m^2 \cdot a$）。

3.2　区域社会经济特征

3.2.1　地广人稀人口空间分布不均衡，少数民族人口占比高

2010 年，西北三省（区）总人口为 5 302 万人，占全国总人口的 3.96%。本次研究的重点区域人口共计 3 118.3 万人，占西北三省（区）总人口的 59%。其中，甘肃省人口接近新疆维吾尔自治区和青海省两省总和，是人口压力最大的省份之一。2010 年，西北三省（区）人口密度 18.9 人 /km^2，远低于全国 143.8 人 /km^2 的水平，约为全国人口密度的 1/8。

西北三省（区）地广人稀，人口分布不均衡，在缺水的大面积沙漠、戈壁、寒漠及海拔 4 000 m 以上的高原，极少有人或无人居住；在沿江河流域形成的以灌溉农业为主的绿洲、河谷平原等地区，人口集中度高，土地资源的人口负荷压力明显。

西北三省（区）是我国多民族聚居地区，共有 52 个少数民族，少数民族人口约占三省（区）总人口的 40%。其中，甘肃共有 44 个少数民族，人口占全省总人口的 9.43%；青海共有 43 个少数民族，人口占全省总人口的 46.98%；新疆共有 52 个少数民族，人口占全区总人口的 59.9%。

3.2.2　经济稳步上升，人均收入与全国水平差距加大

（1）GDP 总量仅占全国 2.7%，人均 GDP 仅有全国 70% 水平

2010 年，西北三省（区）GDP 总量约 1.1 万亿元，占全国 GDP 总量的 2.7%。区内各地经济发展水平差异明显，乌鲁木齐、兰州两大省会城市，GDP 占西北三省（区）GDP 总量的 22.4%，成为西北三省（区）经济发展高地。青海省南部各少数民族自治州以及甘肃省陇南地区，产业基础薄弱，各类资源优势不明显，经济贡献相对较低。近 20 年间西北三省（区）GDP 虽稳步上升但经济增速缓慢，与全国平均水平的差距拉大（图 2-16）。

2000 年以来，西北三省（区）人均 GDP 在全国均值 70% 水平波动，东西部地区经济建

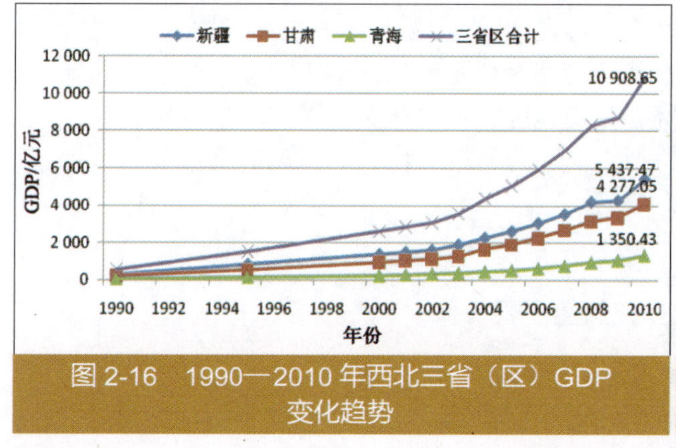

图 2-16　1990—2010 年西北三省（区）GDP 变化趋势

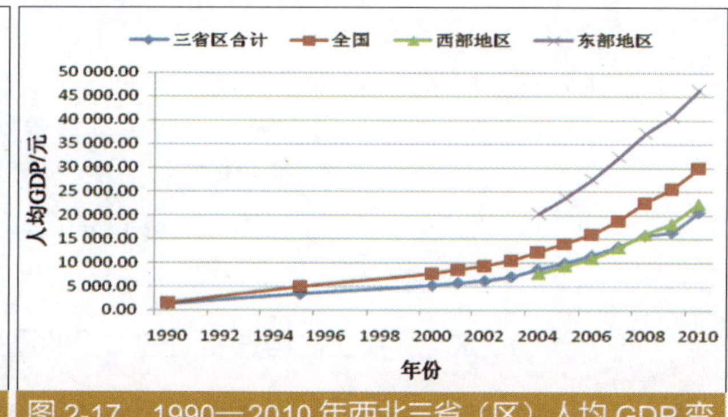

图 2-17　1990—2010 年西北三省（区）人均 GDP 变化趋势

设的差距逐步扩大（见图 2-17）。人均和地均经济量空间异质性明显，经济密度低值区主要在青海南部各少数民族自治州、南疆和陇中南地区（见图 2-18）。

重点区域 GDP 总量达到 8 121.86 亿元，占西北三省（区）GDP 总量的 74.5%。重点区域人均 GDP 26 046 元 / 人，为西北三省（区）人均 GDP 的 1.3 倍，但仍低于全国平均水平。

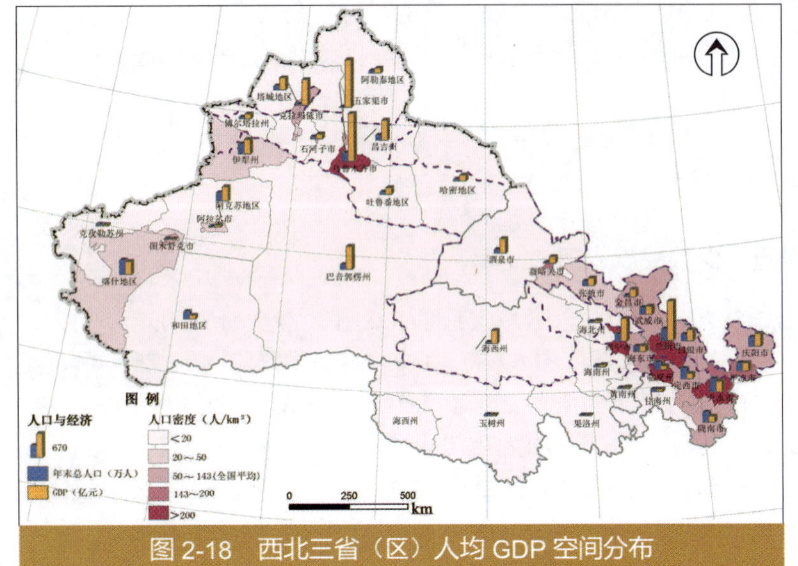

图 2-18　西北三省（区）人均 GDP 空间分布

以人均 GDP 衡量，西北三省（区）工业化水平整体上仍处于工业化初期、中期阶段，工业化进程相对迟缓。

（2）人均收入与全国平均水平差距持续扩大，区域差异、城乡差异突出

2010 年，西北三省（区）城镇居民可支配收入和农村居民人均纯收入占全国平均水平的 70% 左右。近年城乡居民收入与全国、东部和西部地区的绝对差距扩大（见图 2-19、图 2-20）。

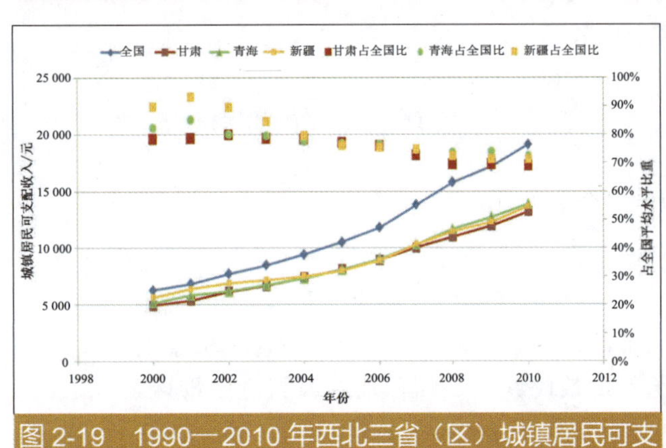

图 2-19　1990—2010 年西北三省（区）城镇居民可支配收入占全国比重变化

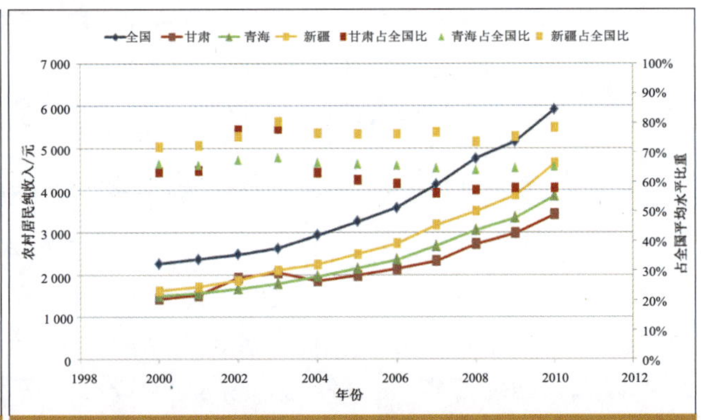

图 2-20　1990—2010 年西北三省（区）农村居民纯收入占全国比重变化

地区间城乡收入水平差距与自然环境条件、产业类型及产业结构等因素有关。拥有资源型工业加工产业的地区（如克拉玛依、嘉峪关、金昌）、拥有新兴产业或高新技术产业的地区（如省会城市），城镇居民收入水平较高；自然环境相对恶劣的地区如干旱多沙尘的南疆地区，经济社会相对落后的青海省少数民族自治区、陇南地区，城乡居民收入水平相对越低。

区域内还有大面积贫困落后地区，如实施特殊扶持政策的甘肃、青海两省藏区（海东地区、玉树、果洛等）、新疆维吾尔自治区的南疆三地州（喀什地区、和田地区与克孜勒苏州）和集中连片特困的六盘山区、秦巴山区等。

3.2.3　农牧业占据重要地位，工业重型化趋势显著

（1）三产结构持续调整，农牧业依然占据重要地位

近 20 年来西北三省（区）三产结构持续调整，具体表现为第一产业比重显著下降，第二

产业、第三产业比重波动性上浮，第二产业居主导，第三产业发展逐步加快。其中，甘肃省和青海省“二、三、一”产业结构序列保持稳定；新疆维吾尔自治区则逐步由1990年“一、二、三”序列演变为2010年“二、三、一”序列，经济发展由主要依靠第一产业推动转变为一二三产业共同推动（图2-21）。

2010年，西北三省（区）第一、第二、第三产业结构比重为16.6∶48.8∶34.6。从三次产业的产值贡献率来看，2010年第一产业的产值贡献率高于全国均值；第二产业、第三产业的产值贡献均低于全国均值。西北三省（区）中青海省第二产业产值的贡献率高于全国均值，甘肃省和新疆维吾尔自治区低于全国均值。2010年西北三省（区）产业结构和全国对比情况见表2-2。

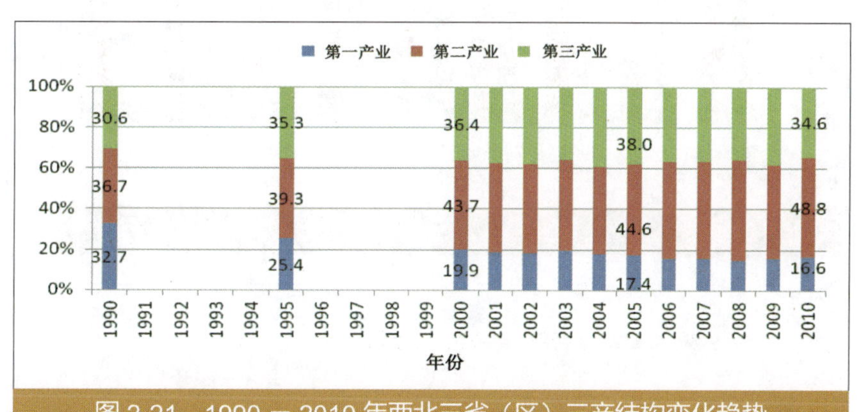

图2-21　1990－2010年西北三省（区）三产结构变化趋势

表2-2　2010年西北三省（区）产业结构和全国的对比　单位：%

	三次产业的产值结构			三次产业的就业结构		
	第一产业	第二产业	第三产业	第一产业	第二产业	第三产业
全国	9.27	50.35	40.37	36.70	28.70	34.60
东部	6.13	49.56	44.31	25.23	37.48	37.29
东北	10.63	52.51	36.87	38.24	22.76	39.01
中部	13.03	52.41	34.56	40.74	27.54	31.72
西部	13.47	49.44	37.10	47.72	19.56	32.72
西北	11.79	52.23	35.98	47.11	19.58	33.31
甘肃省	14.54	48.17	37.29	51.09	15.10	33.81
青海省	9.99	55.14	34.87	41.95	22.59	35.47
新疆维吾尔自治区	19.84	47.67	32.49	51.15	14.05	34.79
西北三省（区）	16.62	48.78	34.60	50.07	15.61	34.32

农牧业发展在西北三省（区）国民经济中依然占重要地位，是西北地区经济发展的重要推动力，西北三省（区）对农牧业的依赖程度较全国更高。2010年西北三省（区）农业总产值2 676.92亿元，占全国农业总产值的6%。西北三省（区）第一产业农林牧渔业中，90%以上的总产值来源于农业和牧业，其中农业占第一产业总产值的72.9%，农业占比高于全国平均水平19.6个百分点。

从三次产业的就业结构看，2010年第一产业就业人口占全部就业人口的1/2以上，远高于全国均值，第二产业就业比重只有15.6%，低于全国均值。西北三省（区）三次产业的就业结构和全国同属于“一、三、二”阶段，第二产业产值贡献率较低，目前处于工业化水平较低的初级化阶段。

（2）工业重型化趋势显著

第二产业中，2010年西北三省（区）工业总产值中重工业的比重达到88.1%，高于全国

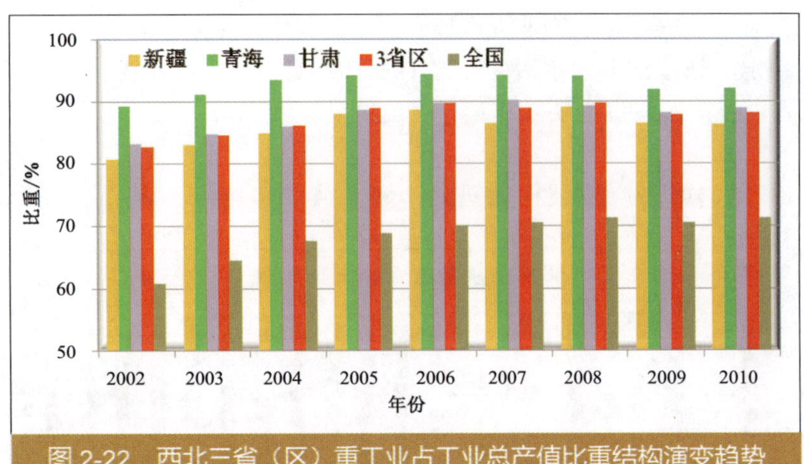

图 2-22 西北三省（区）重工业占工业总产值比重结构演变趋势

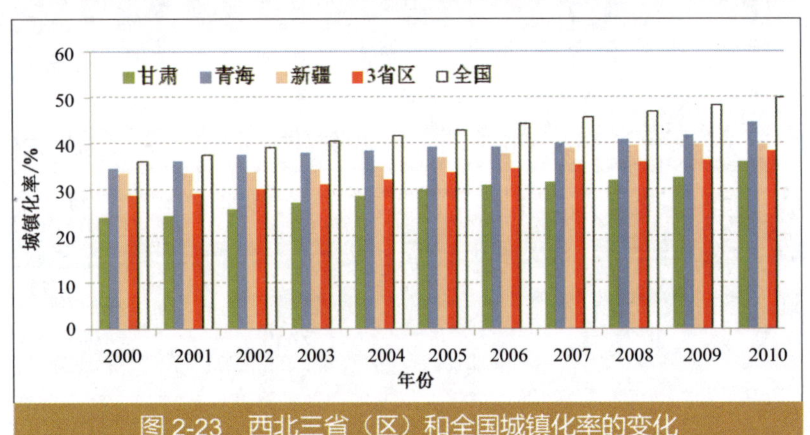

图 2-23 西北三省（区）和全国城镇化率的变化

图 2-24 西北三省（区）城镇体系组成结构示意

71.4% 的平均水平，工业结构呈高度重型化特征。其中，青海省重工业比重为 92.1%，高于甘肃省和新疆维吾尔自治区重工业比重。

高度重型化是西北三省（区）重要的工业结构特征。统计显示，2002 年以来，西北三省（区）工业总产值中重工业的比重一直在 80% 以上，2002 年为 82.8%，2010 年增长为 88.1%，全国平均水平为 71.4%。青海重工业比重在 90% 以上，2010 年比重为 92.1%，甘肃和新疆分别为 88.9% 和 86.3%，见图 2-22。

3.2.4 城镇化发展滞后，城镇化质量有待提高

大部分城镇发展规模小，差异大。

西北三省（区）城镇化水平整体落后于全国，与全国的平均水平的差距呈现扩大的趋势（图 2-23）。2000 年以来，西北三省（区）城镇化率处在全国均值的 75% ～ 80% 水平，城镇化进程滞后。2010 年城镇化率 38.6%，为全国均值的 77%。其中，甘肃城镇化率仅 36%，为全国均值的 72%。

西北三省（区）城市规模等级以小型城市为主，仅有 5 个大型城市和 5 个中型城市（图 2-24）。西北三省（区）城镇发展规模小，规模等级层次差异大，大部分城市综合实力不强，对区域经济的积聚和辐射作用差，城市经济相对落后影响城镇化质量的提高。

3.2.5　基础设施建设取得长足进展，乡镇基础设施差距突出

2000—2010 年是西部地区基础设施建设打基础的十年，全社会固定资产投资持续加大，各项基础设施建设均取得了显著成就。十年间西北三省（区）全社会固定资产累计投资额为 7 598.4 亿元，全社会固定资产投资年均增长率超过 20%，且呈现出逐年增加的态势（图 2-25），公路、电网、通信和广播电视、水利等基础设施建设规模加速提高（图 2-26）。

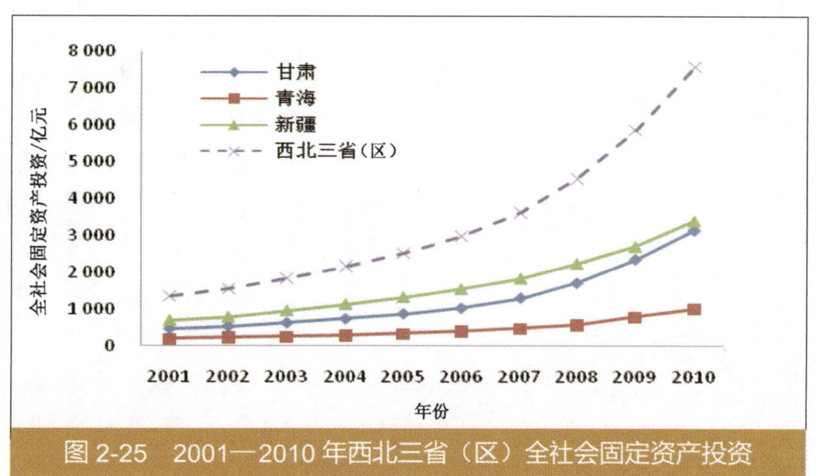

图 2-25　2001—2010 年西北三省（区）全社会固定资产投资

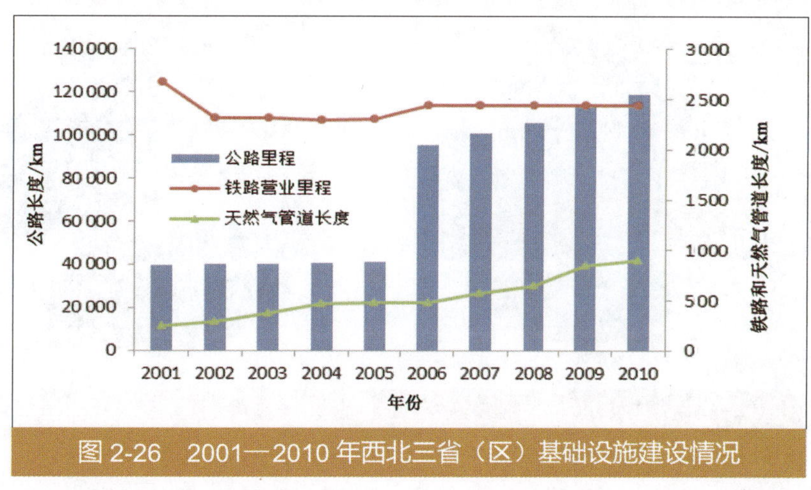

图 2-26　2001—2010 年西北三省（区）基础设施建设情况

与全国和西部地区相比，2010 年西北三省（区）全社会固定资产投资占西部的 12%，占全国的 3%。西北三省（区）全社会固定资产投资占 GDP 的比为 69.7%，低于西部地区平均水平、高于全国平均水平；西北三省（区）的城市基础设施建设投资占 GDP 比为 0.9%，与西部地区持平，略低于全国平均水平。

在道路交通建设方面，中小城镇的连通性与网络性依然较差，对交通运输的速度与效益造成很大影响；地区之间、城乡之间、农区与牧区之间基础设施建设差异较大，总体上基础设施技术等级比较低、质量不高；基础设施建设市场化程度低，投资渠道少，筹资难度大，缺乏市场化投资机制。

3.3　区域重点产业发展特征

3.3.1　工业化进程相对缓慢，产业集聚态势明显

西北三省（区）工业经济发展态势与 GDP 扩张趋势大体一致。2000—2010 年，工业增加值从 825 亿元增加到 4 378 亿元（当年价），工业总产值从 2 345 亿元扩大到 12 239 亿元。

与全国平均水平相比，西北三省（区）工业发展速度略显缓慢。近十年来，西北三省（区）工业增加值占全国的比重从 2% 增长到接近 3%，工业总产值从占全国比重的 2.7% 下降为 1.7%（见图 2-27）。工业总产值集中于几个重点地级市，2010 年，乌鲁木齐、克拉玛依两市的工业产值占新疆工业总产值 56%，兰州、嘉峪关、金昌工业产值占甘肃工业总产值 58%，西宁和格尔木（海西州）工业产值占青海工业总产值 89%，具体见图 2-28。

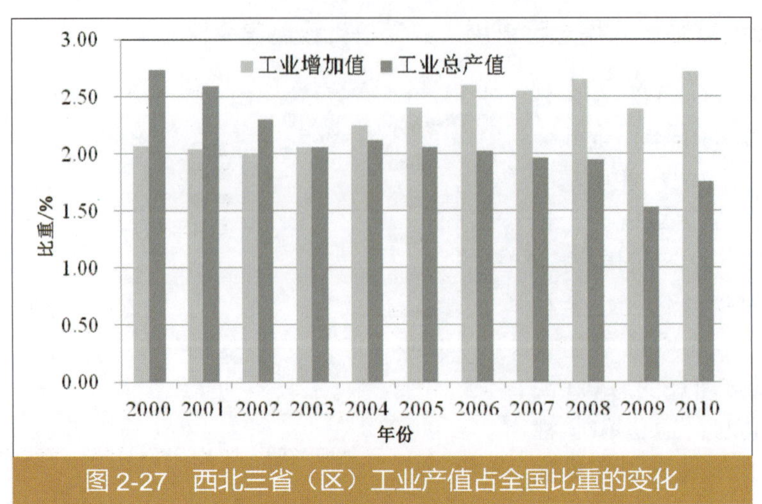

图 2-27 西北三省（区）工业产值占全国比重的变化

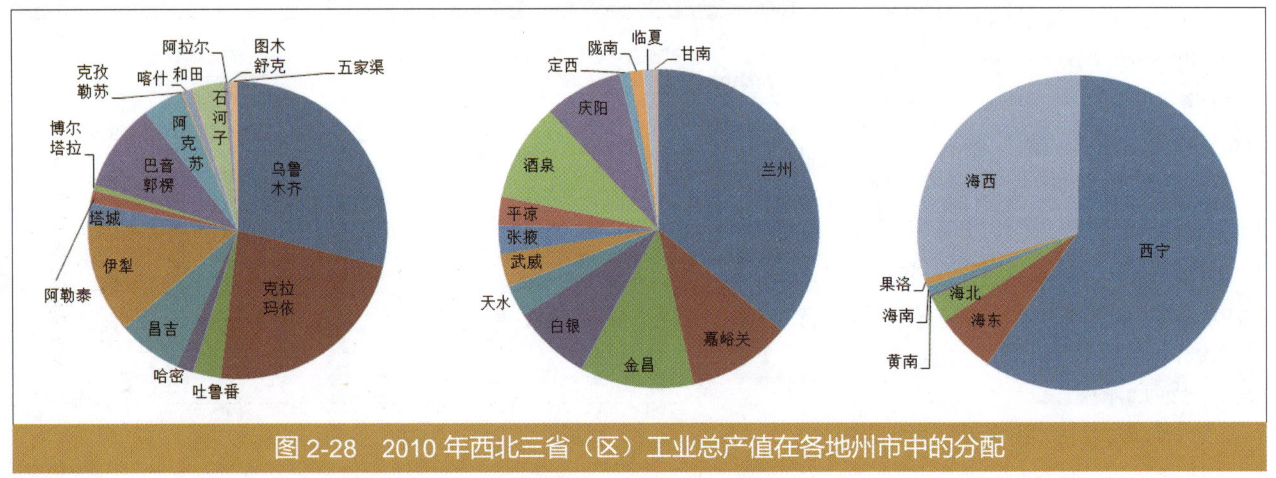

图 2-28 2010 年西北三省（区）工业总产值在各地州市中的分配

3.3.2 工业门类相对集中，主导产业同构现象明显

2010 年西北三省（区）工业重点行业占工业总产值比重见图 2-29。工业门类相对集中，工业产值主要来自几个资源型重化产业，排列在前 5 位的行业工业产值占所在省（区）工业总产值的比重均超过 2/3，其中甘肃为 64%、青海为 68%、新疆 67.4%（见表 2-3）。西北三省（区）的重化工型工业体系以石油及化工、冶金、电力为主，工业行业同构现象突出。

表 2-3 2010 年分行业产值占所在省区工业总产值的比重 单位：%

省区	第 1 位	前 3 位	前 5 位	前 7 位	前 10 位
甘肃省	18.34	48.03	64.06	74.00	84.66
青海省	20.40	47.76	67.91	81.64	89.24
新疆维吾尔自治区	23.31	55.09	67.36	76.68	85.60

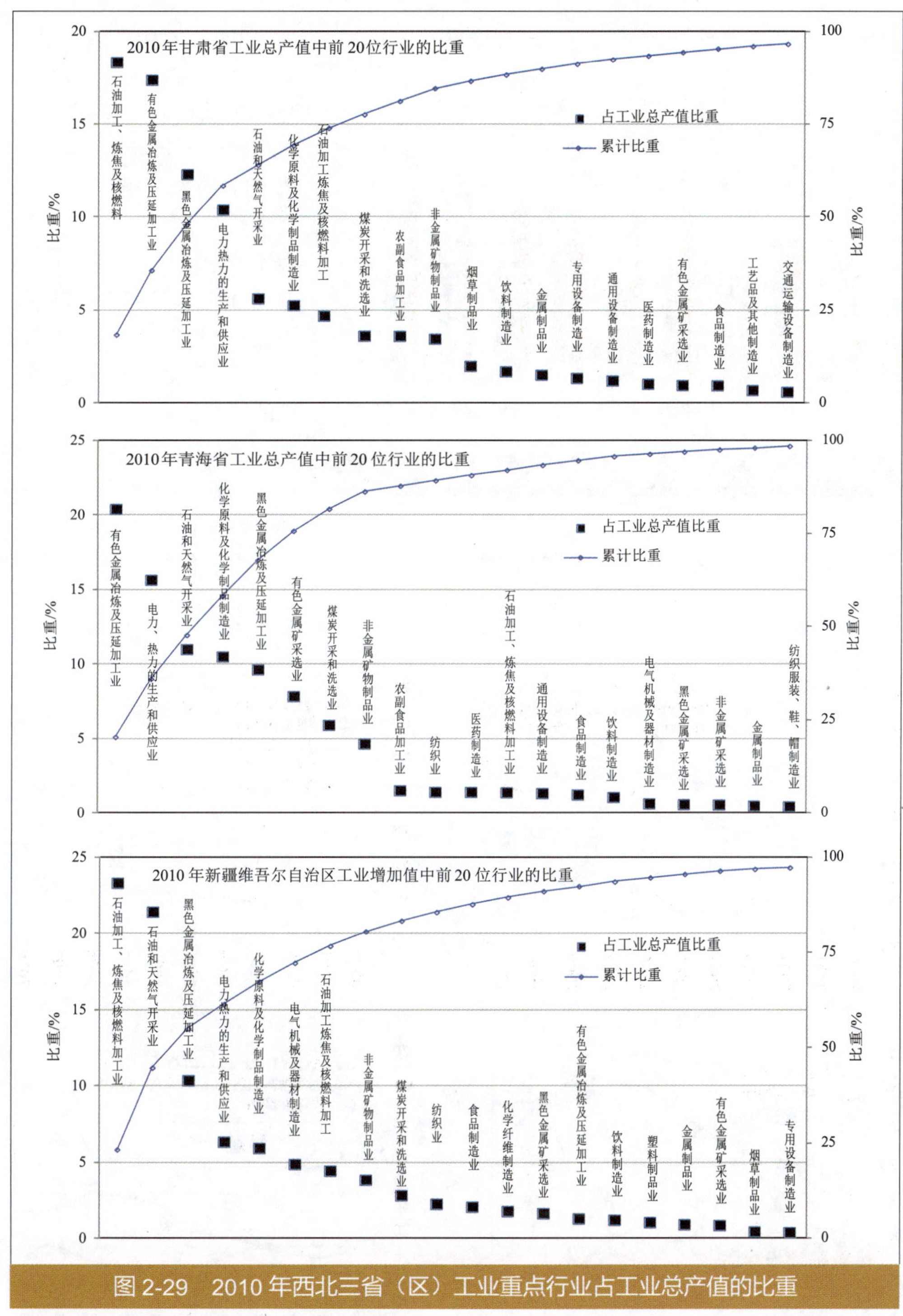

图 2-29　2010 年西北三省（区）工业重点行业占工业总产值的比重

3.3.3　农业特色优势产业已初具规模

2000 年以来，西北三省（区）农林牧渔业总产值占全国的比重基本稳定在 4%（见图 2-30），其中农业产值占全国比重在 2010 年增幅显著，上升 1.5 个百分点，达 2 227 亿元。

人均农业产值与全国均值比较呈现逐年上升态势，人均农业产值近十年均高于全国平均水平，优势更为显著（表 2-4）。

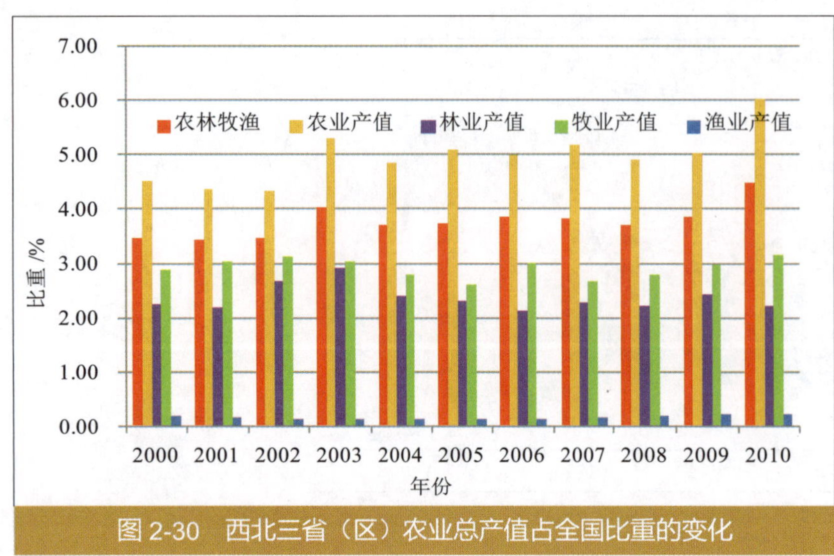

图 2-30 西北三省（区）农业总产值占全国比重的变化

2000—2010 年，甘肃省和青海省两省油菜籽和肉牛、牛奶产量增长显著；新疆维吾尔自治区和新疆生产建设兵团小麦和棉花产量增长显著（图 2-31）。新疆维吾尔自治区和新疆生产建设兵团的小麦产量十年平均水平接近 500 万 t，2007 年以后，约占全国产量的 6%；棉花产量十年平均水平 480 万 t，超过全国产量的一半。

从主要农产品发展趋势上看，甘肃省和青海省在逐步调整产品结构，减少耗水型作物种植，扩大杂粮和畜产品的比重；新疆维吾尔自治区和新疆生产建设兵团在传统耗水型作物小麦和棉花种植方面仍然保持较大的优势，且有不断增长的趋势。

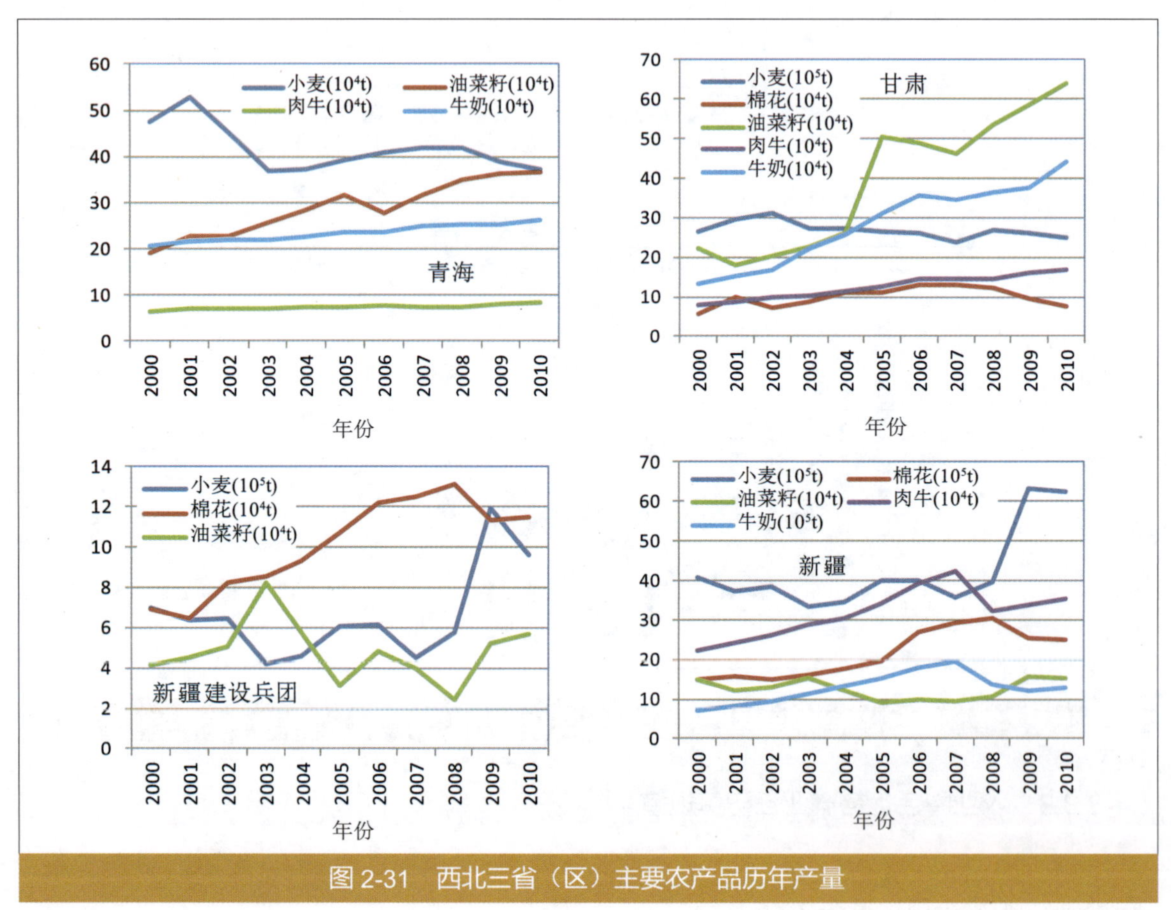

图 2-31 西北三省（区）主要农产品历年产量

表 2-4　西北三省（区）人均农业总产值相对于全国均值的比例变化　单位：%

年份	农林牧渔业总产值	农业产值	林业产值	牧业产值	渔业产值
2000	90.07	116.86	58.24	75.10	4.85
2001	89.11	113.25	56.76	78.93	4.66
2002	89.12	112.39	69.14	80.46	3.71
2003	103.75	136.88	75.27	78.01	3.50
2004	95.37	125.13	61.78	71.93	3.83
2005	95.87	130.12	59.25	67.34	3.46
2006	98.60	127.39	54.22	76.43	3.76
2007	97.32	131.49	57.72	67.78	4.66
2008	93.50	124.13	56.16	70.93	5.39
2009	97.78	127.28	61.41	75.47	5.55
2010	113.21	152.35	56.09	79.99	5.49

3.3.4　旅游资源丰富，优势有待发挥

旅游资源得天独厚，类型齐全，丰富多彩。甘肃以石窟、寺庙、长城、祁连雪景、黄河奇观和草原牧场等构成其独特的人文、自然景观；青海草原风光、江河源头、民俗风情、宗教文化，一应俱全；新疆有多姿多彩的民俗风情，丰富的历史文化古迹，以及雪山、草原、沙漠、盆地、河谷等自然景观。

2010 年，西北三省（区）旅游人次与旅游收入较 2002 年分别增长 2.5 倍和 3.7 倍，与全国平均水平持同步增长趋势（表 2-5）。三省（区）平均水平则表现为国内旅游人次在 18% 左右的占比徘徊，旅游收入在 15% 左右的占比徘徊。由于旅游、交通等基础设施严重不足，经济发展滞后等原因，资源优势没有得到充分发挥。随着国家和地方对基础设施投入加大，西北地区的旅游业有望成为真正“兴西富民”的支柱产业和最具活力的经济增长点。

表 2-5　西北三省（区）旅游业发展状况

项目	地区	国内旅游人次 / 万人次			国内旅游收入 / 亿元		
		2002 年	2005 年	2010 年	2002 年	2005 年	2010 年
各地按省市区的平均值	全国	4 333	6 211	14 911	284	466	1 344
	东部	6 547	9 552	21 154	556	893	2 377
	西部	2 548	3 717	8 887	122	211	628
	甘肃省	1 035	1 208	4 285	27	58	236
	青海省	418	633	1 222	14	25	70
	新疆维吾尔自治区	968	1 465	3 038	84	131	281
	西北三省（区）	2 421	3 306	8 545	125	214	587
占全国均值的比重 /%	甘肃省	23.89	19.45	28.73	9.44	12.37	17.58
	青海省	9.65	10.19	8.19	4.96	5.33	5.21
	新疆维吾尔自治区	22.34	23.59	20.37	29.54	28.00	20.92
占全国均值的比重 /%		55.87	53.23	57.31	44.01	45.92	43.68

4 区域资源环境（利用）现状及演变

4.1 区域水资源开发利用现状及变化趋势

4.1.1 水资源短缺

西北三省（区）多年平均降水量 200 mm 左右，其中内陆河区年降水量 153 mm，部分沙漠和戈壁的年降水量 10 mm 以下，蒸发量 2 000 mm 以上；水资源匮乏，是全国缺水最严重的地区。重点区域水资源总量为 596.8 亿 m^3（1956—2000 年系列），约占西北三省（区）水资源总量的 1/3。

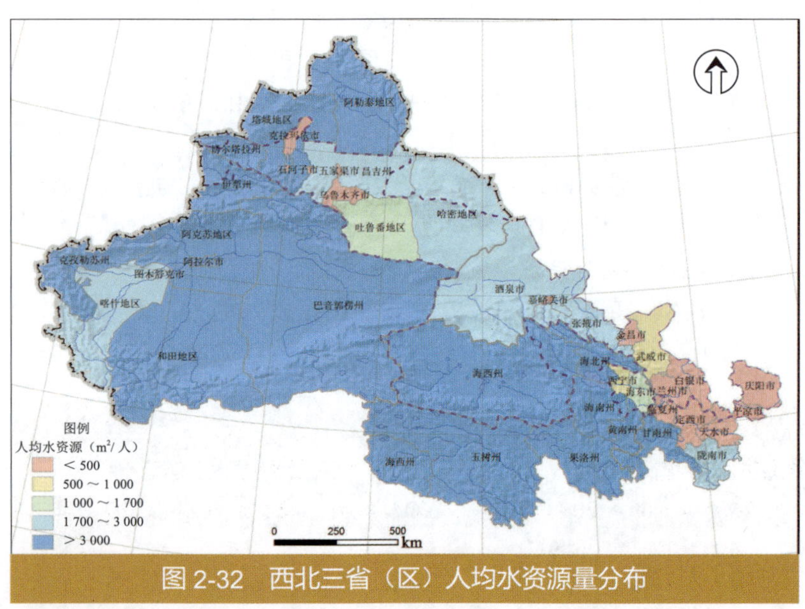

图 2-32 西北三省（区）人均水资源量分布

西北三省（区）水资源量占全国水资源总量不足 7%，在空间分布上极不均匀。内陆河区以资源型缺水、生态型缺水为主，黄河流域上游以指标型和工程型缺水为主。西北三省（区）人均水资源量分布见图 2-32。

重点区域人均水资源量 1 914 m^3（2001—2010 年系列），是全国人均淡水资源量的 83%。其中，黄河流域人均水资源量仅 343 m^3，属于极度缺水；天山北坡诸河流域和河西地区人均水资源量 1 500 m^3 左右，约为全国人均水资源量的 70%，水资源紧缺。

图 2-33 西北诸河区农业用水演变趋势

4.1.2 水资源利用“一高两低”

（1）水资源开发利用率高

西北内陆河区人口增长、经济发展与用水量经历同步增加阶段，自 2000 年以来社会用水量持续增加，近三年维持在 640 亿 m^3/a 的极限，在水资源配置中农业用水量高的态势没有改变（见图 2-33）。

河西走廊、天山北麓和吐哈盆地、黄河流域水资源利用率超过 95%，普遍存在地表水过度引用和地下水超采（见表 2-6、表 2-7、图 2-34）。

表 2-6　黄河流域水资源开发利用率

水资源三级区	水资源分水指标量 / 亿 m^3	2010 年用水量 / 亿 m^3	水资源利用率 /%
湟水谷地	12.48	13.09	104.9
大通河、湟水	15.21	25.11	165.1
洛河、泾河	4.36	6.18	141.7

表 2-7　西北诸河区水资源开发利用率

水资源三级区	现状水资源量 / 亿 m^3	2010 年用水量 / 亿 m^3	水资源利用率 /%
天山北麓诸河	48.34	67.14	138.9
艾比湖水系	118.91	32.49	27.32
伊犁河	229.1	52.89	23.1
吐哈盆地	25.06	23.72	94.7
黑河	34.63	23.54	68
石羊河	10.58	24.03	227.1
黑河、疏勒河	31.32	28.31	90.4
柴达木地区	55.88	9.09	16.27

（2）水资源利用效率低、效益低

水资源利用效率普遍较低，水资源短缺和粗放式用水并存。万元 GDP 用水量与国内平均水平（150 m^3/ 万元）相比较，存在明显差距。水资源严重短缺的河西走廊、天山北坡的农田亩均用水量 500 ～ 700 m^3/ 亩，普遍高于全国平均值 421 m^3/ 亩（见表 2-8）。

2010 年，西北三省（区）第一产业的经济产出占 GDP 的 10% ～ 20%，第一产业用水占全社会比重为 67% ～ 93%，用水效益低的农牧业用水占比大（见表 2-9）。

图 2-34　西北三省（区）水资源开发利用程度

表 2-8　2010 年西北三省（区）水资源利用效率　　单位：m^3

	人均水资源量	人均综合用水量	万元 GDP 用水量	万元工业增加值用水量	农田灌溉亩均用水量
黄河上游	＜ 350	294	157	107	409
河西走廊	1 587	1 611	608	64	689
天山北麓	1 128	1 802	477	98.6	498.6
吐哈盆地	2 131	1 978	675	55	561
柴达木盆地	11 239	1 857	248.7	35.7	1 275.8
伊犁河	9 228	2 130	1 296	216.6	619.6
全国平均	2 100	450	150	90	421

表 2-9　2010 年西北甘青新三省（区）第一产业用水量占比情况

地区	全社会总用水量 / 亿 m^3	地区生产总值 / 亿元	第一产业用水比例 /%	第一产业占 GDP 比例 /%
甘肃	122.3	4 120.75	78.7	14.5
青海	36.23	1 350.43	67.1	10
新疆	535.08	5 437.5	92.7	19.8

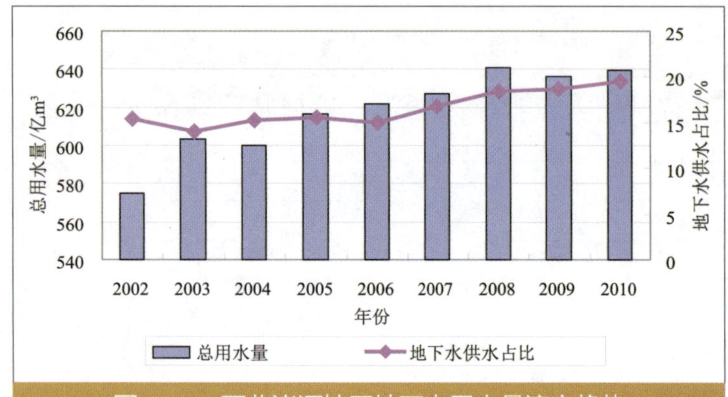

图 2-35　西北诸河地区地下水用水量演变趋势

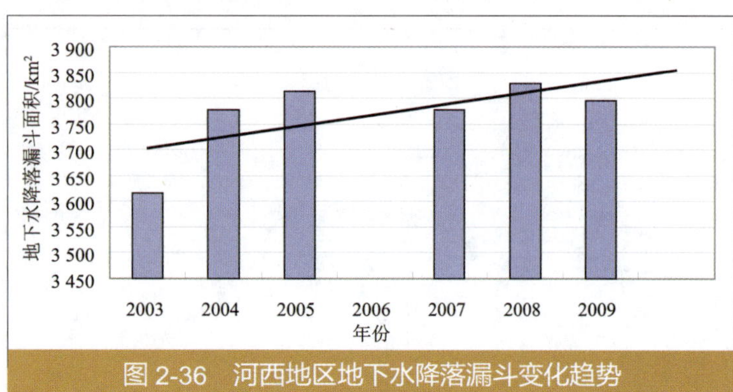

图 2-36　河西地区地下水降落漏斗变化趋势

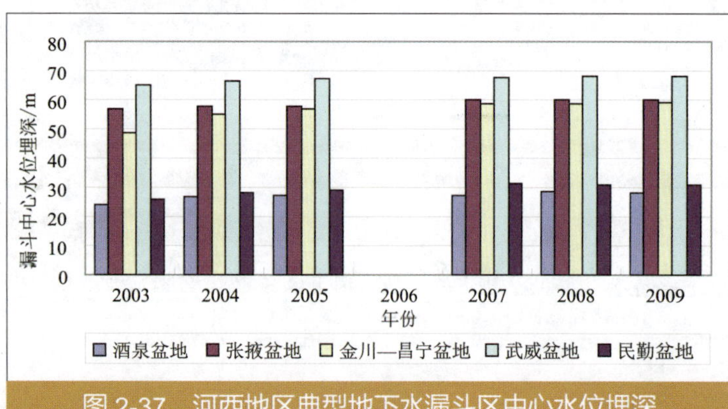

图 2-37　河西地区典型地下水漏斗区中心水位埋深

（3）用水压力向地下水转移，地下水超采逐年加剧

西北三省（区）重点区域内的大部分内陆河区，现状地表水已无进一步开发潜力，中下游地区地下水资源开采量逐年增加，超采严重（见图 2-35）；河西走廊地区地下水漏斗区面积逐年增大、典型地下水漏斗区中心水位埋深逐年增加（见图 2-36 和图 2-37）。内陆河流域地下水超采严重地区，也是生态退化最严重的地区。

4.1.3　水土资源与生产力布局不匹配，水资源供需矛盾突出

西北三省（区）水土资源组合严重失衡，荒漠和草地生态系统面积占国土面积 87.5% 以上，农田和城市生态系统面积占国土面积 5.58%，耕地、林地面积占国土面积比例远低于全国平均水平；水面和人类居住建设用地等都低于全国平均水平。经济社会活动集中在空间相对狭小的山谷和绿洲，绿洲人口已达 200 人 /km^2 以上。在人口、粮食问题的压力下，耕地由山前平原延伸到沙漠边缘。

（1）重点区域的水土资源分布与经济社会发展布局不匹配

重点区域水资源量占西北三省（区）水资源总量的 33%，支撑着 60% 人口、80% 地区生产总值，水土资源制约突出（见表 2-10 和表 2-11）。

表 2-10　重点区域人口、经济与水土资源占西北三省（区）比重　单位：%

流域	水资源占比	耕地占比	GDP 占比	人口占比
黄河流域	3.3	16.0	28.2	31.0
内陆河—河西走廊	4.4	8.8	11.5	9.1
内陆河—天山北坡	4.2	12.7	30.6	12.3
伊犁河流域	18.2	16.8	6.9	7.0
柴达木盆地	3.2	0.4	3.3	0.9
合计	33.3	54.7	80.4	60.3

表 2-11　重点区域人口、经济与水土资源匹配状况

	人口密度/（人/km^2）	单位面积 GDP/（万元/km^2）	人均耕地/（亩/人）	人均水资源量/（m^3/人）	耕地密度/（hm^2/km^2）	亩均耕地占有水资源量/（m^3/亩）
黄河流域	154.0	288.0	1.2	343	12.2	289
河西走廊	17.5	45.6	2.2	1 587	2.6	712
天山北坡	33.3	170.8	2.4	1 128	5.3	471
伊犁河	65.4	132.5	5.6	8 562	24.2	1 542
柴达木盆地	2.7	10	1.2	11 239	0.2	10 668

（2）水资源利用与保障生态需水的矛盾突出

2010 年，西北三省（区）重点区域全社会用水总量达到 257.2 亿 m^3，占水资源总量的 52%；全社会耗水总量占水资源总量的 43%。

2010 年，西北三省（区）内陆河流域经济社会耗水与生态需水见表 2-12。西北诸河流域水资源量供需缺口 37 亿 m^3，黄河流域供需缺口 47 亿 m^3；预计到 2030 年，西北诸河流域的国民经济需水量较现状增加 45 亿 m^3，黄河流域增加 70 亿 m^3。

西北内陆河流域生态用水达到水资源总量的 50% ～ 70%，才能维持生态环境现状。在水资源过度开发利用的大背景下，经济社会需水增长与保障生态用水的矛盾将会更加尖锐。

表 2-12　2010 年西北三省（区）内陆河流域经济社会耗水与生态需水

	水资源总量/亿 m^3	可利用水资源/亿 m^3	经济社会现状耗水量		生态需水	
			耗水量/亿 m^3	占水资源总量/%	生态需水量/亿 m^3	占水资源总量/%
疏勒河	13.9	6.62*	12.30	88.49	6.62	47.63
黑河	31.0	13.9*	28.93	93.32	17.47	56.35
石羊河	16.6	8.6*	18.39	110.78	8.66	52.17
河西内陆河	61.3	28.9*	59.62	97.26	27.7	45.19
伊犁河地区	167	93.9	35.75	21.41	26.22	15.70
柴达木盆地	55.88	20.0	5.4	9.7	35.22	63
天山北麓	136.7	42.9	71.29	52.15	35.22	25.76
吐哈盆地	29.26	16.3	19.92	68.08	—	—

* 指地表水可开发利用量；河西内陆河地表水耗水量不包括引黄入石羊河的水量，引硫济金（昌）0.33 亿 m^3 和景泰扬水供武威 1.29 亿 m^3；天山北麓中段地表水耗水量包括跨流域引水量 2.89 亿 m^3。

4.2 区域生态环境现状及变化趋势

4.2.1 生态系统多样，生态环境改善与退化并存

西北三省（区）地处我国地势的第一阶梯和第二阶梯，山地、盆地、高原相间分布，气候干旱、高寒、少雨，日照充足、风大。生态系统多样，主要包括：荒漠、草地、森林、灌丛、湿地、农田、城市等七类生态系统，以荒漠、草地生态系统为主（见图 2-38）。

（1）森林生态系统总体得到改善

西北三省（区）现有森林面积约 407.7 万 hm^2，森林覆盖率约 5.19%。森林类型以天然林为主，占森林面积的 80.9%。重点地区的森林面积占西北三省（区）森林面积的 83%。

天然林主要分布在天山、子午岭、六盘山、祁连山和阿尔泰山以及内陆河中下游沿河两岸。人工林主要分布在黄土高原丘陵沟壑区的退耕还林区和内陆河绿洲区，内陆河绿洲区的人工林包括农田防护林网和城市绿化等。经过十年生态建设（天然林保护工程、“三北”防护林工程、退耕还林工程、土壤保持工程、农田防护林网建设、自然保护区建设、风沙源治理等），森林覆盖率和天然林蓄积量等指标提高，森林生态系统总体改善。森林覆盖率已从 1994 年的 1.51% 提高到现在的 5.19%（见图 2-39）。

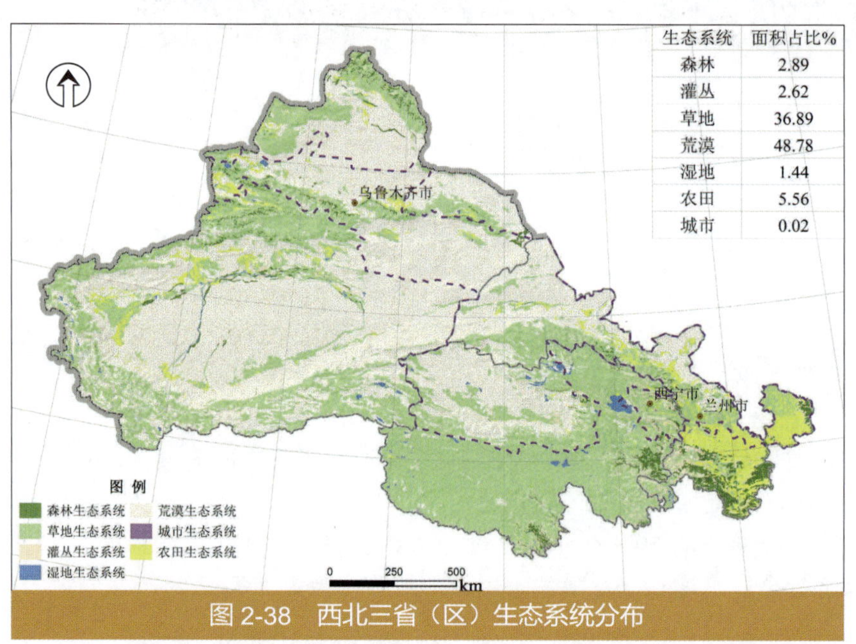

生态系统	面积占比%
森林	2.89
灌丛	2.62
草地	36.89
荒漠	48.78
湿地	1.44
农田	5.56
城市	0.02

图 2-38 西北三省（区）生态系统分布

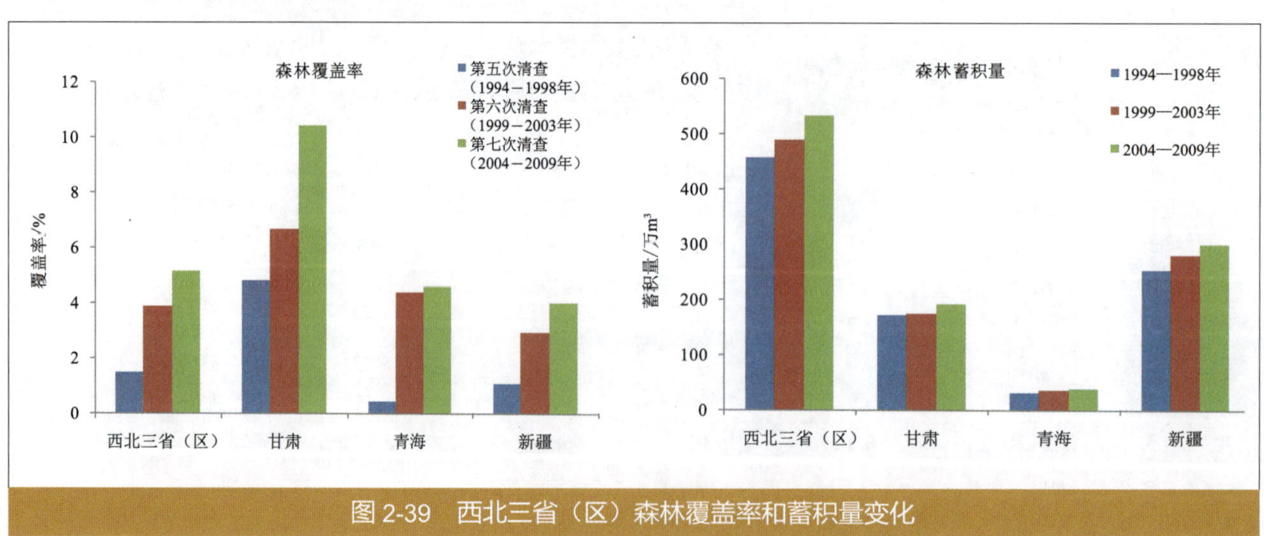

图 2-39 西北三省（区）森林覆盖率和蓄积量变化

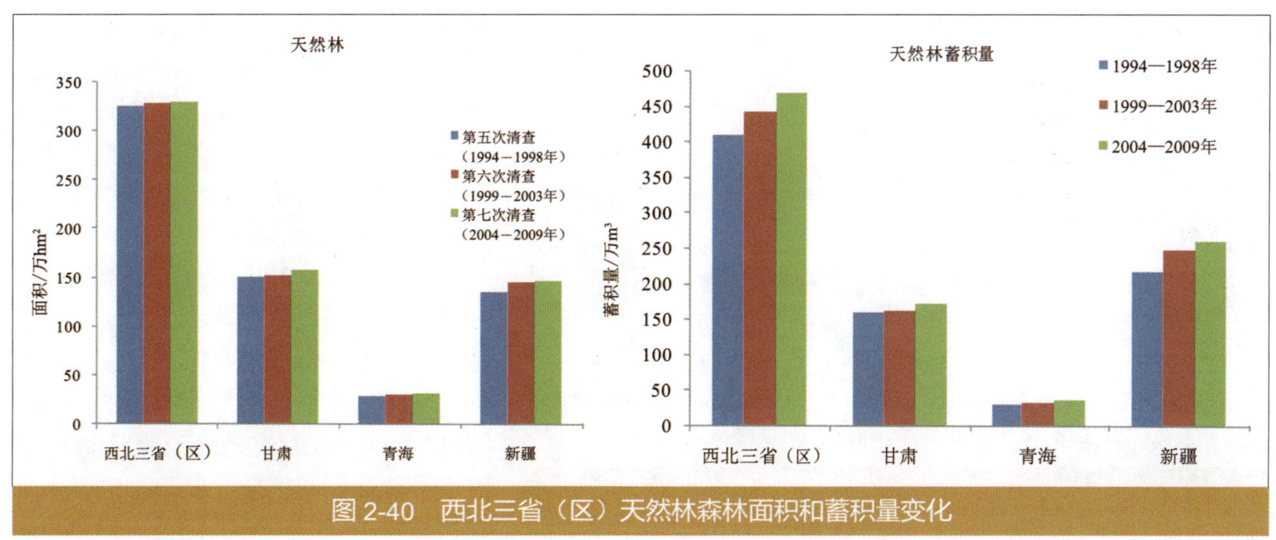

图 2-40 西北三省（区）天然林森林面积和蓄积量变化

内陆河流域依然存在天然林退化的问题（见图 2-40）。突出表现为中下游河岸林和尾闾湖周荒漠林（艾比湖周甘家湖梭梭林、乌鲁木齐天然河岸林）因水资源过度开发影响出现严重退化。

（2）草地退化尚未得到有效遏制

西北三省（区）草原生态系统广泛分布。分布于三江源、甘南黄河、“两江一水”等江河源区和天山、祁连山、阿尔泰山等山地的高山草原、草甸草原，具有重要水源涵养功能，分布于广大荒漠、尾闾湖周边等区域的荒漠草原具有重要防风固沙功能。

草地“三化”（沙化、碱化、退化）现象严重，质量下降。2010 年，西北三省（区）草地“三化”总面积为 5 346.3 万 hm^2，占可利用草地总面积的 47.9%。其中，新疆草地“三化”面积占可利用草地总面积的近 80%。

西北三省（区）草地退化加剧。青海中度以上退化草地面积占可利用草地面积的比例由 1988 年的 23.2% 急剧上升至 2010 年 51.7%，退化草地主要分布在三江源地区；新疆草地退化率从 2000 年的 61% 快速增至 2007 年的 80%；甘肃有 90% 的草地出现不同程度退化，并以每年 10 万 hm^2 的速度递增（见图 2-41）。

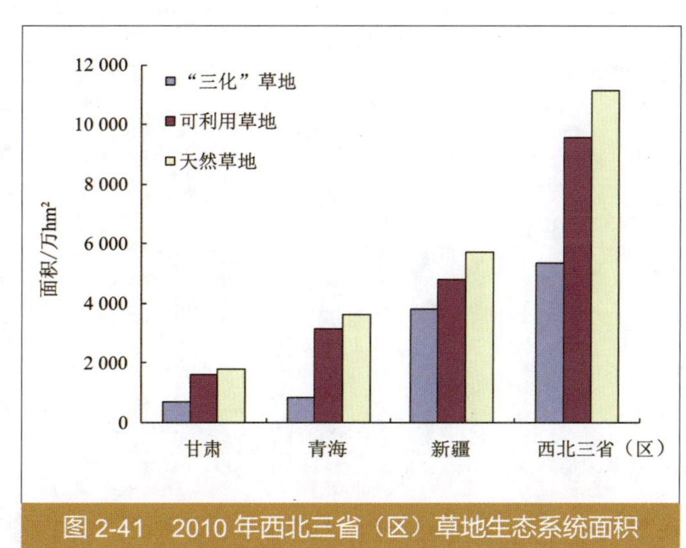

图 2-41 2010 年西北三省（区）草地生态系统面积

（3）湿地生态系统整体退化，重点湿地恢复困难较大

湿地具有重要的水源涵养、防风固沙和生物多样性保护等多种生态功能。至 2010 年，西北三省（区）各类湿地总面积约 686.4 万 hm^2，约占全国湿地总面积（约 6 600 万 hm^2）的 10.4%，占西北三省（区）国土面积的 2.4%。青海省以沼泽湿地和湖泊湿地占主体地位，甘肃省以河流湿地和沼泽湿地为主体，新疆则以湖泊湿地和沼泽湿地为主。

与 20 世纪 50 年代相比，湿地面积萎缩

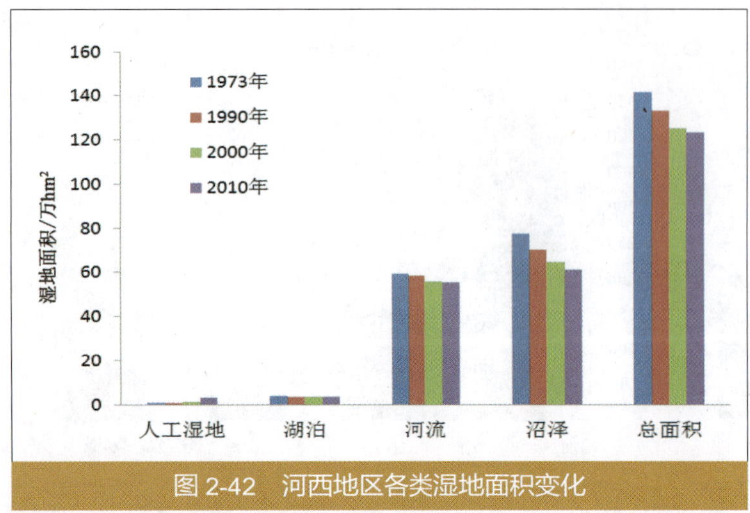

图 2-42 河西地区各类湿地面积变化

严重；新疆湿地面积由 20 世纪 50 年代的 800 万 hm^2 降至 2010 年的 148 万 hm^2。一些河流断流或流程缩短，部分尾闾湖干涸。河西内陆河流域湿地总面积自 20 世纪 70 年代以来呈逐渐下降的趋势（见图 2-42）。

通过近十年的生态建设和保护，呈现湿地萎缩和恢复并存的状态。西北三省（区）以湿地为主要保护对象的自然保护区有 10 个，面积约 1 636 万 hm^2（2012 年），其中部分湿地受流域中上游水资源开发利用影响显著，依靠人工补水维持。

由于大量土地开垦和引水灌溉，玛纳斯河流域中下游湿地严重萎缩，玛纳斯湖于 1972 年完全干涸；近十年多次实施湿地补水，2010 年玛纳斯湖湿地面积超过 100 km^2，湖区生态有所恢复。

2006 年实施《石羊河流域重点治理规划》以来，干涸了 50 余年的石羊河尾闾湖（青土湖）2010 年形成了 3 km^2 的季节性水面，民勤绿洲芦苇等植被逐步得到恢复。

（4）农业生态系统面积进一步扩展

西北三省（区）2010 年耕地面积约为 992 万 hm^2，主要分布在陇东、河湟谷地的黄土高原地区以及河西走廊、塔里木盆地、准噶尔盆地周边的内陆河绿洲区。

与国家退耕还林还草工程实施年度相对应，2004 年以前西北三省（区）耕地面积呈减少趋势，2004 年以后耕地面积有所增加。2004—2010 年耕地面积从 966 万 hm^2 增至 992 万 hm^2。天山北坡、河西地区农田面积显著增加。2010 年天山北坡农田面积比 2004 年增加 35%。2004 年前河西地区农田面积呈减少趋势，2004 年起出现转折，农田面积呈逐年扩大趋势（见图 2-43）。

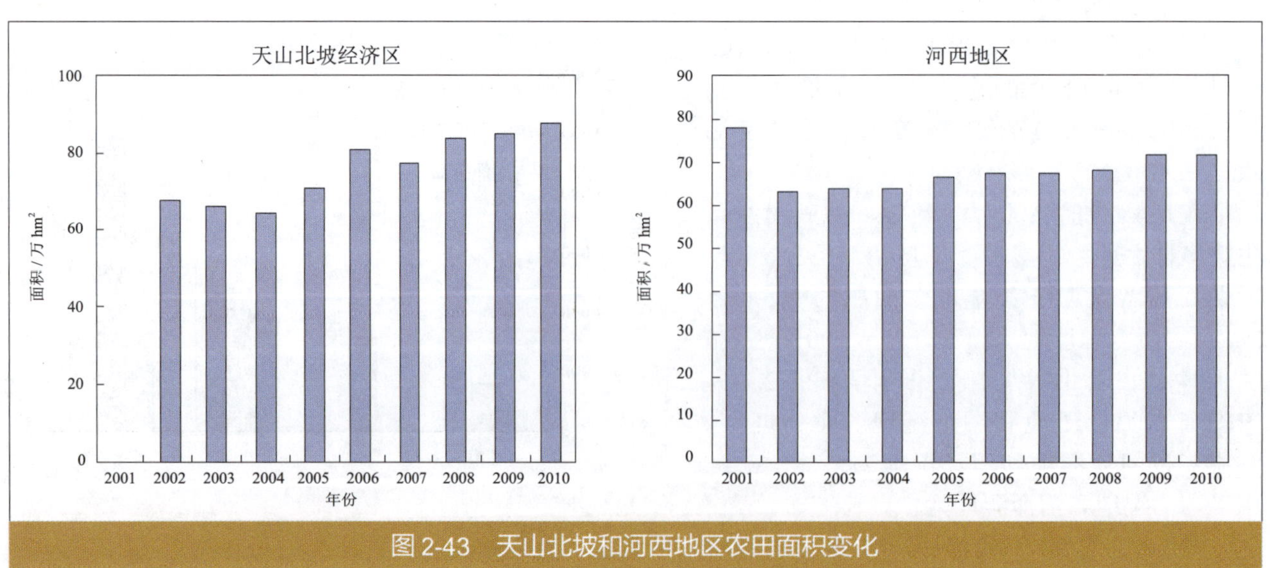

图 2-43 天山北坡和河西地区农田面积变化

（5）土地荒漠化依然严峻

荒漠生态系统是我国西北地区最具特征的生态系统类型，具有重要的防风固沙、生物多样性保护等生态服务功能，呈现总体好转、局部地区土地荒漠化加重状态。西北三省（区）的荒漠化土地面积占国土面积约 51.2%，占全国荒漠化土地面积约 55.3%，见表 2-13。土地荒漠化以风蚀荒漠化为主，占荒漠化面积的 80% 以上，土地荒漠化类型以草地和未利用地为主，约占 75.6%。在重点区域中，天山北坡、河西地区、柴达木盆地是风蚀荒漠化集中区域；河湟谷地、兰白地区是水蚀荒漠化集中区域。

表 2-13　2010 年西北三省（区）土地荒漠化状况

地区	荒漠化土地面积 / 万 km^2	占全国荒漠化土地比重 /%	占省区国土面积比重 /%
甘肃省	19.3	7.3	42.3
青海省	19.1	7.3	26.5
新疆维吾尔自治区	107.1	40.7	64.3
西北三省（区）	145.5	55.3	51.2

西北三省（区）荒漠化土地面积减少，荒漠化程度有减轻趋势，荒漠化趋势总体上得到初步遏制。2000—2010 年荒漠化土地面积呈下降趋势。2000—2005 年荒漠化土地面积减少了 1%，2005—2010 年减少了 0.14%（见图 2-44）。

西北三省（区）中度和极重度荒漠化土地面积减少，但中度以上荒漠化土地面积仍然是主体，荒漠化防治的难度仍然较大。

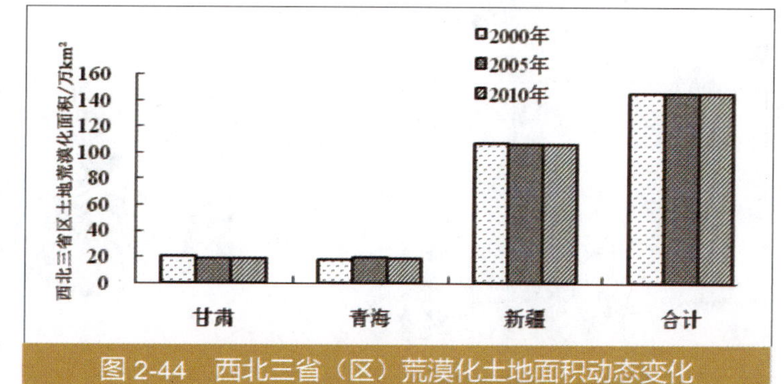

图 2-44　西北三省（区）荒漠化土地面积动态变化

1990—2000 年，天山北坡荒漠化面积有明显减少，2000—2010 年，荒漠化面积由 570 万 hm^2 增至 621 万 hm^2。天山北坡中部荒漠化发展速度加快，中部和东部市（县）荒漠化程度也有所加深，西部保持荒漠化逆转趋势。

（6）生物多样性保护力度加大

青藏高原严酷的环境下孕育和形成了其独有的生物物种。特别是青海甘肃所属的东南部是我国物种分化最活跃的地区之一，也是特有现象最显著的地区之一。甘肃省已记录、定名的动植物共有 5 500 余种，其中中国特有种为 2 384 种，包括中国特有植物共 2 204 种，隶属于 139 科 575 属，中国特有动物 180 种（亚种）。

西北三省（区）自然保护区占国土面积比例大，国家级保护区占主导地位（见图 2-45）。

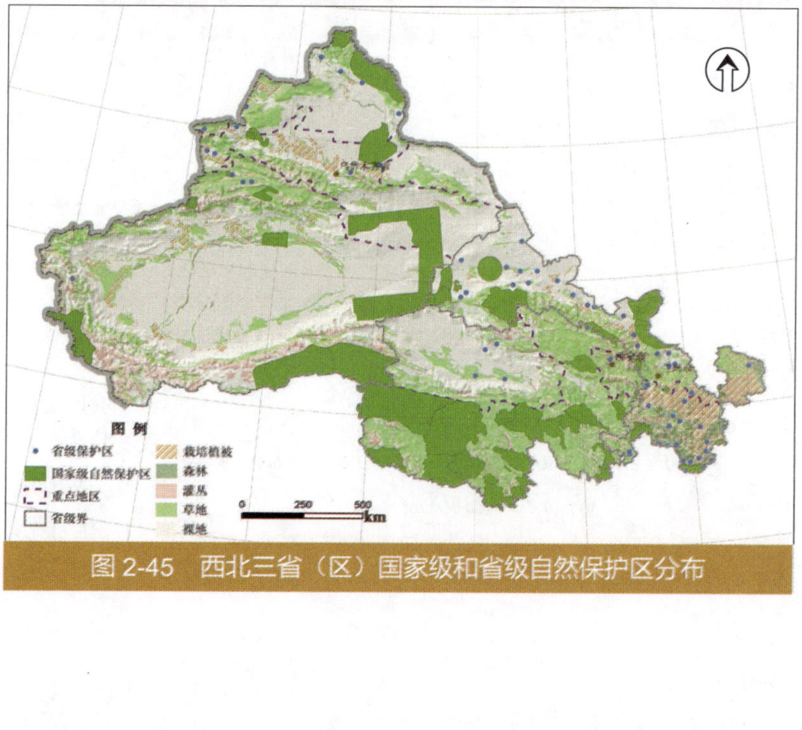

图 2-45　西北三省（区）国家级和省级自然保护区分布

1980 年以前西北三省（区）只有 6 个自然保护区，新疆维吾尔自治区没有设立自然保护区；2000

年各类保护区 66 个，其中国家级自然保护区 12 个；2012 年 2 月，国家级和省级自然保护区 92 个，总面积 5 091.1 万 hm^2，约占西北三省（区）国土面积的 17.9%。

西北三省（区）自然保护区涵盖了陆地自然保护区的主要类型，其中，野生动物保护区数量 37 个，森林生态保护区 29 个；野生动物和内陆湿地保护区面积分别为 2 337 万 hm^2 和 1 636 万 hm^2；对生物多样性起到了较好的保护作用。

4.2.2 人工绿洲扩张导致下游尾闾湖泊湿地萎缩和生态退化

近年来天然林生态系统改善，总体上保障了山地水源涵养功能不下降；绿洲农田生态系统的扩张、水资源过度开发利用，在相当大程度上导致绿洲与荒漠过渡带生态退化。

天山北麓、吐哈地区、河西走廊的水资源利用率普遍达到 100% 以上，流域内各支流与干流间的联系明显减弱，水资源消耗向干流中游集中，致使下游水量减少乃至枯竭，河道断流、尾闾湖泊消失，土地荒漠化、沙化形势依然十分严峻。具有生态安全战略区位的艾比湖、玛纳斯河、石羊河等流域水资源过度开发，生态用水缺乏保障，土地荒漠化尤为突出（见图 2-46）。

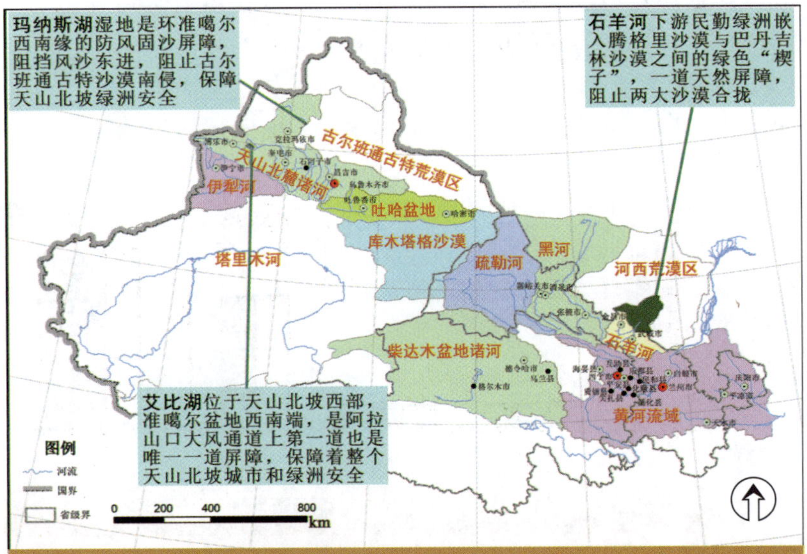

（1）艾比湖流域

艾比湖流域的生态安全战略区位极其重要，是阿拉山口大风通道上第一道也是唯一的一道生态屏障，其生态环境状态直接关系到天山北坡城市和绿洲生态安全。艾比湖流域耕地面积从 1950 年的 200 km^2 增加到 2009 年的 3 200 km^2，艾比湖湖面由 1950 年的 1 200 km^2 萎缩至 2010 年的 500 km^2 左右（见图 2-47）。

图 2-46　艾比湖、玛纳斯湖、石羊河的生态安全战略区位

艾比湖萎缩导致周边地区地下水位下降，荒漠化加剧，梭梭林等荒漠植被大片衰败。艾比湖萎缩造成约 1 000 km^2 的干涸湖底裸露，成为新疆沙尘暴主要策源地之一。

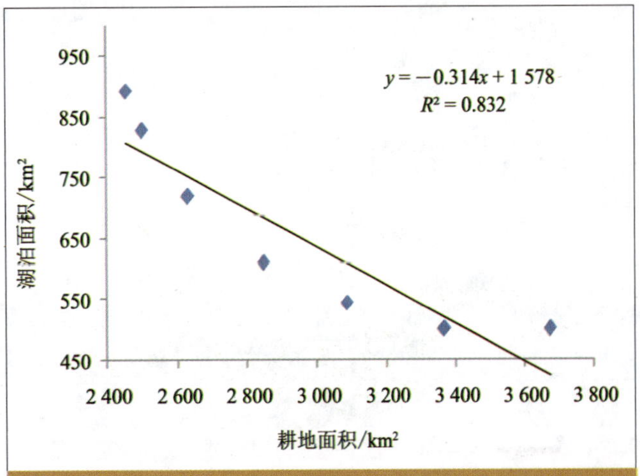

（2）玛纳斯湖流域

玛纳斯湖湿地是环准噶尔西南缘的防风固沙屏障，具有阻挡风沙东进，又能阻止古尔班通古特沙漠南侵，保障天山北坡绿洲生态安全的重要作用。近 50 年来，玛纳斯流域人工绿洲迅速扩大，致使玛纳斯湖入湖水量锐减，湖泊迅速萎缩、1972 年完全干涸。20 世纪 80 年代，夹河子水库逐年有计划地向下游玛纳斯湖注水，1998 年重新形成湿地。近十年多次实施由玛纳

图 2-47　艾比湖面积与博河、精河流域耕地面积变化

斯河上游水库向纳斯河中游湿地和玛纳斯湖等大小湿地水源补给，玛纳斯湖湿地面积超过100 km^2，湖区生态有所恢复。

（3）*石羊河流域*

石羊河下游民勤绿洲是嵌入腾格里沙漠与巴丹吉林沙漠之间的绿色“楔子”，一道阻挡两大沙漠合拢的天然屏障。石羊河流域已成为我国内陆河流域人口最密集、水资源严重匮乏、用水矛盾十分突出的地区。石羊河流域中游水资源过度开发利用，进入下游民勤盆地的地表水量大幅减少，民勤盆地地下水严重超采，依赖地下水生长的沙枣林、梭梭及天然白刺等植物枯萎和死亡，固沙的灌木林地带因水分亏缺而退化、衰败，削弱了防沙固沙和对绿洲的保护能力，大片土壤沙漠化。民勤绿洲的萎缩和土地沙化，也加重了风沙和沙尘暴的危害。民勤盆地面临腾格里沙漠与巴丹吉林沙漠合拢、成为第二个罗布泊的生态危机依然存在。

4.3　流域水环境现状及变化趋势

4.3.1　水环境质量稳中趋好，重污染集中在城市下游河段

（1）**黄河干流水质总体良好，湟水河和泾河污染严重**

“十一五”期间外流河水环境质量明显改善。“十一五”期间，黄河干流 10 个断面中仅青海省境内的唐乃亥断面在 2006—2008 年氨氮超标，其余各断面均能满足水环境区划要求。2010 年黄河干流主要控制断面水质达标率为 100%，水质良好（见表 2-14）。

表 2-14　2010 年黄河干流主要断面水质现状

河流名称	所属河段	断面名称	水功能区划目标	现状水质类别
黄河干流	青海省段	唐乃亥	Ⅰ类	Ⅰ类
		大河家（官亭）	Ⅲ类	Ⅰ类
	甘肃省临夏段	刘家峡水库库心	Ⅱ类	Ⅰ类
	甘肃省兰州段	扶河桥	Ⅱ类	Ⅱ类
		新城桥	Ⅱ类	Ⅱ类
		包兰桥	Ⅲ类	Ⅲ类
		什川桥	Ⅲ类	Ⅱ类
	甘肃省白银段	青城桥	Ⅲ类	Ⅱ类
		靖远桥	Ⅲ类	Ⅱ类
		五佛寺	Ⅲ类	Ⅱ类

在黄河流域的各支流中，洮河、大夏河、渭河水质总体良好，主要污染河段集中分布在湟水河流域和泾河流域。

“十一五”期间，湟水流域整体呈中度污染，2006—2010 年，湟水河水质波动较大，自2008 年起水质呈好转趋势（见图 2-48）。“十一五”期间泾河流域水质整体处于重度污染水平，水质达标率仅为 20%。干流全河段水质均不达标，各监测断面水质普遍为劣Ⅴ类。

（2）**内陆河中下游河段水质普遍污染**

内陆河流域上游河段水量基本稳定，中下游河道断流、水环境污染严重。2010 年参与评价的内陆河流域 64 个国控、省控河流断面中，49 个断面的水质满足水环境功能区划目标要求，

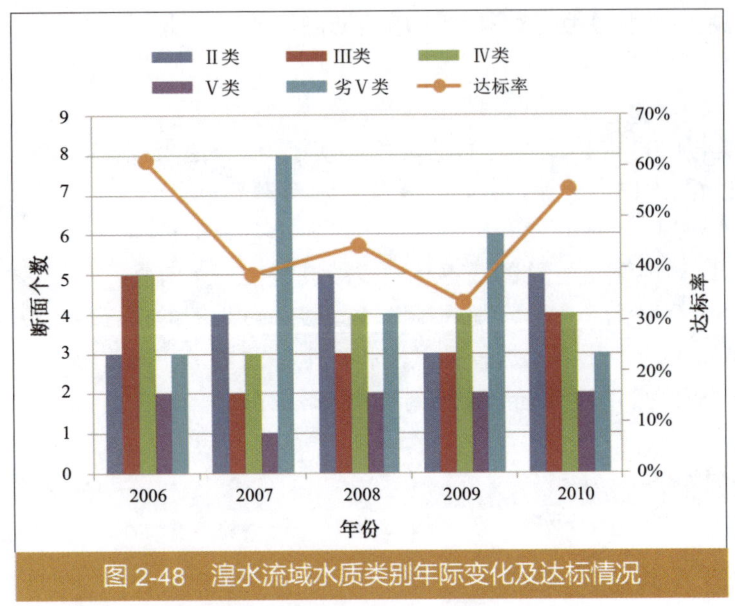

图 2-48 湟水流域水质类别年际变化及达标情况

12 个断面的水质为Ⅴ类或劣Ⅴ类。总体上，上游出山断面、水库控制断面、流经城市前的河段断面水质良好；中下游段流经城市河段水质普遍较差。

“十一五”期间，河西内陆河流域的疏勒河、黑河干流水质良好，支流污染严重；石羊河水系近十年污染减轻。天山北麓诸河（尤其是乌鲁木齐河、水磨河）下游水质污染较严重。伊犁河流域水质状况总体为优，8 个国控监测断面水质达标率达 100%。

（3）湖库总体水质好转，湖泊湖面萎缩有待恢复

甘肃省监测的 17 座水库中，2001—2010 年水质状况总体明显改善。达到功能区水质标准要求的从 5 座增加至 13 座，水质达Ⅲ类以上水库从 8 座增加至 15 座，无劣Ⅴ类水质的水库。

“十一五”期间，新疆的湖库总体水质有所好转。Ⅰ～Ⅲ类水质比例上升 19.4 个百分点，劣Ⅴ类水质比例没有变化。十年来连续监测的 17 座湖库中，营养状态指数总体呈缓慢上升趋势，尤其以近五年富营养化趋势明显。柴窝堡湖、大泉沟水库、红雁池水库营养状态指数上升，分别由中度富营养、中营养、中营养上升至重度富营养、轻度富营养和轻度富营养；其他湖库营养状态总体稳定。

大部分湖泊面积萎缩。1950 年代艾比湖水面面积 1 070 km^2，目前仅维持在 500 km^2 左右；柴达木盆地东达布逊湖湖面面积 154.4 km^2，与 1950 年代（334.7 km^2）比较缩减 54%；近 50 年来巴音河流域克鲁克湖面面积减少约 55 km^2，托素湖湖面面积萎缩 50 km^2。少数尾闾湖（玛纳斯湖、艾里克湖）在人工干预下湖面和湿地有所恢复。

4.3.2 城市饮用水水源地水质良好，农村饮用水安全问题严峻

2010 年，西北三省（区）35 个城市 70 个集中式饮用水水源地水质状况总体良好，仅有 11.4% 的水源地水质不达标。

与城市饮用水情况相比，农村饮用水安全问题突出，解决农村饮水不安全的任务十分艰巨。“十一五”期末农村饮水不安全人数 1 372.5 万人，涉及水质问题的人数有 461.2 万人；“十一五”期间，新增农村饮水不安全人数 1 066.5 万人，其中涉及水质问题 215 万人（含高氟水 15.1 万人，苦咸水 101.6 万人，其他水质问题 98.4 万人）。

甘肃农村饮用水水质不安全问题涉及人口众多，苦咸水、高氟水水资源量分别达到 15.2 亿 m^3 和 16.9 亿 m^3，占到水资源总量的 5% 以上，影响人口分别为近 500 万人和 1 000 万人，主要分布在陇中、陇东地区（见表 2-15）。

表 2-15　甘肃省苦咸水、高氟水、高砷水资源量及影响人口统计情况

类别	水资源量 / 亿 m^3				影响人口 / 万人	
	地表	地下	合计	占比 /%	人数	占比 /%
苦咸水	6.57	8.611	15.181	5.25	489	18.7
高氟水	7.135	9.748	16.883	5.84	1 000	38.2
高砷水	—	—	—	—	2.29	0.08

4.4　区域大气环境现状及变化趋势

4.4.1　区域环境空气质量总体改善，城市煤烟型污染特征明显

（1）区域大气环境质量总体良好，现状污染区呈点状分布

西北三省（区）环境空气质量总体良好，主要城市首要大气污染物是颗粒物。相对于全国其他地区大气污染并不十分突出。除颗粒物外，大部分地区常规污染物年均浓度占标率低于 70%。

对 2010 年现状污染源进行数值模拟（见图 2-49），SO_2、NO_2、PM_{10}、$PM_{2.5}$ 年均浓度呈点状分布的高浓度区，主要分布在工业集聚度高的省会城市（如乌鲁木齐、兰州）和资源型工业城市（如金昌、白银）。总体上，区域环境空气质量优于我国中部地区。

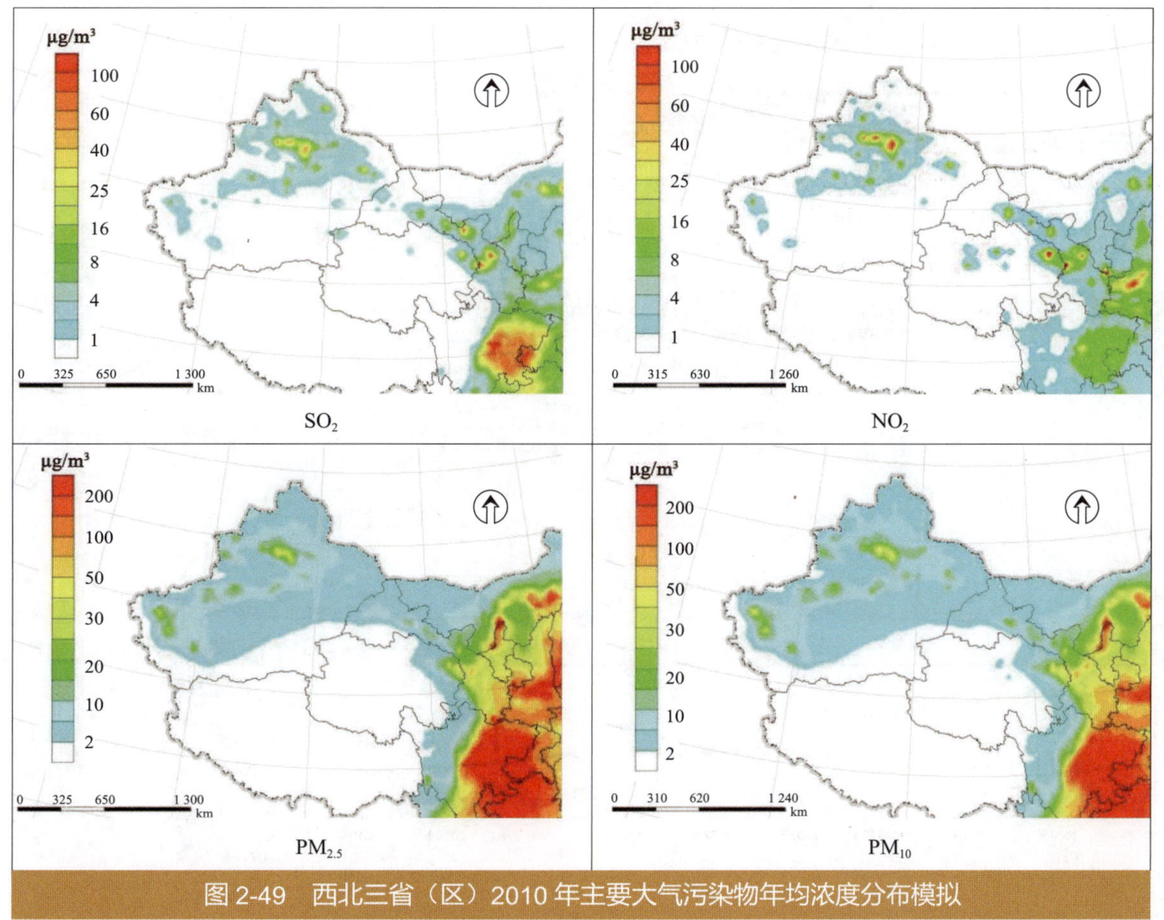

图 2-49　西北三省（区）2010 年主要大气污染物年均浓度分布模拟

（2）城市环境空气质量总体改善，煤烟型污染特征仍明显

近十年西北三省（区）大部分城市环境空气质量呈改善趋势。2010年，西北三省（区）地级市（以上）环境空气质量综合统计见表2-16，约2/3的城市环境空气质量优良天数占比超过80%，1/3城市环境空气质量优良天数占比低于80%，其中重点区域的乌鲁木齐、吐鲁番、兰州、白银城市环境空气质量优良天数不足80%。SO_2、NO_2浓度超标局限在乌鲁木齐、金昌、兰州等2～3个城市，颗粒物浓度超标较为普遍。

表2-16 2010年西北三省（区）环境空气质量综合统计

项目	标准	达标城市/个	占比/%
SO_2	新	34	94.4
	旧	34	94.4
NO_2	新	33	91.7
	旧	36	100
颗粒物	新	8	22.2
	旧	14	38.9
优良天数＞80%		22	71.0

近十年各城市SO_2年均浓度呈下降趋势（见图2-50），SO_2年均浓度超标城市由“十五”期间的5个城市下降到“十一五”末期的2个（乌鲁木齐、金昌市）。“十五”期间超标严重的白银、金昌、格尔木、张掖等城市SO_2年均浓度呈明显下降趋势，克拉玛依、伊宁、米东区、奎屯、酒泉等城市SO_2年均浓度呈上升趋势。按照国家环境空气质量标准（GB 3095—2012），2010年SO_2超过国家二级标准的城市有乌鲁木齐、金昌，占标率分别为148.3%和121.7%。

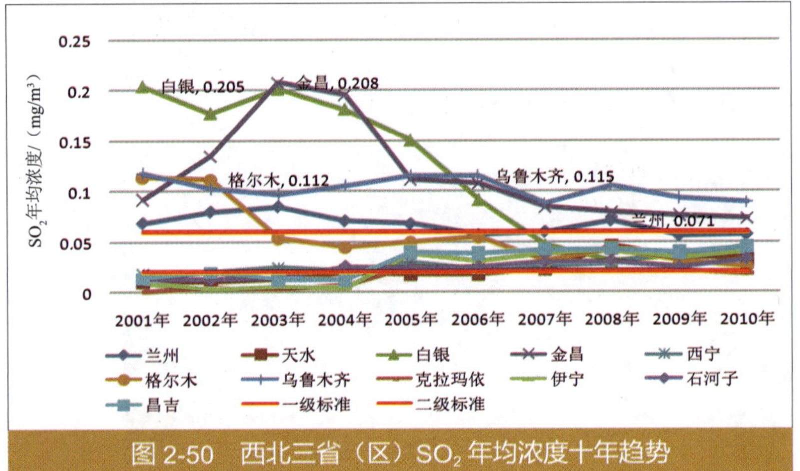

图2-50 西北三省（区）SO_2年均浓度十年趋势

近十年各城市NO_2浓度总体呈缓慢上升趋势（见图2-51），乌鲁木齐、兰州、西宁、昌吉的NO_2年均浓度呈上下波动状态。按照新的环境空气质量标准评价，2010年乌鲁木齐、昌吉和兰州NO_2年均浓度超二级标准，占标率分别为167.5%、120%和110%。大通、克拉玛依、伊宁和石河子NO_2年均浓度占标率超过80%。

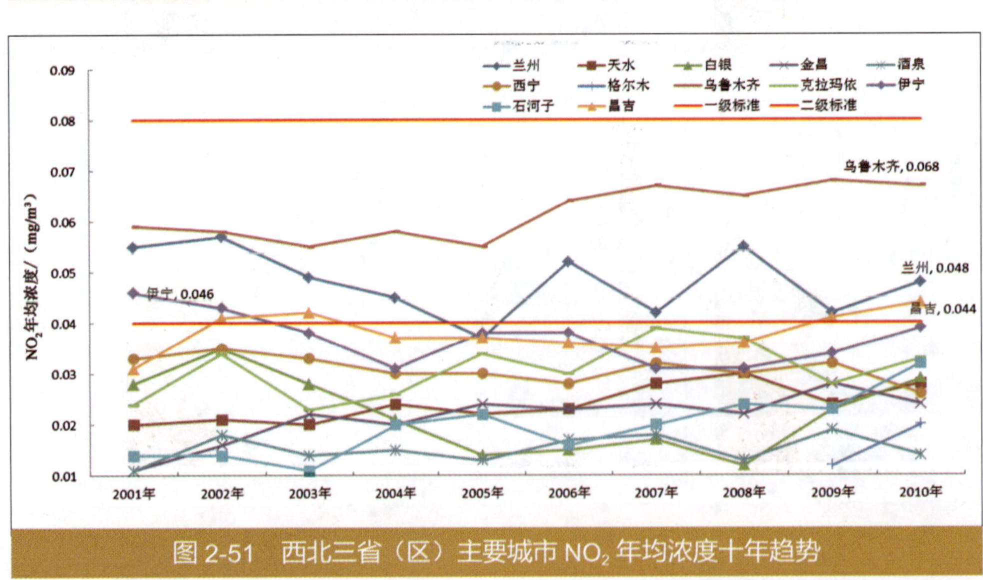

图2-51 西北三省（区）主要城市NO_2年均浓度十年趋势

西北三省（区）的PM_{10}污染严重，

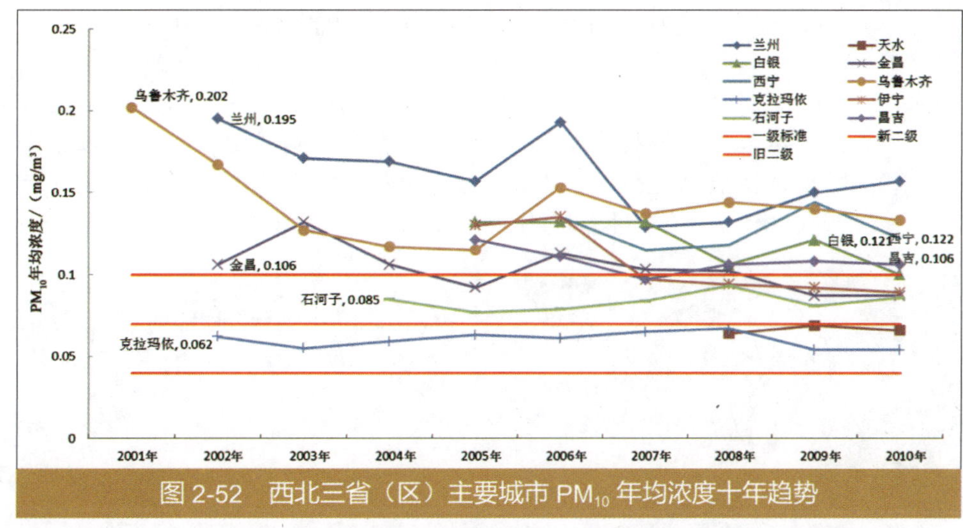
图 2-52　西北三省（区）主要城市 PM_{10} 年均浓度十年趋势

2010 年区域 PM_{10} 浓度占标率超过 80% 的城市有 32 个；PM_{10} 浓度达到国家二级标准的地级市仅有 8 个（博乐、塔城、克拉玛依、阿拉泰、乌苏、天水、定西和合作市），占城市总数的 20%，典型城市 PM_{10} 年均浓度近十年变化情况见图 2-52。

采暖期煤烟型大气污染特征依然明显，冬季尤其每年 11 月—次年 2 月常规污染物浓度均高于其他季节。在统计监测点中，绝大部分城市 PM_{10} 和 SO_2 超国家二级标准。同时，由于沙尘天气影响，多数城市在春季颗粒物超标明显。

4.4.2　区域性沙尘影响显著

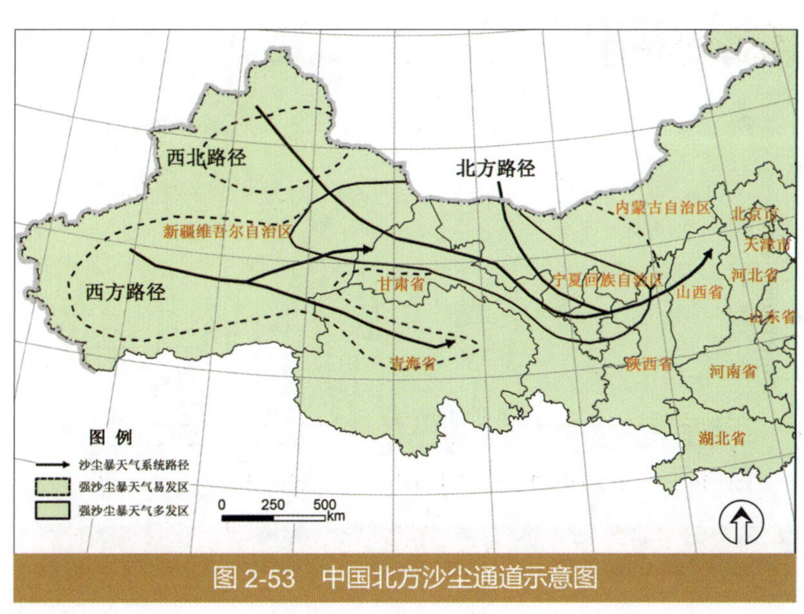

图 2-53　中国北方沙尘通道示意图

西北地区沙尘暴和扬沙对城市大气环境质量影响显著。西北三省（区）主要沙尘多发地区为：新疆塔里木盆地的塔克拉玛干沙漠边缘，特别是盆地南缘；内蒙古以西、祁连山以北甘肃省境内以及黄河以西鄂尔多斯高原地区。西北三省（区）大部分区域位于三条沙尘输送路径的西路，沙尘长距离输送主要影响我国西北、华北地区，我国北方沙尘通道见图 2-53。

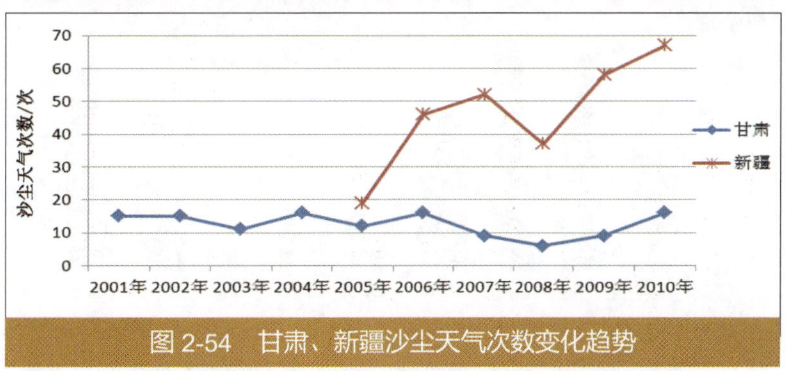

图 2-54　甘肃、新疆沙尘天气次数变化趋势

沙尘天气是西北三省（区）重要的天气过程，近十年来甘肃沙尘天气出现的次数、持续时间没有明显的变化，处于上下波动状态。新疆沙尘天气发生次数有所增加，2010 年新疆沙尘天气发生次数达 67 次。沙尘天气高发区主要位于新疆的南疆和东疆，以及甘肃省的中北部地区，与颗粒物年均浓度高值区基本一致。近十年来甘肃、新疆沙尘天气次数变化趋势见图 2-54。

4.4.3 主要城市复合型大气污染问题显现

主要省会（首府）城市中，乌鲁木齐市区东西南三面环山，兰州市、西宁市河谷“两山夹一沟”的地形特点（见图 2-55）、冬季平均风速小，静风频率高，冬季逆温发生频率高，贴地逆温层厚度在冬季平均厚度最大，大气污染物不易扩散和稀释。以臭氧（O_3）、细颗粒物（$PM_{2.5}$）、挥发性有机物、气溶胶等为代表的新型复合污染开始显现。2011—2012 年，乌鲁木齐 $PM_{2.5}$ 日均浓度超过二级标准的比例占 66.2%（见图 2-56）。

兰州（两山夹一沟） 乌鲁木齐（三面环山、风由宽喇叭口吹入）

图 2-55 重点城市地形地貌情况

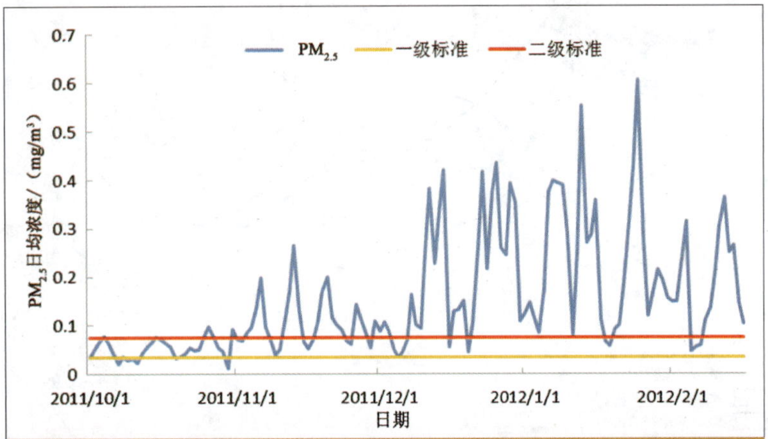

2011 年兰州市颗粒物强化观测结果表明（图 2-57），$PM_{2.5}$ 均超二级标准（0.075 mg/m^3），全年超标率在 50% 左右。

随着重点城市机动车保有量迅速增长，机动车尾气已成为城市环境空气中 NO_x 的主要来源之一，占比约 25% ～ 35%；加之特殊的山谷地形，不利的气象条件，机动车排放的污染物不易扩散，不仅直接影响人群健康，且造成灰霾、臭氧等污染，甚至引发光化学烟雾污染。

图 2-56 乌鲁木齐市 $PM_{2.5}$ 日均浓度变化曲线

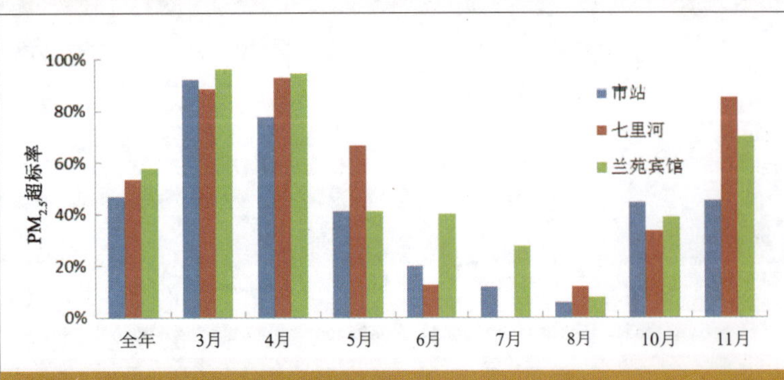

图 2-57 2011 年兰州市 $PM_{2.5}$ 监测数据超标率统计结果

4.5 土壤环境质量现状

西北三省（区）大部分地区土壤未受重金属和有机氯农药的严重污染，局部地区土壤受到污染，出现重金属、有机氯农药等污染物超标。

土壤重金属轻微 / 轻度污染分布较广。西北三省（区）土壤中镉、砷、镍、硒、钒等重金属元素均有不同程度的超标，以轻微、轻度污染为主。其中，国家重点监控的五类重金属中镉、砷、铬超标，尤以镉超标分布相对较广，具体分布于伊犁州、白银市、定西市、阿勒泰地区、博州、哈密地区、陇南地区和海东地区；砷超标地区分布于酒泉市、博州、甘南州、伊犁州、玉树州和海西州；铬超标地区分布于酒泉市和陇南地区。西北三省（区）土壤重金属污染现状分别见表 2-17 至表 2-19。

表 2-17　甘肃省土壤重金属污染现状

超标重金属元素	污染指数范围	主要污染地区	
		污染地区分布	污染程度
砷	0.056 ～ 1.46	酒泉市、甘南舟曲县	轻微
镉	0.012 ～ 2.81	白银、定西、陇南	轻度
铬	0.059 ～ 1.38	酒泉市、陇南	轻微
锰	0.059 ～ 1.30	陇南	轻微
镍	0.08 ～ 1.87	张掖、酒泉	轻微
硒	0.004 ～ 1.21	酒泉肃州区、庆阳环县	轻微
钒	0.033 ～ 2.89	平凉、陇南、酒泉、甘南	轻度
锌	0.038 ～ 1.37	定西通渭县	轻微

表 2-18　青海省土壤重金属污染现状

超标重金属元素	主要污染地区	
	污染地区分布	超标倍数
镉	海东地区循化县	0.39 倍
砷	玉树州、海西州	0.03 ～ 1.70 倍
镍	海东地区民和县	0.05 倍

表 2-19　新疆维吾尔自治区土壤重金属污染现状

超标重金属元素	全省超标率 /%	采样点超标地区
镉	1.03	哈密地区、博州、伊犁州、阿勒泰地区
砷	0.9	博州、伊犁州
镍	0.65	伊犁州、塔城地区、阿勒泰地区
硒	0.78	博州、巴州、伊犁州、塔城地区
矾	1.29	吐鲁番地区、博州、伊犁州、塔城地区、阿勒泰地区

青海省农村土壤环境质量监测 2009 年、2010 年选取的土壤监测点类别为菜地土壤、基本农田土壤、居民聚集区土壤、重点污染场地周围土壤。土壤样品中各项重金属监测指标均符合《土壤环境质量标准》（GB 15618—1995）二级标准。

涉重工矿企业周边及其遗弃场地土壤重金属污染突出。据统计，白银市受有色金属冶炼企业重金属污染的耕地面积达 6 688 亩，其中因重金属污染弃耕的土地有上千亩以上。在白银市东大沟流域农田及周边土壤中，镉重度污染，砷、铅、铜、锌、镍、硒中度污染和重度污染。

青海省因历史遗留铬渣问题，已造成西宁市和海北地区局部土壤及地下水中铬超标。青海省已实施了一系列污染治理措施及土壤恢复治理研究，治理力度有待加强。

土壤未受到有机农药污染物严重污染。甘肃省、青海省选取的土壤监测点样品中的有机氯农药类监测指标全部达标，仅新疆个别监测点位指标超标，平均含量为 2.89 μg/kg 和 3.36

μg/kg；新疆、甘肃监测土壤中多环芳烃指标均达标。

4.6 区域能源生产消费现状及变化趋势

4.6.1 能源消费总量逐年上升，GDP 增长对能源依赖度高

（1）西北三省（区）能源生产及消费总量稳步上升

1990 年以来西北三省（区）能源消费总量均呈稳步上升的趋势，2010 年能源生产和消费增长率均高于全国平均水平（全国能源生产增长率为 8.12%，消费增长率为 5.97%），新疆能源生产总量显著增加（见图 2-58）。

甘肃属于能源调入省，青海、新疆属于能源输出省（区）。青海自 2005 年成为能源输出省后，能源输出能力逐年提高，新疆 2010 年能源输出总量已达到能源生产总量的 44%。

（2）经济增长对能源的依赖程度较高

近十年西北三省（区）能源消费总量与 GDP 的相关系数基本在 0.98 ～ 0.99，经济增长对能源的依赖程度较高，能源消费弹性系数呈先升后降（见图 2-59），能源消费良性发展。

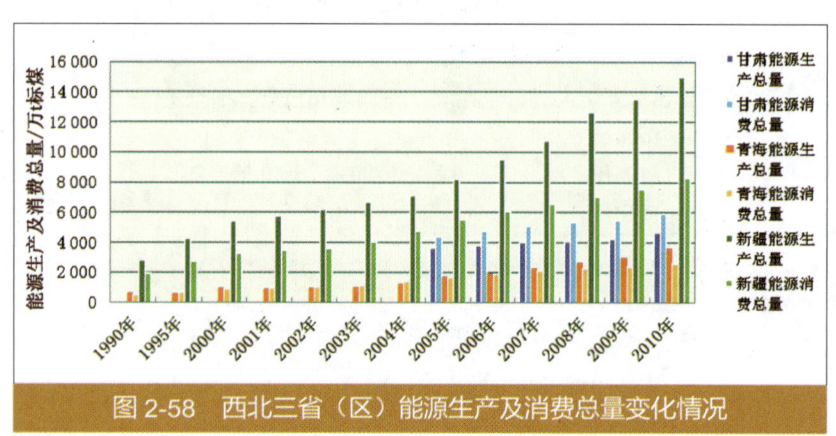

图 2-58　西北三省（区）能源生产及消费总量变化情况

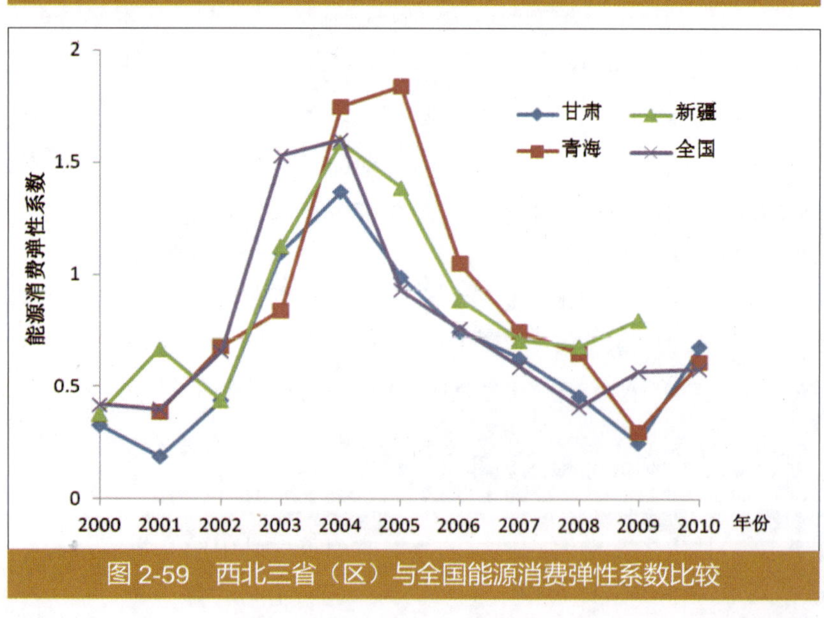

图 2-59　西北三省（区）与全国能源消费弹性系数比较

4.6.2 能源消费结构以煤炭为主

新疆、甘肃能源消费结构以煤炭为主。“十一五”期间新疆能源消费结构中煤炭消费量占比上升趋势明显，由 2005 年的 56.1% 扩大到 2009 年的 65.9%；甘肃能源结构中煤炭消费量多年稳定在 69% 左右。

“十一五”期间青海水电消费量占比呈先降后升趋势。2010 年一次能源消费结构中水电、天然气清洁能源消费量占比分别达 47.1% 和 11.8%，均高于全国平均水平，煤炭消费占比 32.8%（见图 2-60）。

4.6.3 能源环境绩效与全国平均水平差距明显

2010 年，西北三省（区）化石能源（煤炭、石油、天然气）单位能耗的 SO_2 排放量均高于全国平均水平。2005—2010 年，单位能耗的 SO_2 排放量总体下

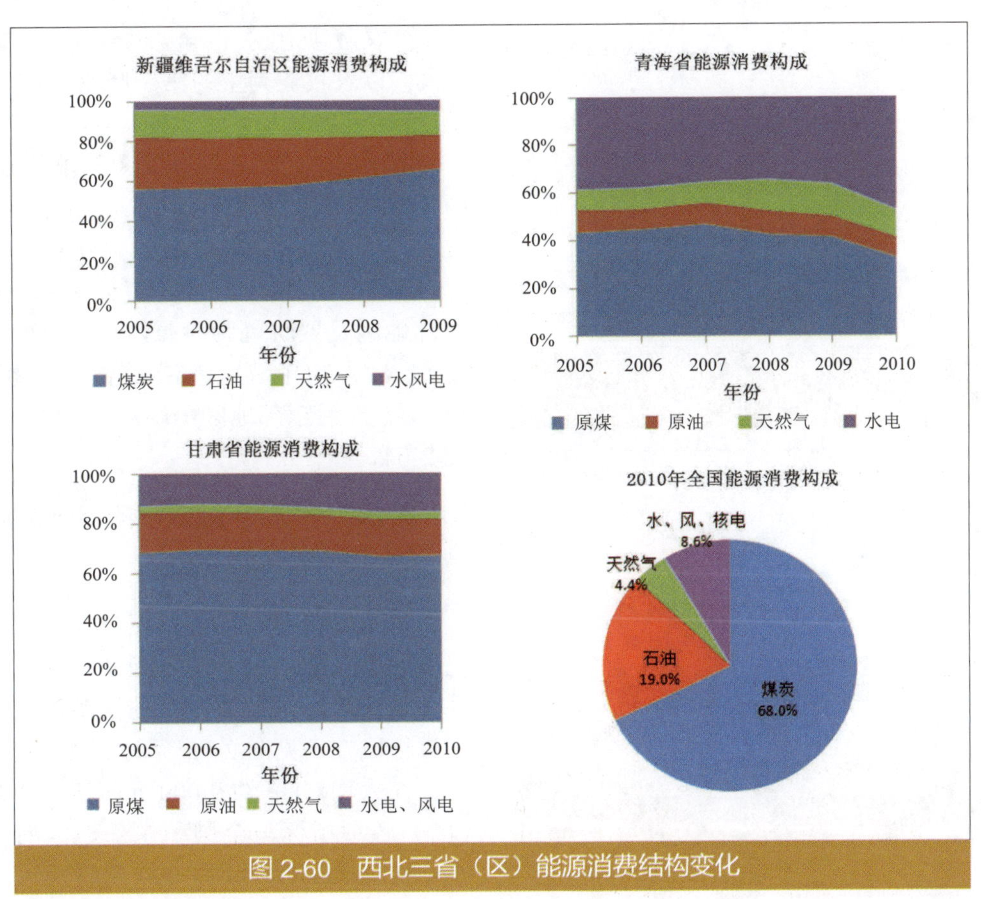

图 2-60 西北三省（区）能源消费结构变化

降，但与全国平均水平的差距呈扩大趋势，青海省和甘肃省尤其突出（见图 2-61）。

4.7 资源环境利用效率状况

4.7.1 资源环境效率水平持续提升，与全国差距依然明显

2010 年西北三省（区）单位 GDP 能耗 1.54 t 标煤 / 万元，是同期全国平均值（0.81 t 标煤 / 万元）的 1.9 倍，滞后全国平均水平 10 年以上，滞后中部地区平均水平约 5 年（见图 2-62）。加快技术进步、产业调整升级，发展低碳经济，提升能源利用效率水平十分迫切。

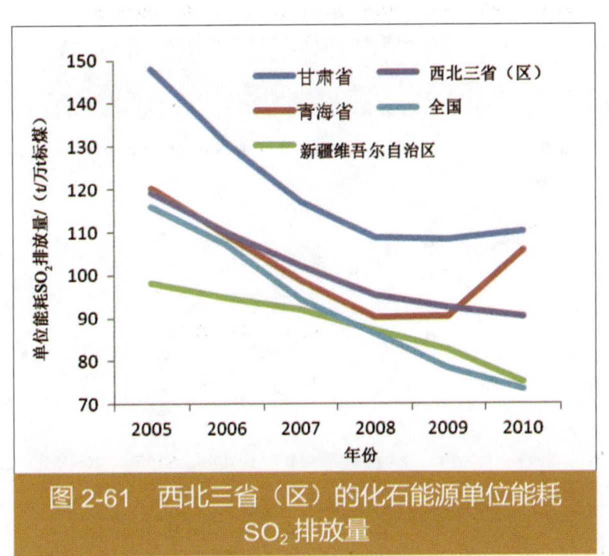

图 2-61 西北三省（区）的化石能源单位能耗 SO_2 排放量

2010 年，西北三省（区）单位 GDP 水耗 630.4 t/ 万元，约为全国平均值（150.1 t/ 万元）的 4 倍，万元工业增加值水耗量 64.4 t/ 万元，优于全国平均水平（90 t/ 万

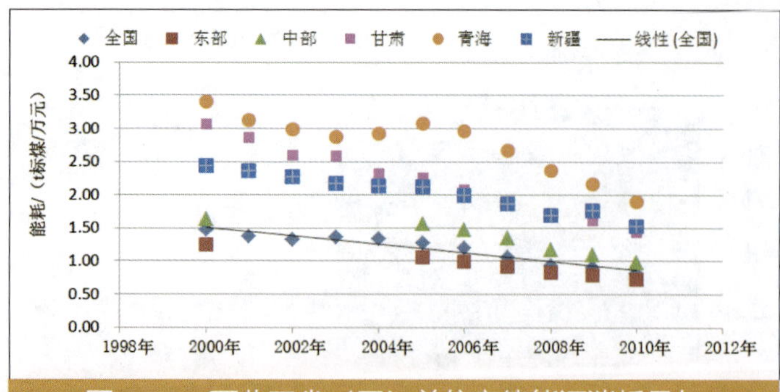

图 2-62 西北三省（区）单位产值能源消耗量与全国、东部地区对比

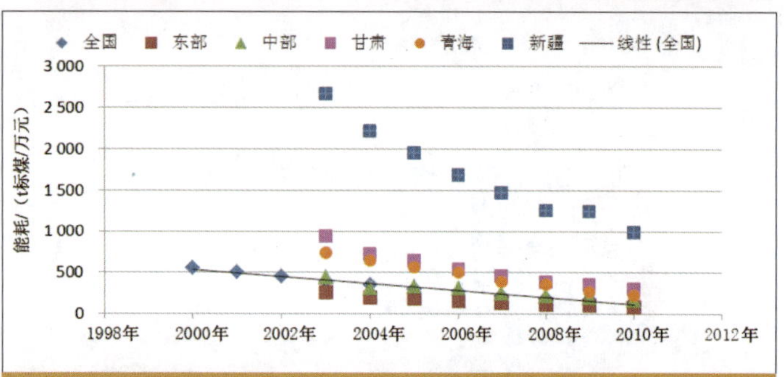

图 2-63 西北三省（区）单位产值水资源消耗量与全国、东部地区对比

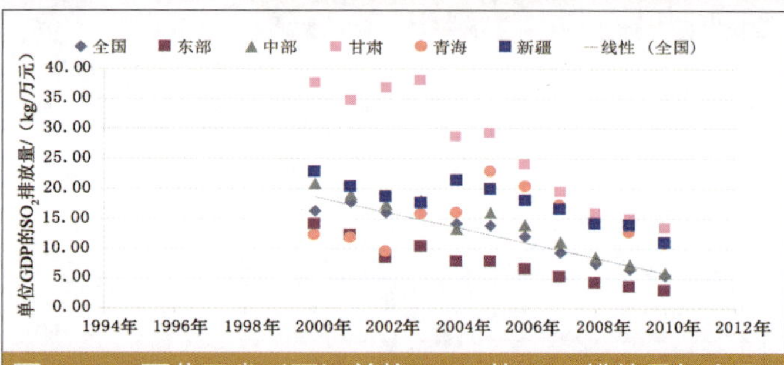

图 2-64 西北三省（区）单位 GDP 的 SO_2 排放量与全国、东部地区对比

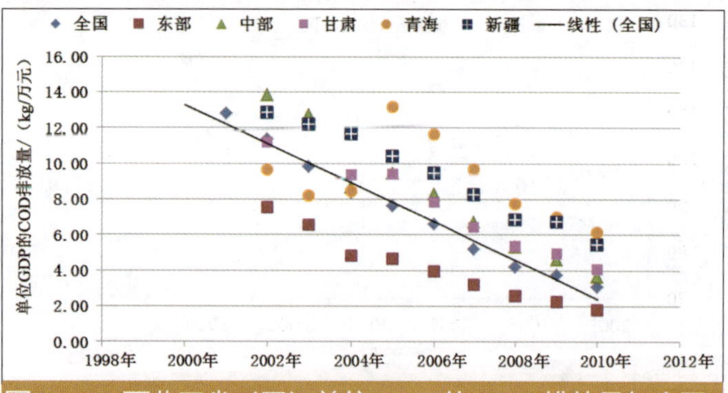

图 2-65 西北三省（区）单位 GDP 的 COD 排放量与全国、东部地区对比

元）。农牧业用水占全社会用水总量接近 90%，以农牧业为主的第一产业占 GDP 总量的 10% ～ 20%（见图 2-63）。

2010 年，西北三省（区）单位 GDP 的 COD、SO_2 排放量为 5 kg/ 万元、11.8 kg/ 万元，远高于全国单位 GDP 污染物排放量（COD 3.1 kg/ 万元、SO_2 5.5 kg/ 万元）。以全国及东部地区发展轨迹为参照，总体上西北三省（区）污染物排放效率滞后全国平均水平 4 年左右，滞后东部地区平均水平 7 年左右（见图 2-64、图 2-65）。

4.7.2 资源环境效率的提升滞后于经济发展阶段

以人均 GDP 指标表征经济发展水平，选取西北三省（区）与全国及东部、中部地区三组相同经济发展阶段的资源环境效率指标进行比较，见图 2-66 至图 2-68。

在人均 GDP 约 9 000 元阶段，西北三省（区）各项指标与全国和东部地区的差距较小；在人均 GDP 约 24 000 元阶段，西北三省（区）各项指标均低于全国和东部地区水平，且差距呈加大趋势。节能减排、污染物排放控制的提升相对滞后于经济发展。

4.7.3 重点产业资源环境效率水平整体不高

与 2010 年全国重点产业资源环境效率相比，西北三省（区）仅石油、煤炭两类重点产业能源利用效率优于全国平均水平，仅石油产业污染物排放效率优于全国平均水平，总体资源环境效率水平不高（见表 2-20）。

西北三省（区）食品加工业和纺织业单位产值煤炭消费量分别为 0.46 t 标煤 / 万元、0.62 t 标煤 / 万元，高出全国平均值的 5.6 倍和 7.8 倍，相应的 SO_2 排放强度分别高出全国平均值的 7.4 倍和 7.1 倍。化工行业单位产值 COD 排放量与全国平均值差距最明显，是全国平均值的 17.9 倍，其次为食品加工业和纺织工业。

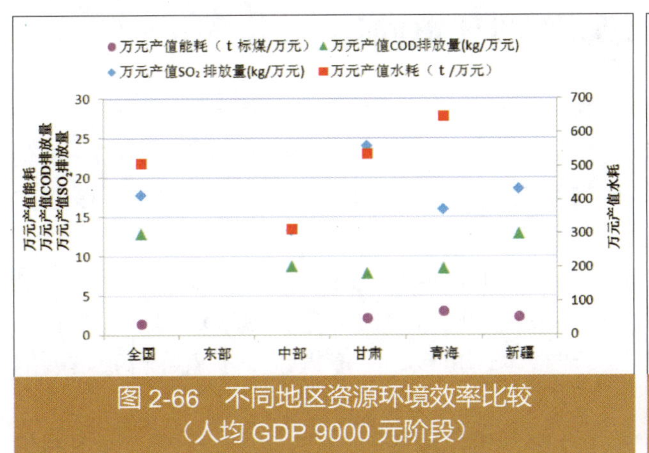

图 2-66　不同地区资源环境效率比较（人均 GDP 9000 元阶段）

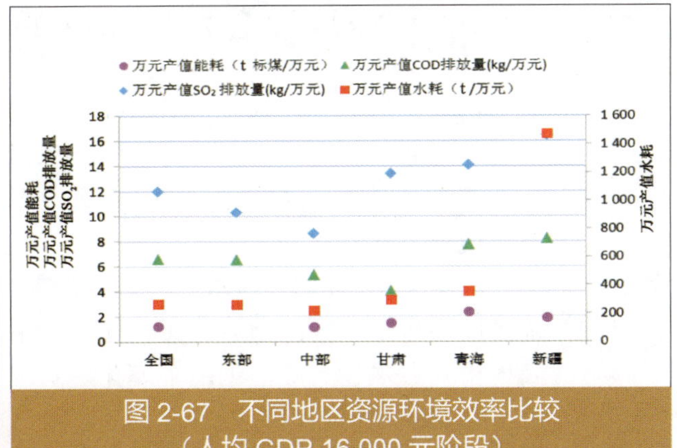

图 2-67　不同地区资源环境效率比较（人均 GDP 16 000 元阶段）

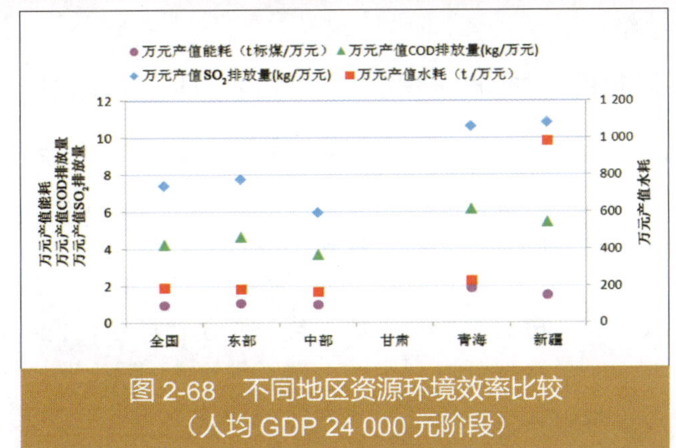

图 2-68　不同地区资源环境效率比较（人均 GDP 24 000 元阶段）

表 2-20　西北三省（区）与全国重点产业资源环境效率比较

序号	产业名称	西北三省（区）（全国平均水平 =1）		
		单位产值工业煤炭消费量	单位产值 COD 排放量	单位产值 SO_2 排放量
1	石油工业	0.7	0.6	2.1
2	钢铁工业	1.9	2.4	1.9
3	有色冶金	2.2	2.6	6.8
4	煤炭工业	0.6	3.2	4.4
5	电力工业	5.4	10.4	6.3
6	化工行业	4.1	17.9	7.6
7	建材工业	5.3	2.5	4.5
8	食品加工业	6.6	13.7	8.4
9	纺织工业	8.8	12.1	8.1
10	造纸工业	5.7	8.1	6.9

数据来源：西北三省（区）数据来源于各省（区）2011 年环境统计数据，全国数据来源于《全国环境统计年鉴 2011》《全国能源经济统计年鉴 2011》。

4.8 经济社会发展面临的突出资源环境问题

西北地区自然环境条件恶劣，水资源短缺，生态十分脆弱。生态环境在长期历史演变中出现种种问题，不合理地利用水土资源、粗放式的生产方式，加上20世纪50—70年代不顾客观条件的“人定胜天”“人进沙退”“向沙漠进军”等片面观念支配，加剧了区域生态环境的恶化。

国家实施西部大开发以来，特别是“十一五”时期，西部地区经济社会发展取得长足进步，但与东部地区的绝对差距仍在扩大；生态环境建设成就突出，但关键区域的水资源制约尚未得到根本性突破，土地荒漠化趋势尚未实现根本性扭转，生产力水平不高、自我发展能力不强的状况仍然没有根本性改变。

当代人类尚不能大规模改造自然，只能在尊重自然、顺应自然、保护自然的前提下利用自然，人与自然和谐相处。

4.8.1 以水资源超载、生态严重缺水为特征的水危机继续加剧

西北地区水资源短缺，水是维系生态系统的根本，是实现经济社会可持续的战略性资源。水资源匮乏、水资源过度开发利用、生态缺水严重构成内陆河流域水危机的基本特征。

在水土资源过度开发的区域，土地荒漠化发展，生态环境恶化，生态缺水十分突出。内陆河流域长时间持续水资源过度开发利用，导致河流流程缩短、河流断流断面向绿洲区移动、尾闾湖泊湿地萎缩或干涸，植被退化，土地沙化、荒漠化严重，危及人们生存环境安全。全社会用水总量已超过水资源合理开发利用的上限，地表水利用已达到极限，地下水超采日益加剧，可利用水资源量减少和水污染已经成为区域经济社会发展和人民健康保障的关键性制约因素。

保护和改善生态环境是实现经济社会可持续发展的基础。西北三省（区）需要进一步从人口、资源、环境的宏观视野，按照建设生态文明的总体要求，制定保障生态环境用水、建设节水高效现代灌溉农业和节水型工业体系和节水型城市的区域水资源配置战略；发展节水型产业、建设节水型社会是当前和今后一个时期解决水危机的最核心和最根本的对策。

4.8.2 以土地荒漠化为特征的生态危机依然严峻

内陆河流的下游，延伸到沙漠的腹地。河流两岸由地下水支持的天然绿洲，以及河流尾闾湖泊、湿地和周边植被，都起着分隔沙漠和限制沙漠发展的不可替代的作用。

生态脆弱、水土资源过度开发导致沿河岸植被带以及绿洲与荒漠过渡带的植被退化、土地荒漠化，内陆河中下游湿地、尾闾湖泊萎缩构成内陆河绿洲生态危机的基本特征。

西北三省（区）草地退化、湿地退化依然十分严重，土地荒漠化趋势尚未得到根本性遏制。具有重要生态屏障功能的艾比湖、玛纳斯河、黑河、石羊河等流域水土资源过量开发，主要河流及尾闾湿地生态用水缺乏保障。土地沙化、荒漠化状况依然十分严峻。艾比湖干涸湖底成为新疆沙尘暴策源地、玛纳斯湖湿地丧失阻止古尔班通古特沙漠南侵、民勤盆地面临腾格里沙漠与巴丹吉林沙漠合拢等具有全局性影响的重大生态危机未得到根本性解除。

全面加强生态保护和建设，尤其是实施森林抚育、退耕还林（草），维护和提升水源涵养和水土保持功能，科学合理配置水资源，保障重要河流、湿地生态用水是当前破解区域生态危机的最重要任务。

4.8.3　重点城市环境空气污染与人群健康风险不容忽视

西北三省（区）环境空气质量总体趋于改善，城市煤烟型大气污染特征明显，常规大气污染物 SO_2、NO_2、PM_{10}、$PM_{2.5}$ 高浓度区主要分布在人口和工业经济相对集聚的乌鲁木齐市、兰州市和传统资源型工业城市。

以煤炭能源为主的能源消费结构和适宜城市建设用地空间相对狭小，成为乌鲁木齐市、兰州市、西宁市等主要城市改善环境空气质量的主要“瓶颈”之一，乌鲁木齐、兰州等城市环境空气质量在全国的排位长期靠后，约 1/3 地市级城市环境空气质量优良的天数不足 80%，冬季大部分城市 SO_2 和 PM_{10} 超过国家标准，乌鲁木齐市和兰州市已显现出城市复合型大气污染特征，城市环境空气污染成为对人群健康累积影响的重要因素。

加强节能减排、调整能源消费结构、调整产业结构、淘汰落后产能和工艺技术装备，实施“退二进三”，优化城市功能布局和产业布局，对于改善城市环境空气质量，保障人群健康环境至关重要。

5 区域生态空间制约与资源环境承载能力

5.1 区域经济社会发展的资源环境压力

5.1.1 资源环境利用效率情景设计

以西北三省（区）2015 年、2020 年区域经济总量目标为基础，预测在不同资源环境效率水平情景的西北三省（区）资源环境需求。

（1）2015 年资源环境效率情景设计

情景 1：2015 年资源环境效率与全国平均水平差距不扩大。

情景 2：实现“十二五”规划的单位 GDP 能耗降低 16%（同全国），主要污染物排放总量控制指标。

情景 3：2015 年资源环境效率达到东部地区相同经济发展阶段的水平。

情景 4：2015 年资源环境效率水平达到 2015 年全国平均水平。

（2）2020 年资源环境效率情景设计

情景 5：2020 年资源环境效率与全国平均水平差距不扩大。

情景 6：“十三五”期间主要污染物排放总量不增加。

情景 7：按情景 2 对应的 2015 年资源环境效率为基数，2020 年资源环境效率与全国资源环境效率水平差距不扩大。

5.1.2 区域经济发展的资源环境压力测算

表 2-21 2015 年不同情景下资源环境压力指数（2010 年压力指数 =100）

指标	区域	情景 1	情景 2	情景 3	情景 4
能源消耗总量	甘肃	162	153	126	86
	青海	155	180	82	77
	新疆	135	136	88	72
COD 排放总量	甘肃	71	93	116	60
	青海	101	119	65	73
	新疆	88	110	87	68
氨氮排放总量	甘肃	57	92	78	38
	青海	89	111	56	67
	新疆	71	110	74	55
SO_2 排放总量	甘肃	66	102	78	43
	青海	92	117	54	66
	新疆	70	115	58	50

（1）2015 年资源环境压力测算

2015 年不同情景下能源消耗压力指数、污染物排放量压力指数预测见图 2-69，预测分析见表 2-21。

按情景 1 和情景 4 测算，能源消耗量、2015 年主要污染物排放量均较 2010 年现状有显著降低。情景 2 代表正在实施的目标情景，按情景 2 测算，青海的单位 GDP 能耗、甘青新三省（区）的单位 GDP 主要污染物排放量与全国平均水平的

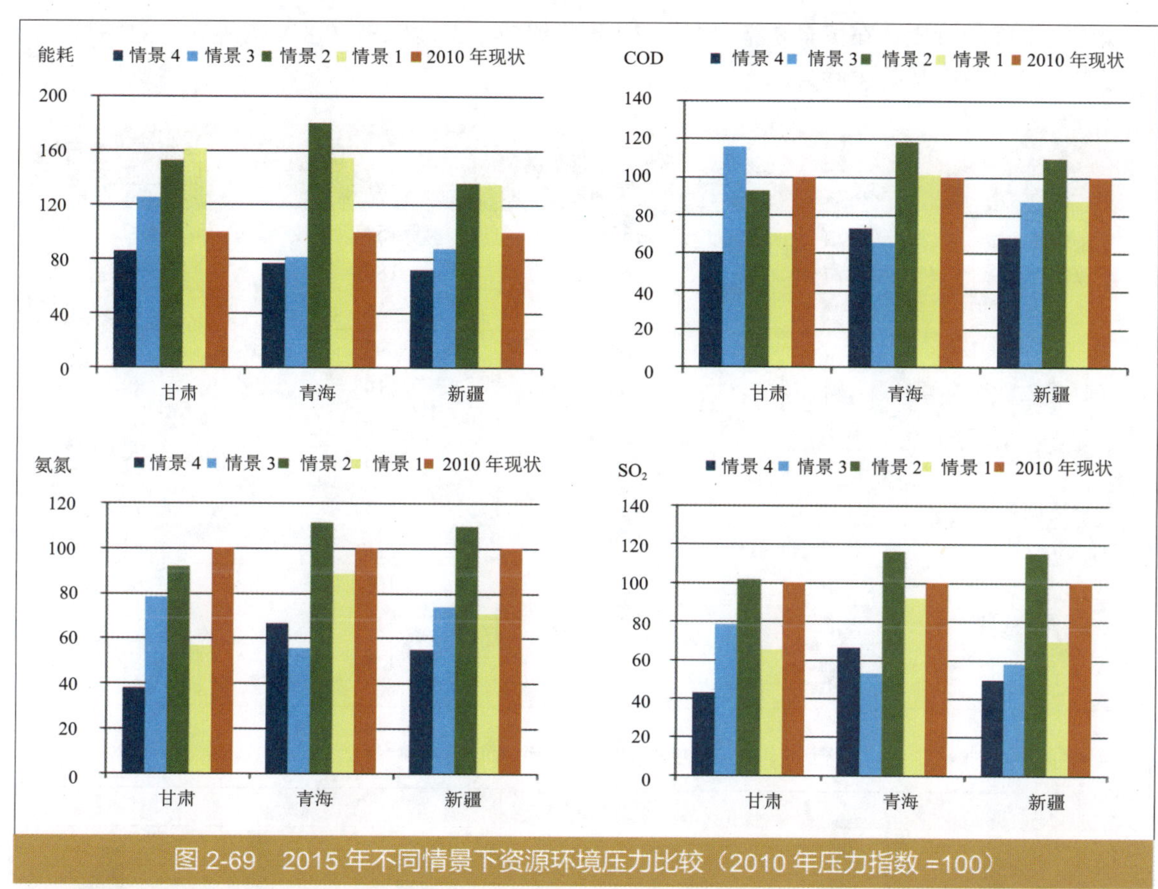

图 2-69 2015 年不同情景下资源环境压力比较（2010 年压力指数 =100）

表 2-22 2015 年不同情景下能源消耗、污染物排放总量预测分析

预测情景	资源环境效率	污染物排放总量
2010 年	能耗与全国 1996—2000 年水平持平；污染物排放绩效与全国 2006—2007 年水平持平	—
情景 1	资源环境利用效率与全国的差距保持在 2010 年与全国差距水平	能源消耗量、污染物排放量均较 2010 年现状有显著降低
情景 2	青海能耗指标、西北三省（区）污染物排放水平均与全国差距较现状扩大	增产增污
情景 3	青海、新疆资源环境效率与全国差距缩小，甘肃与全国差距扩大	除甘肃 COD 增产增污，其他指标实现增产减污
情景 4	资源环境效率与 2015 年全国水平持平	整体节能降耗、增产减污

差距将扩大。

（2）2020 年资源环境压力测算

2020 年不同情景下能源消耗量、主要污染物排放量压力指数测算见图 2-70，预测分析见表 2-23。

按情景 5 和情景 7 测算，2020 年西北三省（区）能源消耗量和主要污染物排放量均低于 2010 年实际能源消耗量和污染物排放量，即“十三五”时期将进入区域污染物排放总量降低、环境压力下降的阶段。在情景7下，与2010年相比较，西北三省（区）资源环境效率与全国平均水平的差距将呈拉大趋势。

表 2-23　2020 年不同情景下资源环境压力指数（2010 年压力指数 =100）

指标	区域	情景 5	情景 6	情景 7
能源消耗总量	甘肃	137	153	132
	青海	163	180	174
	新疆	117	136	117
COD 排放总量	甘肃	65	93	79
	青海	81	119	88
	新疆	81	110	93
氨氮排放总量	甘肃	49	92	62
	青海	67	111	78
	新疆	65	110	81
SO_2 排放总量	甘肃	57	102	68
	青海	75	117	87
	新疆	64	115	81

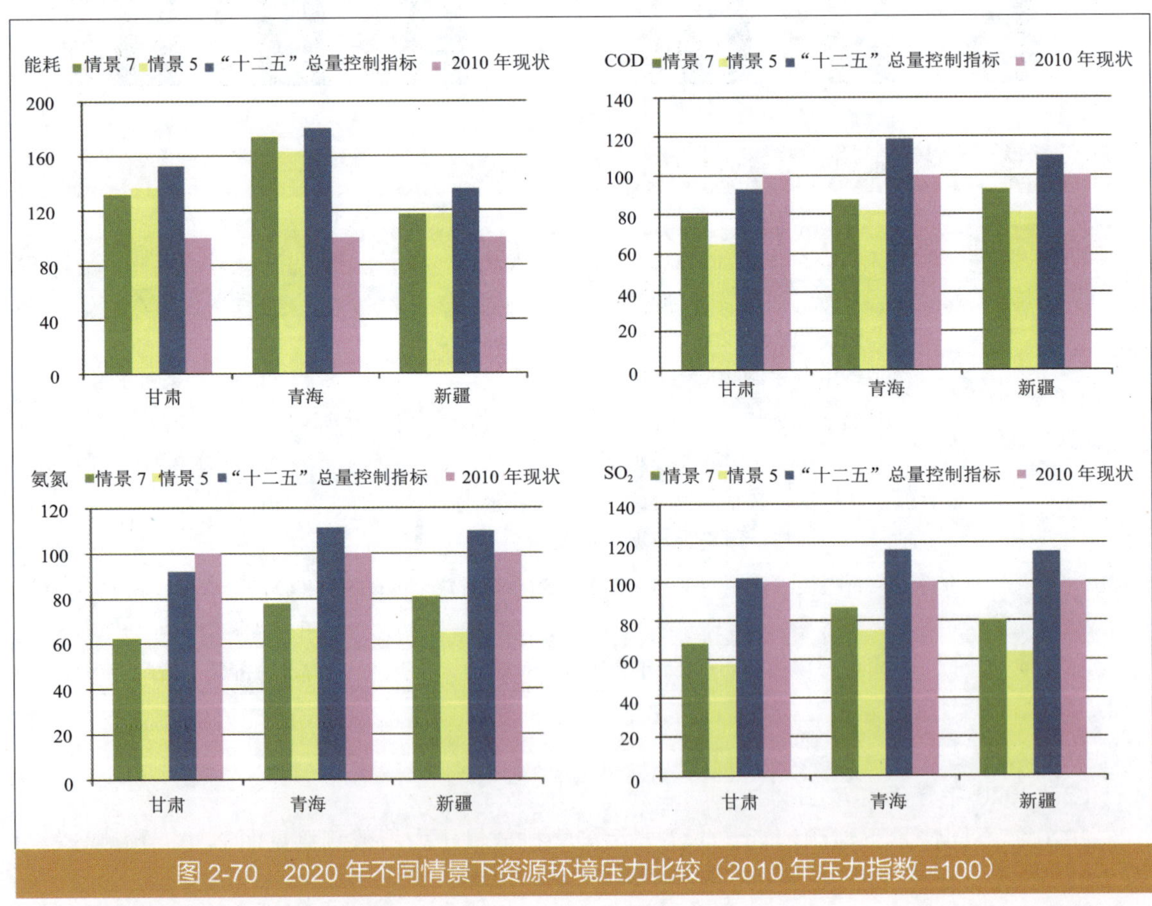

图 2-70　2020 年不同情景下资源环境压力比较（2010 年压力指数 =100）

表 2-24　2020 年不同情景下能源消耗、污染物排放总量预测分析

预测情景	资源环境效率	污染物排放总量
情景 5	资源环境利用效率与全国的差距不扩大，保持在 2010 年水平	2020 年污染物排放量低于 2015 年总量控制指标和 2010 年排放量，实现增产减污
情景 6	污染物排放水平与全国差距较 2010 年与全国差距扩大	2020 年污染物排放量维持在“十二五”总量控制指标，不增加
情景 7	资源环境利用效率与全国的差距较 2010 年有所扩大，维持在情景 2 下与全国的差距水平	2020 年污染物排放量较“十二五”总量控制指标和 2010 年排放量减少，实现增产减污

按照上述 7 种资源环境效率情景测算，西北三省（区）在预期的经济总量发展目标下，若能坚持提高经济增长质量，保持资源环境效率与全国平均水平同步提升，2020 年能源消耗总量、主要污染物排放总量压力将比 2015 年、2010 年下降。西北三省（区）的产业发展应以提升资源环境效率为核心，以高新技术和信息化引领产业结构调整、升级改造，大力发展循环经济，引进先进生产工艺和技术装备，淘汰落后产能。

“十二五”期间，国家分配给西北三省（区）主要污染物排放总量指标较 2010 年实际排放量有所增加，可能导致局部环境压力加剧。应当依环境承载能力优化产业布局，避免在资源环境超载区域大规模布局重化产业。按 2015 年西北三省（区）经济社会发展规模，以“十二五”国家主要污染物排放总量指标为约束进行测算，主要污染物排放控制水平与全国差距将进一步扩大。

未来十年，实现西北三省（区）经济社会发展目标，必须摒弃传统粗放式的发展方式，发挥要素成本低的相对优势，引进先进生产技术和管理，调整产业结构，依托资源优势，实施资源环境效率优先，走新型工业化、城镇化和农业现代化道路。

5.1.3　重化产业发展，特征污染物排放将使环境污染复杂化

重点产业向工业园区集聚。按照相关规划，到“十二五”末，西北三省（区）工业园区经济总量将大幅增长：甘肃省工业园区生产总值占全省的 22.5%，工业增加值占全省的 43.5%；青海省工业园区工业增加值占全省的 80% 以上；新疆维吾尔自治区（含兵团）工业园区工业增加值占全疆的 40% 以上。

图 2-71　西北三省（区）重点地区工业园区分布

目前，重点地区共有国家级工业园区 23 个、省级工业园区 49 个，有 3/4 的工业园区与城市毗邻或在城市建成区（见图 2-71）。

在 72 个国家级和省级工业园区中，约一半的工业园区以化工（含油气化工、盐化工、医药化工）、食品制造及农副产品深加工、有色金属冶炼加工（含电解铝）为主导产业，约

1/3 的工业园区以煤化工为主导产业，约 1/5 的工业园区以装备制造和新能源为主导产业，以建材为主导产业的工业园区占 2/5。

石油化工、煤化工、有色金属冶炼等重化产业排放的有机污染物和重金属种类繁多，具有环境中难降解、有毒有害特点，特征污染物排放环境污染严重，人群健康影响显著。由于工业园区与城市、城市群发展存在空间交织，重化工业向工业园区集聚、规模化发展，环境压力集聚工业园区的同时，将使乌鲁木齐—昌吉、独山子—奎屯—乌苏、兰州—白银、金昌、西宁等重点城市或城市群环境污染问题复杂化。

5.2 区域水资源承载力分析

未来十年，西北三省（区）水资源供需矛盾进一步突出，水资源超载持续，且超载压力向地下水超采转移，生态缺水严重、生态用水缺乏保障，传统粗放发展方式将导致相当大的生态代价。

5.2.1 需水总量增加，水资源供需矛盾突出

西北三省（区）需水量预测结果见表 2-25。2020 年重点地区水资源需求量较现状增加约 50 亿 m^3，增长 20%；其中，黄河流域需水量增长 40.4%，内陆河地区增长 16.2%。预计 2020 年重点区域的万元 GDP 用水量将下降至 121.8 m^3。“十二五”时期，伊犁河谷、兰白经济区、陇东地区、西宁需水总量增长幅度较大，“十三五”时期，河西地区需水总量进入下降阶段。

表 2-25 西部三省（区）现状用水及需水量预测 单位：亿 m^3

	2010 年用水量	2015 年需水量	2020 年需水量
兰白经济区	25.1	29.61	33.76
陇东地区	6.2	8.12	9.58
西宁市	7.2	10.02	10.71
黄河流域小计	38.5	47.75	54.05
河西地区	75.2	78.89	71.25
柴达木试验区	9.09	10.5	11.18
天山北麓	67.5	68.78	69.12
吐哈盆地	20.1	20.92	21.03
伊犁河谷	40.22	68.09	73.88
内陆河流域小计	212.11	247.18	246.46
合计	250.61	294.93	300.51

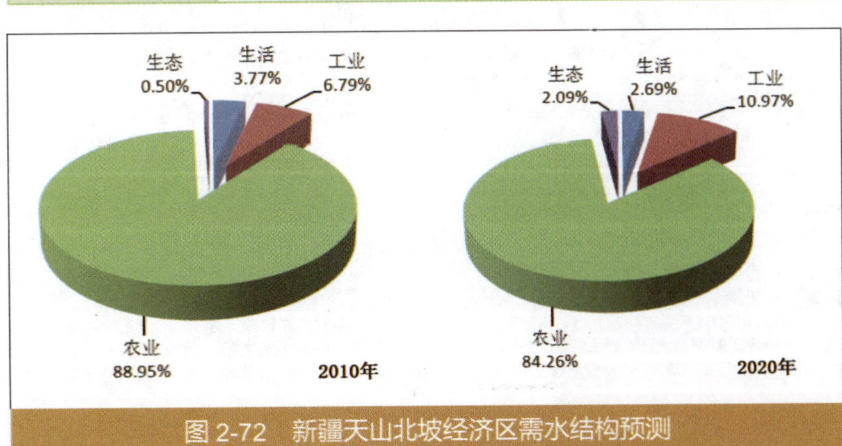

图 2-72 新疆天山北坡经济区需水结构预测

河西地区 2020 年全社会需水总量下降至 71.3 亿 m^3，农业需水量从 2010 年的 68.25 亿 m^3 下降到 2020 年的 61.15 亿 m^3，占比从 2010 年的 90% 下降到 2020 年的 86%。天山北坡经济带 2020 年全社会需水总量增加至 164 亿 m^3，农业需水量从 2010 年的 113.7 亿 m^3 增长到 2020 年的 138.2 亿 m^3，农业需水所占比重从 89% 降低到 84%（见图 2-72）。

通过节水、开源和调水等工程措施，预计 2020 年西北

三省（区）重点区域大部分地区用水缺口仍较大，其中天山北坡经济带缺水 6.54 亿 m^3，河西地区缺水 5.77 亿 m^3，兰白经济区缺水 9.47 亿 m^3。按供水缺水率评估，黄河流域区的缺水率高达 25.4%，河西地区为 8.1%，天山北坡经济带为 4.0%（见表 2-26）。

表 2-26　西北三省（区）重点区域 2020 年水资源供需平衡分析

重点区域	需水量 / 亿 m^3	供水量 / 亿 m^3	缺水量 / 亿 m^3	缺水率 /%
天山北麓	69.12	66.36	2.76	4.0
吐哈盆地	21.03	20.26	0.76	3.6
伊犁河谷	73.88	70.85	3.02	4.1
天山北坡经济带	164.03	157.47	6.54	4.0
柴达木盆地	11.18	9.73	1.45	13.0
石羊河	22.78	20.31	2.47	10.8
黑河	35.21	32.81	2.40	6.8
疏勒河	13.27	12.37	0.89	6.7
河西地区	71.25	65.49	5.77	8.1
西宁市	10.71	9.08	1.63	15.2
兰白经济区	33.76	24.29	9.47	28.1
陇东地区	9.58	7.15	2.43	25.4
黄河流域区	54.05	40.52	13.8	25.5

未来十年间，可采用的传统节水、开源以及调水工程措施依然无法保障区域经济社会发展用水供需平衡，必须进一步强化节水型社会建设、优化农业产业结构、限制高耗水产业规模等综合措施来缓解水资源供需矛盾。

5.2.2　水资源持续严重超载

在天山北坡经济带，水资源超载区主要分布在人口相对稠密、经济社会相对发达的天山北麓中段、吐哈盆地和艾比湖水系等区域，地表水消耗量已超过可利用量，地下水开采量超过浅层地下水可开采量，在伊犁河流域，水资源具有一定开发潜力。

河西内陆河区 2010 年水资源已经超载，其中武威、金昌、嘉峪关超载严重。预计 2020 年全社会需水总量较 2010 年有所下降，水资源承载压力依然过大（1.36），其中，石羊河和黑河流域水资源承载压力达到 1.4 以上。

黄河流域区地表水资源利用主要受黄河分水指标限制。按国家分配用水指标计算，2010 年水资源已超载严重，2020 年水资源承载压力达到 2.0，兰白经济区、陇东地区水资源承载压力均大于 2.0（见表 2-27）。

表 2-27　西北三省（区）重点区域水资源承载压力分析

重点区域	可利用水资源量 / 亿 m^3		2020 年需水量 / 亿 m^3	水资源承载压力系数
	地表水	地下水		
天山北坡经济带	139.96	48.30	164.02	0.87
吐哈盆地	7.00	9.31	21.03	1.29
天山北麓	31.46	19.75	69.12	1.35
艾比湖水系	21.00	5.81		
伊犁河谷	80.50	13.43	73.88	0.79
河西地区	28.88	22.83	70.45	1.36
石羊河	7.71	8.17	22.78	1.43
黑河	15.56	9.57	35.21	1.40
疏勒河	5.6	5.09	13.27	1.24
柴达木盆地	15	18.24	11.18	0.34
黄河流域区	24.23	2.69	54.05	2.01
西宁市	4.79	2.29	10.71	1.51
陇东地区	4.27	0.19	9.58	2.15
兰白经济区	15.17	0.21	33.76	2.20

目前，重点区域的大部分地区水资源开发利用已达到极限，用水潜力为“负增长”状态。按照预测的 2020 年全社会需水总量及其空间分布状况，伊犁河流域、柴达木盆地经济社会发展的用水需求总体上在水资源可承载范围，天山北麓和吐哈盆地、河西内陆河流域以及甘—青黄河流域超出水资源承载能力。

5.2.3 用水竞争激烈，生态用水难以保障

在水资源严重短缺的背景下，流域上中下游地区的用水竞争依然十分激烈，城镇生活、工业、农业、生态需水矛盾进一步突出，处于劣势的生态需水难以得到保障。

目前，西北三省（区）内陆河干旱区流域用水竞争主要表现为上中下游之间以农业灌溉为主的用水竞争，以及农业用水和生态用水的竞争，处于弱势的下游地区用水缺乏保障、生态用水被挤占，导致艾比湖流域、玛纳斯河流域下游、石羊河流域下游等地区付出生态严重退化的代价。

未来十年，在全面加快工业化、城镇化进程的大环境下，农业、工业、城镇生活需水处于增加态势，需水结构有所变化，农业依然是西北三省（区）用水大户。在保障生态用水基本需求的条件下，水资源承载压力普遍上升，农业和工业之间的用水竞争、经济发展用水和生态用水的竞争将进一步加剧。目前，农业用水量大、效率低、效益低，大力发展现代节水农业灌溉，控制农业用水总量持续增长，可缓解上下游地区用水矛盾、农业和工业之间的用水矛盾、社会发展用水和生态用水矛盾。未来十年中，在水资源超载严重的地区（如吐哈盆地、天山北麓中段），现代节水灌溉农业的发展直接影响到生态需水、农业需水保障。

有效控制经济社会需水总量的增长，对于生态保护和水资源可持续利用极为迫切。若不能将当地水资源的取水总量控制在“零增长”或“负增长”状态，由水资源过度开发利用导致的生态危机将长期难以缓解，并可能加剧，经济社会发展将可能付出相当大的生态代价。

应将水资源作为产业布局和经济社会发展的战略性资源进行管理，要重视水资源的合理配置、高效利用，更要重视产业结构的调整，进一步加快发展现代节水灌溉农业、加快建设节水型工业和节水型社会，逐步扭转水资源短缺的压力。

5.3 流域水环境承载力分析

5.3.1 水环境承载压力降低，河流水环境容量有限

在西北三省（区）资源环境效率与全国平均水平的差距不扩大的条件下，2020 年西北三省（区）主要污染排放量预测结果见图 2-73，COD、氨氮排放总量将有较大幅度下降，水环境承载压力下降。

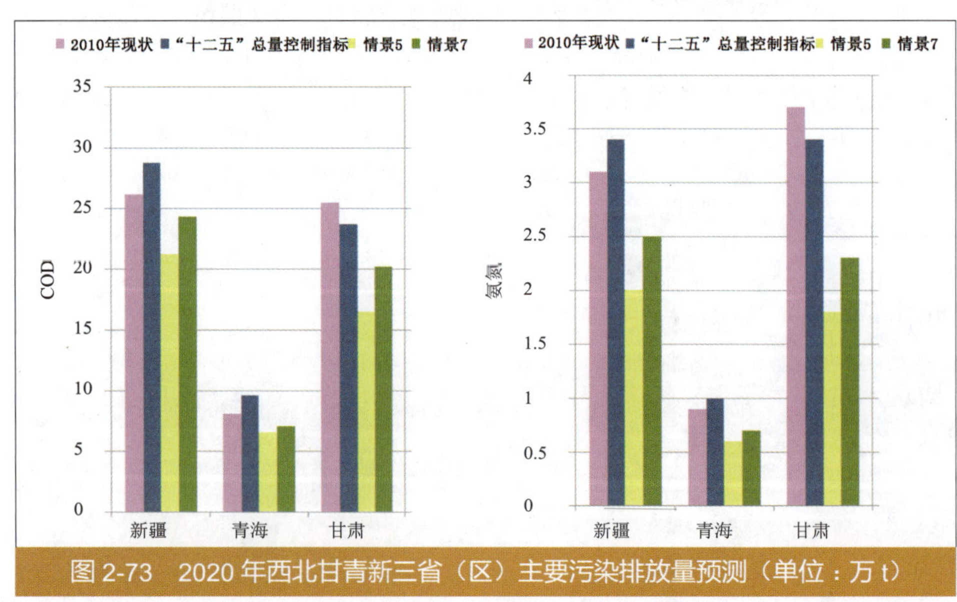

图 2-73 2020 年西北甘青新三省（区）主要污染排放量预测（单位：万 t）

黄河流域区主要河段水环境承载状况见表 2-28。黄河干流甘肃段处于水环境可承载状态，主要支流湟水河、泾河处于水环境超载状态。通过提升工业废水控制绩

效、城市生活污水处理能力等措施，2015 年可实现入河污染物总量减少，水环境承载压力下降，黄河干流甘肃段处于水环境可承载状态，湟水河和泾河依然处于水环境超载状态。

在湟水河流域、泾河流域的西宁河湟谷地和陇东地区是西北三省（区）经济发展的重点地区之一，水环境容量相对较小，水环境质量对经济发展制约明显（表 2-29），需要研究探讨差别化的水污染控制策略。

表 2-28　2010 年黄河流域主要河段水环境承载状况

受纳水体	COD/（万 t/a）		氨氮 /（万 t/a）	
	现状入河量	允许入河量	现状入河量	允许入河量
黄河干流甘肃段	4.83	41.49	1.21	1.42
泾河水系	2.79	0.85	0.26	0.04
湟水水系	3.36	1.36	0.35	0.07

表 2-29　2015 年黄河流域主要河段水环境承载状况

受纳水体	COD/（万 t/a）		氨氮 /（万 t/a）	
	2015 年入河量	允许入河量	2015 年入河量	允许入河量
黄河干流甘肃段 [1]	3.48	41.49	1.16	1.42
泾河水系 [2]	2.49	0.85	0.22	0.04
湟水水系 [3]	2.99	1.36	0.28	0.07

注：1. 工业排污绩效提高 10%；生活污水处理率 85%，COD、氨氮去除率 75%、80%；
2. 工业排污绩效提高 50%；生活污水处理率 85%，COD、氨氮去除率 75%、80%；
3. 工业排污绩效提高 20%；生活污水处理率 85%，COD、氨氮去处率 75%、60%。

5.3.2　内陆河水环境受损严重，缺乏水环境承载能力

内陆河流域水资源过度开发、水资源消耗向干流中游集中，加剧了河流化学污染程度，导致下游河道流程变短、断流，河流水环境自净能力大幅降低，甚至完全丧失。

内陆河流域河流受损相对较严重。河流水环境受损程度分级及内陆河流域河流受损状态评估见表 2-30 和表 2-31。

石羊河受人类活动影响最大，水资源过度开发利用，大部分河段来水不能维持生态环境所需的最小径流量，已丧失河道基本功能。河流污染严重，防治困难，可修复性极难。水磨河开发利用率过高，水质复合污染严重，可修复性极难。

山丹河、金川河、石油河、玛纳斯河和乌鲁木齐河水资源过度开发，出现不同程度的断流，总体受损程度为重度，可修复难度大。

表 2-30　河流水环境受损程度分级

影响程度	未受损或轻微受损	轻度受损	中度受损	重度受损	严重受损
可修复性	易	较易	中等	难	极难
分值	90 ～ 100	80 ～ 90	60 ～ 80	40 ～ 60	0 ～ 40

表 2-31 内陆河流域河流受损状态评估

水体物理状况得分		河流水文情势评价			化学状况评价			综合评价		
		物理受损	水资源利用率得分	水文情势综合得分	化学现状评价得分	水质受损程度	综合得分	受损程度	可修复性	
黑河水系	黑河干流	70	流量减少，地下水漏斗区扩大，形成新地下水漏斗区	52	61	99.2	未受损	76	中度	中等
	山丹河	65	间歇性断流	52	59	34.4	重度受损	49	重度	难
	北大河	65	间歇性断流	0	33	100	未受损	60	中度	中等
石羊河水系	石羊河	30	下游断流，河道束窄严重，大部分河段丧失基本功能	0	15	56.1	中度受损	31	严重	极难
	金川河	30	永昌县南泉、北泉及北海子大部分泉眼干涸，泉水断流	0	15	100	未受损	49	重度	难
疏勒河水系	党河	80	下游流量减少，月牙泉水位下降	35	58	100	未受损	75	中度	中等
	疏勒河	90	下游流量减少	35	63	100	未受损	78	中度	中等
	哈勒腾河	95	流量较稳定	35	65	100	未受损	79	中度	中等
	石油河	65	间歇性断流	35	50	52.4	中度受损	51	重度	难
格尔木诸河	格尔木西河	95	流量较稳定	35	65	78.4	轻度受损	70	中度	中等
	格尔木东河	75	流量减少、偶有断流	100	88	94.2	未受损	90	轻微	易
	那棱格勒河	90	下游流量减少	100	95	99	未受损	97	轻微	易
巴音郭勒河		90	下游水量减少	68	79	100	未受损	87	轻度	较易
艾比湖水系	奎屯河	30	下游断流，中下游修建水库，至20世纪70年代末已没有水输入艾比湖，近年湖区湿地有所恢复	86	58	84.4	未受损	69	中度	中等
天山北麓中段	玛纳斯河	30	下游断流，生态平衡遭到极大的破坏	0	15	81.8	未受损	42	重度	难
	水磨河	95	水量较稳定	0	48	25	重度受损	39	严重	极难
	乌鲁木齐河	70	水库截水和干渠引流，枯水期基本干涸，平水期流量小	0	35	71.5	轻度受损	50	重度	难
吐哈盆地	白杨河	70	水量减少，下游艾丁湖基本干涸	0	35	100	未受损	61	中度	中等
伊犁河谷	伊犁河	65	水资源不合理利用，部分河段河滩裸露	97	81	75	轻度受损	79	中度	中等

5.4 大气环境承载力分析

5.4.1 大气环境容量

采用A值法测算，西北三省（区）SO_2环境容量411.3万t，NO_x环境容量384.9万t，见表2-32。

2010年西北三省（区）SO_2、NO_x排放总量分别为128.4万t、100.6万t，总体处于大气环境容量安全状态；剩余容量约占环境容量的70%。

重点区域SO_2环境容量231.3万t，NO_x环境容量201.4万t，2010年SO_2、NO_x排放总量分别为100.6万t、76.2万t，剩余容量占环境容量的55%～60%。

表2-32 西北三省（区）大气环境容量与剩余容量 单位：万t/a

区域	环境容量		2010年排放量		剩余容量	
	SO_2	NO_x	SO_2	NO_x	SO_2	NO_x
西北三省（区）	411.25	384.89	128.37	100.56	282.88	284.33
甘肃省	111.08	105.68	55.18	29.18	55.90	76.50
青海省	85.26	68.79	14.34	11.01	70.92	57.78
新疆维吾尔自治区	214.91	210.32	58.85	60.37	156.06	149.95
三省（区）重点区域	231.32	201.38	100.58	76.15	130.74	125.23
甘肃重点区域	81.56	69.10	48.14	24.48	33.42	44.62
青海重点区域	59.24	45.66	11.77	9.20	47.47	36.46
新疆重点区域	90.52	86.62	40.67	42.47	49.85	44.15

5.4.2 重点城市大气环境承载压力处于预警区域

（1）局部地区大气环境超载

采用大气环境承载率指数（AELRI）表征大气环境承载状态。大气环境承载率指数即大气污染物排放量与大气环境容量的比值，见表2-33。

表2-33 区域大气环境承载率分级

级别	AELRI	承载能力	预警调控分类	发展对策
1	＜0.7	有较大的环境承载能力	优先发展	—
2	0.7～0.8	尚有一定的环境承载能力	适度发展	增产不增污
3	0.8～1.0	环境承载力已趋于饱和	优化发展	增产减污，1.5～2.0倍减排替代
4	＞1.0	已超过环境承载能力	控制发展	增产减污，2.0倍以上减排替代

西北三省（区）总体上大气环境承载力压力不大，大部分城市均有较多剩余环境容量。目前，大气环境承载力趋于饱和或超载局限在少数城市。嘉峪关SO_2和NO_x、白银SO_2、乌鲁木齐NO_x已接近承载力；金昌、兰州SO_2超载（见图2-74）。

（2）NO_x成为大气环境主要超载因子

按行业现有技术水平测算，"十二五"时期化工、火电、有色冶炼等高载能产业的发展，将导致区域大气污染物排放总量增加，尤其是NO_x排放总量增幅显著。

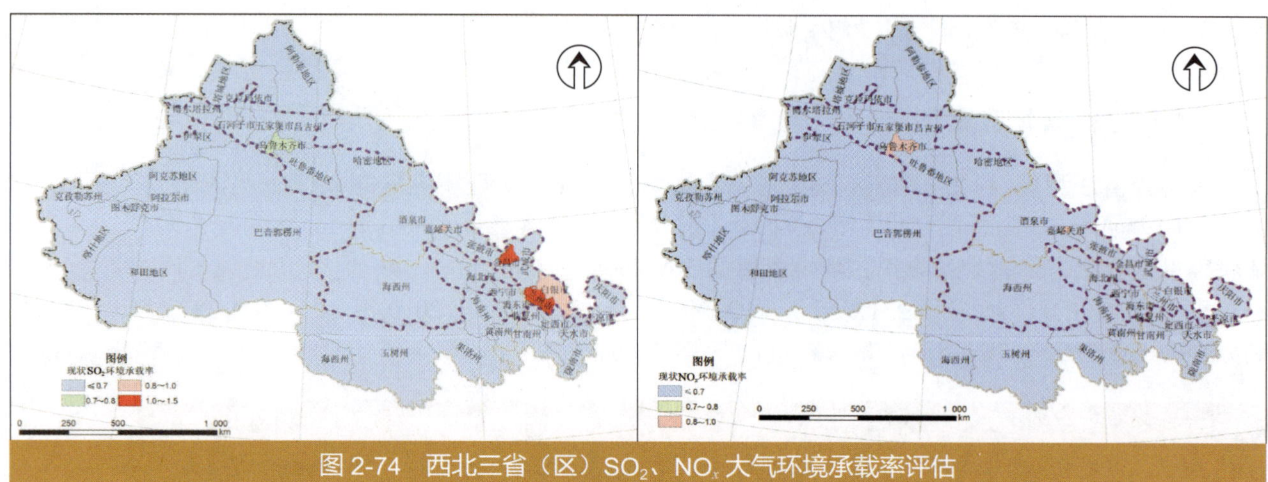

图 2-74 西北三省（区）SO_2、NO_x 大气环境承载率评估

表 2-34 西北三省（区）大气环境综合承载率评价

省区	地区	2010 年环境承载率		2015 年环境承载率		2020 年环境承载率	
		SO_2	NO_x	SO_2	NO_x	SO_2	NO_x
甘肃	兰州	1.01	0.67	0.57	0.85	0.57	0.85
	白银	0.87	0.61	0.57	0.39	0.57	0.39
	金昌	1.19	0.63	0.79	0.60	0.79	0.60
	武威	0.53	0.22	0.90	0.55	0.90	0.55
	酒泉	0.25	0.10	0.51	0.65	0.59	0.76
	嘉峪关	0.89	0.93	0.25	0.82	0.25	0.82
	张掖	0.38	0.20	0.33	0.36	0.33	0.36
	平凉	0.46	0.44	0.81	1.10	0.98	1.43
	庆阳	0.09	0.04	0.71	0.67	0.98	0.94
青海	西宁	0.47	0.44	0.33	0.31	0.41	0.39
	海西州	0.08	0.10	0.15	0.36	0.26	0.65
新疆	乌鲁木齐	0.71	0.93	0.53	0.62	0.53	0.62
	昌吉州	0.45	0.49	0.95	1.19	1.09	1.34
	吐鲁番	0.18	0.22	0.29	0.53	0.33	0.62
	哈密	0.39	0.24	0.70	1.04	0.86	1.34
	石河子	0.63	0.71	0.96	1.49	0.97	1.57
	克拉玛依	0.32	0.37	0.21	0.21	0.23	0.21
	伊犁	0.21	0.25	0.70	0.93	0.98	1.32
西北三省（区）合计		0.31	0.21	0.35	0.40	0.40	0.48

随着工业集聚、园区化发展，以及新兴重化产业基地布局，区域 SO_2、NO_x 排放量的空间分布变化较大。重点产业发展带来的大气承载状态的变化见表 2-34。

未来十年，预计重点区域将有约 1/3 的地市级城市的 NO_x 环境承载能力处于超载状态，主要超载城市有平凉、昌吉、哈密、石河子、伊犁五个城市。

2015 年，各地市级城市的 SO_2 环境承载均未超载，“十二五”时期将实现区域 SO_2 环境空气质量改善的目标。未来十年，现状 SO_2 超载严重的兰州、金昌等城市环境承载率均有所降低，处于 SO_2 环境承载不超载状态。

大气环境容量超载和承载率接近临界值的地区，要重点实施优化产业布局，调整产业结构，加强大气污染物“工程减排”。

5.5　区域生态安全的空间约束

5.5.1　区域生态安全格局

在国家生态安全战略层面上，西北三省（区）担负保护和建设“三江源”、甘南黄河和“两江一水”水源涵养和补给功能，保障长江、黄河、澜沧江上游源区生态安全的历史使命；担负欧亚大陆桥（包括西部油气能源通道）沿线防风固沙屏障建设和保护、维护国家能源安全的艰巨重任。在区域生态安全战略层面上，需要加强天山、阿尔泰山和祁连山山地水源涵养和生物多样性功能保护和建设，需要遏制艾比湖流域风沙危害加剧、维护玛纳斯湖湿地阻挡风沙东进和阻止古尔班通古特沙漠南侵的功能、阻止准噶尔南缘土地沙化和荒漠化加剧、阻止石羊河下游巴丹吉林沙漠和腾格里沙漠合拢南下，保障内陆河绿洲稳定，改善人居生存环境空间。

（1）区域生态敏感性与重要性评估

沙漠化敏感性评估分区。西北地区沙漠化极敏感区主要分布在准噶尔盆地、塔克拉玛干沙漠边缘、吐鲁番盆地、巴丹吉林沙漠和腾格里沙漠边缘、柴达木盆地北部等地。沙漠化高度敏感区包括天山南脉至塔里木河冲洪积平原、古尔班通古特沙漠南部、疏勒河北部、柴达木盆地南部。重点地区沙漠化极敏感区分布于河西经济区的金昌和武威地区、柴达木盆地和河西走廊的交界地带、天山北坡昌吉州北部地区，高度沙漠化敏感区主要分布在柴达木盆地东部，见表 2-35。

水土流失敏感性评估。西北三省（区）水土流失极敏感区和高度敏感区主要分布在秦巴山地、黄土高原。在重点地区中，甘肃陇东南水土流失严重，基本上处于水土流失极敏感地区，兰州—白银地区东部处于水土流失极敏感和高度敏感区域，见表 2-35。

表 2-35　西北三省（区）生态极敏感和高度敏感区统计

生态敏感性	分级	西北三省（区）		重点地区	
		面积 / 万 km^2	比例 /%	面积 / 万 km^2	比例 /%
沙漠敏感性	极敏感	10.1	6.7	6.1	6.9
	高度敏感	18.3	7.4	8.2	9.3
水土流失敏感性	高度敏感	3.45	1.25	0.91	1.02
	极敏感	9.64	3.50	3.21	3.61

水源涵养重要性评估。西北三省（区）的水源涵养重要区和极重要区主要集中分布在青海三江源地区、阿尔泰山脉、天山山脉、昆仑山脉西段和祁连山脉。在重点地区中，水源涵养重要区和极重要区主要集中分布在天山山脉和祁连山山脉。重点区水源涵养重要区和极重要区的面积占国土面积的 22.5%，见表 2-36。

表 2-36 西北三省（区）生态功能极重要和重要区统计

生态功能重要性	分级	西北三省（区）		重点地区	
		面积 / 万 km²	比例 /%	面积 / 万 km²	比例 /%
水源涵养重要性	极重要区	38.53	14.0	3.38	3.8
	重要区	57.68	21.0	16.49	18.6
防风固沙重要性	极重要区	21.65	7.9	9.0	10.2
	重要区	15.05	5.5	9.70	11.0
生物多样性保护重要性	极重要区	3.73	1.4	0.0	0.0
	重要区	70.23	25.5	18.09	20.5

图 2-75 西北三省（区）生态安全格局构建

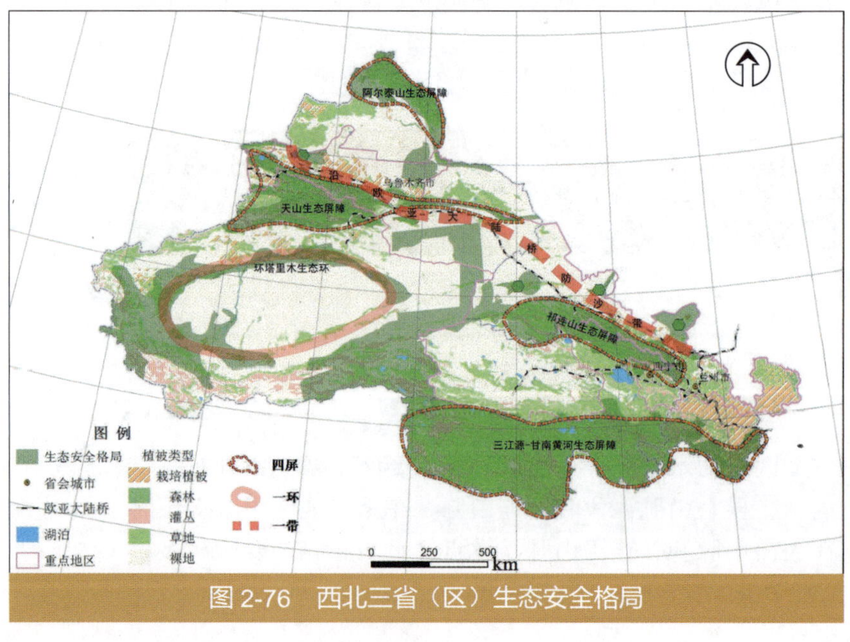

图 2-76 西北三省（区）生态安全格局

防风固沙重要性评估。西北地区的防风固沙极重要区和重要区占国土面积约 13.4%，主要集中分布在河西走廊、天山北坡、环塔里木盆地及柴达木盆地周边等区域。在重点地区中，防风固沙极重要区和重要区面积占其国土面积的 21.2%，主要集中分布在河西走廊、天山北坡和柴达木盆地周边地区。

生物多样性保护重要性评估。西北地区的生物多样性保护极重要区和重要区主要集中分布在三江源、阿尔金山、祁连山、柴达木盆地南缘的昆仑山及陇东南的西秦岭等地区。在重点地区中，生物多样性保护重要区面积为 18.09 万 km²，占重点地区国土面积的 20.5%，主要集中分布在祁连山和柴达木盆地周边地区，没有生物多样性保护的极重要区。

（2）"四屏一环一带" 区域生态安全格局

根据现状生态环境服务功能评估以及生态安全在保障经济社会可持续发展中战略地位，西北三省（区）需要构建"四屏一环一带" 的区域生态安全格局（见图 2-75、图 2-76）。

“四屏”：指阿尔泰山、天山、祁连山和三江源—甘南黄河四个生态安全屏障，主要生态功能为水源涵养。

“一环”：指环塔克拉玛干生态环，主要生态功能为防风固沙，由塔里木河防风固沙、水源涵养和土壤保持生态屏障和阿尔金山防风固沙、生物多样性保护和土壤保持屏障两部分组成。

“一带”：指沿亚欧大陆桥带，西起阿拉山口东至河西走廊的防风固沙带，也是人口集中分布、产业聚集发展的人工绿洲集中分布带。“一带”串联艾比湖、疏勒河下游、黑河中游、石羊河下游等关键生态节点。

5.5.2　区域生态安全的空间管控

区域生态安全的空间管控基本目标是实现“三不”：保障自然保护区面积不减少、天然林面积不减少、天然湿地不萎缩。

严格自然保护区的保护要求，提升各类自然保护区的管护水平；加强山地森林和林草交错带抚育、管护，控制山地森林林线上升；加强水资源合理配置和统一管理，逐步弥补生态用水，保障重要湿地和在内陆河干旱区继续实施退耕还林还草，严格限制垦荒，遏制耕地向荒漠边缘延伸。

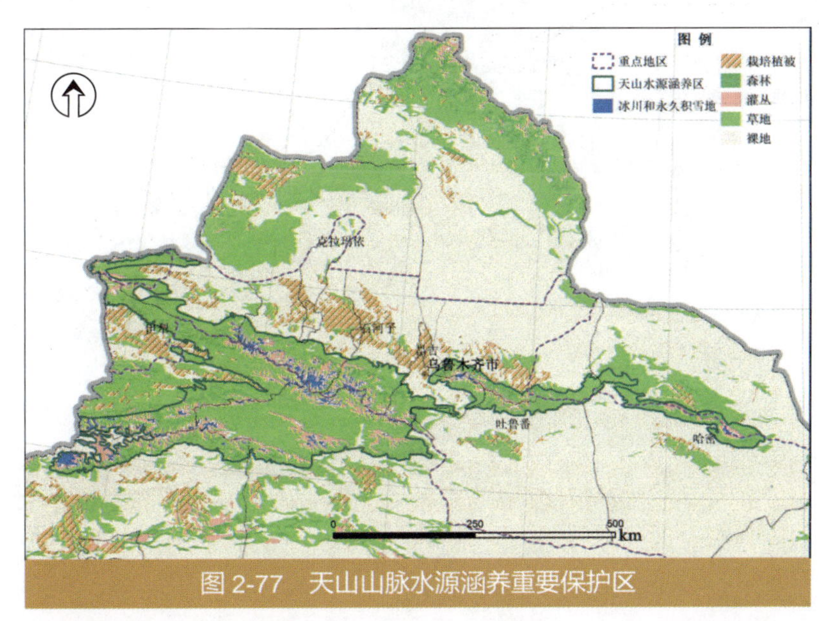

图 2-77　天山山脉水源涵养重要保护区

(1)“储水于山”，将水源涵养重要区保护置于最优先位置

加强天山山地水源涵养重要区保护。天山水源涵养功能保护与阿尔泰山水源涵养生态功能区、祁连山冰川与水源涵养生态功能区同等重要，建议将其纳入国家生态保护战略；建议在《新疆维吾尔自治区生态环境功能区划》中划定的天山山地水源涵养区保护面积基础上，增加以林草交错带为主的水源涵养保护面积 3.7 万 km^2，加强伊犁河流域、天山北坡、天山南坡、东天山林草交错带的保护，阻止山地林线上升（见图 2-77）。

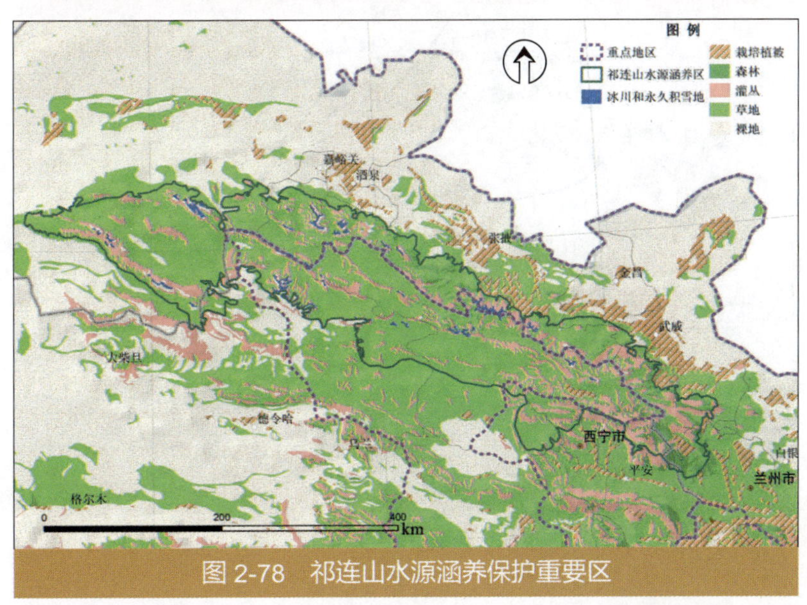

图 2-78　祁连山水源涵养保护重要区

加强祁连山水源涵养功能重要区的保护。建议增加以林草交错带为主的水源涵养保护面积 0.23 万 km^2，将祁连山水源涵养功能区的面积扩大至 8.23 万 km^2（见图 2-78）。

天山（含伊犁河上游）、祁连山（含大通河源区）的采矿和放牧必须服从于水源涵养功能保护。加快天山和祁连山煤矿、有色金属矿、铁矿等矿山整合与关闭，降低矿产资源开发强度、压缩矿产开采分布空间；通过以草定畜、山区生态移民等，逐步收缩山区畜牧业和人类活动干扰强度；有序发展生态旅游和生态畜牧业。

（2）“涵水于漠”，提升绿洲与荒漠过渡带的防风固沙功能

提升天山北坡与柴达木盆地绿洲与荒漠过渡带的防风固沙功能。将天山北坡与柴达木盆地绿洲与荒漠过渡带纳入防风固沙带建设，与国家生态安全格局中的北方防风固沙带有机结合，构成天山北坡—吐哈盆地—河西走廊防风固沙带防风固沙格局（见图 2-79）。

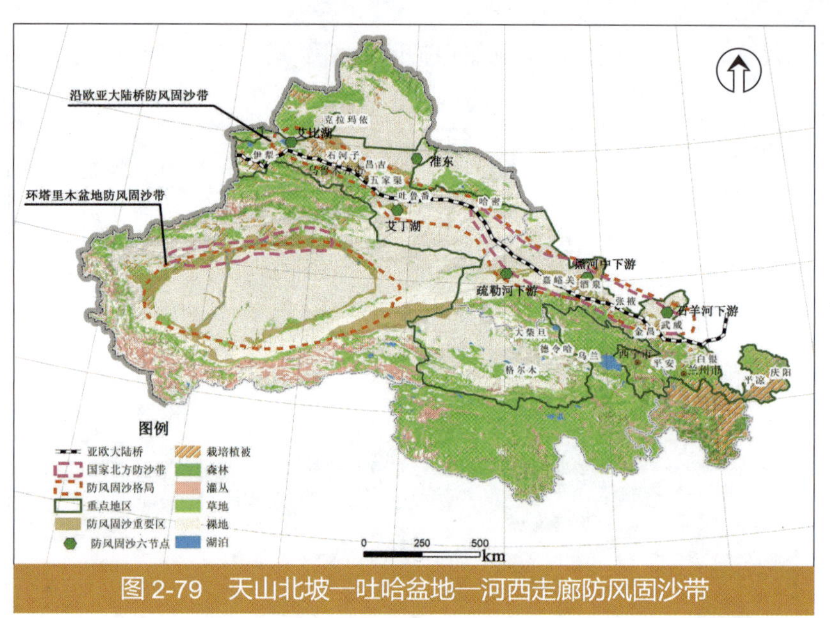

图 2-79　天山北坡—吐哈盆地—河西走廊防风固沙带

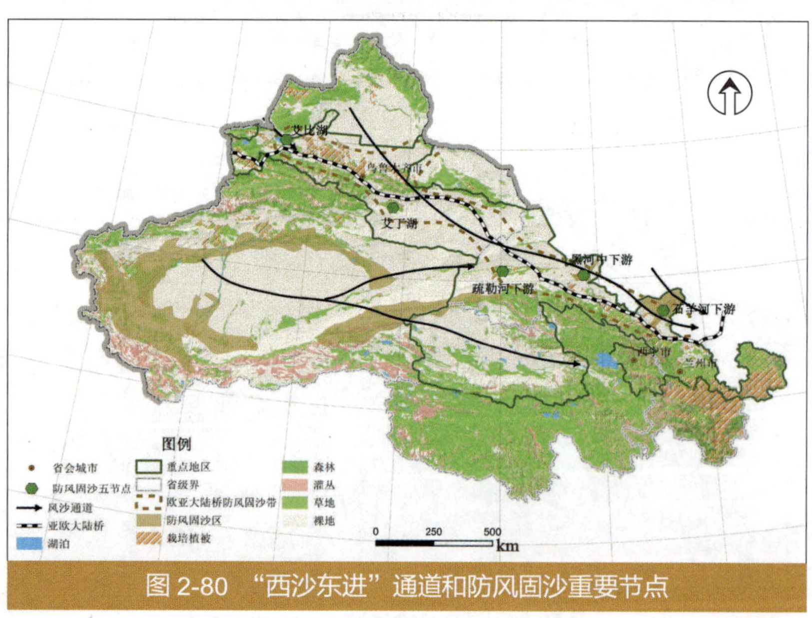

图 2-80　“西沙东进”通道和防风固沙重要节点

“防风固沙带”中的艾比湖、疏勒河下游、黑河中下游和石羊河下游处于“西沙东进”三大通道，是防风固沙较为薄弱环节，也是防风固沙功能保护和建设的关键地区（见图 2-80）。

建议实施防风固沙生态保护优先战略，科学合理配置艾比湖流域、玛纳斯河流域、疏勒河流域、黑河流域和石羊河流域的水资源开发利用和土地资源开发，保障尾闾湖泊湿地生态用水。

艾比湖流域近期通过控制耕地增长，发展现代节水灌溉农业，实现入湖水量不减少或略有增加，中远期通过跨流域引水战略，实施生态补水。玛纳斯河流域要强化水资源统一管理，合理配置水资源，限制地下水超采，保障玛纳斯河中下游河水畅流，不间断地对流域中游湿地和下游玛纳斯湖进行生态补水；黑河流域优先保证正义峡下泄水量，实现居延海生态持续恢复；石羊河流域合理配置中下游水资源，优先保证蔡旗断面下泄流量，严格限制地下水超采，实现民勤绿洲面积稳定。

6　发展战略的主要环境影响与风险

6.1　水环境影响风险分析

6.1.1　水环境风险的空间分布特征

黄河流域的水环境风险主要集中在以西宁为中心的沿湟经济带，一方面大通河引水战略实施将导致湟水河下游天然径流过程显著变化和径流总量下降；另一方面，人口集聚、工业高速增长将导致区域用水量和湟水河的纳污水量明显增加，湟水河中下游存在水环境质量明显下降的风险；湟水河年径流量占黄河年径流量 10% 左右，湟水河入黄河后对黄河水质的影响较小，黄河流域上游地区水环境质量下降的风险局限在湟水河流域。

伊犁河流域存在水环境质量面临急剧下降的风险。水环境质量风险主要来源于三个方面：一是农业用水快速增加，区域水资源开发利用将达到 40% 以上；二是艾比湖生态恢复依赖于从伊犁河引水；三是国家重要的煤炭能源基地布局战略，将激发以煤化工为重点的高耗水重污染产业发展热潮。国家粮食安全后备基地战略、伊犁河引水改善艾比湖流域生态环境战略、国家煤炭基地和煤炭资源综合利用战略的协调极其重要。

内陆河的水环境风险集中在天山北麓中段诸河流域和河西三大流域。天山北麓中段诸河流域主要是水资源严重超载、河流物理受损以及持久性有机污染物和重金属污染物加剧，在河西三大流域表现为水资源严重超载和主要河流物理受损。

6.1.2　黄河流域水环境风险

在黄河流域兰—西—格重点经济区水污染压力主要表现在西宁河湟谷地。水环境风险主要来自大通河引水战略导致湟水河下游自净能力下降，水污染负荷增加和水污染复杂化。

湟水河（西宁段）的多年平均流量在 13 亿 m^3，受生活、工业排水影响水质明显变差。大通河是湟水河第一大支流，多年平均 28 亿 m^3 水量。按照区域水资源配置战略，在大通河上游建设一批引水工程，约 18 亿 m^3 的水将调出湟水河流域，大通河对湟水河的水污染稀释能力明显降低。

实施大通河引水，湟水河汇入黄河流量降低为 21 亿 m^3，占黄河年径流量 10% 左右。在湟水河保持在Ⅴ类水质的情况下，对黄河干流的影响依然较小，引水导致的水环境质量下降的风险局限在湟水河流域。

水污染负荷预测显示，人口集聚和工业快速增长，“十二五”时期西宁河湟谷地工业水污染负荷仍呈增加趋势，生活污水氨氮排放较 2010 年有所增加，水环境压力增大。

湟水河是青海省重点治理的河流，对水污染和历史遗留铬渣重金属污染的治理对水质有一定改善。“十一五”期间新扩建一批有色金属冶炼、多晶硅、氯碱化工、煤焦化等项目，“十二五”期间冶金、化工、生物制药、纺织等产业快速发展，将带来持久性有机物水污染和重金属污染风险等问题，对沿湟持久性有机污染物、重金属、危险化学品等的污染防控压力增大。

湟水河流域的水污染治理仍将是青海省环保工作的重点，需要加强实施水污染治理工程，加大水环境风险防范管理力度；在“十二五”期间尤其要加强市政和工业园区污水处理设施建设，以及现有污水处理设施进行提标改造，解决氮、磷去除问题。

6.1.3 伊犁河流域存在战略性水环境风险

伊犁河流域面临水资源开发超出安全警戒线、水环境质量面临急剧下降的风险。风险来源于农业需水快速增加、伊犁河流域向外生态补水导致流域水资源可利用量减少、以煤炭能源转化为重点的高耗水重污染产业快速发展的三大影响效应叠加。

未来十年伊犁河流域需水量呈增加态势，伊犁河谷地区作为新疆水土开发的重点地区，国家粮食安全后备基地，预计 2020 年耕地面积达到 90 万 hm^2，农业用水量将增加 30 亿 m^3 左右。2020 年伊犁河流域全社会需水总量比 2010 年增长 81.2%，需水总量将占全流域水资源总量的 43% 左右。按照艾比湖流域生态综合整治战略，将通过伊犁河流域引水弥补艾比湖生态需水，恢复艾比湖水面 800 km^2，2020 年引水总量将可能占伊犁河流域水资源总量 6% 左右。2020 年伊犁河流域水资源开发利用率达到 50% 左右，超出流域水资源开发安全警戒线。按照国际经验判断，2010—2020 年，伊犁河流域进入用水紧张阶段，2020 年以后水资源可能成为经济发展的重要制约因素，需要制定对策措施预防用水需求急剧增长态势。

伊犁河谷煤、水组合条件好，是西北地区最具有煤化工发展优势的地区，也是我国战略布局的重要现代煤化工基地。

煤化工生产涉及易燃易爆有毒有害物质种类多，数量大；煤化工废水成分复杂，含氨、硫、氰等数十种无机物，以及酚、芳烃、联苯等多种毒性大、难降解的有机化合物。现代煤化工正处于技术成熟度不高、运行不稳定阶段，无序布局、盲目发展将带来产业安全、环境污染等一系列问题，“现代煤化工示范区”可能演变成“煤化工试验区”，煤化工循环经济产业体系建设将受阻，废水处理和固体废物处理面临难题。与水资源开发利用超出安全警戒线叠加，水环境质量存在急剧下降的风险。伊犁河水环境敏感，水质要求高，需要主动采取对策措施，管理控制风险。

图 2-81 西北三省（区）潜在的流域水环境风险特征

伊犁河流域现状农业灌溉用水有效利用系数 0.39，2020 年达到 0.47，与全疆平均水平相比滞后 10 年。必须加快节水灌溉设施建设，与全疆节水灌溉水平同步提高。“十二五”时期，伊犁河谷现代煤化工发展应遵循“煤制气先行、园区化布局、有序发展”

的策略，优先布局发展技术工艺成熟的“煤制气”现代煤化工，防止煤化工盲目发展。

6.1.4　内陆河干旱区河流受损严重，河流健康状况继续恶化

在内陆河流域，维护生态安全需要恢复或重建“储水于山”“流水于洲”“涵水于漠”的河流健康体系。现阶段，内陆河流域河流健康的现实目标是“四不”，即河道不退缩、地下水位不持续下降、水质不超标、天然绿洲不萎缩。内陆河流域河流健康状况基本指标见表 2-37。

表 2-37　内陆河流域河流健康状况基本指标

指标项	判断标准
河道不退缩	上游河道保持天然径流过程，中游河道基本不断流，下游河道季节性通水
地下水位不持续下降	下游地区地下水位埋深应在 2 ～ 5 m；中游地下水开采控制在合理规模，维持中游生态绿洲必需的地下水位
水质不超标	实现水环境功能区划目标要求；持久性有机污染物和重金属污染物的累积效应不显著
天然绿洲不萎缩	上游山区森林面积不减少，草场不退化；基本保持中游天然绿洲面积；恢复和保护下游绿洲

内陆河流域由于上游山区水库、山前水库控制，以及人工绿洲城市和农业灌溉大量用水，致使内陆河河流流程不断缩短，河流中下游河道处于干涸或间歇断流状态，大部分河流受损状态中度以上，基本丧失了河流自然净化污染物的能力。

以“河道不退缩”“地下水位不持续下降”“水质不超标”“天然绿洲不萎缩”指标综合判断，在没有大规模的跨流域引水工程支撑的条件下，未来十年，内陆河干旱区主要河流健康状况将继续恶化。石羊河主要表现为大部分河段来水不能维持生态环境所需的最小径流量，河流污染严重，地下水位持续下降；玛纳斯河和乌鲁木齐河主要表现为水资源持续过度开发，河流断流状况不会明显改善。

内陆河流域的水污染风险主要表现在工业废水污染物的复杂化、废水排放去向的多样化。

内陆河流域工业废水的排放去向多元化，包括河流、污水库、渗坑、荒漠等。直接或间接排入地表水体的工业废水量占总废水量的比例相对比较低，据不完全统计，河西走廊占 21%，玛纳斯河流域占 49%，天山北坡中段占 35%，吐哈盆地占 33%（见表 2-38）。

表 2-38　内陆河流域工业废水不同去向的比例统计　单位：%

地区	地表水体		进入其他单位	直接进入灌渠	进入地渗或蒸发地	去向不详
	直接	间接				
河西内陆河流域	17	4	—	2	39	38
柴达木诸河	—	2.9	37.6	—	37.8	21.7
玛纳斯河流域	34	15	6	—	34	11
天山北坡中段诸小河	21	14	3	2	52	8
吐哈盆地诸河	0	33	—	0	57	10

工业废水排放的环境影响多样化，难以阻断持久性有机污染物和重金属在土壤和生物中的累积途径，存在现实的水环境污染和潜在累积性环境风险。

污水库是隔离避让自然水体，保护河流及尾闾湖泊不受污染的一种方式，但受到各种复杂因素影响也会存在一定的环境风险。在人工绿洲面积不断扩大的地区，原有的一些污水库，

以及排污管末端的荒漠（或渗坑）已处于新的绿洲边缘，持久性有机污染物和重金属的累积影响因土地利用方式的不同逐渐显现出来。应加强污水深度处理与回用，减少污水库存放压力及对野生动物、鸟类的影响。

山前地带的资源采、冶过程排放的污染物通过山谷小溪入渗进入地下水（“山前地下水库”），直接进入供水水源地，或是随地下水向下游输移，到达人工绿洲后可能进入供水水源地。

在目前水资源开发利用模式下，地表水灌溉、地下水开采等增强地下水循环的影响，加剧地表水、地下水的频繁转化，水污染物迁移进入土壤和生物累积的效应增强。

在人工绿洲城市和工业污水排入天然河道后，一般在到达河流尾闾之前，或是潜入地下水，或是被引入灌溉渠系，少量污水进入河流尾闾湿地。水污染物的环境归宿或是随地下水出露进入地表水经渠灌进入农田土壤，或是随井灌用水进入农田土壤。

在以资源型产业发展为主导的工业化进程中，工业废水污染物组分将进一步复杂化，持久性有机污染和重金属污染将成为重要防控对象。

在加强城市生活污水和工业废水深度处理和回用基础上，明确废水用途，需要将城市生活污水、工业废水与天然河流水体适当隔离，降低水环境风险。

6.2 大气环境风险分析

6.2.1 二氧化硫和氮氧化物污染依然是主要环境问题

未来 5 ～ 10 年，石油化工、煤化工、火电、有色冶炼等产业将快速发展，区域能源消费结构依然以煤炭为主，预计 2015 年西北三省（区）能源消耗总量将比 2010 年分别增长 41%。

按现有大气污染物排放绩效水平，2020 年西北三省（区）重点产业产能发展情景下的主要大气污染物 SO_2 和 NO_x 排放总量将增加，大气环境承载力利用率有不同幅度提高（见表 2-39）。

参照表 2-33 区域大气环境承载率分级，2020 年西北三省（区）重点区域 SO_2 环境承载力处于有较大富余状态；新疆重点区域 NO_x 环境承载力趋于饱和，甘肃重点区域处于尚有一定富余状态，青海重点区域处于较大富余状态。

表 2-39 西北三省（区）大气环境承载力利用水平 单位：%

地区		SO_2 环境承载率			NO_x 环境承载率		
2010 年		2015 年	2020 年	2010 年	2015 年	2020 年	
甘肃		49	52	57	27	47	54
青海		16	16	21	16	21	33
新疆		27	34	35	29	43	50
重点区域	甘肃	59.0	62.9	70.6	35.4	66.9	77.7
	青海	19.9	23.6	34.8	20.1	38.0	62.1
	新疆	44.9	57.6	63.7	49.0	80.3	90.4

在地市级以上城市尺度，2020 年 NO_x 承载力超载城市个数超过 28%，平凉、昌吉、哈密、伊犁、石河子等城市均将出现超载，城市大气污染控制任务艰巨。

采用 CAMx 模型进行环境空气质量预测（图 2-82 和 2-83）。在区域尺度上，2015 年不同地区 SO_2 浓度值有增有减；与 2010 年相比，2015 年 SO_2 年均浓度净增加地区分布在天山北坡中部、西部和陇东地区，净增加量达到 10 ～ 20 μg/m³；SO_2 年均浓度净削减峰值区主要集中在兰白、金昌和乌鲁木齐，净削减量达到 15 ～ 30 μg/m³。

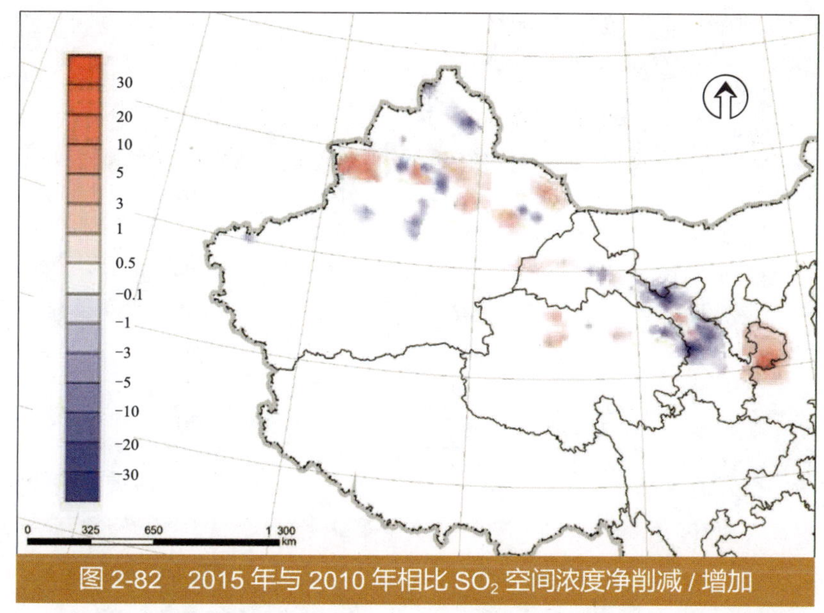

图 2-82　2015 年与 2010 年相比 SO_2 空间浓度净削减 / 增加

2015 年，NO_2 年均浓度总体上呈大面积片状增加、局部点状减小态势。NO_2 年均浓度净增加地区主要分布在天山北坡经济带、河西走廊地带、陇东，其中，伊犁净增量 40 μg/m³ 以上；武威增量超过 10 μg/m³ 以上，与平庆交界地带净增量 40 μg/m³ 以上。

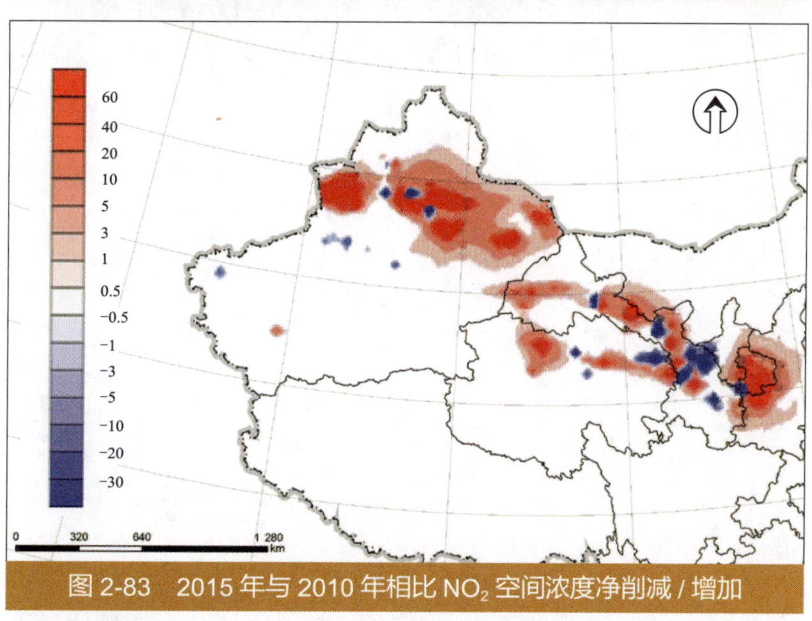

图 2-83　2015 年与 2010 年相比 NO_2 空间浓度净削减 / 增加

在地市级以上城市尺度，未来十年，乌鲁木齐、兰州、金昌 SO_2 环境空气质量将有一定程度改善，其他城市 SO_2 环境空气质量将有所降低。超标城市局限在乌鲁木齐、昌吉和伊犁。2015 年 SO_2 浓度超标城市有昌吉和乌鲁木齐，超标 3.3%、7%；2020 年 SO_2 浓度超标城市有昌吉、伊犁和乌鲁木齐，分别超标 13.7%、11% 和 9.3%，具体见表 2-40。

现状 SO_2 污染相对较轻的昌吉、石河子、伊宁、酒泉和庆阳地区在 2015 年、2020 年火电装机容量将达到 4 000 万～ 7 000 万 kW，导致 SO_2 年均浓度均有大幅升高，其中，昌吉、伊宁未来将出现超标，石河子、酒泉和庆阳 SO_2 年均浓度均接近饱和，占标率升至约 90%。

未来十年，大部分城市 NO_2 环境空气质量均处于下降状态。2015 年，NO_2 浓度超标城市有兰州、平凉、昌吉、哈密、伊宁、石河子和乌鲁木齐，兰州市 NO_2 超标 17.9%，其他城市超标 30% 以上。2020 年，NO_2 超标城市包括兰州、平凉、昌吉、哈密、伊犁、石河子和乌鲁木齐，其中，兰州市超标 18.3%，其他城市超标 53% ～ 96%、NO_2 超标污染加剧，具体见表 2-41。

表 2-40　2015—2020 年 SO_2 年均浓度占标率 80% 以上城市年均浓度变化　单位：%

城市	相对现状增长率		占新标准限值百分率		
	2015 年	2020 年	2010 年	2015 年	2020 年
乌鲁木齐	–28	–26	148	107	109
昌吉	38	52	75	103	114
石河子	53	58	55	84	87
伊宁	16	62	68	79	111
兰州	–49	–48	95	49	49
金昌	–39	–39	122	74	74
酒泉	35	55	57	76	88
庆阳	91	132	38	73	89

表 2-41　2015—2020 年 NO_2 年均浓度占标率 80% 以上城市年均浓度变化　单位：%

城市	相对现状增长率		占新标准限值百分率		
	2015 年	2020 年	2010 年	2015 年	2020 年
乌鲁木齐	–6	–4	168	157	160
昌吉	35	46	110	148	161
石河子	64	75	80	132	140
克拉玛依	–49	–48	83	42	43
吐鲁番	55	82	45	70	82
哈密	191	274	53	153	196
伊宁	34	88	98	130	183
兰州	–2	–1	120	118	118
武威	27	29	68	86	87
平凉	129	193	60	137	176
庆阳	77	141	38	67	90

6.2.2　工业园区空间布局引发的大气污染风险

目前，西北三省（区）空间布局型的大气污染风险与人群健康风险主要来自于工业化、城市化发展在国土空间利用上的矛盾与冲突。集中表现在：

——重化工业依托城市布局发展的态势相当突出，重化工业布局呈沿城市郊区蔓延、与城市交织状布局，甚至呈现工业园区“围城”的现象；

——受地形和土地利用空间限制，部分重点城市缺乏将城市与工业园区有效分隔布局的国土空间；

——新疆生产建设兵团工业化、城市化发展布局受到现有政策制约，工业化、城市化发展的国土空间利用矛盾尖锐。

（1）乌鲁木齐—昌吉重化工业布局呈沿城市郊区蔓延、与城市交织状布局，呈现工业园区“围城”态势，将加剧城市区域大气污染风险

乌鲁木齐市、昌吉市、五家渠市同处天山北麓、准噶尔盆地南缘，地域相连，乌鲁木齐—昌吉地区东南西三面环山，北面为冲积平原，呈现喇叭形状，乌鲁木齐市位于“喇叭”的最底部，五家渠市则位于“喇叭”的开口处。冬季静风频率高达 30% 以上，最高达 38% ～ 39%；冬季接地逆温出现频率 32%，低空逆温出现频率高达 97%，接地逆温、低空逆温强度均超过 1℃ /100 m。冬季逆温层厚，不利于空气的水平、垂直运动，大气污染物不易扩散、稀释，环境容量和自净能力十分有限。

产业布局向城市边缘和近郊呈蔓延式发展。乌鲁木齐市—昌吉市—五家渠地区现布局 10 个国家级、省级工业园区，其中 8 个园区发展煤电煤化工、石油化工、氯碱化工、有色金属冶炼等重污染行业。大型工业园区基本上毗邻乌鲁木齐市布局。这些主导产业的特征污染物具有有毒有害的特性，对人群健康产生长期累积性影响。按目前的工业园区布局和主导产业发展定位，区域大气污染将从煤烟型转向复合型，人群健康风险加剧。

大气环境影响模拟分析表明（见表 2-42），乌鲁木齐、昌吉大气环境质量相互影响突出。在乌鲁木齐布局的工业污染源，若其导致大气污染物浓度升高 1.0，则昌吉大气污染物浓度升高约 1/3；在昌吉布局的工业污染源，若其导致大气污染物浓度升高 1.0，则乌鲁木齐大气污染物浓度升高约 1/5。在同等规模的大气污染源条件下，若布局在乌鲁木齐导致大气污染物浓度升高 1.0，将其布局在昌吉则导致大气污染物浓度升高约 0.35。实施乌鲁木齐—昌吉—五家渠城市群发展战略，推进乌鲁木齐重化产业布局外移，摆脱向城市近郊蔓延布局，对于改善区域大气环境质量效益十分明显。

（2）奎屯—独山子—乌苏工业园区与城市交错布局，人群健康风险突出

奎屯（含农七师及天北新区）、独山子与乌苏三地位于天山北坡经济带西段，区位优势明显，被誉为新疆经济发展的“金三角”。现状城市人口 34.63 万人，是天山北坡经济带总体规划中定位为区域中心城市。

行政管辖使“金三角”地区的经济版图割裂，缺乏协调一致的发展规划。在半径不到 20 km 的范围内，布局有总面积 147 km^2 的奎屯—独山子经济技术开发区、独山子石化工业园、乌苏化工园三个国家级石化工业园区，呈现化工园区与城市建成区交错布局的状况（见图 2-85）。

大规模发展石化园区与“金三角”区域中心城市的发展定位存在冲突。石化产业的 VOCs 以及光气、氯气、硝基苯、苯胺等有毒有害气体排放的人群健康影响突出，并可能影响

表 2-42　乌鲁木齐、昌吉大气环境质量响应关系

单位排放量 / 万 t	大气环境质量响应 / (mg/m^3)		
	乌鲁木齐	昌吉	石河子
乌鲁木齐	7.10×10^{-3}	2.24×10^{-3}	3.59×10^{-5}
昌吉	4.93×10^{-4}	2.46×10^{-3}	2.86×10^{-4}
奎屯	7.10×10^{-6}	2.24×10^{-6}	3.59×10^{-8}
石河子	1.16×10^{-4}	1.60×10^{-4}	4.38×10^{-3}

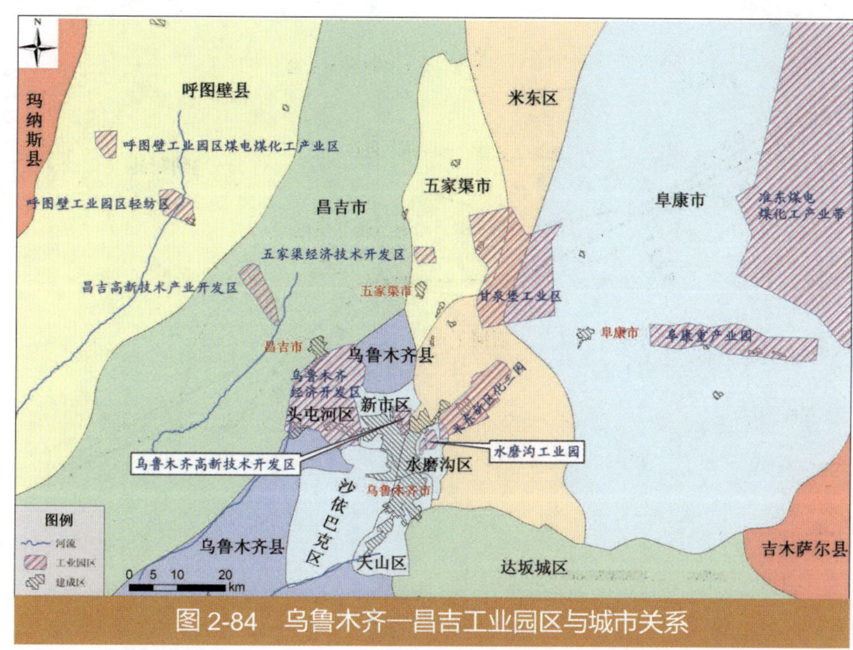

图 2-84　乌鲁木齐—昌吉工业园区与城市关系

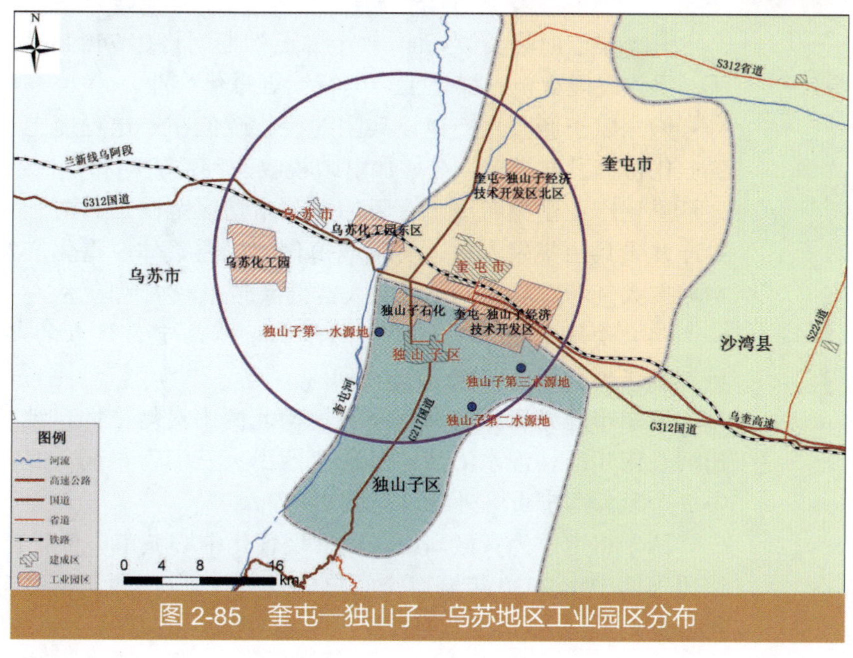

图 2-85　奎屯—独山子—乌苏地区工业园区分布

人口集聚和城市发展。亟待对石化产业布局进行统一整合，合理布局，避免与城市化发展与人群健康产生冲突。

（3）新疆生产建设兵团工业化、城市化发展空间冲突

以资源型产业为主导的工业化发展带来的污染极有可能威胁到新疆生产建设兵团城市化的发展。

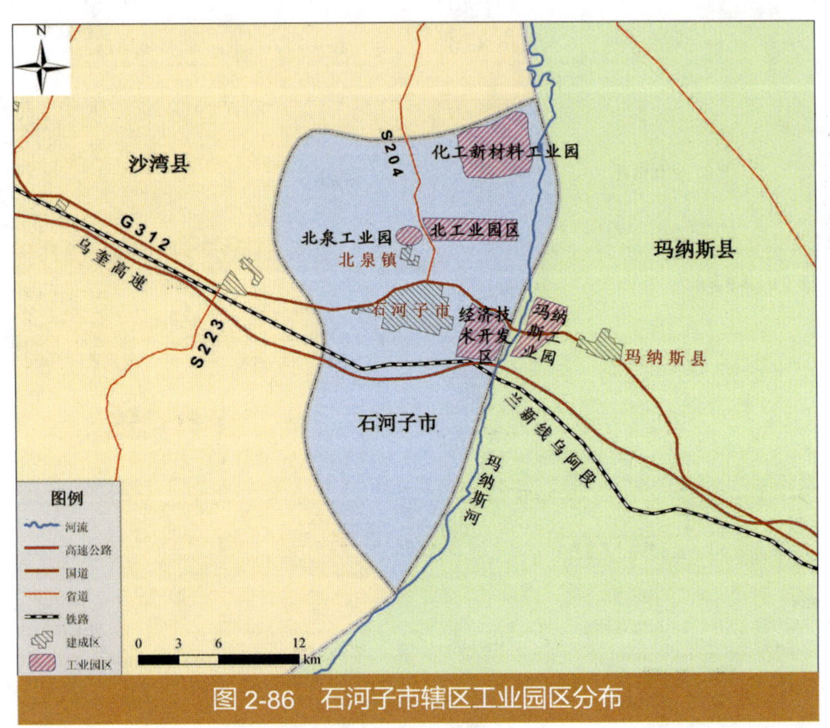

图 2-86 石河子市辖区工业园区分布

西部大开发以来，新疆生产建设兵团工业化速度明显加快，城镇建设取得一定进展，但工业化程度不高，城镇集聚产业能力较弱，与新疆维吾尔自治区工业化、城镇化发展的差距加大。未来 5 ～ 10 年，石河子市（第八师）、五家渠市（第六师）是新疆生产建设兵团工业化和城镇化的重点。

“十二五”期间，石河子市在辖区 460 km^2 土地空间将工业园区用地规模由现状的 65 km^2 扩大至 120 km^2，工业园区用地面积占到辖区面积的 1/4 以上，重点发展纺织、氯碱化工、煤化工、电解铝、多晶硅等产业（见图 2-86）。按照工业发展规模测算，SO_2、NO_x 排放量就可分别达 15.4 万 t 和 14.5 万 t，超过城市大气环境承载力。

五家渠市面临类似局面，“十二五”期间将在 740 km^2 辖区范围内布局 76.3 km^2 的工业园区，重点发展火电、煤化工、电解铝等重化产业。

国家赋予新疆生产建设兵团的税收政策在一定程度上加大了新疆生产建设兵团城市化和工业化协调发展难度。在增加财政税收的利益驱动和只能在建制市辖区范围内收税的限制下，大量重化产业密集布局于有限的建制市辖区范围；石河子市和五家渠市等建制市辖区是新疆生产建设兵团集聚人口、实现城镇化的主要载体，重化产业项目大批密集布局不仅将严重影响城市大气环境质量，还将对人群健康带来较大风险。

（4）受地形和土地利用空间限制，以西宁为代表的部分重点城市缺乏进一步有效分隔城市和工业园区布局的国土空间

西宁市地处青藏高原河湟谷地南北两山对峙之间，地势西北高、东南低，东西狭长。北川河、南川河、湟水汇聚，呈现“四山夹三河”格局。目前，西宁市共有 7 个工业园区，其中 3 个毗邻西宁市区外缘（见图 2-87）。

西宁市定位为青藏高原区域性现代化中心城市、最具特色魅力、适宜人居创业的和谐区。按照《西宁市 2030 年城市空间总体发展规划》，西川地区与多巴地区是西宁市未来发展主要拓展空间。

四面环山的地形导致西宁市容易出现辐射逆温与地形逆温，两种逆温出现频率高达 85%

（尤其是冬季），逆温层最厚可达约 200 m，污染物在垂直方向和横向扩散能力极为有限，工业园区布局于狭长山谷内，容易在山谷隧道效应下输送至西宁市。其中，影响较大的工业园区包括甘河工业园、南川工业园、东川工业园、西宁特钢工业区、大通县北川工业园。

图 2-87　西宁市工业园区与城市相对位置关系

（5）兰州市主城区石化产业发展制约城市发展

根据《西部大开发“十二五”规划》及甘肃省相关规划，兰州将建设成为国家战略性石化基地和国家战略石油储备基地。

兰州是一个典型的河谷型城市，可利用土地资源极为有限。复杂的山谷盆地造成河谷城市内气流闭塞，受河谷地形特征影响，一年四季都存在逆温层，厚度大，大气层结稳定，不利于大气污染物的湍流扩散。随着城市化建设与人口规模的增长，到 2015 年，兰州市域总人口为 420 万人，中心城区人口规模 245 万人，建设用地面积约 210 km^2。

兰州市工业结构以能源、石油化工、有色冶金等原材料工业为主，重工业占比近 80%。兰州市区现状大气污染较严重。其中，石化行业排放的大量 VOCs 有机物将导致臭氧、细颗粒物浓度增加，使得城市产生灰霾等复合型大气污染概率增加。

研究表明，兰州市大气颗粒物中含有美国环保局列出优先控制的全部 16 种多环芳烃，采暖期 TSP 中 PAHs 总浓度和 B[*a*]P 浓度最大值分别可达到 994.17 ng/m^3、54.54 ng/m^3，超过国家新颁布环境空气质量标准中 1 ng/m^3（年均值）限值，城市人群健康受到极大威胁。

石化产业发展带来的城市大气污染，是兰州市面临的突出环境问题。未来兰州石化产业的规模化发展，需要走出河谷，重新选择石化产业布局空间。

6.3　生态环境影响分析

总体上，“四屏一环一带”区域生态安全格局体系尚未形成，部分关键生态功能区受到矿产资源大规模开采和水资源不合理利用等严重威胁。

内陆河上游山区水源涵养服务功能受采矿、牧业发展的影响。中游城市、工业和农业需水量居高不下，无法保障下游湖泊湿地、天然绿洲保护与恢复的生态需水，河流缩短、河道断流、尾闾湖泊萎缩干涸、湿地旱化的景象将长期存在，绿洲内部、绿洲与荒漠过渡带的防风固沙等生态功能将进一步削弱。

6.3.1 水资源需求压力增长，面临防风固沙功能削弱的风险

（1）水资源开发潜力有限，水资源约束进一步趋紧

内陆河流域绿洲生态状况与水资源开发利用密切相关。经济社会发展的水资源需求依然呈增长态势，水资源约束进一步趋紧，保障生态需水难度进一步加大，绿洲—荒漠过渡带变窄、农田防护林网退化的状况难以得到根本性转变。

西北内陆河干旱区是典型的绿洲经济。人口、产业集聚在相对狭小的绿洲空间。水土资源不匹配、过度开发已经导致河流缩短、河道断流、尾闾湖泊湿地萎缩干涸，绿洲与荒漠过渡带变窄，绿洲的天然生态屏障削弱。

未来十年，在全面加快工业化、城镇化进程的大背景下，农业、工业、城镇生活需水量处于增加态势，需水结构有所变化，农业依然是西北三省（区）用水大户。水资源开发利用的潜力十分有限，以现状水资源条件，总体上处于“负潜力”状态。

表 2-43 内陆河流域水资源开发利用潜力 单位：亿 m^3

分区	地市	水资源可利用量		现状耗水量		水资源利用潜力	
		地表水	地下水可开采量	地表水	地下水	地表水潜力	地下水潜力
天山北麓	乌鲁木齐、昌吉、克拉玛依、石河子	31.46	11.48	38.85	22.44	–7.39	–10.96
吐哈盆地	吐鲁番、哈密	7	9.31	7.01	12.91	–0.01	–3.6
伊犁河谷	伊犁州	80.5	13.43	32.85	2.9	47.65	10.53
	小计	118.96	34.22	78.71	38.25	40.25	–4.03
石羊河	武威	6.17	5.7	6.2	6.61	–0.03	–0.91
	金昌	1.54	2.47	4.66	0.92	–3.12	1.55
	小计	7.71	8.17	10.86	7.53	–3.14	0.64
黑河	张掖	9.34	7.4	12.46	5.39	–3.13	2.01
	酒泉	4.67	2.02	6.38	3.43	–1.72	–1.41
	嘉峪关	1.56	0.15	0.72	0.55	0.84	–0.4
	小计	15.56	9.57	19.56	9.37	–4	0.2
疏勒河	酒泉	5.6	5.09	10.04	2.26	–4.43	2.83
柴达木盆地		15	4.98	7.36	6.66	7.64	–1.68

注：天山北麓中段地表水耗水量包括跨流域调水工程水量 2.89 亿 m^3，利用潜力为负值表明区域水资源已无开发潜力。河西内陆河地表水耗水量不包括引黄入石羊河的水量，引硫济金（昌）0.33 亿 m^3 和景泰扬水供武威 1.29 亿 m^3。

（2）生态需水缺乏保障

目前，西北三省（区）内陆河干旱区流域用水竞争主要表现为上中下游之间以农业灌溉为主的用水竞争，以及农业用水和生态用水的竞争，处于弱势的下游地区用水缺乏保障、生态用水被挤占，导致艾比湖流域、玛纳斯河流域下游、石羊河流域下游等地区付出生态严重退化的代价。

在经济社会需水总量增长的条件下，流域上中下游地区的用水竞争依然存在，农业和工业之间的用水竞争、经济发展用水和生态用水的矛盾将进一步加剧，生态需水难以得到保障。

满足基本生态需水目标，需要减少地表水供水量或压减地下水开采量。天山北麓地表水、地下水均无进一步开发潜力，生态缺水十分严重。向河流的中下游提供基本生态需水量，需

要减少约 7.4 亿 m^3 的供水量，实现地下水资源采补平衡，需要在地下水超采区压减约 11 亿 m^3 的地下水超采量。在吐哈盆地实现地下水资源采补平衡，需要压减 3.6 亿 m^3 的地下水超采量。

随着城市化进程加快、人口增长，生活需水量将增加；在进一步实施田间农业措施以及设施农业推广，农业需水量将会有所减少；工业需水的快速增长将促使区域用水格局发生变化，以煤和石油资源开发利用为龙头煤化工和石油化工产业的发展，将拉动工业需水量快速增长。

在采取各种节水措施的条件下，按照城镇生活、工业、农业需水预测结果，预计 2020 年天山北麓、吐哈盆地的经济社会需水总量分别为 69 亿 m^3 和 21 亿 m^3，较 2010 年用水总量略有增加。其中，采取农业节水措施，农业需水量压缩至 66.7 亿 m^3，较 2010 年减少约 9.8 亿 m^3。

按照重点产业发展需水测算结果，2020 年天山北坡经济区重点产业（煤炭、电力、煤化工、石油化工、盐化工、有色金属、钢铁工业）发展需水量将达到 14.64 亿 m^3，比 2010 年增加 11.52 亿 m^3。其中，天山北麓地区重点产业发展新增需水量将达到 5.42 亿 m^3，吐哈盆地重点产业新增需水量达到 1.65 亿 m^3。

因此，在现有水资源条件下，未来十年区域生态需水依然没有保障。河流健康状况将继续恶化，地下水超采引发的地下水位持续下降、坎儿井干枯、土地沙化、荒漠化加剧，绿洲与荒漠过渡带将进一步变窄，绿洲边缘和绿洲内部的防风固沙功能将进一步削弱。

近期（2015 年）吐哈盆地的吐鲁番、哈密以及乌鲁木齐、石河子、昌吉等地区供水需求难以得到解决，存在缺水风险；远期（2020 年）在跨流域调水工程的前提上，方能缓解缺水状况，伊犁地区由于水量外调也存在一定程度的缺水问题。

未来十年中，在水资源超载严重的地区（如吐哈盆地、天山北麓、河西地区），如果不大力扶持现代节水灌溉农业的发展，生态需水和农业需水均将可能失去可靠保障。

在绿洲内部，如果实施农业灌溉的节水量不能主要优先用于弥补生态需水不足，极有可能导致农田防护林网严重退化。

在天山北坡中段、吐哈盆地和河西走廊的地下水严重超采区，已经出现农田防护林网退化，进一步开采地下水存在原有地下水漏斗面积增大或增加新的地下水漏斗的风险，从而可能导致相应区域的农田防护林网退化。

在滴灌、微灌等高效节水灌溉条件下，灌溉用水按照作物需要、主要在根系分布的浅层表土中配置。应当考虑农田防护林网的生态需水，配置农田防护林网的灌溉水量配置，避免高效节水灌溉区农田防护林网因缺水而退化。

(3) 水资源开发对防风固沙功能的影响

地表水资源过度开发利用导致中下游湖泊、湿地和天然绿洲萎缩、河岸林退化，影响防风固沙和生物多样性保护功能。

◆ 艾比湖流域大规模农业发展将大量消耗外调水资源，无法实现“湖区沙尘源、盐尘源全覆盖”。

艾比湖流域是未来天山北坡农业重点发展的地区之一，耕地扩张导致的农灌用水总量增加，将可能挤占艾比湖生态补水。

入湖水量仅约 5 亿 m^3，难以维持 500 km^2 湖面的水量平衡，入湖水量缺口约为 2.5 亿 m^3。艾比湖周边植被退化明显，奎屯河下游三角洲甘家湖梭梭林也呈明显退化趋势。按照当前耕地面积继续增加态势，艾比湖将继续萎缩，湖周植被将继续退化，湖西北盐尘危害将继续加重。

农业是艾比湖流域的支柱产业，水资源非常紧缺的情况下，宜控制农业灌溉面积和农灌用水总规模。将农田灌溉用水规模控制在现有水平，新增农田灌溉需水约 3 亿 m^3 用于补充艾比湖生态需水，将湖面维持在 750 ～ 800 km^2 的水平，基本能够实现艾比湖流域综合治理规划确定的沙尘和盐尘覆盖的目的。

◆ 玛纳斯河中游湿地退化和玛纳斯湖生态补水中断，防风固沙功能面临削弱风险。

玛纳斯河上中游的主要城市石河子市是未来天山北坡仅次于乌鲁木齐的次中心城市，工业化和城市化的重点区域。预计 2020 年工业和城市用水增量约 9 200 万 m^3。

人工绿洲的退水是下游湿地和湖泊生态补水的主要来源。未来农业、工业用水和城镇生活用水增加以及农田灌溉退水量减少将导致玛纳斯河下游湿地和玛纳斯湖面临萎缩、退化风险。下游湖泊湿地萎缩、河岸林等天然绿洲退化，区域防风固沙功能面临被削弱的风险。

◆ 吐哈地区耗水产业的发展将导致绿洲荒漠退化加剧。

吐哈地区水资源极度短缺，地下水超采严重。重要湖泊艾丁湖萎缩、干涸，湖周草原植被退化，甚至成为沙尘东进通道中的沙尘源地。

吐鲁番通过修建出山口水库支撑高耗水型产业发展，将导致山前冲洪积扇地下水位下降，山前地带天然绿洲退化，中下游坎儿井断流进一步加剧，绿洲农业生态受到严重影响，下游荒漠植被退化风险加剧。

当地水资源开发程度已经很高（地下水漏斗已经长期存在，坎儿井大量干涸），外调水短期内无实现可能。规划发展煤电、煤化工、石油化工和冶金产业等高耗水产业，水资源需求量大幅度增加，必将导致大量挤占农业和生态用水，绿洲、荒漠植被面临退化风险，防风固沙功能将被削弱。

在农业有效灌溉综合利用率约为 0.7 的情况下，实现 25% 的节水量存在较大困难，在吐鲁番地区大面积退耕是减少农业用水的有效途径。大面积退耕宜分步分区渐进开展，合理有效有序处置退耕地，可按绿洲—荒漠过渡带方向进行保护和建设。

按照目前规划的煤炭开采和煤化工及火电规模，哈密地区绿洲退化的风险将加剧，东天山北麓是生态退化（如巴里坤湖萎缩、干涸及湖周天然绿洲退化、矿区及水源区植被退化等）、防风固沙功能削弱的高风险区。

石羊河流域水资源极度短缺，民勤绿洲生态退化严重，发展耗水型产业将对民勤绿洲生态补水战略构成冲击。2020 年跨流域向石羊河流域引水水量约 2 亿 m^3，2030 年引水水量约 6 亿 m^3，2020 年和 2030 年经济社会发展需求总量分别增加 1.36 亿 m^3 和 2.7 亿 m^3，外调水资源能够解决有色金属产业发展和民勤绿洲的生态需水要求，逐步减少地下水开采和进行地下水回补将有助于解决金昌、武威的 4 个地下水漏斗的地下水超采问题。依靠外调水解决民勤绿洲生态补水的战略下，应坚持严格限制发展高耗水产业的战略。

6.3.2 矿产资源开发将加大水源涵养和防风固沙功能保护压力

矿产资源分布区（现有矿区或规划矿区）与区域水源涵养重要区在空间上重叠（见图2-88），矿产资源开采与水源涵养功能保护存在矛盾，主要影响区域包括天山北坡（包括伊犁河谷上游和天山北坡中段）和祁连山（主要为北坡西段、中段和东段）等区域。天山北坡的准南煤田、祁连山北麓的有色金属矿（主要在西段）、煤矿（主要在中段和东段）、伊犁河谷上游的铁矿和煤矿开采已经造成山区或流域上游破坏植被，削弱水源涵养功能。甘肃煤炭资源主要分布在黄河流域土壤保持生态功能区，煤炭资源开发活动与土壤保持主导生态功能存在冲突。

按照煤炭资源开发的特点和煤炭资源分布状况与水源涵养重要区、防风固沙重要区的关

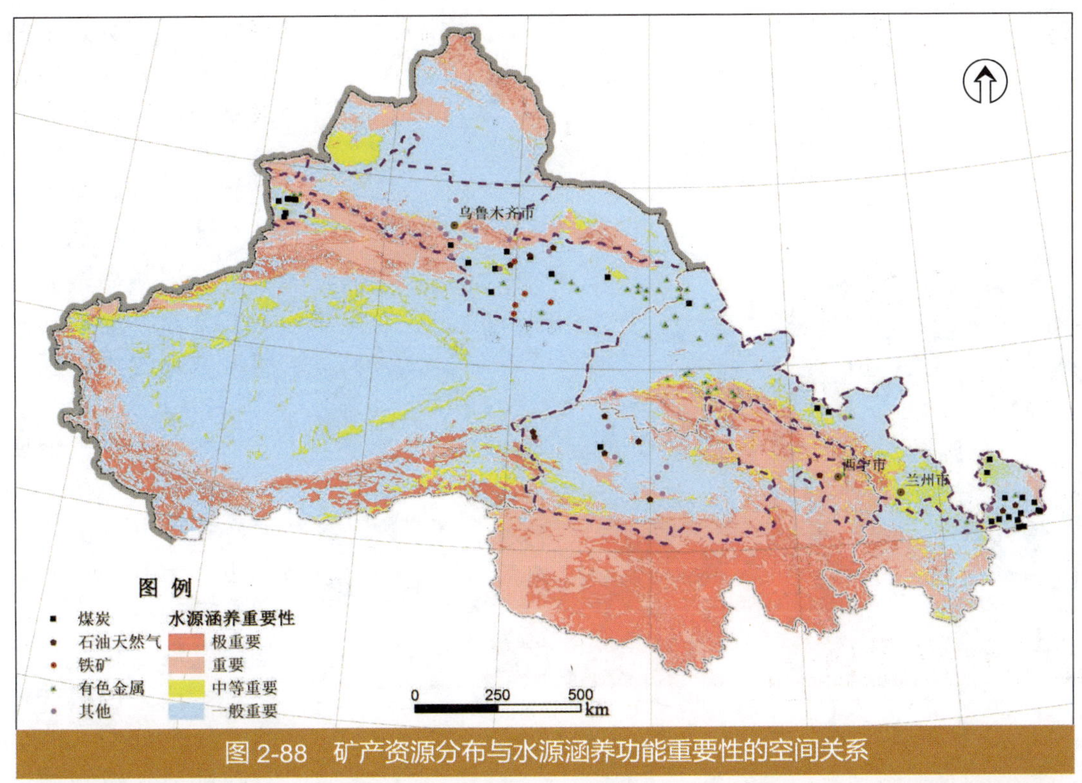

图 2-88　矿产资源分布与水源涵养功能重要性的空间关系

表 2-44　煤炭资源开采生态敏感等级评估

生态敏感等级	区域	基本特征
I	天山北坡山麓	水源涵养功能重要区，生态极难恢复
	祁连山	高寒冻土、水源涵养功能重要区，生态极难恢复
II	准东煤田	防风固沙功能重要区，生态恢复困难
	吐哈地区	防风固沙功能保护区、生物多样性功能重要区，生态恢复困难
	陇东地区	土壤保持功能重要区，生态恢复困难
III	伊犁煤田	水源涵养、防风固沙功能重要性一般，生态具有一定的自我修复能力

系，不同地区的煤炭资源开采生态敏感等见表 2-44。

（1）*矿产资源开发格局对水源涵养功能的影响*

天山北麓河谷、祁连山的煤炭开采涉及水源涵养重要区，采取煤炭资源加快开发的策略，将严重损害水源涵养功能，生态代价过大；应坚持生态保护优先，严格控制煤炭的开采规模。

天山北坡中段准南煤田以中小煤矿为主，大多位于天山北坡水源涵养重要区（见图 2-89），煤炭开采已经对天山北坡中段诸小河上游的水源涵养功能产生不利影响；祁连山中段黑河上游煤矿主要为中小煤矿，高强度的中小煤矿开采对黑河上游水源涵养极为不利，宜加快整合、关闭步伐。

祁连山东段木里煤矿位于大通河源区（见图 2-90），地处高海拔地区，冻土层发育，煤炭资源以焦煤为主，属保护性煤种。大通河流域上游水源涵养对河西走廊、河湟谷地、兰州新区发展的水资源支撑具有重要的战略意义，煤炭资源大规模开采对水源涵养功能影响的敏

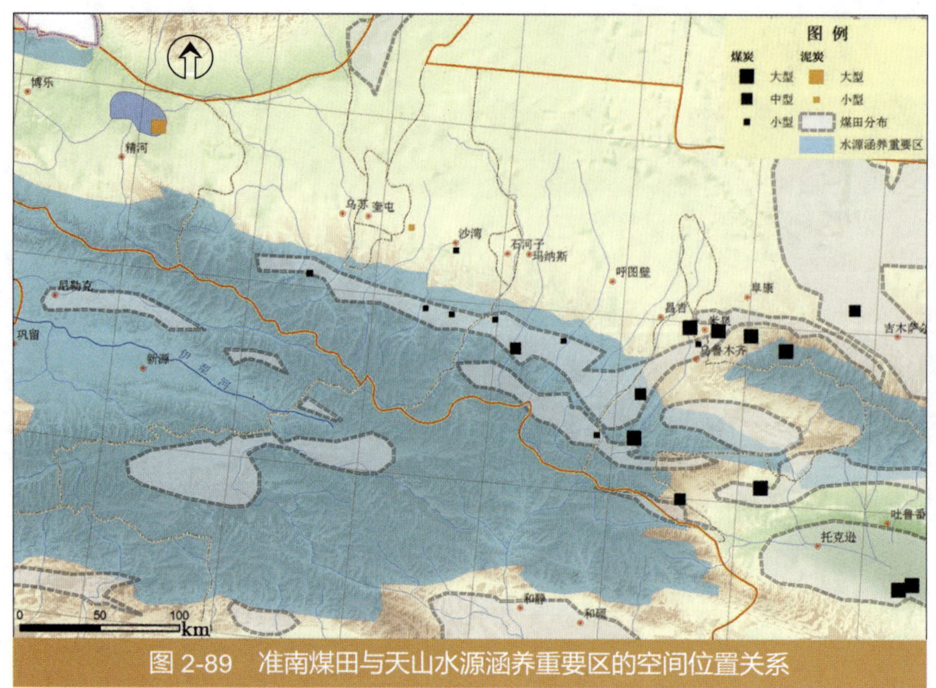

图 2-89 准南煤田与天山水源涵养重要区的空间位置关系

图 2-90 木里煤矿与大通河源区和大通河调水布局示意

感性高，煤炭开采战略应服从水源涵养区保护战略，严格控制煤炭开采规模。

祁连山北麓西段有色金属（如铜、钒、铬等）和贵金属（如金）资源主要分布在疏勒河和党河流域上游水源涵养区（图 2-91）。

祁连山有色金属矿产开采多年，已对疏勒河、党河上游水源涵养产生一定负面影响。区域重要的有色金属冶炼基地发展定位，可能激发对本地有色矿产资源的开发强度进一步加大，对疏勒河上游水源涵养造成较严重影响。应严格限制祁连山山区水源涵养功能区内的有色金属矿开采规模，禁止在自然保护区内开采有色金属矿产资源。

（2）矿产资源开发对防风固沙功能的影响

准东煤田是西北三省（区）开采量最大的整装煤田，将规划布局发展亿吨级煤矿，煤炭开采以露天矿为主。

准东煤田位于沙尘暴东进的路径上，水资源极度短缺，植被稀疏，大风日数超过全年的 1/3，地表植被一旦破坏，表层薄土和细沙将被大风吹走，恢复极为困难。准东矿区有可能成为新的沙尘源区。

哈密地区位于沙尘暴东进的重要通道上（包括东天山北部和南部）。哈密盆地煤炭和铁矿资源丰富，区内植被稀疏、水资源极度短缺，植被一旦破坏，极难恢复。在现有技术条件下，可能导致矿区附近生态系统进一步恶化且难以恢复，煤炭和铁矿以露天开采为主，极易成为新的沙尘源地。

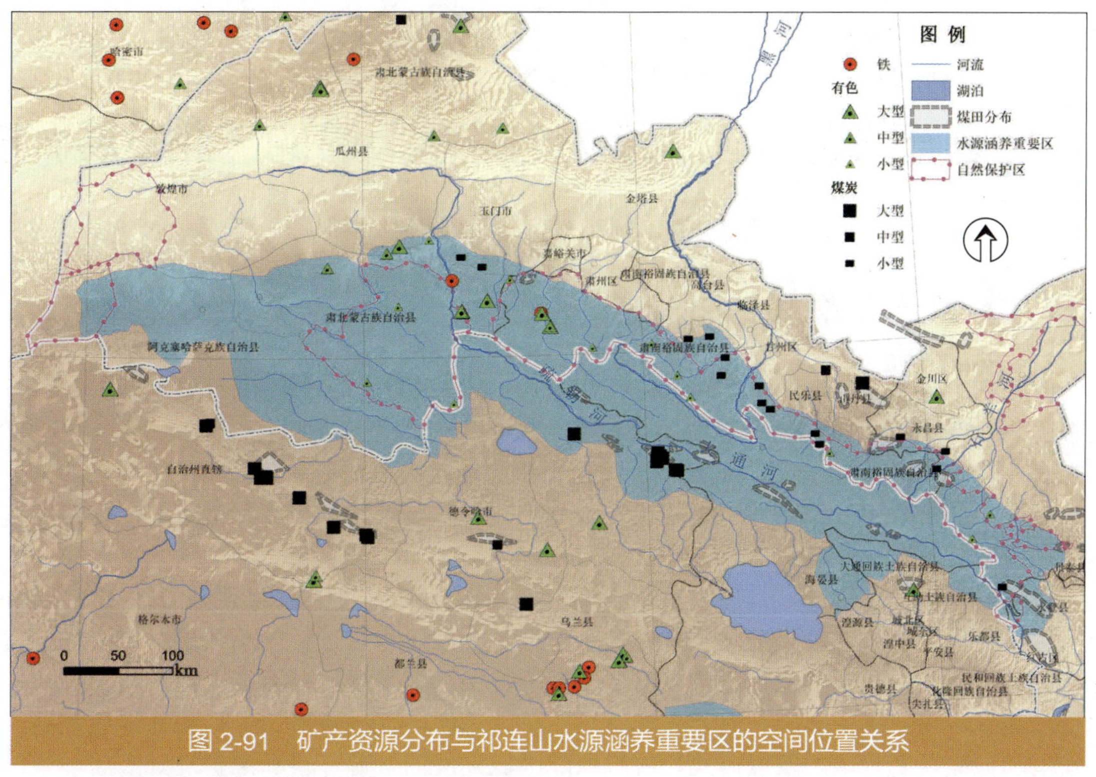

图 2-91　矿产资源分布与祁连山水源涵养重要区的空间位置关系

6.3.3　生物多样性保护面临的影响和风险

准东煤田开发可能影响以蒙古野驴、鹅喉羚为代表的有蹄类动物及其生境，突出表现为露天煤矿开采地表剥离植被破坏将挤占生存空间、阻碍迁徙通道；大规模煤炭开采极有可能导致保护区内野生动物的天然饮用水水源地干涸，恶化野驴的生存环境。

哈密部分煤炭矿区在罗布泊国家级自然保护区内，另有较多的铁矿资源也分布在罗布泊国家级自然保护区内，哈密煤炭、铁矿资源开发将对以野骆驼为代表的荒漠动物及其生境产生不利影响。应严格按照自然保护区的管理规定，禁止在罗布泊野骆驼国家级自然保护区开采煤炭和铁矿资源。

水资源过度开发利用导致生物多样性保护功能退化的区域主要包括艾比湖、玛纳斯河中游湿地和克鲁可湖—托素湖等。可鲁克湖—托素湖是西北地区为数不多的天然淡—咸水双湖结构的湖泊，具有极其重要的生物多样性保护价值。可鲁克湖—托素湖自然保护区是鸟类迁徙的重点节点，湖区主要鸟类包括黑颈鹤、斑头雁、鱼鸥、灰雁、棕头鸥、天鹅等，具有为青海湖的候鸟长距离迁徙前短暂停留（15 ～ 25 天）、补充食物和淡水的重要功能。

巴音郭勒河中游城市和灌溉农业的发展已经导致托素湖的萎缩，预计 2020 年以盐碱化工为主导的重点产业发展新增需用水量约为 5 500 万 m^3，如果不实施大规模农业节水，届时巴音郭勒河水资源开发利用率将达到 70% ～ 75%，远超出水资源开发利用安全警戒线；根据生态需水分析，维护可鲁克湖淡水特性的生态需水量约为 2.95 亿 m^3，水资源过度利用的直接生态代价是可鲁克湖的淡水补给水量将明显减少、咸化加速，可鲁克湖—托素湖湿地自然保护区生物多样性保护功能削弱。

7 基于资源环境承载力与环境风险的产业发展调控

7.1 总体思路与目标

西北三省（区）工业化、城镇化滞后，传统粗放发展方式尚未根本性改变。水资源短缺、生态脆弱，环境承载力不足，区域性水危机、城市大气污染和关键区域生态退化问题突出。未来 5 ～ 10 年，经济社会进入加速发展阶段，资源驱动和投资驱动仍然是经济增长的主要动力，资源型产业处于价值链低端跟随状态，具有高投入、高消耗、高污染特征，存在生态破坏和环境污染加剧、重蹈“先污染后治理”覆辙的风险。

必须树立尊重自然、顺应自然、保护自然的生态文明理念，把生态文明建设放在突出地位，融入经济建设、政治建设、文化建设、社会建设各个方面和全过程的总体要求，推进新型工业化、城镇化和农业现代化。坚持在发展中保护、保护中发展，按照转变经济增长方式、优化空间布局、增强民生基础、保障人群健康的总体思路，促进资源节约，创新绿色发展、循环发展和低碳发展等新的发展模式，统筹保障区域发展的资源环境和维护良好人居环境，引导生产力优化布局，推动产业结构战略性调整，实施战略性生态环境保护工程，构建以环境保护优化经济社会发展的长效机制。探索在水资源缺乏、生态脆弱地区，不以牺牲生态、不以牺牲人群健康环境为代价的新型工业化、城镇化和农牧业现代化发展途径。

7.2 环境优化经济发展的调控原则

7.2.1 生态文明建设与经济建设相促进

西北三省（区）自然环境恶劣、水资源缺乏、生态脆弱、生态安全战略区位十分重要，能源矿产资源富集、经济发展滞后、少数民族集聚、是全面建成小康社会的攻坚区域。制定区域经济与产业重大发展战略时，要以国家和区域生态文明建设为基础，以构建资源节约型和环境友好型的产业体系为导向，优先水安全和生态安全建设投入，建立健全以维护水安全、人群健康、生态安全的保障机制、引导机制和约束机制，优化产业发展方向和布局，实现生态文明建设与区域经济发展相促进。

7.2.2 生产力发展与资源环境承载能力相匹配

强化生产力发展与资源环境承载能力相协调。着力化解区域经济发展规模与水资源承载力之间的矛盾、区域生产力布局与保障生态安全矛盾、资源型产业发展与城市化发展的矛盾。推动经济基础好、人力资源丰富地区加快发展，鼓励资源丰富、环境承载能力较好地区快速提高经济集聚能力，扶持贫困地区发展，培育战略位置重要地区形成新的经济增长点。

要坚持以水资源承载定发展规模，以生态安全和环境容量优布局，以循环经济调结构，引导资源型开发产业合理布局、有序发展，确保生态不退化、环境质量不下降。

7.2.3　资源型产业发展与循环经济产业体系建设战略相适应

加快发展循环经济。以构建循环经济产业体系为核心，支持煤炭资源转化综合利用、盐湖资源综合利用、油气化工和有色冶金产业向下游延伸，积极推动资源利用产业链之间的横向耦合。以技术升级改造、产业链延伸为基础，积极承接东部产业转移。

7.2.4　资源环境效率水平与科技发展水平相协调

积极支持投入产出效率高、技术水平高、能耗污染物排放低的产业发展。充分发挥资源优势，重点支持技术稳定、工艺成熟的产业发展。有效发挥西北三省（区）在有色冶炼、盐湖化工、石油化工等产业积累的技术优势，结合东部企业转移带来的技术优势，推动资源优势产业又好又快发展。严格控制生产工艺技术尚不成熟的产业发展速度，严格控制中东部地区的生产工艺、技术装备水平低下的重污染产业向西北三省（区）转移。加快传统产业的“绿色化”技术改造、升级换代，淘汰高能耗、高污染落后产能，提高存量产业的资源环境效率。

7.3　积极推动转变产业发展方式

7.3.1　加快建设循环经济产业体系

（1）*积极推进实施循环经济试点、示范战略*

积极推进甘肃循环经济示范区、石河子循环经济试点以及青海柴达木循环经济试验区、西宁经济技术开发区等循环经济试点园区建设。建议将伊犁煤炭综合示范区纳入国家循环经济示范区战略，准东煤炭能源基地纳入国家循环经济试验区。

加强石河子循环经济试点城市产业发展引导，鼓励符合纺织城战略和建设循环经济体系为核心的产业布局发展。将金昌、白银、玉门纳入循环经济试点、示范城市，加快推动金昌、白银、玉门等资源型城市的产业转型。积极支持酒泉、嘉峪关清洁能源、冶金新材料循环经济基地，促进酒—嘉城市可持续发展。

以构建循环经济产业体系为核心，加快国家级柴达木循环经济试验区建设，建成全国最大的盐湖化工基地、钾肥生产基地、太阳能发电基地、区域性石油天然气化工基地、国内重要的镁锂深加工基地。

图 2-92　重点循环经济示范区和基地建设

积极支持盐湖资源综合开发技术创新、技术引进，先行先试。着力推进盐湖化工与石油天然气化工、煤化工、有色金属和新能源、新材料的融合发展，加快盐化产业向规模化、集约化、精细化方向发展。尽早实现从“试验区”向“示范区”的转变。

（2）大力发展建设一批循环经济产业基地

按照大型、高端、循环发展的方向，重点打造一批依托优势资源的循环经济产业链和产业集群。积极支持全面实施《甘肃省循环经济总体规划》，落实扶持政策，重点建设兰州、白银石油化工和有色冶金循环经济基地，平凉、庆阳煤电—石油化工循环经济基地，张掖、武威特色农副产品加工循环经济基地，陇南生态循环经济基地等循环经济基地和培育产业链，努力形成循环经济产业集群。

资源加工地区着重产业链延伸和资源综合利用，形成循环型产业体系。大力开展以节能、降耗、减污、增效为目标的清洁生产，尤其是与煤炭能源基地战略匹配，扶持煤炭等矿产资源综合利用，加快推进粉煤灰、煤矸石、冶金和化工废渣及尾矿等工业废物利用。

（3）努力将工业园区建设成为“新型工业化”的主要载体

巩固发展现有园区，规划建设一批省级和地市（县）园区，促进省级园区升格为国家级产业园区。积极支持国家级经济技术园区、高新技术产业开发区等发展，培育一批循环型工业园区和生态型工业园区。同时，要统筹产业园区的发展定位，协调园区与城市发展布局，整合各类工业集中区，提升园区化水平，重点预防布局型大气污染和人群健康风险等突出的环境问题。

依托煤炭、石油、天然气等能源资源和盐湖资源优势，努力打造一批资源开采、加工、转化一体化的循环产业工业园区，使之成为西北地区新型工业化发展的重要载体。

水煤资源组合比较好的伊犁地区，在保障水环境安全前提下，积极支持以煤制天然气为主的煤炭资源深加工基地发展。

具有传统有色冶金产业优势的地区，要大力推动产业技术升级、改造，按照“定点选矿、集中冶炼、强化加工”原则，促进有色冶金产业链的延伸，对现有冶金工业园区进行整合。

支持有条件的地方以“园区化”发展模式，重点建设乳品加工、肉类加工、玉米和天然食品等深加工基地。

（4）进一步完善促进循环经济发展的支撑体系

尽快制定建立健全的地方循环经济法规体系。综合运用财政预算、税收、投融资、信贷、价格等政策手段，形成支持循环经济发展的资金渠道和投入机制。从政府采购、财政补贴、环保专项基金、贴息贷款、税收减免等方面，建立中小企业发展循环经济的财政扶持政策。

7.3.2 加速现代农牧业发展

加快转变农牧业发展方式，加速现代农牧业和特色农业发展，实现区域农业用水总量下降、农田种植面积下降、农产品产量增加、农产品附加值增加的“双降双增”。

促进土地资源集约利用和优化配置，加强中低产田改造、标准粮田建设，变粗放经营为集约经营，提高土地的产出率与效益，提高科学、合理利用土地的水平；建立区域性畜牧业经营优化模式，采用先进牧草种植技术、退化草场改良技术、飞播种草技术和鼠虫害防治技术，以及遥感技术等，推广舍饲圈养；在传统节水建设基础上，大力发展设施农业、现代节水灌溉技术，以建设节水型农业、加速推广现代农业节水技术为重点，推进水资源利用方式转变。

加快农牧业结构调整。粮食、棉花生产稳定种植面积，提高粮食综合生产能力和加工转化能力、棉花生产能力，保障国家和区域粮食、棉花安全。集中力量建设一批现代农牧业示范区和种植、养殖、制种基地，培育一批特色主导产业和品牌。

维护粮食安全。重点扶持和推进艾比湖流域、石羊河流域、黑河流域的高效节水灌溉，缓解生态退化压力；推动在伊犁河流域建设国家粮食安全后备基地，按照区域生态安全和建设现代化粮食生产基地的要求，建设规范化高标准粮田，配套高效节水灌溉设施。

以龙头企业为依托，重点围绕棉花、粮油、林果、畜产品、区域特色农产品，大力发展高科技含量、高档次、高附加值的农产品精深加工业。

把推进发展现代农牧产品加工业作为实现农牧业现代化的重要突破口，引导现代农牧产品加工业按园区模式布局发展，鼓励农产品加工龙头企业整合资源，形成产业集群；积极扶持构建信息服务、科技支撑、产业园区和农产品及加工品外销四大平台。

在天山北坡、河西走廊地区、河湟流域，加强节水型、特色型农牧产业基地建设，积极扶持特色农副产品和畜产品精深加工发展，大力推进建设具有民族特色、地方特色的农产品生产加工基地。积极扶持发展优质中药材药源和加工产业发展，加快建设规范化优质中药材生产加工基地。加快特色农牧业服务体系基础设施建设。

7.3.3　以信息化和高新技术带动特色工业现代化

西北三省（区）工业化发展滞后，面临着东部地区生物、电子、网络等高新技术上巨大优势的压制。需要大力扶持信息化和高新技术产业发展，以信息化带动工业现代化。

传统特色工业要运用高新技术提升改造，促进产业链延伸。在有色金属、电解铝、石油化工、盐湖化工、中成药和特色农副产品加工等产业，围绕产业结构调整、产品换代、节能减排和提高要素生产率，有重点地选择一批骨干企业，开展运用信息高新技术进行改造和提升的试点、示范。

在兰州、金昌、白银、酒—嘉、乌鲁木齐、独山子—克拉玛依、格尔木等地市，应当实行国家对老工业基地改造的政策支持，全面推进高新技术和先进技术改造提升石油化工、冶金工业等传统特色产业，促进循环经济产业基地建设。

煤炭生产与煤炭转化（煤电、煤化工）一体化发展，传统煤化工（煤焦化、电石、煤制化肥）必须以技术升级改造、延伸产业链为基础，严格环境准入门槛，避免“产业转移”演变为“污染转移”。

（1）轻工纺织工业要积极推进技术升级换代

以承接东部产业转移为契机，积极引进国内外知名企业、信息化高新技术和先进适用技术，加快传统轻工纺织业技术改造、产业结构优化调整，推进轻工纺织产业由劳动密集型向劳动技术复合型转变，加快特色纺织产业实现规模化、精细化、品牌化、集群化，振兴发展轻工纺织工业。

依托兰州、乌鲁木齐、独山子—克拉玛依石化产业基地资源优势，加强化学纤维高端产品开发；发挥毛纺品牌优势和棉花种植资源优势，积极发展高档精纺面料，促进采棉纺织、亚麻纺织等产业发展；积极发展针织、印染、服装、家纺、产业用纺织品等深加工，加快建设纺织品出口加工基地。

依托青海省内“西宁毛”的资源优势，以西宁为产业基地，积极发展藏毯和绒纺产业，推进纺织产业由劳动密集型向劳动技术复合型转变。

轻工业要以农牧产品、石化下游产品等综合开发为重点，鼓励企业向“专、精、特、新”

方向发展，重点发展绿色食品、保健食品、饮料制造业，优化发展塑料、皮革、家具及人造板、日用化工等产业，积极发展地毯、玉雕、民族手工艺、旅游纪念品等劳动密集型产业。

（2）**有色冶金产业向深加工发展，突出高新技术支撑，建设循环经济产业体系**

加快推进以循环经济产业链为特色的有色金属新材料基地建设战略。加强铝、镁、铜、铅、锌、镍、钴等有色金属冶炼及下游精深加工配套能力建设，淘汰落后产能；严格限制有色冶金（铅、锌、铜、镍、电解铝）初级产品产能的盲目扩张。

扶持酒—嘉经济区、金—武经济区实施一体化发展战略，支持一批骨干企业加快利用信息高新技术进行技术改造和升级换代，实施节能减排；结合新能源基地发展，推进电—冶—加一体化发展。鼓励白银、金昌市有色冶金产业链延伸、升级换代，原则上不再建设单纯扩大初级产品产能的项目。

在全国产能过剩、东中部产业转移的大环境下，限制东中部企业单纯利用能源廉价优势向西北三省（区），尤其是向远离市场的天山北坡经济带转移电解铝产能。积极支持具有一定电解铝生产基础的兰白、西宁等地产业链升级，向铝制品深加工发展。

（3）**钢铁产业要加大技术改造，加快产品结构调整，提高产业集中度和资源综合利用水平**

加快现有生产工艺的技术改造，促进产品升级换代，鼓励酒钢建设成为西部新的特钢生产基地，稳定和巩固西宁特钢的特钢生产能力，建议将西宁特钢前段炼铁、粗钢搬迁至柴达木盆地内资源环境条件适宜地区发展。

天山北坡经济带应结合城镇化发展和环境治理优化钢铁企业布局，加快铁合金企业资源整合和产业重组，提高产业集中度；推进“八钢”技术改造，促进钢铁企业向精特新发展，严格限制低水平重复建设。

（4）**建材业要大力推进非金属材料制造业及水泥行业结构升级和产业链延伸**

大力采用先进技术、工艺和设备，加强资源综合利用和节能减排。促进高档玻璃、节能玻璃、功能性玻璃、新型墙体材料等轻质、隔热、保温环保节能建材产品发展。稳步发展新型干法水泥、特种水泥及水泥制品，加快淘汰落后水泥产能。

图 2-93 特色产业（钢铁、有色金属、电解铝）调控

7.3.4 积极培育战略性新兴产业

（1）**稳步推进新能源产业发展**

西北三省（区）太阳能、风能、土地、能源资源优势突出，作为我国新能源产业发展的重点区域和示范区域，应结合风电、太阳能等新能源基地建设，加快新能源产业配套延伸，形成完整的新能源产业链。

重点扶持光伏产业核心技术研发与应用，扩大单晶硅、多晶硅生产规模，带动和构建晶体硅、太阳能电池、光伏发电系统集成的光伏产业。

培育风能发电产业链，建成集风能整机及附属设备制造、测试、配件供应等为一体的风能装备制造业和服务基地。

（2）积极支持新材料产业发展

发挥有色金属和非金属矿产资源优势，大力发展高纯铝、电子铝箔、电极箔等铝电子材料，加快形成铝电子材料产业链。

加快实施金属镁一体化、镁合金压铸件、电解铜箔等项目。积极开发以基础锂盐为原料的新型电极材料，为高性能储能电池提供配套关键材料。

发展以石油、天然气、煤炭为基础的工程塑料、新型高分子材料、聚氨酯、弹性体、有机硅、新型复合材料。

积极推动稀有金属材料、光电功能材料、高纯度高性能合金材料、功能陶瓷材料、非金属矿物材料和新型建筑材料的产业化发展。

（3）加快生物产业发展

加快生物技术产业化进程，促进生物育种、生物肥料、生物农药和绿色生物产品的推广应用，以及生物医药产品研发。应用生物技术提升民族医药和中医药产业，重点发展拥有自主知识产权的医药产品，支持有实力的企业整合和开发民族医药资源。

7.3.5　加快建设节水型社会

（1）大力发展农业节水

水资源是西北三省（区）经济社会发展关键制约性要素。结构性缺水矛盾突出，农业灌溉设施落后、用水粗放，农业用水量占比高、效率低；农业节水是节水型社会建设重点，按照循环经济用水指标的要求，以调整产业结构发展农业，通过农业节水支持工业发展，建立以农业节水为龙头的社会节水体系。

将高效节水农业和设施农业建设纳入基础设施建设的最优先位置，加大国家扶持节水工程力度，以发展高效节水农业为核心，加快高效用水、节约用水基础设施建设，提高灌溉水利用效率，降低农业用水在全社会供水中的比例。未来十年，力争农业灌溉水有效利用系数年提升 12 ～ 15 个百分点。2015 年天山北麓实现农业灌溉用水总量“零增长”，河西走廊基本实现“负增长”。

积极扶持、推动建立高效节水综合示范区。加强大中灌区续建配套和节水改造工程建设，抓好土地平整、渠道防渗等常规节水建设，全面推广滴灌技术，因地制宜发展喷灌、管道灌等节水技术，大力发展旱作节水农业，改善灌溉条件，建立标准化、规范化高效节水综合示范区，促进现代农业发展。

结合发展高效节水灌溉，加快改革耕作制度，优化栽培模式，调整种植结构，积极推广多熟高效种植，推进现代农业发展，大幅度提高土地产出率和资源利用率。

（2）积极支持节水型产业发展

积极引导发展节水型产业和节水型生活方式，重点推进有色冶金、食品、纺织等高耗水行业节水技术改造；坚持以水资源确定产业结构和发展规模，加大现有企业节水技术改造力度，严格限制高耗水产业盲目扩张；大力发展城市节水和中水回用，降低城镇供水管网漏损率，加强公共建筑和住宅节水设施建设，普及节水设备和器具。

坚持因水制宜，量水而行，以水定发展。积极推动建立与水资源、水环境承载力相协调的工业体系，优化产业布局，加快各类节水型社会示范区建设。

科学有序开展城镇供水、农业供水、地下水开发利用、盐碱地改良、防治水土流失，以及各种水利枢纽工程的合理运用。

（3）建设内陆河流域水资源循环经济示范区

按照“优水高用、低质低用”的用水原则，大力发展污水资源化、再生水利用。

2020 年内陆河流域的污水处理率要达到 90% 以上，其中，城市生活污水 100% 处理，城市污水回用达到 70%。要建立再生水蓄水库，再生水与其他水源联合调控、统一使用。

“十二五”时期，建议在天山北坡玛纳斯流域建设 2 ～ 3 个以水资源循环经济示范区，发展促进城市污水资源化利用，工业园区水资源分质利用、梯级利用；推动冶金、电力、石油化工、煤化工等工业部门优先使用城市再生水资源。

7.4 促进产业集聚、优化空间布局

7.4.1 建设天山北坡经济带、兰—西—格经济区两大经济新高地

深入实施西部大开发战略，着力培育兰—西—格经济区和天山北坡经济带。积极推进工业化和城镇化协调发展，促进产业集聚布局、人口集中居住、土地集约利用，形成西部大开发战略新高地，辐射和带动周边地区发展。

天山北坡经济带建设我国面向中亚、西亚地区对外开放的陆路交通枢纽和重要门户，全国重要的综合性能源资源生产及供应基地，现代化农牧业示范基地，西北地区重要国际商贸中心、物流中心和对外合作加工基地。

兰—西—格经济区建设全国重要的新能源、盐化工、石化、有色金属和农畜产品加工产业基地，区域性新材料和生物医药产业基地；着力推进国家级兰州新区建设，打造西北地区重要的经济增长极、国家重要的产业基地、向西开发的重要战略平台、承接产业转移示范区。

在西北地区依托石油天然气、煤炭、有色金属、盐湖资源以及特色农畜产品等传统特色优势资源大力发展资源加工型产业，呈现产业加速集聚、生产力优化布局、区域中心城市核心竞争力和辐射带动作用大幅增强的局面，迅速成长为国家协调区域发展的战略支撑点和西部经济新高地。

7.4.2 积极促进产业集聚布局

石油天然气化工。积极推进独山子、鄯善国家级石油储备基地和乌鲁木齐、克拉玛依国家级成品油储备基地建设。围绕国家石化工业基地和石油储备基地建设战略，大力推进（兰州、乌鲁木齐、独山子—克拉玛依、玉门、格尔木）石化产业结构优化升级。推进石油天然气下游产品开发，巩固以兰州、乌鲁木齐、独山子—克拉玛依为主体的石化产业集群。鼓励利用柴达木盆地资源综合优势，在格尔木建设区域性石油天然气化工基地。

有色金属产业。积极推进河西地区实施建设全国重要的有色金属基地战略，建设金昌、酒泉、嘉峪关金属综合加工利用基地。结合新能源基地发展，推进电—冶—加一体化发展。积极引导电解铝产业在河湟谷地、准东地区（不含乌—昌）集聚，科学合理布局，有序发展。在柴达木盆地加快实施金属镁一体化建设。

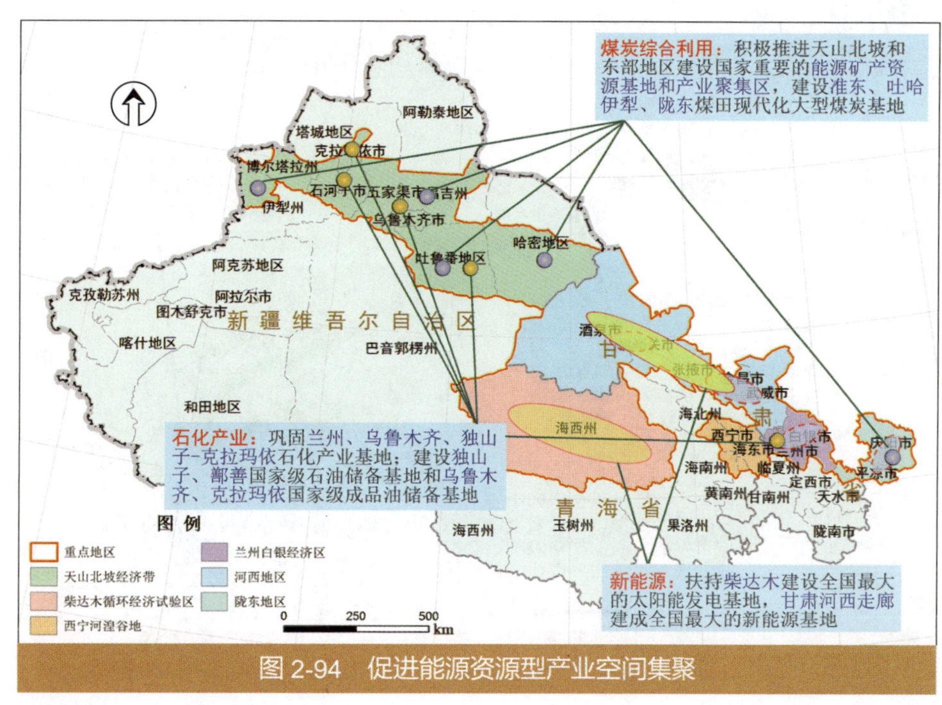

图 2-94　促进能源资源型产业空间集聚

煤炭资源综合利用。积极推动天山北坡及东部地区建设国家重要的能源矿产资源基地和产业聚集区。坚持“统筹规划、环保优先、集约高效、规模适度、有序发展”，以准东、吐哈、伊犁、陇东煤田为重点建设现代化大型煤炭基地，有序推进准东、伊犁、陇东能源综合利用示范区建设。重点推进吐哈、准东煤炭东运、煤电一体化基地建设，准东煤炭和伊犁现代煤化工基地建设。积极推进柴达木盆地煤炭资源综合利用、清洁利用，促进盐湖化工—煤化工—天然气化工—冶金产业等多产业融合发展。

盐湖资源综合利用。推进青海、新疆盐湖资源综合利用，加快建设大型钾肥基地，优化发展氯碱化工；积极引导盐化工产业向柴达木盆地集聚，建成全国最大的盐湖化工基地和国内重要的镁锂深加工基地。

纺织工业。以技术进步为支撑，以承接内地纺织产业转移为契机，加快纺织工业产业结构优化升级。重点建设石河子纺织工业城，加快发展呼图壁、奎屯、博乐等纺织工业园区；支持西宁发展藏毯绒纺产业。

特色农牧业和农牧产品加工业。全力打造青海省河湟流域特色农牧业百里长廊，实施 8 个百里万亩（万头）工程，建设海东地区高原特色现代化农业示范区；大力发展柴达木盆地枸杞种植和深加工等林果产业；加快天山北坡特色农副产品和畜产品精深加工产业，稳定粮食、棉花生产面积，建设伊犁河流域国家粮食安全后备基地；稳定吐哈盆地、天山北坡、伊犁河谷等特色林果业基地面积，提质增效，大力提升果品储藏保鲜、精深加工能力。

新能源。培育风能发电产业链，建成集风能整机及附属设备制造、测试、配件供应等为一体的风能装备制造业和服务基地；有序发展晶体硅、太阳电池、光伏发电系统集成的光伏产业链。推进青海格尔木“光伏城”建设、甘肃河西走廊新能源基地建设，扶持柴达木建设全国最大太阳能发电基地、甘肃河西走廊建成全国最大的新能源基地。

装备制造业。改造提升装备制造业。建设昌吉、西宁等重大电力装备生产基地；建设兰州、克拉玛依等石油化工设备及石油钻探设备生产基地；建设乌鲁木齐汽车产业基地；建设西宁数控机床研发生产基地。

7.4.3　协调工业化与城市化合理空间布局

按照“创造良好生产生活环境”的战略目标要求，协调工业化与城市化合理空间布局。加

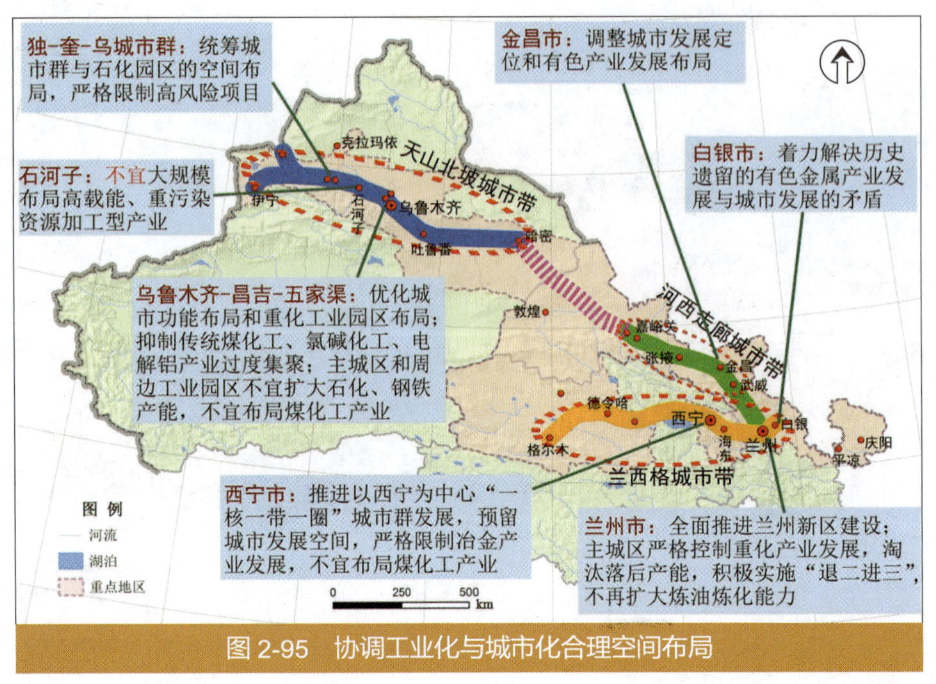

图 2-95 协调工业化与城市化合理空间布局

快解决传统重化工业和城市化发展过程中形成的布局冲突，创造新型城市化发展的基础条件。

（1）兰—西—格经济区

加快兰白核心经济区发展，全面推进国家级兰州新区建设，打造兰白核心经济区的先行区和示范区。

兰州市主城区应严格控制产业链上游的重化产业发展，着力技术升级改造，淘汰落后产能，积极实施“退二进三”。抓住建设发展兰—白经济区和兰州新区的机遇，主要依托白银、兰州新区，打造全国重要的石化产业基地，在兰州市主城区石化产业基地不再扩大炼油炼化能力。

白银市着力解决历史遗留的有色金属产业发展与城市发展的矛盾，积极规划建设白银工业集中区，调整优化区域产业布局，加快资源型城市转型。

积极推进以西宁为中心“一核一带一圈”城市群发展，强化西宁“核心”城市的聚集辐射作用，加快推进平安、乐都、民和、互助沿湟“带”城市化进程，着力提升大通、湟中、湟源等 1 小时“圈”的城市功能。按照山水环城、生态和谐、产城融合的思路协调城镇化、工业化、农业现代化发展布局。

突出西宁夏都、青藏高原区域性现代化中心城市发展定位，优化重化产业布局。着力解决西宁甘河工业园、西宁特钢与西宁市城市发展空间的矛盾和冲突，为城市远期发展预留足够国土利用空间；严格限制冶金工业发展，不宜布局发展煤化工产业。

加快青海省海西工业化和城乡一体化进程，打造全国区域循环经济发展示范区。格尔木建成全国西部重要交通枢纽、电力枢纽、以盐湖资源综合利用为重点的资源加工转换中心，建设区域性石油天然气基地，促进盐湖资源综合利用与油气化工、煤化工融合发展；德令哈建成新型高原绿洲城市和盐湖资源综合利用循环经济基地。

积极推进青海省海东地区承接我国东中部地区产业转移，延伸西宁（国家级）经济技术开发区、柴达木循环经济试验区的资源精深加工产业链，在东部城市群建设资源节约型、环境友好型的“承接产业转移示范区”，海东工业园区“打造以中小企业为主体的现代化工业园区”。

（2）天山北坡经济带

积极推动天山北坡经济区按照“以线串点、以点带面”的空间开发模式，以重要交通干线为发展轴，以中心城市为节点，促进人口和产业集聚，形成“一核一轴五片区”城市发展格局。

按照“乌鲁木齐—昌吉—五家渠一体化”格局，优化城市功能布局和重化工业园区布局，避免乌鲁木齐市—昌吉—五家渠城市组群与工业园区交错密集布局，以及沿城乡结合地带、郊区蔓延式布局，在乌—昌城市边缘和近郊地带，要抑制传统煤化工、氯碱化工、电解铝的产业过度集聚。乌鲁木齐主城区和周边工业园区不宜扩大石化、钢铁产能，也不宜布局发展煤化工产业。

加强独山子—奎屯—乌苏“金三角”城市群与独山子—克拉玛依石化基地的协调发展，合理空间布局，保护城市饮用水水源地安全和人群健康环境，严格限制光气等高风险产品项目的发展。

石河子市应坚持建设国家级循环经济型城市。充分利用现有的农副产品资源优势大力农副产品产业发展；加大纺织城发展力度，鼓励纺织与下游石化产业耦合。在狭小的城市规划发展空间内不宜大规模布局高载能、重污染资源加工型产业。

（3）河西地区

积极推进酒—嘉经济区一体化、金—武经济区一体化战略。加快建设金昌有色金属新材料循环经济基地、酒泉和嘉峪关清洁能源—冶金新材料循环经济基地，努力推进资源型城市可持续发展。

金昌市要抓住建设河西地区金属综合加工利用基地和金武经济区一体化的战略机遇，调整城市发展定位和产业发展布局。

7.4.4 促进煤炭资源富集区产业优化布局

坚持生态保护优先，有序开发煤炭资源。支持准东、吐哈、伊犁煤田的煤炭资源有序开发。加大对现有中小煤矿资源整合、生态恢复治理力度，严格限制天山北麓、祁连山水源涵养服务功能重要区及地下水源功能区的煤炭开采。

积极推动煤炭资源富集区煤电煤化工产业健康发展。鼓励在煤炭资源丰富、煤种合适、水资源充足、环境容量较大的地区有序发展煤化工产业，形成循环经济产业体系。

煤炭能源综合利用要加强煤炭转化方向和技术路径的管控。科学合理布局现代煤化工、提高深加工程度，重点推进建设以煤制天然气为主导的现代煤化工产业集群。加强传统煤化工整合提升，严格限制煤焦化发展。支持石油天然气化工与盐化工、煤化工耦合，建设循环经济产业体系。

伊犁应严格遵循国家煤化工示范基地战略部署，依托天然气通道，发展煤制气为主导的现代煤化工，严格限制大规模布局工艺

图 2-96 煤炭转化方向和技术路经的管控

技术不成熟的现代煤化工产业，避免“示范区”演变为“试验区”。适度发展煤电，严格限制煤焦化产业布局。

积极支持准东煤电煤化工产业带有序布局煤化工产业，优化以煤化工为主导产业的工业园区布局，严格以水定煤化工产业链规模、以产业链定项目，依照国家煤电化热一体化发展战略，建设煤炭基地循环经济产业链，参与“疆煤东送”。在跨流域调水规划未取得突破之前，地下水严重超采、地下水位持续下降地区严格限制煤化工产业发展。

吐哈煤田以“疆煤东运”为主，在水资源条件允许情况下，适度发展煤电及电力外送；陇东煤田以发展煤电一体化为主，发展煤化工要严格以水定产。

7.5 大力增强民生发展的基础

7.5.1 着力提高以中小城市和乡镇为主体的城镇化质量

以中小城市和乡镇发展为主体积极稳妥推进城镇化进程，着力提高的城镇化质量，避免盲目扩张城市规模。

西北三省（区）基础设施建设重点转向加强中小城市和乡村市政基础设施，信息化服务、旅游基础设施建设，以及职业教育和技能培训基地建设。建议国家进一步加大对西北三省(区)基础设施建设支持、扶持力度。

在发展建设区域中心、次中心城市的同时，建议加快区域中心、次中心辐射区域的县级市和乡镇基础设施建设，缩小公共服务水平与中心、次中心城市的差距。

加速新疆生产建设兵团城镇化进程，加大投入，将第六师（五家渠）和第八师（石河子）的团场、分场建设成为新疆生产建设兵团和西北地区新型城镇化示范区。

加快国家农产品基地村、镇基础设施建设（交通、信息、供水、垃圾资源化、污水资源化）。

7.5.2 大力推进特色农牧产品加工基地建设

加强节水型、特色农牧业基地建设，鼓励多样化农产品发展；大力推进具有民族特色、地方特色的农产品加工业基地建设。引导农产品加工、流通、储运企业向农产品主产区集聚，形成加工、生产、销售、服务一体化产业链，建设全国重要的特色农产品生产加工基地，扶持一批大型龙头企业和农民专业合作社，鼓励农产品龙头加工企业整合资源，引导企业按园区模式布局，发展产业集群。

积极发展特色林果业基地，稳定面积，提质增效，大力提升果品储藏保鲜、精深加工能力，将特色林果业打造成为农民增收的重要支柱产业。

7.5.3 加强旅游基础设施建设，发展多元化特色旅游服务体系

依托丰富旅游资源，深入挖掘文化内涵，积极发展文化、生态、休闲、度假旅游，提升旅游服务水平，打造富有西部特色旅游产品体系。加强旅游基础设施建设，鼓励旅游公共服务主体多元化，促进旅游公共服务建设和运营市场化。重点培育一批跨区域精品旅游线路，形成一批国内著名和国际知名旅游目的地。

8　促进经济社会可持续发展的环境保护对策建议

8.1　促进经济发展方式转变的环境保护战略重点

8.1.1　建立资源环境保护红线机制

建议以提升生态保护和资源环境效率为目标设立生态保护、水资源利用、主要资源环境绩效、清洁生产水平四条红线。

（1）生态保护红线

“水源涵养”“防风固沙”生态功能不退化。人工绿洲保持稳定，草原“三化”持续遏制，区域生态环境有所改善。

遏制艾比湖流域、石羊河下游民勤盆地生态退化、恶化趋势；维持玛纳斯湖入湖水量和湿地生态。

（2）水资源保护红线

区域全社会新鲜水用水总量力争保持在“零”增长水平；石羊河、黑河、疏勒河、玛纳斯河流域等当地常规水资源开发利用总量力争实现“负”增长，逐步减少地下水超采，弥补生态用水。

农业灌溉用水总量逐步下降。玛纳斯河流域、黑河流域、石羊河流域等重点生态治理流域，以及天山北坡经济带和河西走廊的区域中心、次中心城市的地下水降落漏斗不再扩大。

（3）主要资源环境利用绩效基线（2015—2020 年）

2015 年，全社会主要资源环境利用绩效指标与全国水平的差距不扩大并逐步缩小（见表 2-45）；特色优势产业（煤炭采掘、煤电、煤化工、石油化工、有色冶金、农副产品加工等）主要资源环境绩效指标不低于当年全国平均水平。

2020 年全社会主要资源环境利用绩效指标力争优于 2015 年全国平均水平。以 2015 年为基数主要污染物排放总量不增加并有所下降。

表 2-45　2015 年西北三省（区）主要资源环境利用绩效目标　　单位：kg/ 万元

目标	指 标	西北三省（区）	
		2010 年实际量	2015 年目标量
主要资源环境利用绩效指标与全国水平的差距不扩大	单位 GDP 能耗	1.54	＜ 1.28
	单位 GDP 的 SO_2 排放量	11.76	＜ 5.45
	单位 GDP 的氮氧化物排放量	9.22	＜ 4.97
	单位 GDP 的 COD 排放量	5.01	＜ 3.09
	单位 GDP 的氨氮排放量	0.54	＜ 0.30
区域全社会用水总量保持“零”增长	单位 GDP 的新鲜水耗量 /（m^3/ 万元）	532.5	＜ 327.3

（4）清洁生产技术门槛

单位产品的能耗、物耗、水耗及污染物排放达到国内先进水平；化工、冶金项目均应采用现代化技术工艺，清洁生产达到国际先进水平。

新建、改建、扩建工业项目用水指标和水污染物指标均应达到清洁生产二级水平或国内先进水平。

8.1.2 实施“四个优先”战略

基于资源环境约束和环境风险，建议实施“四个优先”。

（1）优先发展循环型经济体系的核心产业

积极推进柴达木循环经济试验区、西宁经济技术开发区、甘肃循环经济示范区、石河子循环经济试点等循环经济产业体系建设。引导产业向循环经济试点区、示范区、试验区集聚，优先安排符合循环经济产业体系的重点项目入区入园。

在保障资源环境可承载的前提下，优先扶持伊利、准东等发展以煤炭资源深加工和综合利用为主体的循环型产业体系；柴达木盆地发展以盐湖资源开发综合利用为龙头的循环型产业体系；积极支持和扶持冶金产业的技术改造和升级，实现有色冶金产业采、选、冶、加工一体化发展和园区化发展。对有利于构建循环经济产业体系的龙头项目、有利于产业链纵向延伸和横向融合的关键性项目，优先配置相应的用水、用地指标和污染物排放指标。

积极支持废物资源化和综合利用产业发展，在采用国内先进生产工艺的条件下，优先配置污染物排放指标。

（2）优先发展节水型产业

大力推进节水建设，优先保障饮用水水源安全和城镇生活用水，弥补生态用水。以黑河流域、石羊河流域、玛纳斯河流域和艾比湖流域等为重点，加大建设农业节水灌溉和设施农业的财政扶持，推动节水型农业快速发展。

大力发展污水资源化和水分质利用、梯级利用，积极推动建设城市污水处理再生利用工程、工业园区废水处理回用工程、微咸水利用工程、煤矿疏干水利用工程等。

建议国家加大对甘青新三省（区）节水工程、跨流域与跨行政区引水工程的支持力度，加快建设一批保护生态和支撑新型工业化发展的引水工程，缓解部分地区水资源严重短缺对经济增长的刚性制约；尽快启动南水北调西线前期研究，设立专项研究南水北调东线工程和中线工程完成后的增加黄河上游甘肃、青海黄河取水指标配置。

（3）优先保障环保投入

“十二五”期间，全社会环保投资占GDP比例不低于3%。政府部门在环保基础设施建设投入年增速不低于20%。加快发展城市节能和环保基础设施建设，完善国家级和自治区级工业园区基础设施建设；安排有色金属矿山生态治理专项资金，消除尾矿库环境隐患，加大农村牧区环境综合整治的投入。

（4）优先环保设施能力建设

大力推进城市、工业园区环境保护基础设施建设和环境保护管理能力建设，以及工业园区突发环境事件预防、快速响应处置能力。

工业园区、工业集中区必须建设集中供热工程、废水处理再生利用工程，必须配套建设完备的固体废物回收、处置设施，建议财政予以专项资金扶持。

8.1.3 促进环境保护与主导产业发展的协调融合

（1）优化发展能源工业

“十二五”期间，优化发展能源工业战略的核心是以煤炭、石油、天然气的开采利用为基础，发展煤、油、气相融合的产业链，进一步加快石油天然气资源的勘探开发，加快建设国家能源基地。

1）煤炭工业发展需合理调控开发规模

实施煤炭资源开发与煤炭转化利用生产力建设相匹配、煤炭资源开发强度与生态恢复、生态建设能力相匹配的发展战略。以水资源、环境承载能力定煤炭转化规模，以煤炭转化规模、生态恢复与建设能力定煤炭生产规模。

准东煤田、准南煤田、吐哈煤田、陇东煤田等煤炭资源富集区分别位于内陆河干旱区防风固沙功能重要区、黄河流域上游水土保持功能重要区，大规模高强度的煤炭开采导致的生态破坏难以修复，必须坚持生态优先、保护中开发的原则。

严格限制天山北坡水源涵养保护区、祁连山水源涵养保护区内的煤炭资源开发，加快现有煤矿资源整合和生态修复。

2）火电行业需优化布局、有序发展

火电行业需要继续提高能源环境绩效，优化空间布局。在实施“上大压小”、淘汰落后火电装机、提高现有燃煤火电脱硫脱硝效率的前提下，支持优化布局大型高效环保机组（如1 000 MW 级超临界机组）。加快区域集中供热、热电联产，强化燃煤脱硫脱硝。

支持准东、哈密建成国家级现代化煤电基地，火电装机规模与电力通道建设相匹配，与电力需求相匹配。

受到大气环境容量约束的地区，在大气环境质量未得到持续改善之前，原则上除了热电项目，不再新布局和建设燃煤火电机组（如乌鲁木齐市、兰州市、金昌市等）。

（2）化学工业重点解决大型化发展与产业、产品链延伸

石化产业（石油、天然气、煤炭、盐湖资源加工）发展要以构建循环经济产业链体系为核心，重点发展强调产业链的横向联系和纵向延伸的下游产业或横向衍生产业。

现代煤化工的发展，应坚持构建煤气化、液化循环型化工产业链的发展方向。

大部分煤化工属高耗水产品，发展规模必须量水而行，按循环经济产业链发展。严格要求煤化工的生产工艺水平。

（3）有色金属产业实施采—选—冶—加工一体化，着力解决遗留环境问题

有色金属产业实施采—选—冶—加工一体化战略，将有利于解决产业发展带来的结构性矛盾，提升技术装备水平。

铝产业发展需顺应国家宏观调控方向，在积极承接东中部产业转移的大环境下，向铝深加工发展，铝加工转化率达到 90%。

铜、铅、锌等有色金属产业发展应严格落实行业和环保准入条件，淘汰落后技术装备，加强矿山生态治理和污染控制。解决历史遗留矿山生态修复、污染治理和环境隐患。

8.2 大力推进生态建设，构筑可持续发展的生态安全屏障

8.2.1 强化国家生态安全屏障区建设

大力扶持将三江源地区建成国家重要的生态安全屏障。三江源地区要把生态保护和建设作为主要任务，全力推进国家级生态保护综合试验区建设，建立生态补偿机制，创新草原管护体制，强化生态系统自然修复功能，建成国家重要的生态安全屏障。

将天山北坡准噶尔盆地南缘防风固沙带建设纳入国家生态安全屏障战略，与原拟定的西北防风固沙带相连，西起阿拉山口，东至祁连山构筑沿“欧亚大陆桥一带”的防风固沙生态屏障，形成绿色走廊，保障内陆河人工绿洲生态安全。

将天山冰川、山地水源涵养重要功能区纳入国家生态安全屏障战略，天山北坡水源涵养重要功能区与祁连山水源涵养重要功能区、阿尔泰山水源涵养区共同构成“欧亚大陆桥一带”绿洲水源涵养生态安全格局。

甘肃构建以甘南黄河重要水源补给生态功能区为重点的黄河上游生态安全屏障、以“两江一水”流域水土保持与生物多样性保护区为重点的长江上游生态安全屏障、以祁连山冰川与水源涵养生态保护区为重点的内陆河生态安全屏障，形成“三屏四区”生态安全屏障格局。

青海构建以三江源草原草甸湿地生态功能区为屏障、以青海湖草原湿地生态带、祁连山水源涵养生态带为骨架的“一屏两带”生态安全格局。

新疆构建由阿尔泰山地森林、天山山地草原森林和帕米尔—昆仑山—阿尔金山荒漠草原三大生态屏障，以及环塔里木和准噶尔两大盆地边缘绿洲区组成的“三屏两环”生态安全战略格局。

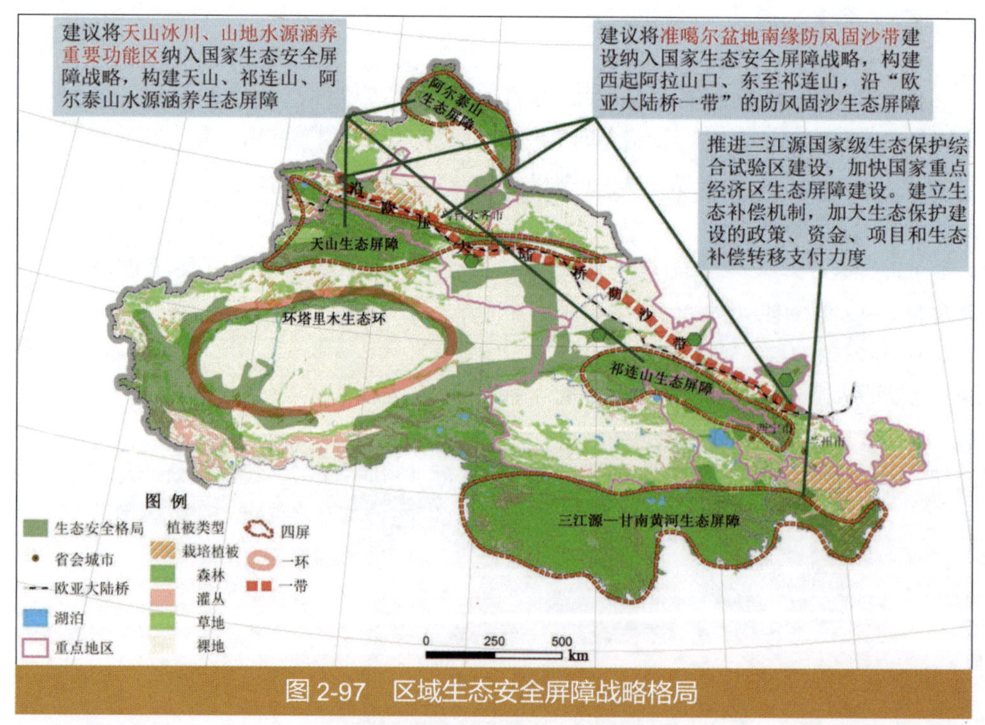

图 2-97 区域生态安全屏障战略格局

8.2.2 加快建设国家重点经济区的生态安全屏障

建议国家进一步加大对甘青新三省（区）生态保护建设的政策、资金、项目和生态补偿转移支付的支持力度，加快建设国家重点经济区（兰—西—格经济区、天山北坡经济带）的生态安全屏障，增强水源涵养、保持水土、防风固沙能力，保护生物多样性，保障人居生存环境和产业发展的环境基础。

（1）内陆河流域要加强以绿洲节水和防风固沙为核心的生态保护与建设

加快石羊河流域综合治理和下游生态保护工程建设、敦煌生态环境和文化遗产保护区建设。大力推进艾比湖流域预防性综合治理工程（农业灌溉节水、跨流域调水、艾比湖水面恢复 500 km^2 以上）。建设玛纳斯河流域统一水资源配置与管理体制；加大玛纳斯河流域下游生态保护与恢复力度。

（2）强化天山和祁连山水源涵养重要区的生态保护

强化天山北坡山地水源涵养功能保护，加强受损水源涵养区生态修复，重点推进天山北坡河谷森林植被保护与恢复，林草交错带畜牧业发展模式调整。强化祁连山水源涵养区生态建设和环境保护，加快推进河西（疏勒河、黑河、石羊河）三大流域生态综合治理，切实保护好水源地林草植被，强化水土流失和沙化土地综合管理治理。

（3）实施柴达木盆地生态保护与综合治理工程

依法建立一批封禁保护区，加强沙生植被和天然林、草原、湿地保护；实施沙漠化防治工程，以防风固沙工程为重点，加强水资源保护和节水工程建设，合理分配、高效利用水资源，控制地下水位下降，构建以绿洲防护林、天然林和草原、湖泊、湿地点块状分布的圈带型生态格局。

（4）黄河流域上游要加强水源涵养与水土保持为核心的生态保护与建设

切实保护好大通河、湟水河等水源涵养区林草植被，强化水土流失和沙化土地综合管理治理；实施渭河、泾河等中小流域综合治理工程。做好大夏河、白龙江、白水江等河流水源涵养保护工程前期工作。

积极开展水土保持生态建设，加快黄土高原地区淤地坝、坡改梯工程建设。支持草原“三北”和生态治理、暖棚养殖、饲草料基地建设，推行草原禁牧、休牧和轮牧制度，继续搞好游牧民定居。

（5）大力推进生态保护与建设工程

继续实施好天然林保护工程、“三北”防护林建设工程、退耕还林工程、天然草原退牧还草工程、祁连山水源涵养区生态建设和环境保护工程、防沙治沙工程、公益林补偿工程等，研究实施天山水源涵养区生态建设和环境保护工程，落实草原生态保护补偿奖励机制，建立天山、祁连山山区水源涵养功能保护生态补偿奖励机制。加快实施伊犁河等流域水土保持工程。对暂不具备治理条件但生态区位重要的连片沙化土地，实行严格的封禁保护。研究建立森林、湿地生态效益补偿机制。

加强生态监测，强化自然保护区建设与管理，严格实施森林公园、地质公园、风景名胜区等生态保护，积极推进自然保护区基础设施和管护能力建设。加强农田防护林体系建设，加大湿地恢复与保护力度。

8.3 着力解决和预防突出资源环境问题

8.3.1 着力缓解区域经济增长的水资源环境制约

着力协调水资源开发利用与生态保护关系。优先保障生活用水、大力推进农业节水、优化工业用水、弥补生态用水。以提高水资源利用效率和效益为核心，推动区域水资源的合理配置和优化利用，逐步扭转挤占生态用水状况。坚持走节水型产业发展的道路，以能源化工基地为核心的产业发展应当“量水而行，以水定发展”，严格控制发展规模。

以水资源支撑定城市发展规模，走发展中小城市为主体的城镇化道路，建设节水型城市。在严重缺水城市，要着力提升城市公共服务功能、控制城市规模盲目扩张，不宜布局发展耗水量大的工业。

在严重缺水的吐哈地区，不应布局高耗水的煤化工、石油化工产业；在准东地区和柴达木盆地，跨区域调水可解决一部分工业用水，应严格控制耗水量大的初级产品加工规模过度扩张，选择向中下游产业链延伸发展，大力建设循环型经济体系。

8.3.2 加快城市大气污染综合治理，保障人群健康和环境安全

加快推进城市大气污染综合治理。要加强运用宏观调控手段，推动重点城市和资源型城市的产业结构调整、能源消费结构调整、优化产业布局，着力解决乌鲁木齐、兰州、金昌、白银等城市大气污染严重问题，预防西宁、格尔木、德令哈、兰州新区、石河子、昌吉—五家渠、奎屯—独山子—乌苏等城市和城市群的大气环境质量下降问题。大力实施重点城市热电联产、煤改气、集中供热、热网改造、电厂脱硫、机动车尾气治理工程。加快推进火电、钢铁、有色、化工等行业二氧化硫、氮氧化物、颗粒物以及特征污染物治理。

8.3.3 加快恢复河—湖水环境健康，保障饮用水水源安全

加快重点流域水环境综合治理，加强城市和工业园区污水处理厂建设，大力推进废水再生利用工程，着力解决黄河流域以及湟水河、渭河、泾河等支流水污染，维护伊犁河流域的水环境健康，加快艾比湖流域、玛纳斯河流域和石羊河流域水环境综合整治。推进内陆河流域废水再生利用、废水“零”入河工程，逐步恢复河—湖水环境健康状态。

严格饮用水水源地保护制度，加强以保护城乡饮用水水源为核心的地下水污染防治，确保城市集中式饮用水水源地水质达标率90%以上。大力推进城镇生活污水、生活垃圾、危险废物、医疗废物处置等环境基础设施建设，提高污水处理率和垃圾无害化率。2015年，设市城市污水处理率达到80%，生活垃圾无害化处理率达到90%。

加强矿区，尤其是水源涵养功能重要区内矿区的环境污染综合整治，加快处置历史堆存和遗留的危险废物。

8.3.4 积极推进农村环境综合整治

积极推进以加强农村水源地保护、改善乡村人居环境为重点的农村环境综合整治。实施农村清洁工程，加快农村垃圾集中收集处理，因地制宜开展农村污水治理；综合治理土壤污染，防止农药、化肥、农膜等面源污染和规模化养殖场污染。

8.4　实施差别化管理，建设创新型环境管理体制

8.4.1　建议煤炭资源产业试行环境类型区管理

西北三省（区）水资源短缺、生态环境十分脆弱，能源资源产业布局受到明显制约。新疆煤炭资源主要分布在防风固沙功能重要区（准东、吐哈、伊犁），甘肃煤炭资源主要分布在土壤保持生态功能区（陇东），煤炭资源开发活动与当地主导生态功能存在冲突。

根据能源资源分布特点和生态空间管控、环境风险防范的需求，建议划分能源资源开发及加工产业环境保护分类管理区域，实行差别化管理，探讨由限制为主策略转向生态恢复与补偿、优化发展为主管理方略。

建议充分考虑煤炭能源战略中的重要性、煤炭资源开发的生态敏感性、煤炭能源加工产业布局的环境风险，确定差别化的煤炭—煤电—煤化工产业体系空间管控原则（见表 2-46）。

表 2-46　煤炭—煤电—煤化工产业体系的空间管控原则

生态敏感等级	基本特征	差别化管理
I	生态服务功能重要，影响人居环境，生态难以恢复	严格限制或禁止煤炭开发活动
II	生态服务功能重要，影响人居环境，采取措施可使生态得到恢复	加强煤炭开发的生态保护与建设，并进行生态补偿
III	生态服务功能重要性一般，采取措施可使生态得到恢复	—
环境风险等级	基本特征	差别化管理
I	区域中心、次中心等城市，具有直接影响人群健康或饮用水安全的风险	原则上不再布局或扩大能源资源加工产业规模
II	具有引起不同部门间用水竞争，或引起跨界水污染纠纷等，并存在经济社会发展严重挤占生态用水或地下水严重超采	必须优化产业发展路线，采用先进技术工艺和装备，降低水耗、能耗和污染物排放，严格“以水定产”“以产业链定项目”
III	存在经济社会发展严重挤占生态用水或地下水严重超采	必须优化产业发展路线，采用先进技术工艺和装备，降低水耗、能耗和污染物排放，严格以水定产，力求“以产业链定项目”

实施煤炭开采、煤电、煤化工一体化战略，建设煤炭开发、利用全流程环境监管试点、示范工程，保障在煤炭开发、利用过程中的有关煤炭开发布局、煤炭开采技术政策、资源综合利用政策、污染控制政策的协调实施，实施煤炭开采及煤电煤化工产业体系在空间上差别化管理要求（见表 2-47、表 2-48）。

表 2-47 煤炭资源开采环境管理类型区

生态敏感等级	区 域	基本特征
I	天山北坡山麓	水源涵养功能重要区，生态极难恢复
	祁连山	高寒冻土、水源涵养功能重要区，生态极难恢复
II	准东煤田	防风固沙功能重要区，生态恢复困难
	吐哈地区	防风固沙功能保护区、生物多样性功能重要区，生态恢复困难
	陇东地区	土壤保持功能重要区，生态恢复困难
III	伊犁煤田	水源涵养、防风固沙功能重要性一般，生态具有一定的自我修复能力

表 2-48 煤电—煤化工产业布局环境生态风险类型区

环境风险等级	区 域	基本特征
I	天山北坡主要城市市区及规划区	煤化工产业竞争性布局，存在与城市发展空间冲突，环境质量下降与人群健康风险加剧
II	伊犁河谷	现代煤化工示范区演变成试验区，引发水环境安全风险
	吐哈地区	煤电发展的需水压力向农牧业转移，导致地下水位持续下降，存在牺牲局部生态和农牧业的风险
	河西走廊	煤炭和水资源缺乏，发展煤化工产业将加剧用水竞争，影响下游生态恢复
	陇东地区	缺乏有效的水资源支撑，选择发展煤化工存在牺牲城镇生活、局部生态和农业的风险
	柴达木盆地	煤电、煤化工产业发展存在加速河流尾闾湖盐化、干涸的风险
III	准东南缘地区	煤电、煤化工产业发展的需水压力向绿洲平原区地下水转移，导致区域地下水位持续下降，存在生态退化风险

8.4.2 实施主要污染物排放总量指标转移机制

西北三省（区）属于经济欠发达地区，经济发展起步晚，工业经济比重小，污染物总量控制指标分配的基数相对较小。

在实施国家西部大开发战略的大背景下，应当研究主要污染物总量控制管理策略。实施基于环境容量不超标的污染物总量控制，同步实施区域污染物排放指标转移管理。

（1）区域污染物排放指标转移管理策略构想

对于煤基清洁能源（电力、天然气等）输入地区，煤炭用量以及燃煤导致的污染物排放量大幅减少，在这些地区可适当推行污染物总量指标转移，鼓励西部地区能源资源输出和经济建设；

全国对口援疆、援青、援甘项目审批时给予总量控制指标倾斜，对具有环境容量但总量指标缺乏地区由对口援建地区提供污染物总量控制指标的支援；

在承接东部产业转移中，对于大型跨界企业项目审批时，可考虑带着总量指标转移，或从企业内部调剂解决，通过适当“区别对待”为西北地区的发展腾出环境空间。

（2）建立主要污染物排放总量指标转移机制

在具有资源优势和环境容量的地区，建议设立 1 ～ 3 个主要污染物排放总量指标转移试验区，柴达木盆地的格尔木、伊犁河谷、兰州新区可作为首批主要污染物排放总量指标转移试验区。

严格环境准入标准，防止污染转移。在符合循环经济产业体系建设的前提下，建设项目主要污染物排放总量转移指标值按至少达到国家清洁生产二级水平核定；其中，煤化工、煤电、氯碱化工等转移指标值按国家清洁生产一级水平核定。

8.4.3　建立内陆河流域河流健康的环境管理体系

（1）内陆河流域河流健康水循环模式

按照“储水于山”“流水于洲”“涵水于漠”的基本思路，严格区域水资源和水环境管理，实现河流健康水循环（见图 2-98）。

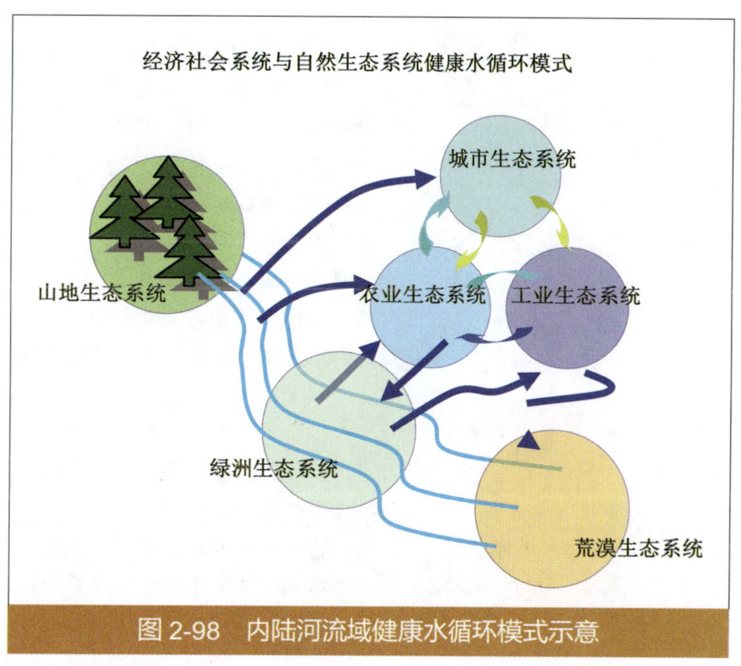

图 2-98　内陆河流域健康水循环模式示意

“储水于山”，加强山地生态系统水源涵养功能保护和建设，严格控制山区垦殖、林木采伐和林草交错带游牧，以及河流出山口以上流域的矿山开发和工业生产活动，维护河流上游的生态流量过程，保障上游来水符合优质水源。

“流水于洲”，合理配置城镇、农业和工业生态系统水资源，保障平原绿洲区河流流动性和清洁性，水流达到河流下游。实行水资源的“优水优用”“循环利用”。大力推动节水型社会建设，流域上中游地区全面推行污水资源化、污水再生利用，实施生活污水、工业废水排放避让天然水体，实现城市污水、工业废水“零入河”。

“涵水于漠”，河流地表水流达下游绿洲与荒漠过渡带，补给河流下游两岸的地下水，支持两岸的荒漠植被，保障绿洲与荒漠过渡带地下水埋深和矿化度在植物适宜生长范围内；保障主要河流尾闾、湖泊湿地生态用水。

（2）实施差别化管理策略，促进河流健康水循环

在水资源短缺、河流生态流量缺乏的条件下，建议构建流域“自然生态系统”与“经济社会生态系统”水循环的“隔离—耦合”机制，采用隔离、避让的手段，使经济社会系统水循环对自然生态系统水循环的干扰降低到最低限度，使地表环境水体的物理完整性、化学完整性、生物完整性能够得到最大限度保护及恢复。遏制严重受损的河流生态健康恶化的趋势。

全面推行污水资源化、污水再生利用，实现城市生态系统、工业生态系统和农业生态系统之间水循环；实行工业废水排放与天然水体适当隔离、避让，工业废水经处理达标后有选择地进入农业生态或荒漠生态系统。

表 2-49 2020 年内陆河流域主要河流健康恢复的主要标志

流域	河流健康恢复的主要标志
石羊河流域	流域中游河流水质达标，实现石羊河蔡旗断面下泄水量多年平均达到 3.4 亿 m^3，民勤盆地地下水开采量小于 3.0 亿 m^3；恢复石羊河尾闾湖（青土湖）湿地，民勤绿洲地下水位埋深恢复到 4 ～ 5 m
黑河流域	多年平均上游莺落峡来水 15.8 亿 m^3 时，保障黑河正义峡下泄水量为 9.5 亿 m^3，东居延海进水 0.5 亿 m^3；实现山丹河“工业废水零入河”，中下游绿洲地下水超采区不扩大
疏勒河流域	保护大 / 小苏干湖，保障干流尾闾西大湖、党河月牙泉等湖泊湿地的生态水量，实现石油河工业废水“零入河”
巴音河	保持工业废水“零入河”，严格控制河流中游用水量增长，保障可鲁克湖淡水特征，维护“可鲁克湖—托素湖”淡、咸水双湖自然水循环
格尔木河	保持格尔木河天然径流过程和察尔汗盐湖可持续开发的生态需水
艾比湖流域	实现生态补水，恢复艾比湖水面 800 km^2，遏制湖水咸化和盐尘污染，艾比湖湿地保护功能区面积不萎缩，奎屯河实现工业废水“零入河”
玛纳斯河流域	保障玛纳斯河基本生态需水量，构建玛纳斯中下游湖库群清污分流、再生利用、分质供水体系，玛纳斯河水质达标；中下游地下水超采区不扩大；保障玛纳斯河中游湿地（玛纳斯河流域湿地自然保护区）、玛纳斯湖湿地生态用水，湿地不退化、不萎缩
艾里克湖流域	维持艾里克湖生态补水，恢复大—小艾里克湖双湖结构
乌鲁木齐诸河流域	严格保护山区河流、水库水质，中下游实行工业废水“零入河”，合理选择荒漠区受纳经处理达标的工业废水
吐哈盆地	严格控制用水总量增长，加强坎儿井保护与恢复
伊犁河流域	严格国际河流水环境风险管理，避免跨界污染问题

附　件

环境保护部关于促进西部大开发重点区域和产业与环境保护协调发展的指导意见

环境保护部文件

环发〔2013〕82号

关于促进云贵地区重点区域和产业与环境保护协调发展的指导意见

贵州省、云南省环境保护厅：

为推动云贵地区加强生态文明建设，实施生态环境战略性保护，引导生产力布局优化，推进产业结构战略性调整，实现发展方式的根本性转变，促进区域经济社会环境全面协调可持续发展，在西部大开发重点区域和行业发展战略环境评价成果的基础上，提出以下意见：

一、充分认识重点区域和产业发展与生态环境保护的战略性

（一）在国家区域经济和生态安全格局中占有重要地位。云贵地区在我国区域发展总体战略中具有突出地位，是面向西南开放的重要桥头堡、能源安全的重要支撑区、矿产和生物资源的战略储备区，发展潜力巨大。同时，该地区在国家生态安全格局中地位重要，是世界生物多样性保护的热点区域、我国重要的水源涵养区和生态安全屏障，事关国家中长期生态安全。正确处理好云贵地区重点区域和产业与生态环境的协调发展，是按照生态文明理念探索后发地区科学发展新思路的重要举措，对于促进国家区域经济协调发展具有深远的战略意义和重要的示范意义。

（二）协调经济发展与环境保护的任务艰巨。云贵地区资源型产业快速扩张、生态空间胁迫加剧的倾向明显，资源开发与生态保护、产业重化与环境承载之间的冲突逐渐显现。天然林减少、草地退化、生物多样性水平降低，生态服务功能整体呈退化趋势，水土流失和石漠化问题严峻。土地刚性约束突出，可利用坝区面积十分有限。水资源逐步衰减且时空分布更为不均，重点区域和重点产业用水压力增大；结构性水质污染较为突出，金沙江、乌江、红河、

沅水、南盘江等水系局部污染较重。局部地区煤烟型大气污染仍较严重，区域性酸雨污染问题依然突出，主要城市出现复合型二次污染。重金属污染面广，重特大污染事件呈高发态势。如不及时引导、优化和调控，将难以遏制生态环境质量总体下降的趋势，严重威胁区域的全面协调可持续发展。

二、促进重点区域和产业与环境保护协调发展的总体要求

（三）指导思想。全面贯彻落实党的十八大精神，牢固树立生态文明理念，坚持在保护中发展、在发展中保护，统筹区域资源开发和人居环境改善，实施生态环境战略性保护，引导生产力优化布局，推动产业结构战略性调整，构建以环境保护优化经济社会发展的长效机制，确保生态环境质量持续好转，努力将云贵地区建设成为生态文明优先示范区。

（四）基本原则。按照“保底线、优空间、调结构、提效率”的总体思路，坚持“推进生态环境重点区域保护，维持区域生态功能，控制资源利用总量，兼顾目标总量与容量总量控制，大力提高资源环境效率”原则，确保水土资源不超载、环境准入标准不降低、生态功能和环境质量持续改善。

（五）总体思路。按照“农业提效、服务业提速、工业提升”的思路构建协调发展、相对均衡的现代产业体系；按照“滇中统筹、黔中带动，滇东北、黔北提升，滇西北、三州地区跨越，沿边经济带拓展，毕水兴地区优化”的思路构建区域经济发展格局。在确保不突破资源消耗上限和生态环境底线的基础上，不断扩展和优化生态空间、资源空间、容量空间、效率空间，推进生态环境重点区域保护，实现云贵地区经济社会与生态环境保护的协调发展。

三、推进构建符合生态安全格局要求的现代产业体系

（六）优化区域发展格局。以滇中经济区和黔中经济区为核心构建特色鲜明、布局合理、优势互补、分工有序、协调发展的区域经济发展格局。严格按照主体功能定位的有关要求，推进滇中城市经济圈一体化建设，促进以化工、有色冶炼加工、生物资源产业为重点的区域性资源深加工基地科学规划、集约集聚发展，加快装备制造、新材料等战略性新兴产业发展，建设承接产业转移基地和出口加工基地、高原特色农业绿色经济带，以及全国重要的旅游、文化、能源和商贸物流基地。推进滇中产业新区以汽车和装备制造、电子信息、生物、新材料、现代服务业等为主的中高端产业体系建设。推进贵阳—安顺在保护好重要生态空间的前提下加快经济一体化发展，建设贵阳—遵义、贵阳—安顺工业走廊和贵阳—都匀、凯里绿色经济产业带，做到生态廊道建设与特色产业走廊同重并举。将黔中经济区建设形成装备工业和高新技术产业聚集区、原材料及资源深加工产业聚集区、名优烟酒基地和医药产业基地。坚持生态、低碳、集约原则，有序推进新型城镇化，构建协调高效的城市空间组织结构，合理定位、科学分工主要城市职能，大力发展紧凑型城市、特色小城镇。分别研究制定滇中经济区、黔中经济区区域统筹与协调机制、项目联动审批机制、环境评估与综合评估机制。

（七）促进重点产业集中布局、有序发展。支持贵州有关地区结合国家“西电东输”电源点建设，统筹水资源和生态环境承载能力，分步建设六枝、织金、安顺三期、清江、黔北“上大压小”等大型坑口电厂和路口电厂，形成国家重要的煤电外输基地。推动有色冶金行业建设生态环保型基地，以提高能源资源利用效率、加强特征污染物排放控制；建设滇中地区

全国钒钛资源综合利用产业基地，形成滇中铜、铝、钛冶炼及深加工、稀贵金属深加工基地，滇南锡、铝、铅锌深加工基地以及滇东北铅锌综合利用基地；推动建设贵阳铝深加工、遵义铝钛深加工基地。支持建设贵州清镇—黔西—织金—黔北煤电铝示范基地；提高钢铁产业集中度，加快技术升级改造，提高产品附加值，支持昆明、楚雄、六盘水、贵阳建设以服务西南地区为主的钢铁工业基地。促进煤、磷化工产业的绿色循环发展，引导煤化工产业向昭通、曲靖、红河和毕节、六盘水等地集中，建设规模化、高水平的新型煤化工基地；整合提升昆明、玉溪磷化工基地，推动贵州织金—息烽—开阳—翁安—福泉磷化工产业带的集聚布局和资源循环利用。昆明、遵义、黔南州在大气环境质量未得到持续改善之前，除热电项目外不再新建或扩建燃煤机组。滇池流域内除产业集聚区外原则上不再布局新的工业项目，原有工业企业要逐步搬迁。划定贵州赤水河上游煤炭禁采区，控制开采区内要压缩煤炭开采规模，控制煤炭洗选项目，禁止新建化工项目。

（八）深化能源产业结构调整。积极发展风能、太阳能、生物质能、地热、浅层地温能等新能源开发利用。稳步推进大型煤炭基地建设，煤炭、煤电的布局和规模必须符合有关环境保护规划、能源发展规划、土地利用总体规划和矿产资源规划等的要求。控制贵州六盘水、遵义煤炭产能过快增长。关停 20 万千瓦以下小火电机组，开展云贵水火互济，减少煤炭资源消耗和碳排放。新增火力发电项目煤耗力争控制在 272 克标准煤 / 千瓦时以下。2020 年贵州火电装机容量控制在 3 200 万千瓦时以内。

（九）改造提升传统产业。以淘汰落后产能、控制初级产品产能扩张为前提，加快铅、锌、铜、镍、电解铝等有色冶金产业优化转型，推进曲靖、红河、铜仁、贵阳、遵义、黔东南、黔西南等地相关产业的升级换代，降低污染物排放强度。优化钢铁行业产品结构，淘汰落后产能，发展高端精品钢材，严格控制焦炭、粗钢等产能扩张；推动贵钢新特材料循环经济基地建设，支持水城钢铁升级改造，加快推进昆钢搬迁改造和贵阳城市钢厂搬迁。促进石化化工产业集约高效发展，优化昆明、曲靖、昭通、红河、临沧等地化工产能布局，避免出现区域产业同质化和新的过剩产能。保持云贵地区水泥总产能不增加，新建企业以淘汰已有落后产能为前提，实现等量置换。淘汰昆明、曲靖、临沧、玉溪、遵义规模以下造纸企业，加大楚雄、保山小造纸和落后工艺的淘汰力度。不扩大橡胶、烟草等种植面积。适度发展浆纸林种植规模，禁止在 25 度以上陡坡地开垦种植，在大面积浆纸林中保留生态通道。

（十）大力发展装备制造业和战略性新兴产业。加快云南内燃机、电力装备、大型数控机床、大型铁路养护机械、轨道交通装备等装备制造业规模化发展，建设昆明、曲靖、大理、玉溪特色装备制造基地，培育发展新能源汽车产业、通用航空产业等。加快贵州—安顺民用航空产业基地建设，提升贵阳、遵义、六盘水能矿产业装备制造业水平，发展贵阳、遵义、安顺专用汽车工业基地。大力培育和发展云南生物医药、生物育种、生物技术服务、光电子、新材料、新能源，贵州新材料、电子及新一代信息技术、生物技术、新能源汽车等战略性新兴产业。支持昆明光电子产业基地、生物医药产业基地，贵阳新材料产业基地建设。

（十一）积极发展特色农林产业和现代服务业。在加强农村环境综合整治、强化农业生产环境监管的基础上，大力发展精细化花卉、果蔬、林木等经济作物栽培技术和种苗培育工程，加快农林产品深加工，提高科技贡献率，促进区域农业生产结构战略性调整。推动建设一批特色农副产品生产基地及境外农产品生产基地。加快推进特色旅游资源开发及旅游产业国际化进程。提升昆明区域性金融中心和贵阳全国生态文明示范城市地位。推进物流网络与平台建设，积极发展现代物流企业。完善现代商贸服务网络，适度推进昆明、贵阳区域性商业中心建设。

四、实施区域战略性生态环境保护

（十二）推进生态环境重点区域保护，确保生态系统功能健康稳定。实施天然林资源保护、长江珠江防护林体系建设、小流域综合治理、草山草坡治理等生态建设工程。增加对水源地和湿地的造林和抚育任务。开展坡耕地水土流失综合治理，对生态位置重要的陡坡耕地继续实施退耕还林还草。加强以滇西北、滇西南、滇东北川滇生态功能区为重点的生物多样性保护，加强西南喀斯特地区土壤保持重要区、川滇干热河谷土壤保持重要区、珠江源水源涵养重要区等区域的生态功能保护。到 2020 年，云贵地区江河上游水土流失面积明显减少，石漠化得到有效控制，森林覆盖率达到 50% 以上，天然林资源明显增加，生态功能不断增强。

（十三）控制资源利用总量，确保水土资源开发适度。落实最严格的水资源管理制度，确保全社会用水总量在国务院下达的用水总量控制目标以内，农业用水量不增加。合理安排金沙江、怒江、澜沧江等干流水电开发规模和时序，严格控制二级及以下支流小水电开发，将生态环境成本纳入水电开发建设与运营成本中，切实保护好珍稀鱼类“三场一通道”等重要生境，保障河流生态基流用水。定期进行流域生态补偿健康评估，开展流域生态健康行动计划试点编制和实施。推进国土空间的精细化管理，严格限制土地开发利用的总量，加大产业用地调整力度，确保产业向园区集中发展。制定产业节约集约用地标准，提高供地门槛，限制“占地大、产出低”的项目进入，稳步提高产业集聚水平。科学论证、妥善处理“工业上山、城镇上山”、“开发低丘缓坡”与生态保育的关系，坚持开发服从保护，谨慎推进丽江、昭通、保山、大理、迪庆、怒江，以及贵阳、毕节、遵义、六盘水等地土地开发活动，对重要生态用地实施强制性保护，严格限制不符合土地利用总体规划和生态环境功能定位的开发建设活动，加强山地、坡地生态修复和生态补偿。停止对钢铁、水泥、电解铝、平板玻璃、船舶等产能严重过剩行业项目的土地供应。

（十四）以确保环境质量持续改善为目标，制定污染排放总量控制与管理的差别化政策。优化省内主要污染物总量控制指标分配方案，昆明、曲靖、玉溪、楚雄、红河、文山、大理、毕节等市州应在“十二五”总量控制的基础上进一步严格控制 COD 和氨氮排放量。优先开展滇池、金沙江、南盘江、牛栏江、异龙湖、洱海、抚仙湖、乌江、赤水河、三岔河、清水江等流域水污染防治工作。加快污水处理厂和配套管网建设，稳步提高城镇污水收集和集中处理率，2020 年县级及以上城市污水集中处理率平均达到 85% 以上，水环境容量紧张地区的污水处理厂出水水质应达到一级 A 要求。扩大城市高污染燃料禁燃区范围，逐步由城市建成区扩展到近郊。昆明、曲靖、玉溪、昭通、普洱、楚雄、大理、怒江、贵阳、安顺、黔西南等地废水排放重金属污染物应在《重金属污染综合防治“十二五”规划》要求的基础上进一步削减；控制红河、文山、大理、铜仁、黔西南、黔南等地废气排放重金属污染，严格落实“等量置换”或“减量置换”原则，重点防控区采用 1.5 ～ 2.0 倍减量置换原则控制，确保重点重金属污染物排放量比 2007 年减少 15%。推进矿产资源开采区和污灌区重金属污染控制，适时开展重点污染矿区土壤修复，遏制重特大重金属污染事件频发的势头。

（十五）大力提高资源环境效率，确保环境管理严格高效。加快煤炭、化工、钢铁、电力、造纸、水泥、食品加工等行业技术改造和落后产能淘汰，严格上述行业新、改、扩建项目的环境准入标准，确保单位产品的能耗、物耗、水耗及污染物排放达到行业清洁生产一级水平或国际先进水平。确保主要资源环境利用绩效指标与全国平均水平的差距逐步缩小，2020 年特色优势产业主要资源环境绩效指标应超过全国平均水平或达到东部地区水平。2020 年云贵地区水资源、能源利用效率比 2010 年提高 40% ～ 45%。

五、建立健全区域生态环境保护长效机制

（十六）创新体制机制，引导发展方式转型。树立尊重自然、顺应自然、保护自然的生态文明理念，将增强区域生态服务功能、改善生态环境质量放在更加突出的战略地位。将“美丽云南”、“生态贵州”纳入国家生态文明建设总体框架和重点示范区域。科学评估生态服务功能价值，定期发布生态资产评估报告，将生态资产的保值增值列入政府考核目标。制定以环境质量持续改善为目标的环境总量控制、考核和监测体系。实施以生态功能保育和改善为目标的生态环境保护战略规划，对重要生态功能区、自然保护区、生态环境敏感区和脆弱区等，划定并严守生态红线，禁止与保护无关的开发活动。根据区域、流域的资源环境承载能力，制定实施重点经济区、产业集聚区空间和行业的环境准入政策，严格环境准入。实行差别化的环境管理政策，通过排污权交易等方式探索建立主要污染物排放总量指标转移机制，探索实施基于环境质量持续改善的污染物总量控制制度。

（十七）以环境经济政策引导资源高效利用和产业升级。建立落后产能退出机制，积极争取中央财政通过以奖代补、以奖促治淘汰落后产能。清理纠正对高污染、高耗能行业的电价、地价及税费等方面的优惠政策，控制资源型初级产品大规模出口，提高相应企业的信贷风险等级。健全矿产资源有偿使用制度，建立反映市场供求关系和资源稀缺程度以及环境损害成本的生产要素和资源价格形成机制。建立工程建设项目资源与生态补偿机制，实行矿山环境治理恢复保证金制度。建立集约利用土地指标体系和价格评估体系，制定生态用地占用补偿分级制度。完善水价定价体系建设，制定合理的超额用水水价和附加的污水处理费价格，实行污染企业取水限额制度；跨流域调水的水资源价格中应包含取水区及调水工程沿线开展生态补偿所需费用。探索水权交易制度，开展水权交易试点。研究生态补偿机制解决历史遗留的尾矿尾渣污染问题。完善生态补偿、生态修复、生态开发性保护相结合的新机制。研究开展九大高原湖泊、重要湿地、红枫湖、百花湖、阿哈水库、赤水河，以及大江大河源头的生态补偿。

（十八）以强化环评管理促进区域发展与重大项目布局统筹。研究制定滇中经济区、黔中经济区区域统筹与协调机制、项目联动审批机制、环境评估机制，统筹安排冶金、钢铁、化工等项目，分别制定滇中、黔中大气污染防治、环境保护与生态建设规划。加快推进金沙江、乌江、红河、沅水、南盘江等重点流域水系污染防治规划编制。全面推进重点区域和流域、重点城市、重点产业集聚区以及“两高一资”行业规划环境影响评价。干流开发水利水电工程应以流域规划环评为前置条件。省级以上产业集聚区规划环评必须与规划编制同步开展，强化和落实规划环评中跟踪监测与后续评价措施。将国控四项主要污染物，以及重金属、烟粉尘和挥发性有机物排放量或排放限值指标作为环评审批的前置条件。

（十九）确保环境保护投入，加强环境基础设施建设。建立环境保护财政投入资金增长机制，完善多主体、多渠道、多元化环境保护投融资机制。增加政府环保投资占财政收入比重，确保政府环保投入增长幅度高于同期财政收入增幅，到 2020 年云贵两省政府环保投入达到 GDP 的 2% 以上。建立健全政府性环境保护投入的绩效考核机制，优先支持生物多样性保

护、自然保护区管理、天然林保护、重点流域治理、石漠化治理、重金属和危险废物污染防治等工作。促进污水处理产业化发展，加快县市和乡镇污水处理设施建设。在少数民族聚集、农村居住相对分散地区，推广试点新开发的污水分散处理技术，加强对农村非点源控制。新建能源、重化工项目、烧结类建材行业必须同步配套脱硫、脱硝设备，已有项目应逐步改建。

（二十）加强环境基础信息能力建设，建立环境风险预警和应急体系。积极开展对生态系统、乡土物种和濒危物种等生物资源的调查和研究，加强物种资源库、生态监测网络体系建设。全面实施九大高原湖泊流域内城市径流、农业面源综合治理工作。加强电力、钢铁、有色、化工、建材等行业特征大气污染物排放监测。将重金属纳入环境常规监测体系，进一步加大酸沉降、汞扩散等区域性大气环境问题的研究及控制力度。建立地震、暴雨、干旱、泥石流等突发性自然风险以及水污染、大气污染等突发性污染事故的综合应急响应系统。建立战略性应急备用水源和极端干旱期的水资源配置方案。

（二十一）抓好工作落实。贵州省、云南省环境保护厅要及时向本省人民政府汇报战略环评成果和本指导意见提出的有关要求，做好与相关部门的沟通协调，加强社会宣传工作，结合实际制定本省落实战略环评成果和本指导意见的具体方案并报送我部。我部将适时组织开展相关督导工作。

环境保护部

2013年7月31日

环境保护部文件

环发〔2013〕83 号

关于促进甘青新三省（区）重点区域和产业与环境保护协调发展的指导意见

甘肃省、青海省、新疆维吾尔自治区环境保护厅，新疆生产建设兵团环境保护局：

为推动甘、青、新三省（区）加强生态文明建设，实施生态环境战略性保护，引导生产力布局优化，推进产业结构战略性调整，实现发展方式的根本性转变，促进区域经济社会环境全面协调可持续发展，在西部大开发重点区域和行业发展战略环境评价成果的基础上，提出以下意见：

一、充分认识重点区域和产业发展与生态环境保护的战略性

（一）在国家区域经济和生态安全格局中占有重要地位。甘、青、新三省（区）战略地位重要，是向中亚和欧洲大陆开放的重要门户，是全国重要的能源资源生产基地和进口能源资源的重要战略通道，保障全国能源和资源安全的重要储备地区，全国农业与粮食安全的重要保障地区，促进边疆稳定和各民族繁荣发展的重点区域，是 2020 年全面建成小康社会的关键区域。未来十年，随着西部大开发战略的深入实施，区域经济发展潜力将得到充分释放，经济实力将进一步提升，在国家区域发展战略格局中的地位将不断提高。同时，甘、青、新三省（区）生态环境保护战略地位十分重要，是维系西北乃至全国生态安全的重要保障区域。总体上自然环境恶劣、水资源短缺，生态脆弱；区域生态环境演变，尤其是水源涵养、防风固沙、水土保持、生物多样性保护等直接关系到全国生态安全。

（二）协调经济发展与环境保护的任务艰巨。西部大开发战略实施十年来，甘、青、新三省(区)经济实力稳步提升，人民生活水平持续提高，生态建设与保护取得长足进步。必须看到，

甘、青、新三省（区）工业化、城镇化滞后，总体发展水平低，经济总量小，人均收入与全国平均水平差距加大，抵御经济风险和波动能力较差；城乡、区域发展不平衡，传统发展方式尚未根本性改变，生态环境问题十分突出，生态环境治理与恢复极其困难。未来发展面临资源环境约束增强、区域竞争更加激烈、社会建设和生态保护任务繁重、缩小与全国发展差距愿望强烈的严峻挑战。为实现2020年全面建成小康社会的目标，必须着力推动绿色发展、循环发展、低碳发展，协调好工业化、城镇化、农牧业现代化发展与资源环境保护之间的矛盾，集约高效利用资源，优化国土空间开发布局，调整产业结构，建立健全保障生活空间、生态环境安全和促进生产空间集约的长效机制，扭转生态环境恶化趋势，促进生态环境脆弱地区经济社会发展与生态文明建设协调融合。

二、促进重点区域和产业与环境保护协调发展的总体要求

（三）指导思想。坚持在保护中发展、在发展中保护，按照转变经济发展方式、优化空间布局、增强民生基础、保障人群健康的总体思路，促进资源节约，创新绿色发展、循环发展和低碳发展等新的发展模式，统筹保障区域发展的资源环境和维护良好人居环境，引导生产力优化布局，推动产业结构战略性调整，实施战略性生态环境保护工程，建立以环境保护优化经济社会发展的长效机制。

（四）基本原则。坚持以发展循环经济调结构，以水资源承载能力控规模，以生态安全和生态环境容量优布局，引导资源型产业合理布局、有序发展。充分发挥特色资源优势，积极支持投入产出效率高、技术水平高、能耗污染物排放低的产业发展；以资源节约利用和技术升级为引领，促进东部产业向甘、青、新三省（区）有序转移与健康发展。优先水安全和生态安全建设投入，确保生态不退化、环境质量持续改善。严格实施环境功能区划，在重要生态功能区，生态敏感区和脆弱区，划定并严守生态红线，保障国家和区域生态安全，提高生态服务功能。

（五）总体思路。积极推进实施循环经济试点、示范战略，加快循环经济发展；加快节水型农业建设，加速现代农牧业和特色农业发展，实现区域农业用水总量下降、农产品产量增加、农产品附加值增加。以信息化带动工业现代化，大力扶持信息化和高新技术产业发展，稳步推进能源开发的多样化发展，大力推进传统特色资源加工型产业技术升级和优化布局，有序发展石化、煤化工、盐化工、有色冶金产业，积极引导产业链延伸发展，积极培育新能源、新材料、生物产业等新兴产业基地，促进区域中心城市核心竞争力和辐射带动作用大幅提升，成长为国家协调区域发展的战略支撑点和西部经济新高地。

三、推进构建与区域生态安全格局相协调的现代产业体系

（六）促进天山北坡经济带、兰—西—格经济区建设西部经济新高地。坚持绿色发展、循环发展和低碳发展的理念，有序开发石油天然气、煤炭、有色金属、盐湖资源，以及特色农畜产品等传统特色优势资源，着力培育天山北坡经济带和兰—西—格经济区的产业发展。促进天山北坡经济带建设成为我国向西开放的陆路交通枢纽和重要门户、全国重要的综合性能源资源生产及供应基地、现代化农牧业示范基地、西北地区重要国际商贸中心和物流中心，以及对外合作加工基地；促进兰—西—格经济区建设成为全国重要的产业基地（包括新能源、

盐化工、石化、有色金属和农畜产品加工产业等）、区域性新材料和生物医药产业基地、向西开放的重要战略平台，着力推进国家级兰州新区建设，打造区域重要的经济增长极。

（七）促进产业集聚布局、有序发展。积极推进独山子、鄯善国家级石油储备基地和乌鲁木齐、克拉玛依国家级成品油储备基地建设；推动以兰州、乌鲁木齐、独山子—克拉玛依为主体的石化产业集群和格尔木区域性石油天然气化工基地科学规划、集约集聚发展，大力推动石化产业结构调整和技术升级。推动准东、吐哈、伊犁等地在生态环境可承载的前提下建设现代化大型煤炭基地，有序推进准东、伊犁、陇东能源综合利用示范区建设。鼓励有关地区在严格环境监管的基础上建设生态环保型的资源开发利用基地：支持金昌、酒泉、嘉峪关金属综合加工利用基地建设，推进电—冶—加一体化发展；积极推进青海格尔木“光伏城”、甘肃河西走廊新能源基地建设；引导河湟谷地、准东等地电解铝产业合理布局，有序发展；稳步推进青海盐湖大型钾肥基地建设，鼓励盐湖锂、镁、硼深加工基地建设；加快建设石河子纺织工业城，以及呼图壁、奎屯等纺织产业区；高起点、高标准建设东部产业转移示范区，积极鼓励甘肃省兰州新区、青海省海东地区建设“承接产业转移示范区”。

（八）大力发展建设循环经济产业体系。依托特色资源、能源优势和现代先进生产技术装备，着力培育一批资源开发、加工、转化一体化的循环型工业园区和生态型工业园区。支持甘肃省建设国家循环经济省级示范区，加快形成循环型工业、农业、服务业产业体系。加快推进石河子循环经济试点市、柴达木循环经济试验区、西宁经济技术开发区、金昌和白银为重点的循环经济示范区、张掖和武威为重点的河西绿色经济区等地区的循环经济产业体系建设，积极推动伊犁、准东建设以煤炭资源综合利用为主体的循环型产业体系。积极扶持东部产业转移示范园区建设，引导以生态工业园区、循环经济工业园区产业发展为主体，以资源节约、技术升级为基础，承接东部产业转移。

（九）加快推进传统特色工业现代化进程。全面推进石油化工、冶金、盐湖化工、煤化工等传统特色产业的技术升级，严格落实行业和环保准入条件，淘汰落后产能。加快推进电—冶—加一体化发展，建设以循环经济产业链为特色的有色金属新材料基地，引导有色冶金（铅、锌、铜、镍、电解铝）产业有序发展，严格限制初级产品产能的盲目扩张，严格落实重金属污染物“等量置换”或“减量置换”原则，重点防控区采用 1.5 ～ 2.0 倍置换原则控制，确保“十二五”时期末重点重金属污染物排放量比 2007 年减少 15%。大力推动钢铁产业加快技术改造和产品结构调整，严格限制低水平重复建设；加快铁合金企业资源整合和产业重组，优化布局。推动传统煤化工［煤焦化、煤电石、煤制（合成氨）化肥］技术升级改造、延伸产业链。大力推进非金属材料制造业及水泥行业结构升级和产业链延伸，加快淘汰落后水泥产能。加快特色纺织产业的规模化、精细化、品牌化，培育产业集群和产业基地。

（十）协调工业化与城市化合理空间布局。协调工业园区与城市发展布局，着力解决和预防布局型大气污染和人群健康风险等突出环境问题。乌鲁木齐—昌吉城市边缘和近郊地带，要抑制传统煤化工、氯碱化工、电解铝产业盲目布局，乌鲁木齐主城区和周边工业园区不应布局煤化工，不再扩大石化、钢铁产能。独山子—奎屯—乌苏地区的石化产业基地发展必须优先保护城市饮用水源地安全和人群健康环境，严格限制光气等高风险项目。全面推进国家级兰州新区建设和产业优化布局，严格限制兰州主城区重化产业上游产品发展。积极推进以西宁为中心的城市群发展和产业优化布局，严格限制冶金产业，不应布局煤化工。积极推进建设金昌有色金属新材料循环经济基地、酒泉和嘉峪关清洁能源—冶金新材料循环经济基地。积极推动金昌、白银解决历史遗留有色金属产业与城市发展的布局性矛盾。加大县级市和乡镇基础设施建设投入，提高城镇化质量，未来五到十年城市基础设施建设重点应转向中、小城市和乡村市政基础设施，信息化服务、旅游基础设施建设，以及职业教育和技能培训基地建设。

（十一）促进能源资源综合加工产业优化布局。实施以水资源、环境承载能力定煤炭转化规模，以煤炭转化规模、生态恢复与保护能力定煤炭生产规模机制。加快现有煤矿资源整合和矿区生态修复，严格限制天山山地和祁连山水源涵养保护区及地下水源功能区的煤炭资源开发。推动天山北坡经济带在保护生态服务功能的前提下稳步建设现代煤化工产业集群，加强传统煤化工整合提升，严格限制煤焦化发展；促进伊犁发展煤制气为主导的现代煤化工，严格限制布局工艺技术不成熟的现代煤化工和传统煤焦化，适度发展煤电；促进准东严格以水定煤化工产业链规模、以产业链延伸定项目，建设煤炭综合开发利用循环经济基地；在地表水资源超载、地下水水位持续下降地区，严格限制布局发展煤化工。吐哈煤田以“疆煤东运”为主，在水资源条件允许情况下，适度发展煤电及电力外送，不应布局煤化工。火电装机规模应与区域大气环境承载力、电力需求和电力通道建设相匹配。在实施“上大压小”、淘汰落后火电装机、提高现有燃煤火电脱硫脱硝效率的前提下，支持优化布局大型高效环保机组。加快实施区域集中供热、热电联产，按照国家规定，尽快实现燃煤火电、热电全部脱硫脱硝。

（十二）加强农业节水，加速现代农牧业和特色农业发展。大力发展设施农业、现代节水灌溉技术，加快推进艾比湖流域、石羊河流域、黑河流域、湟水流域、柴达木盆地高效节水灌溉设施建设，扶持伊犁河流域建设规范化高标准粮田，配套高效节水灌溉设施；2015 年天山北麓实现农业灌溉用水总量“零增长”，河西走廊基本实现“负增长”。积极推动建设一批高效节水型现代农牧业示范区和种植、养殖、制种基地，培育一批特色农副产品、畜产品精深加工产业和品牌。积极引导农牧产品加工业按园区模式布局、精深加工发展；加快建设规范化优质中药材药源和生产加工基地。积极扶持特色农牧业服务体系基础设施建设，构建信息服务、科技支撑、产业园区和农产品及加工品外销平台。

（十三）加强旅游基础设施建设，发展多元化特色旅游服务体系。依托丰富旅游资源，积极发展文化、生态、休闲、度假旅游，加强旅游基础设施建设，重点培育一批跨区域精品旅游线路，形成一批国内著名和国际知名旅游目的地。

（十四）促进新疆生产建设兵团率先实现农业现代化，稳步推进城镇化、工业化同步协调发展。新疆生产建设兵团的产业发展要突出依托资源优势和技术优势，大力推进传统特色资源加工型产业技术升级，着力处理好城镇化和工业化发展过程中的空间布局性矛盾，以资源环境承载能力为约束，以建设循环经济产业体系为核心，积极引导特色资源加工产业的发展，积极培育新能源、新材料、生物产业等新兴产业发展。

四、推进区域生态环境战略性保护

（十五）加快建设区域生态安全屏障。进一步加大生态保护建设的政策、资金、项目和生态补偿转移支付的支持力度，全力推进三江源国家级生态保护综合试验区建设，加快天山北坡经济带、兰—西—格经济区生态安全屏障建设。积极推进天山北坡河谷森林植被保护与恢复，林草交错带畜牧业发展模式调整，加强受损水源涵养区生态修复。大力推进艾比湖流域预防性综合治理工程、玛纳斯河流域下游生态保护与恢复、祁连山水源涵养区生态建设与保护、河西三大流域（疏勒河、黑河、石羊河流域）生态综合治理、敦煌生态环境和文化遗产保护区建设、黄河流域上游地区（大通河、湟水河、渭河、泾河等流域）水源涵养和水土保持、柴达木盆地生态保护与综合治理等生态保护与建设工程。加强矿山生态治理和污染控制，着力解决历史遗留矿山生态修复、污染治理和环境隐患。

（十六）加快水环境综合整治，恢复河—湖水环境健康。加快艾比湖流域、玛纳斯河流域、石羊河流域水环境综合整治，以及湟水河、渭河、泾河等支流水污染治理，加强伊犁河流域的水环境保护，定期进行流域生态健康评估，开展流域生态健康行动计划试点编制和实施，严格控制水环境重金属和持久性有机污染物污染。加强以保护城乡饮用水源为核心的地下水污染防治，集中式饮用水源地水质达标率 90% 以上。

（十七）加快城市大气污染综合治理，保障人群健康和环境安全。加快推进区域中心城市和资源型城市的产业结构和能源消费结构调整、优化产业布局，着力解决乌鲁木齐、兰州、金昌、白银等城市大气污染严重问题，预防西宁、格尔木、德令哈、兰州新区等城市和城市群的大气环境质量下降问题。大力实施重点城市热电联产、煤改气、集中供热、热网改造、电厂脱硫脱硝、机动车尾气、扬尘污染治理工程，加快推进火电、钢铁、有色、化工等行业二氧化硫、氮氧化物、颗粒物以及特征污染物治理。

（十八）积极推进农村环境综合整治。积极推进以加强农村水源地保护、改善乡村人居环境为重点的农村环境综合整治。实施农村清洁工程，加快农村垃圾集中收集处理，因地制宜开展农村污水治理；大力推动合理使用农药、化肥、农膜，有效控制规模化养殖场污染，积极推进土壤环境保护和综合治理工作。

五、建立健全生态环境保护长效机制

（十九）建立内陆河流域河流健康的环境管理体系。加强天山山地、祁连山山地生态系统水源涵养功能保护和建设，提高自然保护区监督管理水平，严格控制山区垦殖、林木采伐和林草交错带游牧，以及河流出山口以上流域的矿山开发和工业生产活动。大力推行节约用水和污水资源化、污水再生利用，全面推行城市污水、工业废水“零入河”。

（二十）建立生态保护绩效评估与调控机制。积极探索煤炭资源产业环境类型区管理模式，建设煤炭开发、利用全流程环境监管试点、示范工程；构建玛纳斯湖、艾比湖、石羊河、黑河、疏勒河流域生态环境动态评估和调控机制。

（二十一）大力推进环保基础设施和能力建设。全社会环保投入占 GDP 总量比例的不低于 3%；政府部门在环保基础设施建设投入年增速不低于 20%。加快城市和工业园区等节能、节水和环保基础设施建设，加强自然保护区规范化建设，加大流域水环境和农村牧区环境综合整治的投入。2020 年省（区）辖城市污水处理率达到 85% 以上，污水再生利用达到 50% 以上，实现再生水与其他水源联合调控、统一使用；生活垃圾无害化处理率达到 95% 以上，建设完善的危险废物安全处置设施，危险废物安全处置率 100%，历史堆存和遗留的危险废物全部得到安全处置。工业园区、工业集中区等必须建设集中供热、废水处理及再生利用工程，配套固体废物回收、处置设施。

（二十二）全面实行资源环境绩效考核。“十二五”期间，全社会主要资源环境利用绩效指标与全国水平的差距不扩大并逐步缩小；其中，煤炭采掘、煤电、煤化工、石油化工、有色冶金、农副产品加工不低于当年全国平均水平；2020 年全社会主要资源环境利用绩效指标力争优于 2015 年全国平均水平，主导产业单位产品的能耗、物耗、水耗及污染物排放达到国内先进水平。新、改、扩建工业项目达到清洁生产二级水平或国内先进水平以上，其中，化工、冶金项目清洁生产达到国际先进水平。

（二十三）建立战略—规划—建设项目环评的联动机制。建立区域发展战略环评、规划环评与建设项目环评的联动机制，将战略环评、规划环评作为重大建设项目环评审批准入的依据；规划和规划环评应与国家和区域生态环境保护战略、区域发展战略环评相融合，重大建设项目环评审批应以规划和规划环评为前置；对可能造成跨行政区域不良环境影响的重大开发规划，要建立区域环境影响评价联合审查审批制度和信息通报制度。全面推进省（区）、市经济社会发展和重点区域发展战略环评，深化产业园区、产业基地，以及“两高一资”重点行业规划环评，强化和落实规划环评中跟踪监测与后续评价要求。

（二十四）抓好工作落实。各有关省级环保部门要及时向本省（区）人民政府（新疆生产建设兵团）汇报战略环评成果和本指导意见提出的有关要求，做好与相关部门的沟通协调，加强社会宣传工作，结合实际制定本省（区、新疆生产建设兵团）落实战略环评成果和本指导意见的具体方案并报送我部。我部将适时组织开展相关督导工作。

环境保护部

2013年7月31日